京口年鉴

（2018）

主　审

殷 敏　徐申锋

京口区人民政府 主办　京口区史志档案办公室 编

方志出版社
Publishing House of Local Records

图书在版编目（CIP）数据

京口年鉴．2018 / 京口区史志档案办公室编．— 北京：方志出版社，2019. 1
ISBN 978-7-5144-3476-7

Ⅰ．①京… Ⅱ．①京… Ⅲ．①区（城市）— 镇江 — 2018 — 年鉴 Ⅳ．① Z525.33

中国版本图书馆 CIP 数据核字（2019）第 010527 号

京口年鉴（2018）

编　　者：京口区史志档案办公室
责任编辑：罗　滔

出 版 人：冀祥德
出 版 者：方 志 出 版 社
地址　北京市朝阳区潘家园东里 9 号（国家方志馆 4 层）
邮编　100021
网址　http : / / www.fzph.org
发　　行：方志出版社图书经销中心
电话（010）67110500
经　　销：各地新华书店
印　　刷：南京华众彩色印刷有限公司

开　　本：889×1194　1/16
印　　张：16
字　　数：553 千字
版　　次：2019 年 1 月第 1 版　2019 年 1 月第 1 次印刷
印　　数：001~800 册

ISBN 978-7-5144-3476-7　定价：280.00 元

镇江市京口区地方志编纂委员会

（2018 年 3 月起）

《京口年鉴》编辑部

《京口年鉴》撰稿单位审稿人员名单

（按姓氏笔画排序）

丁永忠	王荣兵	王　勇	王正辉	王志斌	王　忠	王壮保	包迎辉
刘　凯	刘远遥	戎国平	孙沛晖	许文兰	朱家巍	朱文仲	朱伟广
李德升	李　军	宋　辉	宋小燕	巫长龙	吴红霞	吴惠平	严　波
张晨阳	涨东生	张　伟	宜建美	陈国兴	陈洪生	陈　西	金凡舒
陆家新	邵晓清	杨　帆	杨团伟	周祥华	郭　健	郭先武	贺国强
姚恒清	钟程发	赵晓文	顾成权	袁在森	凌明忠	夏　雷	陶宝强
殷文平	梅永生	龚明生	盛　杰	曹明军	黄贤宇	喻　石	谢根龙
韩铜民	程　鹏	满子琴	虞　军	谭雪峰	薛　莲	魏晓曦	

京口区地图

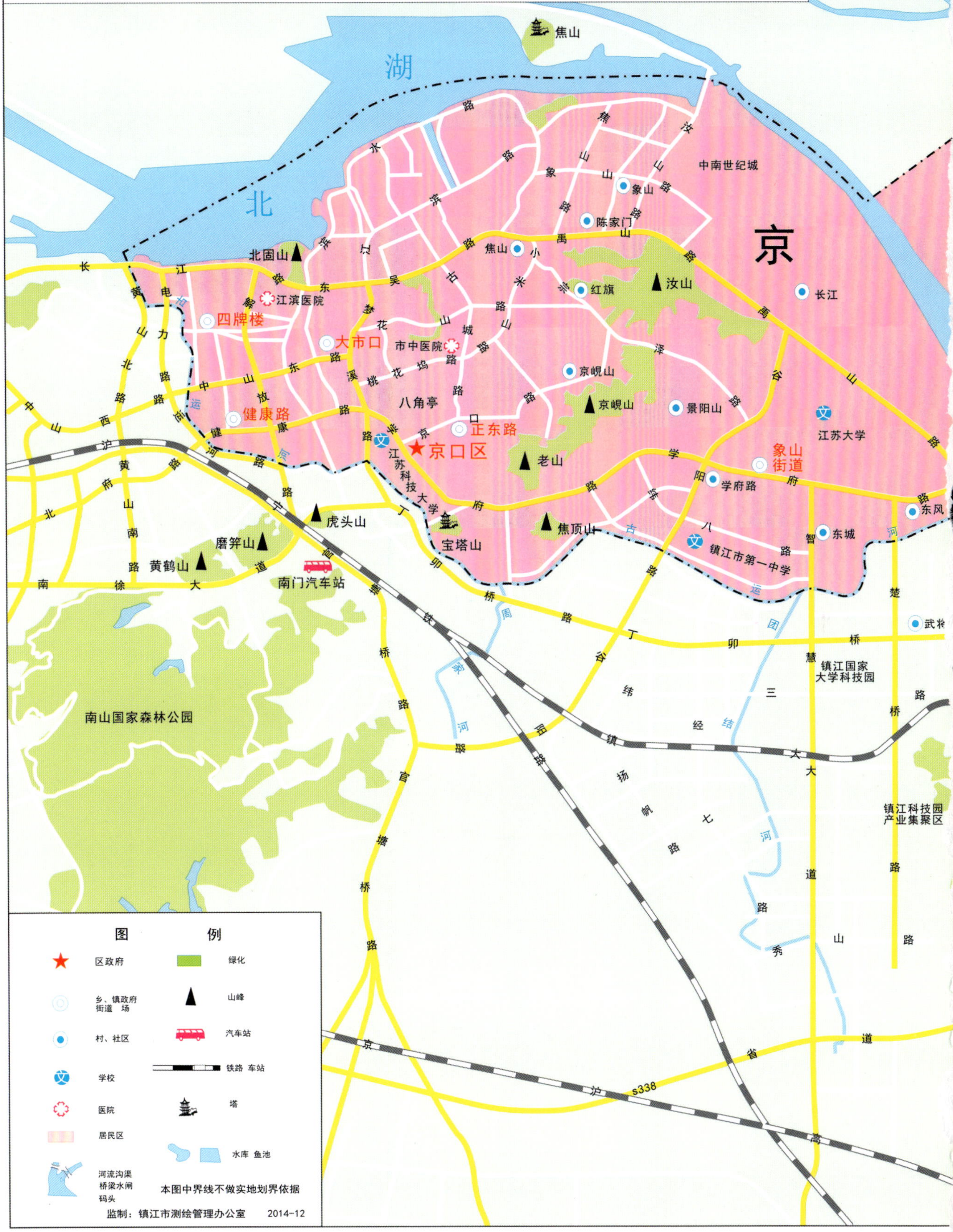

焦山
湖
北
京
中南世纪城
象山
陈家门
焦山
红旗
汝山
长江
北固山
江滨医院
四牌楼
大市口
市中医院
京岘山
景阳山
江苏大学
八角亭
健康路
正东路
京口区
老山
象山
街道
学府路
东风
江苏科技大学
虎头山
磨笄山
黄鹤山
宝塔山
焦顶山
东城
镇江市第一中学
南门汽车站
武将
镇江国家
大学科技园
南山国家森林公园
镇江科技园
产业集聚区
s338
图例
区政府
绿化
乡、镇政府
街道　场
山峰
村、社区
汽车站
学校
铁路 车站
医院
塔
居民区
水库 鱼池
河流沟渠
桥梁水闸
码头
本图中界线不做实地划界依据
监制：镇江市测绘管理办公室
2014-12

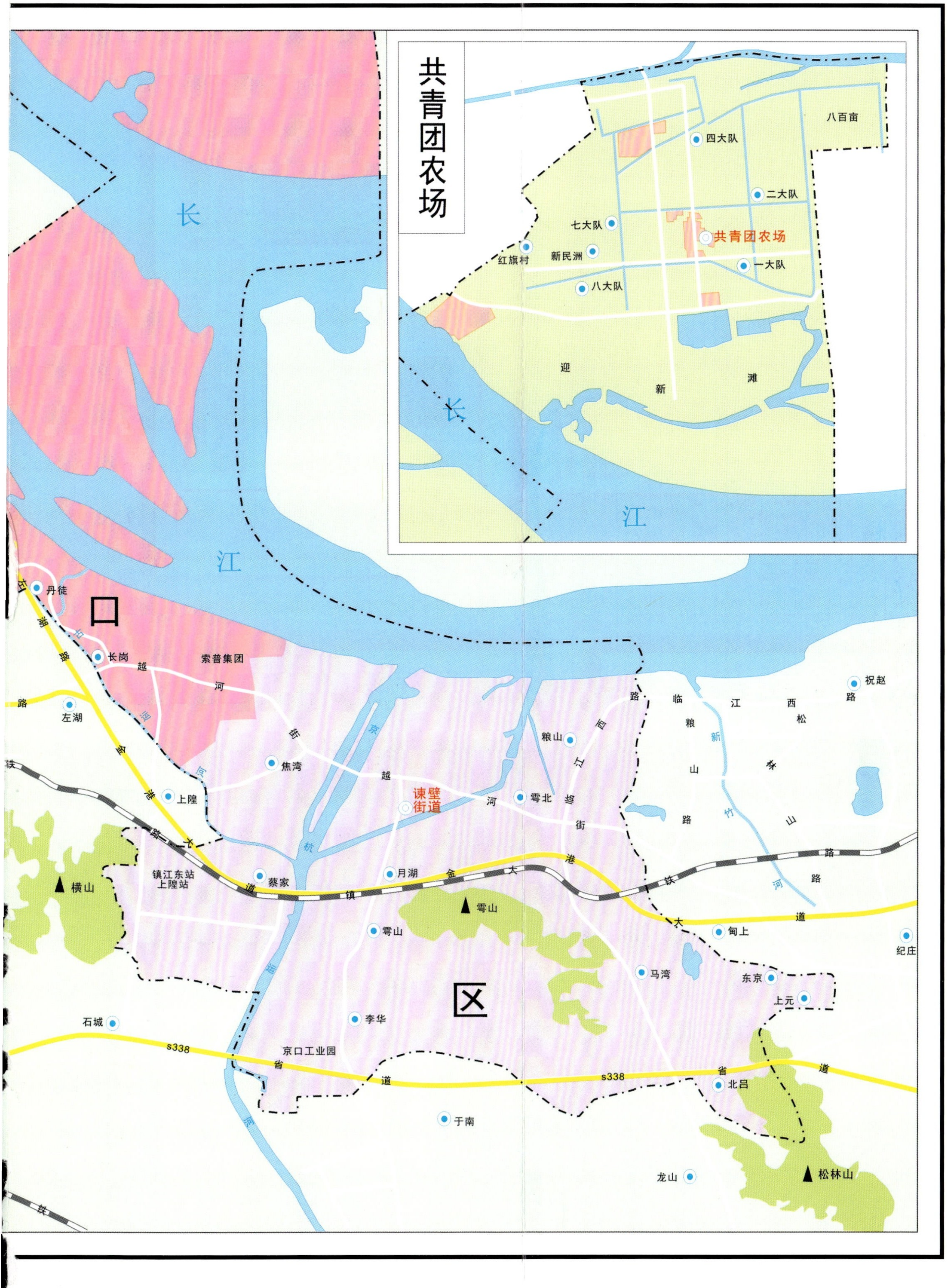
共青团农场
八百亩
四大队
二大队
七大队
共青团农场
红旗村
新民洲
一大队
八大队
迎
新
滩
长
江
长
江
江
丹徒
口
长岗
越
河
索普集团
石
湖
路
路
左湖
京
街
越
河
谏壁
街道
粮山
临
江
西
路
临
粮
山
路
江
西
松
林
山
路
新
竹
河
祝赵
路
焦湾
上隍
雩北
临
江
街
金
港
大
道
镇江东站
上隍站
横山
蔡家
杭
月湖
金
大
港
铁
镇
雩山
雩山
大
道
甸上
纪庄
马湾
东京
上元
运
区
石城
李华
京口工业园
s338
省
道
s338
省
道
北吕
河
于南
龙山
松林山
铁

2017 年 1 月 17 日市委书记夏锦文赴苏宁广场开展“暖企惠民”大走访

2017 年 11 月 28 日市长张叶飞调研中林（镇江）生态产业城建设

编 辑 说 明

一、《京口年鉴》以马克思列宁主义、毛泽东思想、邓小平理论、“三个代表”重要思想、科学发展观、习近平新时代中国特色社会主义思想为指导，坚持辩证唯物主义和历史唯物主义的立场、观点和方法，翔实、连续记载京口区经济、社会、文化、生态等方面新进展、新成就、新经验，为认识京口、研究京口、发展京口提供全面实用、信息密集、准确权威的基本资料。

二、《京口年鉴（2018）》为第18卷，记述时限为2017年1月1日至2017年12月31日。本年鉴基本延续《京口年鉴（2017）》基础框架结构，做了部分调整。强化了“专记”部分，通过“创新活力持续释放”“暖企惠民助居大走访活动”“聚焦城市基层党建 聚力社会治理创新”专题记述，充分展示2017年全区人民深化改革创新，凝心聚力，真抓实干，开创“两聚一高”新局面的生动实践。把“交通运输工作”“总部经济管理工作”从“商贸.交通.物流”类目中独立出来成为“交通·物流”类目，并在该类目最后部分增加了“链接：镇江援疆工作”补充资料，以增加条目记叙事件背景，突出现代服务业工作。把“发展管理”分目从“综合经济管理”类目中去掉，因为大部分内容在“概况”类目“2017年国民经济和社会事业发展情况”分目中已有。“科技”类目内容较少，与“教育”类目合并为“教育与科技”类目。将“城乡建设”与“城市管理.环境保护”两个类目合并成为“城乡建设与管理.环境保护”类目。把“慈善总会”从“社会团体”中分出，使之成为“社会民生”类目的“慈善事业”分目。“京口区人民代表大会”类目中增加了“人大监督”“人大代表工作”“议案和重要建议”分目内容。“政协京口区委员会”类目中增加了“专题调研”“重要建议及社情民意”分目内容。“农业.水利”类目中增加了“综述”“防汛防旱”分目内容。“文化.体育.旅游”类目中增加了“综述”和“文化产业”分目。“人力资源和社会保障”类目中增加了“综述”分目。

三、全书分类目、分目和条目3个层次，共设30个类目、135个分目、671个条目。部分分目下设副分目，其标题前后加“●”表示。条目为记述体，其标题用黑体字加“【 】”表示。文中“▲”表示“同日”。全书所用稿件由区各部门（单位）专人撰写，经领导审阅后定稿。正文中数据根据统计资料核对，统计资料没有的，以撰稿单位提供的为准。

2017 年 10 月 25 日市委常委、组织部长、统战部长李健调研组织工作

2017 年 4 月 5 日副市长孙晓南调研京口教育

全省重大项目集中开工 镇江分会场设于京口

中共京口区委八届四次全会

京口区九届人大一次会议胜利开幕

政协京口区九届一次会议胜利开幕

京口召开新年第一会

京口纪念建党 96 周年

爱励镇江累计销售航空板 2.5 万吨

中储粮港口物流项目有序推进

鼎盛重工订单大增

鼎胜新材 1 月份产销创历史新高

京口区 16 个项目集中签约总投资超 64 亿元

中林新民洲港一季度进口木材超 40 万方

宝华物流新三板挂牌上市

京口力推全国进口木材加工基地建设

京口成为全国“互联网＋物流”产业新高地

京口区“校地融合发展”再添大手笔

江苏（京口）核科技产业园发展势头正劲

京口首届“江苏电竞活动周”华彩亮相

新民洲港首次靠泊粮食类散货船

新民洲高标准农田建设

京口区首个农业标准化示范区通过考核验收

建设中的连镇铁路跨京杭运河特大桥

谏壁居民出行环境大幅改善

京口区老干部活动中心揭牌

京口区人大开展五级人大代表接待选民活动

京口着手培训“双全”社工

京口着力提升军人荣誉感

区残疾人综合服务中心揭牌

我区开展国家宪法日集中宣传活动

京口小学合唱团携手维也纳童声合唱团震撼开唱

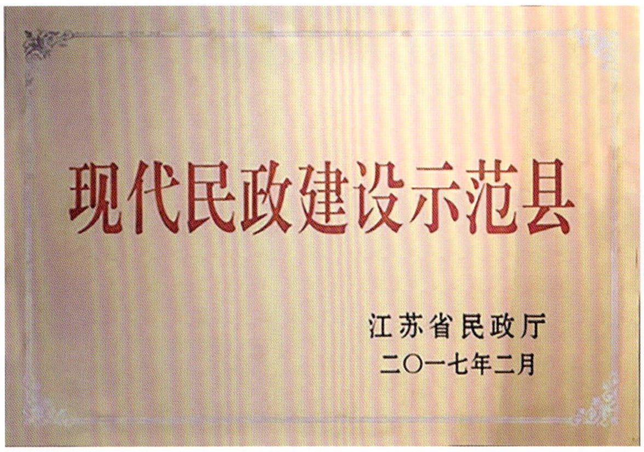
现代民政建设示范县

江苏省民政厅

二〇一七年二月

孟家湾新村安置房

我区举办“世界地球日”主题广场活动

省委宣讲团走进京口宣讲十九大精神

八佰伴商圈党委成立

实现微心愿

党员干部志愿服务清扫积雪

各民主党派代表人士、工商联、侨联代表举行“不忘初心跟党走，与京口发展同心同行”主题教育活动启动仪式

我区举办“中国梦 劳动美”五一职工文艺汇演

重要媒体报道镇江情况（一）

2017 年，京口宣传思想文化工作战线紧扣“创先创优”“求真求实”工作要求，贯彻落实全区宣传思想文化工作会议精神，推出一批新闻报道。全年《新华日报》报道京口 9 篇，其中头版 3 篇；《镇江日报》头版报道京口 108 篇，其中头条稿件 29 篇。

新华日报

蓝色经典·梦之蓝

刘奇葆在江苏安徽调研时强调

把精神文明创建工作提高到新水平

进村入户，干部要帮百姓致富

"大走访"更要"常走访"

国资下乡，美了乡村富了农民

政府贴心服务 筑起产业高地

京口：加快构建城市产业体系

▲《新华日报》京口：加快构建城市产业体系

29.3万人昨应试江苏公考

江苏全面启动扶贫领域审计 严查弄虚作假及不作为

南京对12家单位开展巡察

大学生村官笔试开考

为保护耕地我会一直奔走

中核能在镇举行新品鉴定

春风归来雅集在宁举行

▲《新华日报》中核能在镇举行新品鉴定

新华日报

梦之蓝 手工班

习近平全票当选党的十九大代表

全国人大常委会执法检查组来苏检查《药品管理法》实施情况

省政府与东航集团签订战略合作协议

"这项绣花工程，再难也要绣"

聚焦重点为企业排忧解难

京口打造"中国木材第一港"

▲《新华日报》京口打造"中国木材第一港"

镇江"飞地"盼融入扬州一起"飞"

扬州主要景点推阶段性优惠

南京精品公厕用上高科技

商标受理"专窗"添翼江苏知识产权强省建设

连云港地税"税润港城"系列大走访劲吹便民春风

▲《新华日报》镇江"飞地"盼融入扬州一起"飞"

新华日报

中办、国办印发《领导干部自然资源资产离任审计规定（试行）》

奏响新时代伟大复兴的壮丽乐章

民生小事大情怀 ——记习近平总书记倡导推进"厕所革命"

娄勤俭吴政隆会见加拿大安大略省省长

省十二届人大常委会第三十三次会议开幕

科学治太，需强化系统思维

新疆伊犁州政协委员培训班在我省举行

南通粤港澳大湾区投资合作恳谈会在深圳举行

京口打造木业精深加工示范区

▲《新华日报》京口打造木业精深加工示范区

重要媒体报道镇江情况（二）

▲《镇江日报》“1+6”助推京口“强富美高”

▲《镇江日报》新民洲港新年实现“开门红”

▲《镇江日报》京口创新社会治理模式成效突显

镇江日报

2017年3月2日 星期四

“一把手”抓“第一工程”

新区掀起新一轮招商引智热潮

京口只争朝夕确保首季“开门红”

紧贴勤字 突出干字 立足实字

张叶飞会见文行总副行长

一场“工匠精神”对贸易保护的胜利

镇江高专入选教育部工业机器人职教合作项目

▲《镇江日报》京口只争朝夕确保首季“开门红”

镇江日报

全面建成小康社会 全面深化改革 全面依法治国 全面从严治党

2017年3月11日 星期六

市委常委会研究绩效考核、效能革命、宣传思想文化等工作

转作风提效能 优服务重实效 充分激发“两聚一高”强大动力

夏锦文主持会议

以生态领先建精美镇江 为大地山川添绿色屏障

全市宣传思想文化系统今年重点做好六方面工作

海龙核科中子板达国际一流水平

办好合作社，让农民共同富裕

重点耗煤企业共商减煤举措

▲《镇江日报》海龙核科中子板达国际一流水平

镇江日报

全面建成小康社会 全面深化改革 全面依法治国 全面从严治党

2017年3月18日 星期六

镇江印度周活动精彩开幕

夏锦文会见印度驻沪总领事

新泉股份登陆上交所主板

市“政协讲堂”第十三讲开讲

历时2月，“哑铃型”承台完美收官

京口区生态文明建设成绩斐然

我市科技镇长团扬州大学行

▲《镇江日报》京口区生态文明建设成绩斐然

镇江日报

2017年3月22日 星期三

善观大势善抓大事善创优势 扎实推进“两聚一高”新实践

宁镇城际轨道交通项目积极推进

安全监管：行动有力 防患未然

我国初步建立传染病应急防控技术体系

京口打造“互联网+物流”新高地

句容昨起实施限购政策

“镇马”获评中国田协银牌赛事

▲《镇江日报》京口打造“互联网+物流”新高地

镇江日报

加快项目推进 发展特色产业

京口着力增强科技创新活力

新区工业旅游正当时

星星之火可成燎原之势

"司法日"法治惠民春意浓

儿子学飞行器设计，我也要考个建造师

▲《镇江日报》京口着力增强科技创新活力

镇江日报

用"脚板"量短板 以真心暖民心

京口大走访让发展更有"底气"

句容构建"人才服务创新先行区"

实一点 再实一点

"民情字典"在手，百姓需求全有

市人大传达学习全省市县人大常委会负责同志学习会精神

▲《镇江日报》京口大走访让发展更有"底气"

镇江日报

发挥区位优势 全力推进项目

新民洲奋力打造"中国木材第一港"

茅山景区开创全域旅游新局面

地税局开展春风暖企行动

新区"大走访"两条线访出新活力

2017年我市事业单位集中公开招聘笔试举行

▲《镇江日报》新民洲奋力打造"中国木材第一港"

镇江日报

当好"店小二" 推进大项目

京口加快构建城市产业体系

蒋乔暖企大走访走出真实效

本地经销商为何对地产葡萄不太青睐

古城古树名木知多少

▲《镇江日报》京口加快构建城市产业体系

镇江日报

2017年5月29日 星期一

奋力谱写"两聚一高"镇江篇章

京口全力以赴冲刺"双过半"

推项目 抓招商 促转型 重服务

30载"平安锣":道不尽邻里情和谐景

志愿者陪失独老人过端午

2017年京江晚报汽车展开幕

实名制让农民工薪水支付更规范

▲《镇江日报》京口全力以赴冲刺"双过半"

镇江日报

2017年6月11日 星期日

国家级非遗技艺酿造产品

强调携手建设安全稳定、发展繁荣的共同家园

习近平出席上海合作组织成员国元首理事会第十七次会议并发表重要讲话

探索加强基层党建引领社会治理新路径

京口"党建创新"助力社会治理

强降雨对全市防汛影响不大

6月15日我市将进入主汛期

句容市3项技术入选"中国好技术"

丹徒区多措并举推动文明城市建设

公共服务,均等化布局更合理

——镇江市城市总规修订系列解读之二

▲《镇江日报》京口"党建创新"助力社会治理

镇江日报

2017年7月26日 星期三

对标苏南加油干 精准务实惠民生 以优异成绩迎接党的十九大胜利召开

市委理论学习中心组举行学习扩大会

精准把握当前两岸形势 不断提升对台工作水平

坚持一线工作法 紧盯目标快落实

京口经济稳中向好实现硬过半

2017海峡两岸农展会10月15至17日在镇举办

争雄势下,加油干出大发展百姓富

镇江成为全国"城市双修"试点

"景区+社区",构建更"津彩"风景

▲《镇江日报》京口经济稳中向好实现硬过半

镇江日报

2017年8月20日 星期日

我市"263"专项行动取得初步成效

紧紧围绕"四个坚决"集中力量解决突出问题

拉起产业链 催化融合度

京口:全域旅游成为发展"加速器"

省党外人士考察团来镇参观考察

智慧养老、科技托起幸福晚年

提升发展热度 加快转型升级

丹北产业强镇再发力

▲《镇江日报》京口:全域旅游成为发展"加速器"

镇江日报
习近平在会见全国体育先进单位和先进个人代表等时强调
开创我国体育事业发展新局面 加快把我国建设成为体育强国
培育新兴业态 抢占产业高地
城市经济，成为拉动京口速跑新“引擎”
让人才插上金融的翅膀
丹阳荣获全国“四好农村路”示范县
金山湖垂钓区成钓友新去处

▲《镇江日报》城市经济，成为拉动京口速跑新“引擎”

镇江日报
推进党建传统优势与信息技术深度融合
京口：“互联网+”引领“智慧”党建
《大国外交》引起我市干部群众强烈反响
全市将建成170万亩高标准农田
车位被占，还车难成共享汽车发展瓶颈

▲《镇江日报》京口：“互联网+”引领“智慧”党建

镇江日报
见义勇为传播正能量 拾金不味弘扬浩然正气
培植龙头企业 实现集中集聚
京口推动服务外包产业特色发展
华阳“有机社区”提升百姓幸福指数
“项目热度”要再提升
八桥：“亲情式”服务让企业干劲冲天

▲《镇江日报》京口推动服务外包产业特色发展

镇江日报
苏州高新区党政代表团来镇考察
建立协调推进机制 加强督查通报考核
京口征收拆迁扫尾工作走在全市前列
打造人才高地 引领创新发展
丹阳眼镜电商出击海外

▲《镇江日报》京口征收拆迁扫尾工作走在全市前列

镇江日报

在江苏 喝国缘

习近平在视察军委联合作战指挥中心时强调

强化备战打仗的鲜明导向 全面提高新时代打赢能力

爱励镇江累计销售航空板2.5万吨

润州探索"健康管家"服务新模式

▲《镇江日报》爱励镇江累计销售航空板 2.5 万吨

镇江日报

恒顺酱油 日式工艺 酿造180天 味更鲜

丹徒凝神聚力冲刺年度目标

社区股改，何时迎来春天？

确保项目建设不"卡脖子""少"走弯路"

京口区奋力打响项目建设年度收官战

▲《镇江日报》京口区奋力打响项目建设年度收官战

镇江日报

在江苏 喝国缘

我市蝉联全国文明城市

丹阳荣膺全国文明城市

京口"善行义举榜"催生"好人群体"

▲《镇江日报》京口"善行义举榜"催生"好人群体"

镇江日报

恒顺酱油 日式工艺 酿造180天 味更鲜

京口紧张快干冲刺全年目标

全国龙狮锦标赛扬中"开播"

招生难，制约了体校发展

▲《镇江日报》京口紧张快干冲刺全年目标

镇江日报

买真酒到05119

京口区城建工程出形象展新姿

我市重拳出击环境资源类案件

以新作为开启新征程

▲《镇江日报》京口区城建工程出形象展新姿

江青垣

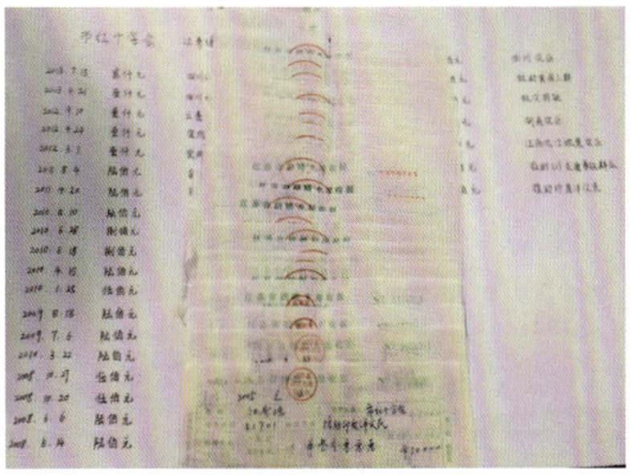
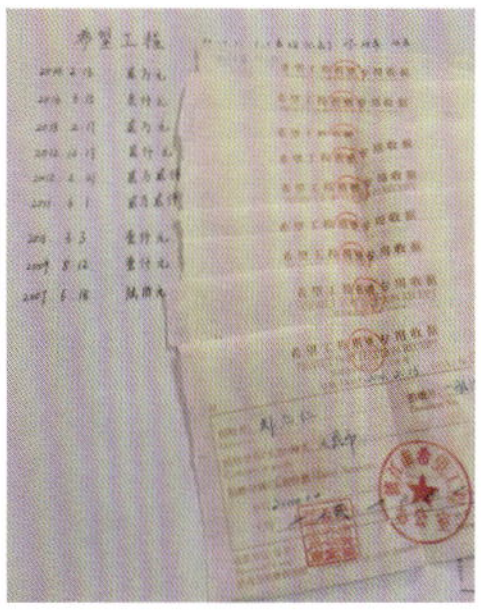

江青垣 因事迹耄耋老人20余年化名捐赠善款14.8万元，入选2017年“中国好人榜”。

1929年生，江苏镇江人。镇江市慈善总会前身慈善基金创立首日，江青垣首次化名“吴明是（无名氏）”捐款400元。此后23年间，从数百元到上千元不等，他化名“吴明是（无名氏）”或“郑江仁”多次向向市慈善总会、团市委希望工程办公室、市红十字会、市妇联等部门，捐款超过14.8万元，并匿名通过撰文记者对《京江晚报》上登载的车祸、烫伤、失学儿童等困难群众进行定向捐助，累计资助超过20余名困难学生。以外，从2002年开始，每年向母校上海交通大学捐款，回馈母校。20多年来，对于爱人、子女、朋友，他对自己匿名捐款事情闭口不谈。直到2013年8月，市妇联爱心妈妈项目办公室找到社区想要采访他，才把他的二十载风雨爱心历程公诸于众。曾获江苏好人、镇江好人、最美京口人等称号。

蒋周健

获得2015年度江苏省十佳青年志愿者荣誉称号

获得镇江市首届“慈善义工奖”荣誉称号

2015年6月28日，在第二期周艺公益江苏省未成年犯管教所古筝班中授课。

蒋周健 政协京口区委员会常务委员、民盟京口委员会常务副主委，镇江市青年联合会常务委员、民盟镇江市委员会委员、镇江市工商业联合会执行委员会委员、民盟江苏省委新的社会阶层人士联谊会副会长、文旅部全国社会艺术考级考官、中央民族乐团喜洋洋室内乐团客席古筝演奏家、江苏周艺人文教育有限公司任董事长，入选2017年“江苏好人榜”。

1982年8月生，民盟成员，本科学历，学士学位。自2006年以来从事公益事业，2008年后陆续在镇、常、苏三地创建周艺公益服务中心，秉承“让困境儿童享受音乐的阳光”的宗旨，积极开展困境儿童免费学古筝、捐乐器、慰问演出、助老等公益活动，并资助多名贫困学生就读。据统计，蒋周健带领其团队已帮助困境儿童260多名，公益活动受益人数105000多人次，参与义工服务累计超过9000小时。个人先后被授予江苏儿童慈善奖、江苏民盟先进个人称号、江苏省十佳青年志愿者、江苏好青年、全国优秀青年志愿者等荣誉称号。周艺公益服务中心先后被授予镇江市扶残助残先进集体奖、江苏省青年志愿者助残“阳光行动”服务基地等一系列荣誉。

张桂琴

2016 年 1 月，在谏壁街道敬老院慰问老人。

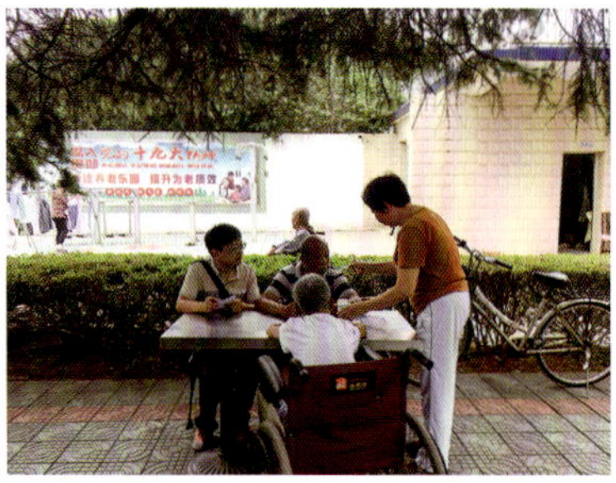

向慢性病老人介绍服药常识

2015 年端午节，和消防队官兵与敬老院老人一起包粽子。

张桂琴 谏壁街道敬老院院长，入选 2017 年“镇江好人榜”。

1964 年 4 月生。担任敬老院院长十多年，像对待父母一样伺候入住老人，让每位老人享受到舒适、贴心的服务，被老人亲切地唤作“姑娘”（镇江方言，指女儿）。在张桂琴多年精细化管理和创新养老模式之下，谏壁街道敬老院已经在更大的范围内产生影响。近几年，该院多次获得省文明敬老院、市文明单位等荣誉称号。她本人也先后获得全国农村五保供养工作先进个人、镇江市优秀敬老人物、最美京口人等荣誉称号。

徐正

在谏壁中心小学举行“正恺育秀助我成长”活动。

在谏壁街道开展“正恺育秀”2017 年捐资助学活动。

与谏壁街道关工委主席田文静讨论捐资助学事宜。

徐正 江苏正恺电子科技有限公司董事长，入选 2017 年“镇江好人榜”。

1957 年 11 月生。徐正热心公益事业 10 余年，坚持捐资助学，资贫济困。正恺电子联合谏壁街道关工委连续 8 年开展“正恺育秀”捐资助学活动，累计捐款捐物约 15 万元，资助学生 116 人次。近几年，正恺电子每年向京口区慈善总会捐款 5 万元，镇江市“慈善一日捐”、向社会儿女捐赠、京江晚报“爱心热线”等活动也都活跃着徐正和他的企业积极捐款捐物的身影。个人先后被评为区级劳动模范、市级先进个人和支持工会工作好领导。

陈香

2017 年 10 月，参加镇江市社会儿女公益服务社组织的欢度重阳活动，接受 85 岁资深“社会儿女”唐贞送上的锦旗。

陈香　镇江元致亨食品有限公司优秀员工，工会副主席，入选 2017 年“镇江好人榜”。

1978 年 7 月生。陈香是一名癌症患者，从事本职岗十三年来，以超乎常人的意志，战胜疾病痛苦，忘我投入工作，创造了骄人业绩。经常带领员工参与社会公益事业，用自己的一颗爱心温暖他人。她是想客户所想的贴心人，每天跑单位联系至少 3–4 家，每年上门营销上千家；她是爱心公益的传播者，在元致亨建立献爱心志愿者服务队，定期为社会服务。由她牵头组织的各项公益活动，公司累计投入十几万元，个人献爱心累计达 3 万多元。曾获“最美京口人”“江苏省优秀工会积极分子”荣誉称号，被评为镇江四星级工会工者。

孟家富

2016 年中秋节，到象山敬老院慰问老人。

2017 年 7 月，陪同京口区政协副主席盛杰走访优山美地居民。

2016 年，认领微心愿，帮助困难群众实现愿望。

孟家富　京口区象山街道孟诚社区党总支书记，镇江方源化学有限公司的总经理，入选 2017 年“镇江好人榜”。

1962 年 7 月生。19 岁开理发店，23 岁自制烫发药水，抓住环保概念，2008 年研发生产出“方源洗衣液”。自 2012 年投产销售以来，受到消费者青睐，目前已被评选为江苏省著名商标。孟家富提出“创业致富”理念，除自己创业，还鼓励和带动百姓共同致富。时常邀请有经验的企业家为村民进行讲座，开拓村民们眼界和思维。使真正具有创业意向和具备创业基本条件的创业者，更加坚定自己的创业信念，实现以创业带动就业，营造“大众创业，万众创新”的浓厚社会氛围，带领全体百姓在强村富民的道路上坚定前行

刘加录

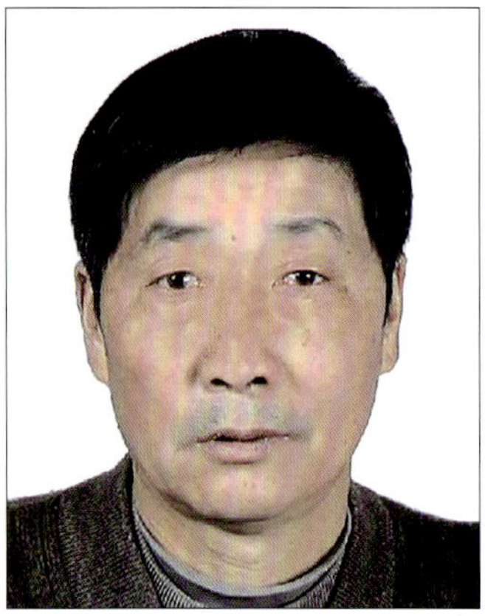

2017 年 12 月，京口区区长徐申锋、谏壁街道书记陈莹在老弗士刘加录家里学习《党章》。

刘加录 曾担任谏壁镇街道计生办主任、雩山村副书记和雩北村委会主任，入选 2017 年“镇江好人榜”。

1947 年 11 月生。71 岁的退休老党员，现义务担任雩北村老弗士（“弗”字，本意为清除、化解之意），由谏壁方言而来，意寓在民间威望高、有号召力的贤人，可以调解分化民间老百姓的日常纠纷。乡里乡亲对刘加录的评价很高，称他是德高望重的老书记，没事也爱去他的家里说一说、道一道。平日，他喜欢在田间地头开展“群众工作”，为村民普及农村土地流转政策法规、农业补贴政策、秸秆禁烧规定等，是农村工作的好帮手、老百姓的好邻居。生活中，刘加录几十年如一日无微不至地照顾残疾的妹妹，在他的带领下，家庭幸福感很强。

《京口年鉴》主要机构（单位）简称全称对照表

简　称	全　称
区　委	中国共产党镇江市京口区委员会
区人大常委会	镇江市京口区人民代表大会常务委员会
区政府	镇江市京口区人民政府
区政协	中国人民政治协商会议江苏省镇江市京口区委员会
纪　委	中国共产党镇江市京口区纪律检查委员会
区委办	中国共产党镇江市京口区委员会办公室
组织部	中国共产党镇江市京口区委员会组织部
宣传部	中国共产党镇江市京口区委员会宣传部
统战部	中国共产党镇江市京口区委员会统一战线工作部
政法委	中国共产党镇江市京口区委员会政法委员会
台　办	中国共产党镇江市京口区委台湾工作办公室
编　办	镇江市京口区机构编制委员会办公室
机关工委	中国共产党镇江市京口区委区级机关工作委员会
老干部局	中国共产党镇江市京口区委员会老干部局
信访局	镇江市京口区信访局
机要保密局	中国共产党镇江市京口区委机要保密局
区政府办	镇江市京口区人民政府办公室
区发改和经信委	镇江市京口区发展改革和经济信息化委员会
区教育局	镇江市京口区教育局
区科技局	镇江市京口区科学技术局
区民政局	镇江市京口区民政局
区司法局	镇江市京口区司法局
区财政局	镇江市京口区财政局
区人社局	镇江市京口区人力资源和社会保障局
区环保局	镇江市京口区环境保护局
区住建局	镇江市京口区住房和城乡建设局
区城管局	镇江市京口区城市管理局
区交通运输局	镇江市京口区交通运输局
区农委	镇江市京口区农业委员会
区商务局	镇江市京口区商务局
区文体局	镇江市京口区文化体育局
区卫计委	镇江市京口区卫生和计划生育委员会
区市场监管局	镇江市京口区市场监督管理局
区审计局	镇江市京口区审计局
区安监局	镇江市京口区安全生产监督管理局
区统计局	镇江市京口区统计局
区物价局	镇江市京口区物价局
区民宗局	镇江市京口区民族宗教事务局

区人大委办	镇江市京口区人民代表大会常务委员会
区政协委办	中国人民政治协商会议江苏省镇江市京口区委员会办公室
区法院	镇江市京口区人民法院
区检察院	镇江市京口区人民检察院
区总工会	镇江市京口区总工会
团区委	中国共产主义青年团镇江市京口区委员会
区妇联	镇江市京口区妇女联合会
区文联	镇江市京口文学艺术界联合会
区科协	镇江市京口区科学技术协会
区侨联	镇江市京口区归侨侨眷联合会
区残联	镇江市京口区残疾人联合会
区红十字会	镇江市京口区红十字会
区工商联	镇江市京口区工商业联合会
象山街道	镇江市京口区象山街道办事处
谏壁街道	镇江市京口区谏壁街道办事处
健康路街道	镇江市京口区健康路街道办事处
大市口街道	镇江市京口区大市口街道办事处
正东路街道	镇江市京口区正东路街道办事处
四牌楼街道	镇江市京口区四牌楼街道办事处
京口工业园区管委会	江苏镇江京口工业园区管理委员会
新民洲临港产业园管委会	镇江新民洲临港产业园管理委员会
大禹山创意新社区管委会	镇江市京口区大禹山创意新社区管理委员会
党　校	中国共产党镇江市京口区委员会党校
史志档案办	镇江市京口区史志档案办公室
接待办	镇江市京口区人民政府接待办公室
机关事务中心	镇江市京口区区级机关事务服务中心
新闻中心	镇江市京口区新闻中心
招商中心	镇江市京口区招商服务中心
北固公司	江苏北固产业投资有限公司
区企改中心	镇江市京口区企业改革管理服务中心
供销合作总社	镇江市京口区供销合作总社
京口中学	镇江市京口中学
中山路小学	镇江市中山路小学
实验小学	镇江市实验小学
村镇办	镇江市京口区村镇建设管理办公室
环卫所	镇江市京口区环境卫生管理所
市场监管稽查大队	镇江市京口区市场监督管理稽查大队
公安京口分局	镇江市公安局京口分局
国土京口分局	镇江市国土资源局京口分局
规划京口分局	镇江市规划局京口分局
国税三分局	镇江市国家税务局第三税务分局
地税二分局	镇江市地方税务局第二税务分局

目　　录
CONTENTS

特　　载
FEATURES

专　　记
SPECIAL ARTICLES

专　　文
SPECIAL ARTICLES

大　事　记
CHRONICLES OF IMPORTANTS EVENTS

京口概况
OVERVIEW OF JINGKOU

京口区组织机构及领导人名录
ORGANIZATION STRUCTURE AND LEADERS

中共京口区委员会
JINGKOU COMMITTEE OF THE COMMUNIST PARTY OF CHINA

京口区人民代表大会
THE PEOPLE'S CONGRESS OF JINGKOU

京口区人民政府
THE PEOPLE'S GOVERNMENT OF JINGKOU

政协京口区委员会
JINGKOU COMMITTEE OF THE PEOPLE'S POLITICAL CONSULTATIVE CONFERENCE

民主党派
DEMOCRATIC PARTIES

人民团体 PEOPLE'S ORGANIZATIONS

群众团体 NON-GOVERNMENT ORGANIZATIONS

法　治
RULE BY LAW

军　事
MILITARY

城乡建设与管理·环境保护
URBAN& RURAL CONSTRUCTION AND MANAGEMENT · ENVIRONMENTAL PROTECTION

综合经济管理
GENERAL ECONOMY MANAGEMENT

商贸 · 流通
FLOW OF COMMERCE

交通 · 物流
TRANSPORTATION · LOGISTICS

开放型经济 OPEN ECONOMY

农业·水利 AGRICULTURE · WATER CONSERVANCY

财政·税务 FINANCE · TAXATION

教育·科技
EDUCATION·SCIENCE AND TECHNOLOGY

文化·体育·旅游
CULTURE, SPORTS AND TOURISM

人力资源和社会保障
HUMAN RESOURCES AND SOCIAL SECURITY

社会民生 SOCIETY AND PEOPLE'S LIVELIHOOD

街道·场圃·工业园 NEIGHBOURHOODS FARMS · INDUSTRY PARKS

人物·荣誉
CHARACTERS · HONOR

附　录
APPENDIXES

彩色画页
COLORED PAGES

索　引
INDEX

工作报告

强化内生动力 全面求真务实 确保高质量完成全年目标任务

——在中共京口区委八届三次全会上的报告（摘要）

区委书记 裔玉乾

2017 年 7 月 15 日

一、凝心聚力，真抓实干，开创了“两聚一高”[1]新局面

（一）突出精准发力，经济运行稳中向好。1—6 月，各项目标总体实现“双过半”，预计完成地区生产总值 249 亿元、增长 8%；一般公共预算收入 8.8 亿元，总量超序时 3.5 个百分点；工业应税销售 182 亿元、增长 17.6%，序时进度全市第一；产业类实际利用外资 6025 万美元、增长 28.4%，超全市平均增幅 25 个百分点；社会消费品零售总额 160 亿元、增长 10%；城乡居民人均可支配收入分别达 22940 元、13060 元，分别增长 8.2%、8%。走产业强区之路，推进全区 56 个重点产业项目建设，中林（镇江）生态产业城等 3 个项目入选省重大项目，创历史新高。中船船舶辅机装备等 32 个亿元以上项目签约，中储粮华东粮油物流基地等 25 个项目开工，中集宝钢一体式半挂车桥、VR 游戏研发运营基地等 13 个项目竣工投产。

（二）深化改革创新，发展质效稳步提高。出台全面深化改革工作实施方案，项目化推进 29 项年度改革任务落地见效。服务业占比有望达 73.4%。互联网产业营收预计增长 26% 以上；总部经济企业突破 400 家，初步形成集群规模和效应；举办第二届中国物流金融峰会，获得“中国十大物流管理创新奖”。爱励铝业公司研发生产的航空板力助国产大飞机 C919 首飞，海龙核科技公司生产的江苏第一块中子吸收板填补国内空白。编制实施区人才发展“十三五”规划。校企合作立项省级以上科技项目 5 个。鼎胜新材公司入选省重点培育发展国际知名品牌领军企业。京口工业园区创成省知识产权示范园区。万人发明专利拥有量继续保持全省前列。

（三）坚持生态领先，人居环境加快改善。落实“263”专项行动[2]，在全市率先关停全部禁养区养殖场，提前完成一夜河西段等清淤工程，全区生活垃圾无害化率达 100%。完成“两个周边”居民搬迁 340 户 4.8 万平方米。推行河长制，“依法取缔金山湖非法捕捞、规范有序垂钓”专项行动成效初显，国考、省考断面全部达标。处理各类环境违法行为 33 起。铁瓮城等项目签约搬迁 9.9 万平方米，拆迁扫尾工作走在全市前列。谏壁节制闸桥改造工程建成通车，新民洲长江主江堤加固工程竣工验收。开展城市治理“2 + X”联勤联动[3]试点。拆除违法建设 6.3 万平方米，基本取缔露天烧烤，开展店牌字招、渣土扬尘等专项整治。开展全国文明城市测评迎检，实行“路段长制”，全覆盖、常态化抓好城市环境整治与居民文明素养提升。

（四）加强民生改善，群众获得感更加实在。全面开展大走访，深入推进“真·实”活动，组织广大党员、干部走访 1300 余家企业、8 万余户居民、65 个社区（村），帮助解决难题 1689 件。上半年扶持创业 1040 人，新开业各类市场主体数及注册资本数分别增长 39%、32%，保持全市领先。新增就业 6295 人，米山社区创成国家级充分就业社区。建成区残疾人综合服务中心，创成省现代民政示范区。举办“第五届全国学前教育年会”，敏成小学投入使用，4所学校创成全国校园足球特色校，市骨干教师占比居辖市区之首。初步建成分级诊疗机制。出版发行《京口群贤》《京口烽烟》，创成省农家书屋提升工程试点工作先进区、全国群众体育工作先进单位。开展法治惠民系列活动，丹企社区等3个社区获评省级民主法治示范社区。完善矛盾纠纷多元化解机制，加大信访积案化解力度，抓好安全生产、食品药品监管等公共安全。

*（五）立足全面从严，管党治党工作全面加强。*推进“两学一做”学习教育常态化制度化，四套班子领导带头并带领全区党员、干部真学实做、真查实改，争做“四个合格”④党员。落实“789”青年干部培养计划，完成干部专项分析研判，在全省率先试点职务与职级分离的干部选配制度。启动党建引领社会治理创新工程，建立“六个一”工作模式⑤，江一社区等党建服务中心建成使用，二级网格治理体系基本形成。基层党建工作经费、社区运转经费、社区党组织为民服务专项资金比上年分别增长60%、20.4%、50%。推进实施意识形态领域分析研判。开展“党规党纪集中学习月”活动，出台党政机关及其工作人员日常行为守则。启动“两个责任”⑥全程记实，对4家单位“一把手”、纪检组组长进行提醒谈话。开展2017年度首轮巡察以及农村基层不正之风和腐败问题“三治理一挂牌”⑦专项行动。给予“第一种形态”处理52人次，立案审查25件。完成人大、政府、政协换届，打造“五型班子”⑧。统战、人武、双拥、群团等各条战线融入大局、争做贡献，成效更加显著。

二、认清形势，对标苏南，正确把握下阶段工作新要求

当前及今后一段时期，京口各层各级、各行各业和广大党员、干部、群众，最根本的是要强化内生动力、全面求真务实。

京口人的内生动力突出表现为：有强烈的责任感使命感危机感，干事创业的自觉性与主动性都很强。有强烈的进取心和学习欲望，善于创新。有强烈的担当意识和吃苦劲头，敢于“困难面前逞英雄”。有强烈的求真精神和务实作风，为人很真、做事很实。

京口存内生动力不足、求真务实不够的表现：工作不够积极主动；存在“小京口”意识；不善于深入学习研究；存在庸懒散现象；抓发展不真不实；畏难情绪较强；仍有少数单位和党员、干部存在违规违纪行为。

今后的努力方向。思想观念上，要更加强化责任意识和使命意识；目标定位上，要更加牢固树立“京口高度”的自觉追求；工作作风上，要更加主动担当、真抓实干；发展效果上，要更加努力追求实效，做到既真又实。

三、突出重点，狠抓落实，确保全年目标任务圆满完成

*（一）要千方百计提升富民实效。*存在不足和短板：居民收入增幅落后于GDP增幅；居民经营性、财产性收入偏低；公共服务有效供给滞后于群众日益增长需要。需要创新思路，精准施策，切实解决好。

第一，突出产业富民，做强居民增收的经济基础。以产业层次和居民收入双提升为目标，做强做大富民产业。加快推动现有产业向高端攀升。坚持“两必须、两强化”⑨产业发展导向，发展高端化、高科技、高附加值产业；开展企业争当“转型升级先锋”活动，鼓励支持企业进行技术创新、质量提升、品牌建设。2017年，力争新增“四上”企业⑩12家以上，高新技术企业5家以上，“镇江市长质量奖”企业1家以上，挂牌上市企业2家以上，江苏著名商标4件以上。加快培育壮大特色富民产业。立足主城区特点，发展传统商贸、家庭服务业等特色服务业。重点发展泛娱乐、文化旅游等新兴产业和互联网经济、会展经济、总部经济等新业态。年内高质量编制完成“e创”小镇发展规划，高标准办好“江苏首届电竞活动周暨全国电竞菁英赛”。力争互联网产业产值增长35%以上，引进总部经济企业100家以上。加强项目建设和科技人才“两个硬支撑”。56个重点产业项目和新签约32个项目，力争早开工、早投产、早见效。加强产业链招商，提高招商实效。加快行政审批制度特别是企业投资项目审批改革，出台并加快实施“促进经济转型‘1＋N’扶持政策”。与江大、中科大共建产业研究院，实施产学研项目50个以上。年内新增省“双创计划”3人、市“金山英才计划”13人以上，每万人高技能人才达751人。

第二，狠抓创业富民，释放群众致富的最大潜力。京口区居民经营性收入偏低，解决根本办法是抓好自主创业这个“牛鼻子”，持续深入开展好全民争当“创新创业标兵”活动，提高创业工作实效。突出重点群体带动。尽快研究出台针对性方案和举措，集中力量帮扶大学毕业生、企业骨干、高校院所科研人员和海归创业，年内力争再扶持四类重点群体创业500人以上。提高创业服务水平。加强金融创新，加强创业导师团建设，加快众创空间建设，年内开工建设江大双创孵化基地，建成运营左湖双创科技孵化器。浓厚创业氛围。

第三，补齐公共服务短板，增加群众“隐形财富”。更大力度加快教育现代化，调优东部片区教育布局，加快象山花园小学等学校建设；完成大市口西片区教育资源优化调整；培养一批“名师、名校、名校长”，努力让每一个孩子就近“上好学”。健全分级诊疗体系，引导优质医疗资源向基层倾斜，提高基层医疗服务水平。科学布局建设城乡公共文化体育设施，增强区文艺中心、全民健身中心和基层综合性文化服务中心的服务功能，创建国家全域旅游示范区。推进精准扶贫，做好优抚安置、困难群众兜底保障、被征地农民“即征即保”等工作。统筹抓好养老、助残、慈善等社会事业，保障特殊群体权益。

*（二）要坚定不移加强生态文明建设。*标本兼治改善生态环境。抓实生态文明建设“七大行动”⑪，全面完成99个生态重点项目年度目标任务。大力开展“263”专项行动，打好治气、治水、治土三大攻坚战，完成主要污染物减排任务，确保空气优良天数占比达68.6%，国控、省控断面100%达标。狠抓谏壁片区生态环境综合整治，有序推进“两个周边”居民搬迁和企业治污。深入推进河长制，加大金山湖、古运河等重点河湖生态治理力度。深化生态文明建设制度改革，落实政府、企业、公民责任，引导全社会共治共享生态文明。综合施策打造宜居宜业魅力区。加快建设“精美镇江”，倡导城市修补，加大王家湾等棚户区（城中村）改造和老小区整治的力度，年内完成征收拆迁15万平方米、改造提升老小区21万平方米以上。加强交通基础设施和智能停车场建设，改造雩山街等“瓶颈路段”，

建成宗泽路等5条道路。抓好城市治理“2＋X”联勤联动试点。严格执行“路段长制”，广泛发动群众参与，确保高分通过全国文明城市测评迎检。

（三）要扎实有力维护社会稳定。进一步全面开展大走访，深入推进“真·实”活动。科学分配组织走访力量，推进网格化走访，健全问题会办交办机制。提高社会治理创新实效。深化“法治京口”建设，全面提升“两网融合”治理服务模式⑫，探索安置小区、老旧小区治理服务的新机制新办法，推动“政社互动”“三社联动”⑬。创新社会矛盾预防和多元化解机制，加强信访问题源头防控和信访积案集中攻坚。加强公共安全保障。做好“双实管理”⑭、大巡防等基础工程，主动防控风险，依法严厉打击违法犯罪。排查化解安全生产、食品药品、公共卫生等公共安全领域隐患。

四、从严从实，持之以恒，推动全面从严治党不断深入

（一）始终坚持旗帜鲜明讲政治。深入推进“两学一做”学习教育常态化制度化，重点围绕迎接十九大召开强化舆论宣传，把牢意识形态工作主动权，把全区上下的思想和行动统一到党的十九大精神上来。

（二）锤炼担当能为的干部队伍。以打造“五型班子”为统领，选好用好干部，加大干部教育培训力度，选派优秀年轻干部进行全脱产挂职锻炼，更大力度关爱干部，强化日常监督管理，落实从严管理干部“五个要”⑮要求，全面开展乡科级领导班子谈心谈话，全面启动公务员平时考核。

（三）切实加强基层党组织建设。加强“三会一课”思想教育功能⑯，增强民主生活会等党内组织生活政治性。以党建引领社会治理创新工程为抓手，完成首批试点社区党建服务中心建设，推广“网格＋网络”社区智能管理平台，完善每月“温暖20”访谈⑰、区域服务“八联共建”⑱、党员志愿服务“三单制”⑲等机制。出台优秀居村党组织书记享受事业待遇方案，推广“全科＋全能”社工管理方式，提高社区党组织为民服务专项资金使用效益。

（四）巩固和维护风清气正的政治生态。实施党风廉政建设“两个责任”全程记实管理。加强区委区政府重大决策部署监督检查。抓好中央八项规定精神落实，及时曝光、严肃查处各类违纪行为。紧盯违反“六大纪律”⑳特别是违反政治纪律的行为，科学运用监督执纪“四种形态”㉑。完成纪委派驻机构改革和巡察机构设置，做好2017年度首轮巡察问题整改落实，适时启动第二轮巡察。以“廉政＋”为抓手，加强源头防腐；持续保持高压态势，狠抓群众身边的“微腐败”，重点推进农村基层不正之风和腐败问题“三治理一挂牌”专项行动。

【注释】

①两聚一高：聚力创新、聚焦富民，高水平全面建成小康社会。

②“263”专项行动：“2”是指减少煤炭消费总量、减少化工企业数量；“6”是指治理太湖水环境、治理生活垃圾、治理黑臭水体、治理畜禽养殖污染、治理挥发性有机物污染、治理环境隐患；“3”是指提升生态保护水平、提升环境经济政策调控水平、提升环境执法监管水平。

③“2＋X”联勤联动：“2”是指网格化、智能化，就是以智能化助推网格化，两网相互融合，最终实现城市治理的精细化、长效化、特色化。“X”指城管、公安、住建、环保、市场监管、卫计委、交巡警、规划等相关部门和街道、社区，实行共治共管共享，实现诸多事务通过一个平台协同办理。

④四个合格：政治合格、执行纪律合格、品德合格、发挥作用合格。

⑤“六个一”工作模式：一个核心引领、一个平台枢纽、一张管理网格、一套服务清单、一个协同机制、一支坚强队伍。

⑥两个责任：在落实党风廉政建设责任制中，党委负主体责任，纪委负监督责任。

⑦三治理一挂牌：扶贫领域专项治理、农村集体“三资”管理专项治理、惠农补贴发放专项治理和开展挂牌督办，严查农村基层“微腐败”。

⑧五型班子：团结拼搏型班子、勇于担当型班子、创新活力型班子、高效务实型班子、清正廉洁型班子。

⑨两必须、两强化：必须生态环保优先，必须资源节约高效；强化地方财政收入，强化居民就业收入。

⑩“四上”企业：年销售收入2000万元及以上工业企业；年营业收入2000万元及以上批发单位、年营业收入500万元以上零售业单位、年营业收入200万元及以上住宿和餐饮业单位；年营业收入1000万元以上，或年末从业人员50人及以上服务业单位；资质以上建筑业企业、全部房地产开发企业。

⑪七大行动：产业升级行动、重点片区整治行动、城市美化行动、环境治理行动、示范载体建设行动、基础能力提升行动、生态文化宣传行动。

⑫两网融合：在社区中，通过融合现实世界中的网格化服务与虚拟世界中的网络化服务，提升服务质效、水平的治理服务模式。

⑬三社联动：社区、社会组织、社会工作联动。

⑭双实管理：对辖区实有人口（单位）、实有房屋开展的全覆盖信息采集工作。

⑮五个要：管理要全面、标准要严格、环节要衔接、措施要配套、责任要分明。

⑯三会一课：定期召开支部党员大会、支部委员会、党小组会，按时上好党课。

⑰每月“温暖20”访谈：“温暖20”，谐音“温暖爱您”。每月20日是“社区党员闪光日”、“在职党员‘真·实’活动日”、“两代表一委员”主动接待日、网格助理员入户走访日、网络信息员“微心愿”传递日、志愿团队集中行动日，在这一天区四套班子领导、机关党员干部进村居、入企业、访居民，通过开展民情恳谈会、信访接待活动等多种形式，听民（企）情、增感情，办实事、解难事。

⑱八联共建：组织联合建立、党员联合管理、服务联合参加、资源联合利用、环境联合治理、议事联合推进、矛盾联合化解、活动联合举办的工作机制。

⑲三单制：群众点单、支部派单、党员接单。

⑳六大纪律：中国共产党的政治纪律、组织纪律、廉洁纪律、群众纪律、工作纪律、生活纪律。

㉑四种形态：党内关系要正常化，批评和自我批评要经常开展，让咬耳扯袖、红脸出汗成为常态；党纪轻处分和组织处理要成为大多数；对严重违纪的重处分、作出重大职务调整应当是少数；而严重违纪涉嫌违法立案审查的只能是极极少数。

深度对标苏南 大力提升质效 开创新时代京口“强富美高”新局面

——在中共京口区委八届四次全会上的报告（摘要）

区委书记 殷 敏

2017年12月28日

一、主动对标苏南，京口发展呈现争先奋进的新气象

1. 紧抓大事要事，优化提升理念思路。组织党政代表团赴苏锡常地区学习考察。大禹山北片区开发和焦北滩土地复垦得到市委市政府全力支持，拓展京口未来发展空间；中山路小学与第四中学成功整合。创成镇江唯一“江苏省小微企业创业创新示范基地”，党建创新工作连续四届获得全国基层党建优秀奖。违法用地清理、违法建设治理、非法码头整治强势推进，“两个华夏”和人禾等历史遗留矛盾化解取得重大进展。

2. 坚持产业强区，保持稳中求进良好势头。高效推进56个产业项目，中储粮华东粮油物流基地等3个项目列入省重大项目，凤凰文化广场等3个项目列入省服务业重点项目，创历史新高。落实区领导挂钩项目负责制，创新实施“六个一”项目调度机制①。移动终端智能制造等55个亿元以上项目签约落户，中林（镇江）生态产业城先进制造区等35个项目开工建设，航空航天中小企业基地等16个项目竣工运营。全年预计完成地区生产总值470亿元、增长7.3%；一般公共预算收入17.7亿元、同口径增长5%，综合评价得分排名全市第二；工业应税销售收入增长11.5%，五年来首次实现两位数增长；城乡居民人均可支配收入分别增长8.5%、8%。

3. 深化改革创新，提高发展质量和效益。推进供给侧结构性改革，关停落后产能项目2个，化解钢铁过剩产能60万吨，降低企业成本9200余万元。预计固定资产投资（设备）增值税抵扣增长83%、超额完成全年任务，规上工业企业销售收入增长12%，比2016年提高9.2个百分点。中储粮镇江基地成为百亿企业、爱励铝业航空板发货突破2.5万吨、新民洲港跻身全国十大木业港。新增65家“四上”企业②、2家挂牌上市企业、6家高新技术企业。6家企业进入省级“单打冠军”储备库。举办首届江苏电竞活动周暨全国电子竞技菁英赛、第二届物流金融峰会、全国进口木材加工利用研讨会。新增市级以上人才项目15个。建成中山大学惠州研究院华东分院，新增省级研发机构2家，合作立项省级以上科技项目11个，科技成果转化产值突破百亿元。万人发明专利拥有量达81件，继续保持全省前列。

4. 聚焦富民惠民，增强群众获得感和满意度。深入开展“大走访”，解决各类难题1600余件。在全市率先完成禁养区畜禽养殖关停任务，“263”专项行动③和“河长制”取得阶段性成效。扶持创业2496人，新增城镇就业11721人，新开业各类市场主体、注册资本分别增长51%、52%，镇江创业园创成国家级创业孵化示范基地。完成43个棚户区和老旧小区改造、海绵城市建设、物业提升项目，征收搬迁23万平方米、拆迁扫尾工作走在全市前列，宗泽路西段等7条道路改造竣工通车；创新开展“2＋X”联勤联动④综合治理试点，高分通过全国文明城市复检。健康路社区卫生服务中心再次入选“全国百强社区卫生服务中心”。

5. 突出从严从实，推动了党的建设全面加强。推进“两学一做”学习教育常态化制度化，落实意识形态责任制，加强干部队伍建设。实施“书记项目”，建成江一社区等8家社区党建服务中心，基层党建工作经费、社区运转经费、社区党组织为民服务专项资金分别增长60%、51.2%、50%，社区、村工作人员报酬分别增长40%、39%。启动“两个责任”⑤全程记实，开展八届区委三轮巡察和“三治理一挂牌”⑥专项行动，完成区委巡察机构设置和纪委综合派驻改革，从严查处违纪违法案件43件。

工作中存在的不足和问题主要表现在：发展还不平衡不充分，投入强度还不高，产出效益比较低，优质项目储备不足，特色产业集聚度不够，新旧动能转换亟待加快；城市功能品质、生态环境质量、民生服务保障、社会治理创新，相比群众期待还有不小差距，影响社会稳定的风险隐患不容忽视；一些基层党组织软弱涣散，少数党员和干部担当善为能力不足、专业素养和法治意识亟待加强，惩治“四风”和腐败问题仍需持续发力。

二、深入学习贯彻党的十九大精神，新时代开创京口“强富美高”新局面

学习贯彻十九大精神，最核心、最关键的是要准确把握习近平新时代中国特色社会主义思想这个灵魂，并与习近平总书记视察江苏（镇江）时的重要讲话精神紧密结合，不断丰富充实“强富美高”新京口建设实践内涵。增强责任感、使命感、紧迫感，加速推进京口“强富美高”新实践，在新时代开创新局面。

1. 新时代开创“强富美高”新局面，一定要更加自信自强。既要清醒认识差距，更要比以往任何时候都更加自信自强，进一步焕发精气神、抢抓新机遇，始终瞄准高质量发展，从理念、眼界、思路和行动上深度对标苏南、提高工作标杆，不断提升发展层次和水平。

2. 新时代开创“强富美高”新局面，一定要更加创新作为。必须与时俱进、锐意创新，以新理念、新思路、新作为开辟新境界。始终坚持优化发展。牢固树立“质量第一，效益优先”导向，大力实施产业强区和创新驱动战略，加快集聚高端要素和人才，加快培育特色高端产业集群，加快营造改革创新、依法高效发展环境。始终坚持融合发展。增强主动意识，特别要在条块融合、校地融合和军民融合等方面创新机制、思路和举措，追求整体利益最大化。始终坚持特色发展。增强“树唯一、创特色”意识，找准领先优势和重点领域，集中力量资源，丰富提升内涵层次。

*3. 新时代开创“强富美高”新局面，一定要更加求真务实。*牢固树立系统化思维，加强担当实干精神，大力弘扬“店小二”精神，充分发扬“钉钉子”精神。

三、牢牢把握高质量发展要求，推动经济社会各项事业迈上新台阶

2018年工作指导思想是：全面贯彻党的十九大精神和省委十三届三次全会、市委七届六次全会精神，以习近平新时代中国特色社会主义思想为指导，坚持稳中求进工作总基调，坚持新发展理念，坚持“三区三高地”总体定位，紧扣社会主要矛盾变化，按照高质量发展的要求，深度对标苏南，大力提升质效，开创新时代京口“强富美高”新局面。2018年发展目标是：预期地区生产总值增长7%左右，一般公共预算收入增长5%左右，城乡居民收入增长与经济增长保持同步，单位GDP能耗下降率、主要污染物减排、空气质量、地表水好于三类水质比例达到预定目标。

*1. 加快培育特色高端的产业集群。*京口实现高质量发展的突出瓶颈是产业核心竞争力不强，突破口在特色高端产业集群的培育壮大。

加速集中集聚。从京口基础条件和资源优势出发，加快培育以新材料、高端装备制造、木业精深加工为主导的先进制造业集群和以现代物流、互联网经济、大健康、现代金融为主导的现代服务业集群。加快研究论证、谋划推进沿金港大道、沿长江和环大市口、环大禹山的“两沿两环”产业新布局。整合集成现有各类专项资金，设立产业引导基金，建立产业集群利益共享机制。

强攻项目建设。推进55个产业类项目早开工、早竣工、早达产。爱励空客机翼板深加工等项目竣工投产，中林（镇江）生态产业城先进制造区、长江游戏谷等项目加快建设推进。完成产业类实际到位外资1亿美元。

做强实体经济。这是产业强区出发点和落脚点。抓好鸿泰钢铁轨道交通特钢生产等9个工业技改项目和苏宁广场凯悦酒店、中储粮粮油配送中心等26个服务业项目建设，确保2018年固定资产投资（设备）增值税抵扣增长12%，服务业占比达73.5%。在2017年销售超百亿企业实现零突破基础上，2018年再增1家百亿企业。新增规模企业23家、挂牌上市企业2家。

*2. 全面激活创新发展的动力潜能。*加快拓展新空间。尽快制定出台盘活利用存量楼宇实施意见，力争通过三年实现楼宇入驻率85%以上，税收超千万楼宇15幢以上。充分调动楼宇产权人和管理方的积极性。力争2018年存量楼宇闲置率降低25个百分点，单位面积税收提高5个百分点。

加快壮大新经济。加速建设e创小镇等特色载体，大力发展电竞、网游、北斗应用等创意经济、智慧经济。大力培育康复医疗、美容保健、健康养老、文化休闲、教育培训等新业态、新模式。抓住金融业税收划归属地的有利契机，发挥长江路金融单位集聚的有利条件，大力引进保险、证券、基金公司等金融企业。

加快增强新动力。深入推进供给侧结构性改革，对接落实“3550”⑦改革和不见面审批工作，加快完善“e办事”平台。共建2家创新联盟与科技公共服务平台，共同实施40个产学研合作项目。2018年新增省级研发机构2家、高新技术企业5家。坚持产才融合，实施“四大引才计划”⑧，2018年新增市级以上人才项目15个。

*3. 努力建设生态宜居的魅力城区。*突出规划引领这一龙头。抢抓镇江城市总规修编和控规全覆盖的机遇，尽最大努力让市委市政府采纳“京口方案”。2突出抓好大禹山及其北片区等重点片区规划编制。

打赢生态治理这场硬仗。抓好“263”专项行动。落实河长制，重点抓好一夜河整治。加快实施土壤污染防治行动计划。加大谏壁片区和城东片区环境综合整治力度，推进“两个周边”居民搬迁；对群众反映强烈的渣土扬尘、露天烧烤以及居民区餐饮油烟污染等问题实施重点治理。

做好功能品质提升这篇文章。抢抓棚改政策机遇，按照“城市双修”⑨要求，重点抓好会莲庵街片区等5个棚改项目，完成征收拆迁50万平方米。改造提升25万平方米老旧小区。另一方面精细化治理城市。大力推进“2＋X”联勤联动综合治理，常态化开展“八项整治”⑩。开发“京美”城市治理服务智能平台。

*4. 切实提升社会治理现代化水平。*更大力度创新社区治理。尽快修订社区准入“两项清单”⑪，严格社区事务准入。每个街道新建1～2家中心社区，负责周边3～5个一般社区政务服务的集中办理、社会组织的集中培育、设施功能的集中发挥。出台社区工作者职业体系建设意见，加快建设专业化、职业化社工队伍，确保2018年每个社区（村）有两名以上“双全”社工⑫。加快区、街道两级网格化服务管理中心建设，把综治、民政、城管、环保、公安等条口网格整合进“一张网”。

更大力度建设“法治京口”。推进全面依法治区，建设好法治政府，落实好司法改革各项举措，抓好“七五普法”，办好法治惠民实事，引导全社会自觉尊法学法守法用法。加大信访积案化解力度，健全矛盾排查预警和多元化解机制。抓好安全生产、食品药品安全监管等工作。

更大力度加强德治建设。以更高水平建设文明城市为统领，一手抓核心价值引领，选树身边道德典型；一手抓行为规范引导，促进市民文明行为养成，培育健康向上的社会心态。

*5. 不断增进可观可感的民生福祉。*抓实29个民生类项目，不断提高群众获得感、幸福感和满意度。

多措并举促民富。开展富民增收五大行动。加快健全创业培训服务和金融支持体系，2018年扶持创业2000人以上，新开业各类市场主体、注册资本分别增长15%、18%。做好就业服务，2018年新增城镇就业1万人以上。

兴办实事惠民生。加快京口中学等学校建设，确保新中山路小学和象山花园小学2018年秋季招生办学。健全“15分钟就医圈”，启用中南世纪城社区卫生服务中心。科学布局公共文化体育设施，建好“一馆两中心”⑬、健康路体育公园。

兜实底线保基本。抓好机关事业养老保险改革、被征地农民社会保障。完善社会救助体系，切实做好特困群体基本生活保障。统筹推进养老、助残、慈善、民族宗教等各项社会事业发展。

四、强化政治担当，坚定不移把全面从严治党落到实处

认真贯彻落实新时代党的建设总要求，全面推进党的“六大建设”⑭，不断提高全区党的建设质量，推动京口各级党组织和党员干部展现新气象，实现新作为。

1. 紧扣讲政治有信念，切实抓好党的政治建设。持续推进“两学一做”学习教育常态化制度化，精心谋划开展好“不忘初心、牢记使命”主题教育。坚决落实管党治党主体责任。全面落实意识形态工作责任制。严格执行民主集中制和“三重一大”决策制度⑮，落实“三会一课”制度⑯，过好民主生活会和党员领导干部双重组织生活，经常使用批评与自我批评武器。

2. 围绕敢担当善作为，加快锤炼全面过硬的干部队伍。树立鲜明的选人用人导向。严格落实“20字”好干部标准⑰。加强干部管理培训。加快实施“135”培训工程⑱。完善激励约束机制。加快健全鼓励激励、容错纠错机制；尽快完善能上能下机制。

3. 突出凝聚力战斗力，全面筑牢党在基层的坚强堡垒。加强基础建设。以党支部星级评定、动态管理为抓手，加强机关党支部、“两新”组织党组织建设。加强党组织带头人和党员管理。完善“温暖20”访谈⑲等机制，推行“京口先锋”信息化平台。加强党建品牌建设。开展“城市基层党建质效提升年”活动，持续做强“两网融合”、商圈党建等特色品牌。

4. 坚持制度化长效化，持之以恒深入推进正风反腐。严格落实“两个责任”。坚持不懈抓作风。贯彻中央八项规定实施细则等作风建设规定，密切关注“四风”新动向。健全监督体系。深入推进监察体制改革，高质量开展好2018年三轮巡察，发挥综合派驻优势。科学运用监督执纪“四种形态”⑳特别是第一种形态。深化反腐倡廉。狠抓反腐斗争，严肃查处各类腐败特别是侵害群众利益的“微腐败”问题；狠抓廉政建设，健全权力运行制约监督机制，从源头上有效预防和减少腐败发生。

5. 注重统全局聚合力，持续浓厚团结奋进的良好氛围。坚持党领导一切，完善议事决策等各项机制。大力支持人大依法履职、政协参政议政，充分发挥民主党派、工商联、无党派人士作用，统筹抓好统战、人武、老干部和群团工作。

【注释】

①“六个一”项目调度机制：一周一调度、半月一督查、一月一通报、两月一点评、每季一观摩、半年一考核的项目调度机制。

②“四上”企业：年销售收入2000万元及以上工业企业；年营业收入2000万元及以上批发单位、年营业收入500万元及以上零售业单位、年营业收入200万元及以上住宿和餐饮业单位；年营业收入1000万元及以上，或年末从业人员50人及以上服务业单位；资质以上建筑业企业、全部房地产开发企业。

③“263”专项行动：“2”是指减少煤炭消费总量、减少化工企业数量；“6”是指治理太湖水环境、治理生活垃圾、治理黑臭水体、治理畜禽养殖污染、治理挥发性有机物污染、治理环境隐患；“3”是指提升生态保护水平、提升环境经济政策调控水平、提升环境执法监管水平。

④“2＋X”联勤联动：“2”是指网格化、智能化。“X”指城管、公安、住建、环保、市场监管、规划等相关部门和街道社区，实行共治共管共享，实现诸多事务通过一个平台协同办理。

⑤两个责任：在落实党风廉政建设责任制中，党委负主体责任，纪委负监督责任。

⑥三治理一挂牌：扶贫领域专项治理、农村集体“三资”管理专项治理、惠农补贴发放专项治理，挂牌督办严查农村基层“微腐败”。

⑦ 3550：开办企业3个工作日内完成、不动产登记5个工作日内完成、工业建设项目施工许可50个工作日内完成。

⑧四大引才计划：企业家引才计划、载体引才计划、校地合作引才计划、海外代理引才计划。

⑨城市双修：生态修复、城市修补。

⑩八项整治：整治马路市场、占道经营、店招破损、违章搭建、车辆乱停乱放、环境卫生、路面破损、公益广告布置。

⑪ 社区准入“两项清单”：社区（村）依法（按章）履职工作事项、社区（村）协助机关部门工作事项。

⑫“双全”社工：“全科＋全能”的社工。

⑬ 一馆两中心：镇江市科技馆、妇女儿童活动中心、青少年活动中心。

⑭ 党的“六大建设”：党的政治建设、思想建设、组织建设、作风建设、纪律建设、制度建设。

⑮“三重一大”决策制度：重大事项决策、重要干部任免、重要项目安排、大额资金的使用，必须经集体讨论做出决定的制度。

⑯“三会一课”制度：定期召开支部党员大会、支部委员会、党小组会，按时上好党课的制度。

⑰“20字”好干部标准：信念坚定、为民服务、勤政务实、敢于担当、清正廉洁。

⑱“135”培训工程：“1”即完善“党校教育、高校研修、个人自学”的三位一体培训体系。“3”即抓好“学、思、践”三个环节。“5”即聚焦全面从严治党、改革发展、务实创新、依法行政、作风建设。

⑲“温暖20”访谈：“温暖20”，谐音“温暖爱您”。每月20日区四套班子领导、机关党员干部，进村居、入企业、访居民，听民（企）情、增感情，办实事、解难事。

⑳ 四种形态：党内关系要正常化，批评和自我批评要经常开展，让咬耳扯袖、红脸出汗成为常态；党纪轻处分和组织处理要成为大多数；对严重违纪的重处分、作出重大职务调整应当是少数；而严重违纪涉嫌违法立案审查的只能是极极少数。

政府工作报告（摘要）

——2018年1月3日在镇江市京口区第九届人民代表大会第二次会议上

代区长　徐申锋

凝心聚力，开局之年各项工作迈上新台阶

2017年，我们坚持“实干争先、实绩为民”，深入学习贯彻习近平总书记系列重要讲话精神和治国理政新理念新思想新战略，紧扣“三区三高地”总体定位，较好完成区九届人大一次会议确定的各项目标任务。

——发展在对标苏南、提质增效中驶入快车道。

一年来，我们牢牢抓住发展第一要务，坚持产业强区，主动对标苏南，集中力量抓产业上项目，持之以恒调结构强创新。全年完成地区生产总值469.66亿元，增长7.3%（比上年增长，下同），快于全市平均；一般公共预算收入17.7亿元，同口径增长5%，综合评价排名全市第二；工业应税销售收入370亿元，增长11.5%，五年来首次实现两位数增长。净增“四上”企业①44家，全市第一。

工业经济加速向好。固定资产投资（设备）增值税抵扣增长83%，超额完成全年任务，规上工业企业销售收入增长12%，比上年增长提高9.2个百分点。爱励镇江公司累计销售航空板突破2.5万吨，机翼板深加工项目开工建设。海龙核科技公司中子吸收板通过新产品鉴定，填补国内空白。镇江飞驰汽车集团有限公司、天海特种装备有限公司被评为市“科技小巨人”企业。江苏惠通集团有限公司成为全市唯一获得“江苏省第十届专利项目金奖”企业，江苏鼎盛新能源材料股份有限公司入选省重点培育发展的国际知名品牌领军企业，江苏安德信获“中国好技术”奖，镇江立达纤维工业有限责任公司获评省最具成长性高科技企业。

现代服务业提速发展。服务业增速连续5年跑赢GDP增速，占比较去年再提高0.8个百分点。举办首届江苏电竞活动周暨全国电子竞技菁英赛、第二届中国物流金融峰会和全国进口木材加工利用研讨会，吸引一批关联企业落户。获得“中国十大物流管理创新奖”，成为中国“互联网+物流+政务服务”产业基地。“船舶设计研发”和“互联网信息产业”两大项目入选首批市级“服务外包特色集聚区”。新增服务业挂牌上市企业2家。

重大项目快速推进。3个项目列入省重大项目，创历史新高。中储粮粮油配送中心等35个项目开工建设，中集宝钢一体式半挂车轴等16个项目竣工投产。新民洲港开港两年进口原木突破280万方，跻身全国十大木业港；中林（镇江）生态产业城木材初加工区入驻企业16家，木业先进制造区一期开工建设，木业加工仅用一年多时间就形成集聚效应。苏宁广场塔楼全面竣工，东大院·创业广场开街运营，中小企业信息产业园25栋产业楼主体封顶，工业园区标准化厂房一期建成当年企业入驻率超过50%。

创新活力持续释放。新增高新技术企业6家，高新技术产业产值占规模以上工业产值比重46.5%，R&D经费占GDP比重2.7%；万人发明专利拥有量81件，保持全省前列、全市第一。中山大学惠州研究院华东分院当年签约落户并建成达效，60余个产学研项目加快推进，科技成果转化产值突破百亿元。镇江创业园创成国家级创业示范基地，互联网双创中心创成省级创业示范基地。京口工业园创成省级知识产权示范园区。举办“情系京口·人才恳谈会”，聘请首批“招才顾问”“引才大使”15人。引进国家杰出青年1人，入选省双创博士1人，入选市“金山英才”计划14人。

——城市在功能完善、品质提升中彰显新魅力。

一年来，我们牢牢抓住宁镇扬一体化实质推进重大机遇，不等不靠，超前谋划，主动争取，改善城市面貌，提升城市品质。

城乡建设步伐加快。大禹山北片区开发和焦北滩土地复垦得到市委市政府全力支持，极大拓展京口未来发展空间。实施铁瓮城一期等棚户区（城中村）征收搬迁23万平方米，在全市率先完成拆迁扫尾工作。开展江滨新村等居住小区物业提升工程10.9万平方米。完成桃花坞二区等老旧小区改造17.1万平方米，占全市改造面积半数以上。新河街历史街区修复提速，孟家湾安置房竣工交付，凌家湾安置房暂停两年之后复工建设。焦顶山路、小米山路等7条道路竣工通车。中建·大观天下、如意江南两个小区获得“江苏省优秀物业管理住宅小区”称号。

生态环境不断好转。大力推进“263”专项行动②，实施生态文明提升工程项目99个。关停谏壁电厂8、9、10#机组等项目，压减煤炭消费总量36万吨。关停化工企业镇江美特斯新涂料有限公司。加快谏壁片区环境综合整治，搬迁“两个周边”③居民537户，14.1万平方米。在全市率先完成禁养区畜禽养殖关停工作。孟家湾湖和玉带河上段整治全面展开，江滨泵站海绵公园等工程完成，向家门城中村变身“环山氧吧”街头绿地。“河长制”工作通过省级年度验收，国考、省考断面水质全面达标。混凝土“黑站”关停、非法码头整治、违法用地清理等工作有力推进。

市容市貌有效改观。创新开展城市治理“2+X”联勤联动④试点工作，大市口商圈市容环境和公共秩序改善。对解放路、梦溪路等主干道进行街景规划，八角亭等14个问题突出疏导点整治。治理违法建设10.5万平方米，新建改造公厕10座、垃圾中转站2座。朝阳门等5个小区推行“3＋X”垃圾分类试点[5]，生活垃圾分类设施覆盖率达30%。高分通过全国文明城市复检，谏壁街道雩山村获评“全国文明村”。

——群众在共建共享、普惠均衡中增强获得感。

始终把人民对美好生活的向往作为奋斗目标，民生支出占公共财政支出八成以上，干成一批看到见、摸得着、感受得到的民生项目。

*居民口袋越来越鼓实。*城乡居民人均可支配收入分别增长8.5%、8.0%，四年中首次全面超越GDP增速。米山社区创成国家级充分就业社区，新增城镇就业、再就业11720余人，“零就业”“零转移”家庭动态清零，城镇登记失业率实现“三连降”。创成省级创业型街道（园区）、社区8个，扶持创业2500余人，新开业各类市场主体、注册资本分别增长51%、52%。

*社会保障越来越全面。*社会保险全面覆盖，低收入群体最低生活保障全面提标，优抚安置各项政策全面落实。坚决打击企业拖欠薪资行为，补发拖欠职工工资133万元。获得“省级现代民政建设示范区”称号，四牌楼街道获评“省示范农民工综合服务中心”。社区股份制改革有序推进。农村土地承包经营权确权颁证工作通过省级验收，农民土地经营权得到保障。

*公共服务越来越优质。*中山路小学与四中整合，敏成小学和京岘家园幼儿园投入使用，中山路小学被评为全市唯一“全国文明校园”，红旗小学等四所学校创成全国校园足球特色校。中南世纪城社区卫生服务中心主体封顶，健康路社区卫生服务中心再次入选“全国百强社区卫生服务中心”。第十五届市运会取得青少年部团体总分第一、金牌总数第二成绩。获评“省农家书屋提升工程试点工作先进区”。“双全”社工[6]职业培训体系初步建立。区残疾人综合服务中心和老干部活动中心建成使用，老来乐社区康复综合服务中心等6家社会组织获评省级示范性社会组织。

*社会大局越来越和谐。*开展“七五”普法，新红旗社区法治文化广场获得“省级法治文化建设示范点”，丹企社区等3个社区获评省级民主法治示范社区。创新社会矛盾化解机制，连续12年获得“江苏省平安县（市、区）”称号。建成全区公共安全大数据指挥服务中心，完成党的十九大、“一带一路”国际峰会等重要时期维稳任务，切实抓牢安全生产、职业健康和食品药品监管工作。

——效能在简政放权、转变作风中得到新提升。

深化行政审批制度改革，在全市率先推行营业执照多证合一、一照一码，京口区“e办事”服务中心实体化运作。修订完善政府工作规则，落实“三重一大”决策制度、政府法律顾问制度。推进“两学一做”学习教育常态化、制度化，扎实开展“暖企惠民助居”大走访，基本实现辖区居民、企业走访全覆盖。通过“12345”市民热线、区长信箱、书记信箱等，解决群众关注的热点难点问题6000余个。自觉接受各方面监督，依法公开各类政务信息，全面公开财政和部门预决算，累计办理人大代表议案、建议72件，政协委员提案134件，满意和基本满意率达100%。民族宗教、外事侨台、史志档案工作取得新进展，妇女儿童、工商联、关心下一代、机关事务取得新进步，国防动员、兵员征集等工作取得新成效。

全区经济社会发展中还存在一些矛盾和问题：产业实力还不强，集聚度还不够，项目投入强度、产出效益还不高；城市品质仍需提高，中心城市首位度还需进一步提升；生态治理还有不少欠账，民生改善、社会事业发展与群众期盼仍有一定差距；社会治理能力需进一步加强，部分领域风险隐患还需进一步化解；政府管理职能有待改进，基层服务意识、部门行政效能还需进一步强化。对于这些问题，我们将采取有效措施，切实加以解决。

砥砺奋进，开启新时代京口发展新局面

2018年政府工作总体要求是：以习近平新时代中国特色社会主义思想为指引，全面贯彻党的十九大和中央经济工作会议精神，落实市委七届六次全会、区委八届四次全会部署，自觉践行以人民为中心发展思想，坚持稳中求进工作总基调，坚持新发展理念，坚持“三区三高地”总体定位，强化系统思维，紧扣新时代社会主要矛盾变化，按照高质量发展要求，在质量变革、效率变革、动力变革上狠下功夫，深度对标苏南，大力提升质效，以供给侧结构性改革为主线，统筹推进稳增长、促改革、调结构、惠民生、防风险各项工作，为开创新时代京口“强富美高”新局面奠定坚实基础。

全区经济社会发展主要预期目标：地区生产总值增长7%左右；一般公共预算收入增长5%左右；R&D经费占GDP比重2.71%；城镇居民人均可支配收入实现与经济增长同步；城镇登记失业率2.6%以内；全面完成节能减排约束性指标。重点做好以下五个方面工作。

一、突出特色高端，打造更加优质的产业形态

坚持质量第一、效益优先，牢固树立“产业强区”“项目为王”理念，更加重视发展实体经济，加快研究推进“两沿两环”[7]产业新布局，着力构建特色鲜明的现代城市经济产业形态。

*一是促进服务业提升发展。*壮大楼宇经济规模。出台全区楼宇经济发展规划，创新完善楼宇服务管理模式，加强重点楼宇跟踪分析，实行“梯度培育”计划，推动楼宇经济规范特色发展。提高企业入驻率、财税贡献率，力争存量楼宇闲置率降低25个百分点，楼宇单位面积税收提高5个百分点。推动业态优化提质。加快大市口商圈品质重塑，实施八佰伴地下商圈提升工程，推进财富广场“一馆两中心”[8]建设，推动苏宁广场、八佰伴、商业城、第一楼街、大祥时尚街等竞合发展。新增年营业收入千万元以上服务业企业20家。启动米山文化创意街区、漫书城文化广场建设，推进爱康国宾体检中心开业运营。培育更多新增长点。加快e创小镇

建设，促进规划落实、项目落户、产业落地。中小企业信息产业园研发区竣工、商办区开工，打造全区首家市场化运营园区。镇江长江游戏谷竣工运营。加快新经济发展，培育健康养老、文化体育、旅游休闲、教育培训等新业态，壮大“互联网+”、会展经济、创意经济、分享经济，提高服务业发展水平和层次。

二是做优做强先进制造业。培育规模企业。深入实施“三个一批”⑨企业培育计划，新增规模以上工业企业3家。以加快“两化融合”⑩为抓手，围绕新材料、高端装备制造、木业精深加工等产业，鼓励企业加大先进设备投入，形成主营收入百亿级企业1～2家。做强园区载体。瞄准全国木业精深加工示范区目标，加快中林（镇江）生态产业城木业先进制造区一期建设，完成木业特色小镇规划，促进港产城融合发展取得明显进展。启动工业园区标准化厂房二期建设。依托爱励铝业、鼎胜新材、海龙核科等龙头企业，争创国家级高性能新材料产业基地。强化金融支撑。抓住金融业税收划归属地有利契机，大力推动金融企业集聚。加大金融对实体经济支持力度，搭建政银企三方合作平台，加强信息共享，创新合作模式，有效缓解企业融资难题。支持有实力的企业进入资本市场，实现鼎胜新材主板上市。

三是切实增强项目建设实效。聚力招商引资。创新招商体制机制，提高招商队伍专业化水平，大力开展主题招商、资本招商、科技招商和产业链招商，建立并定期更新目标企业数据库，加大招商项目跟踪落实力度，全年新签约落户亿元以上产业项目32个。集聚关联企业。围绕特色产业，重点引进延链、补链、强链项目，拉长产业链条，加速产业集聚，年内力争引进特色产业项目占比超过50%。加快项目推进。建立重大项目评估机制，坚持项目清单推进、挂钩推进，畅通项目服务绿色通道，严格执行项目观摩推进机制，强化督查考核，确保爱励空客机翼板深加工、中储粮食用油压榨等55个重大产业项目早开工、早竣工、早达效。

二、突出改革创新，培育更加强劲的发展动能

深入实施创新驱动发展战略，充分发挥科教人才资源优势，着力培育市场创新主体，促进科技成果产业化，加快推动新技术、新模式、新业态培育壮大，增强发展内生动力。

一是持续激发创新主体活力。强化企业创新主体地位，加快构建“亲”“清”新型政商关系，倡导推行“理解、尊重、爱护、支持企业家”理念，进一步营造依法保护企业家合法权益的法治环境，促进企业家公平竞争、诚信经营的市场环境，尊重和激励企业家干事创业社会氛围。鼓励企业走“专精特新”发展之路，引导鼎胜新材、中储粮、锐天信息等重点科技型企业加大研发投入，承担重点科技攻关项目。新增省级研发机构2个以上、高新技术企业5家。强化人才创新支撑作用，实施“四大引才计划”⑪，力争入选市级以上人才项目15个以上，新增发明专利650件，新增高技能人才550名，万人劳动力研发人数达213人。

二是大力推进创新平台建设。深化校地合作，高水平建设江苏大学京口新一代信息技术产业研究院、无机材料与器件研究及应用开发科技公共服务平台，实施产学研合作项目40个，就地转化高校成果10个以上。实施科技孵化器提升行动，新建左湖科技孵化基地等孵化载体4个，围绕软件信息、电子商务、文化创意等领域，引导现有孵化器、众创空间专业化、特色化发展，力争孵化10家以上科技型企业。

三是坚决落实各项改革任务。深化供给侧结构性改革，用市场化、法治化方式淘汰落后产能、化解过剩产能，全面完成去产能任务，基本实现“僵尸企业”出清。深入推进行政审批制度改革，加快“3550”⑫改革落地，推进“互联网+政务服务”和“不见面审批”改革，完善“e办事”平台职能，用政府权力的“减法”换市场活力的加法。推进园区、国有企业改革，加快工业园区转型升级，实现省级开发区排名争先进位；加快北固公司市场化转型步伐，探索投融资模式创新。设立产业发展引导基金。用好用活创投基金，力争新增科技贷款3000万元。

三、突出生态优先，营造更加优美的人居环境

践行绿水青山就是金山银山理念，以提升生态环境质量为目标，着力补齐生态短板，推动形成人与自然和谐发展新格局。

一是扎实推进绿色低碳发展。提高项目环保准入门槛，推动所有化工企业完成挥发性有机物污染防治系统建设，推进索普集团集中式污水处理厂建设，加快谏壁电厂无组织排放治理，从源头上为生态环境减负。启动索普集团醋酸造气工艺节能减排技术改造，完成鸿泰钢铁品种结构调整炼钢系统升级以及国电谏壁发电有限公司11#机组综合升级，进一步降低单位GDP综合能耗。加强土地集约利用，依法处置闲置土地。大力倡导绿色生活、低碳出行，开展全民节约行动，创建节约型机关、绿色家庭、绿色学校、绿色社区，推进资源全面节约、循环利用。

二是着力解决突出环境问题。完成“263”专项行动重点整治任务35项。稳妥有序推进“两个周边”500米绿化隔离带内居民搬迁。研究推进城东垃圾填埋场生态修复，启动一期土地整理。全面强化“河长制”管理，编制完成“一河一策”实施方案。加强河道管护和治理，实施华村沟、老鼠山河整治，完成一夜河东段控源截污、河道拓宽、边坡治理及景观建设，同步实施支流河道清淤、沿线排口整治，大幅提升水环境质量。更大力度改善空气质量，采取控煤、减排、降尘、秸秆禁烧等综合治理措施，确保主要污染物排放强度持续降低，全年空气优良天数比例进一步提高。

三是切实加强生态环境保护。落实《生态文明建设目标评价考核办法》，坚守生态保护、永久基本农田、城镇开发边界三条控制线，以最高标准、最大力度和最严格考核推进生态文明建设。加强环境综合执法，全面完成存量违法用地清理，彻底整治各类非法码头，重拳打击长江非法采砂、非法开山采石，坚决制止、严厉惩处破坏生态环境的行为。

四、突出精美精致，展现更加靓丽的城市形象

更大力度做好城市建设和治理服务各项工作，统筹推进规划提升、建设提质、管理提效，推动城市品质内涵提升、彰显魅力。

*一是加快完善城市功能。*开展城市控规研究，推进谷阳路中段、青年路等骨干道路建设，提升路网功能；打通宗泽路中段、汝山路中段、苗家湾路等“断头路”，完成江滨路取直工程，畅通城市“内循环”。合理规划建设邻里中心等商业配套设施。推进智能立体停车楼建设，缓解城区停车难题。

*二是加快改善居住环境。*加大旧城改造力度，实施大西路会莲庵街片区、大禹山片区、京口工业园区等棚户区（城中村）改造，完成征收拆迁50万平方米以上。抢抓“城市双修”试点机遇，大力实施生态修复、城市修补，全面开展大禹山北片区环境综合整治，进一步实施城区易淹易涝隐患点整治，基本完成危旧房解危任务，系统推进江滨新村等老旧小区整治和物业提升工程，改造老旧小区25万平方米以上。加快推进凌家湾、王家花园安置房建设，完成孟家湾、华诚新村安置房回迁安置。

*三是加快提升城管水平。*系统推进市政环卫、停车场所、应急避难场所等配套设施建设，新建垃圾交换站30个，生活垃圾分类设施覆盖率达到50%以上。加强城市治理标准化，制定垃圾分类、街巷道路环境卫生、户外广告等管理标准，实施道路保洁分级管理。加强城市顽疾治理攻坚，全面开展大市口商圈环境和重点路段综合整治提升，坚决整治各类马路市场，完成建成区违法建设治理年度任务。顺应智慧城市建设趋势，开发“京美”城市治理服务智能平台，放大城市治理“2 + X”联勤联动效应，推进系统化、智能化、便捷化城市治理方式。

五、突出发展惠民，创造更加美好的幸福生活

坚持尽力而为、量力而行，抓实抓好29个民生项目，让改革发展成果更多更公平地普惠于民，使群众获得感、幸福感、安全感更加充实、更有保障、更可持续。

*一是促进就业创业，夯实民生根本。*完善就业创业政策，加大各类培训力度，加强对灵活就业、新创业形态的支持。深化“互联网 + 人社”数字化服务体系建设，确保就业援助（各类服务）对象信息全面精准。扶持小微企业，大力开发公益性岗位，缓解“4050”人群⑬就业难问题，新增城镇就业1万人以上。推进创业“四项行动”⑭，进一步优化创业服务，降低创业成本，扶持创业2000人以上，新开业各类市场主体、注册资本分别增长15%、18%。

*二是强化社会保障，兜住民生底线。*推进“全民参保登记”，确保全区社会保险全覆盖。做好被征地农民保障工作，提高保障标准，实现应保尽保，切实维护被征地农民合法权益。加快养老项目化推进，新增一批老年人助餐点，引进一家线上线下互动型居家养老服务中心，确保每千名老人拥有床位数、养老护理员持证上岗率分别达到41.5%和85%。进一步提高城乡居民最低生活保障标准，落实精准扶贫各项措施，加强慈善救助，切实保障困难群众基本生活。

*三是优化公共服务，增进民生福祉。*实施省、市“基层基本公共服务功能配置标准”达标工程。确保中山路小学、象山花园小学秋学期全部开学，京口中学项目主体封顶，组织开展省级以上重大赛事活动3场以上。全面推进《健康镇江·幸福京口（2016—2020）行动方案》，启用中南世纪城卫生服务中心，力争挂牌1～2家省首批社区医院。完成10个基层综合性文化服务中心提档升级任务，每万人拥有晨晚练健身站点达6.6个。深入开展全民阅读活动，争创省“书香城市”建设先进区。推进国家全域旅游示范区创建。

*四是创新社会治理，筑牢民生基础。*顺应社会治理重心下沉要求，修订社区准入“两项清单”⑮，严格社区事务准入，打造2家新型中心社区，切实加强社区服务功能。深化“两网”社会治理模式创新，出台社区工作者职业体系建设意见，实现每个社区（村）至少有两名“双全”社工，建成区、街道、社区三级社会治理网络服务平台。争创省级食品安全示范区。严格落实信访工作责任制，扎实推进依法分类处理信访诉求工作，依法化解信访突出矛盾。健全安全生产责任体系，加强安全生产监督执法和隐患排查治理，夯实基层基础，加大源头管理力度，确保安全生产形势持续稳定。

不忘初心，全面加强政府自身建设

把全面从严治党各项要求落实到政府工作各个环节，牢记使命、履职尽责，不断增强政府系统战斗力、执行力、公信力。

*一是争做讲政治有担当的表率。*把学习贯彻落实党的十九大精神作为首要政治任务，深入推进“两学一做”学习教育常态化制度化，扎实开展“不忘初心、牢记使命”主题教育，牢固树立“四个意识”，坚决落实上级各项决策部署，维护区委权威，确保政令畅通。切实增强“八个本领”⑯，以苏南的理念、标准、质量谋划推进工作，重点在招商引资、项目建设、城市治理服务等领域尝试新办法，探索新模式，努力推动各项工作在省市争先进、创一流。

*二是切实提升依法行政水平。*严格依法行使职权，做到法无授权不可为、法定职责必须为。全面完成“七五”普法中期考核验收。坚持区政府常务会议学法制度，提升全体公务人员法律素养。严格执行重大事项公众参与、专家论证、合法性审查等制度，确保民主决策、科学决策。落实《镇江市国家机关“谁执法谁普法”责任制实施办法》，进一步加强对行政执法主体和行政执法人员监督管理。主动接受区人大及其常委会依法监督、区政协民主监督和社会各界监督，办好人大议案、建议和政协提案，做到事事有回音、件件有着落。

三是大力弘扬高效务实之风。

践行“一线工作法”，坚持重实干、办实事、求实效，发扬“马上就办、办就办好”作风，严格实行目标管理责任制，加强重点工作、重大项目督办推进，以“钉钉子”精神确保各项工作落到实处。深入推进“暖企惠民助居”大走访，全力帮助企业、居民解决实际困难和问题，以公务人员“辛苦指数”赢得人民群众“满意指数”。

四是时刻坚守清正廉洁底线。打铁必须自身硬。坚持把纪律挺在前面，严格执行中央八项规定的实施细则，落实党风廉政建设责任制和“一岗双责”，坚决查处侵害群众利益不正之风和腐败问题。推动审计监督全覆盖，加强行政审批、工程招投标、政府采购等重点领域监管。严格预决算管理，加强政府性债务管理和风险防控，促进公共财政资源优质高效配置。以永远在路上的坚韧，筑牢拒腐防变的思想道德防线，努力实现干部清正、政府清廉、政治清明。

【注释】

①“四上”企业：规模以上工业企业、资质等级建筑业企业、限额以上批零住餐企业、规模以上服务业企业。

②“263”专项行动：“2”即减少煤炭消费总量、减少落后化工产能；“6”即治理太湖水环境、治理生活垃圾、治理黑臭水体、治理畜禽养殖污染、治理挥发性有机物污染、治理环境隐患；“6”即提升生态保护水平、提升环境经济政策调控水平、提升环境执法监管水平。

③两个周边：索普化工基地和新区化工园区周边。

④“2＋X”联勤联动：构建“网格化＋智能化”城市治理体系，将城建、公安、环保、市场监督等管理执法队伍下沉至网格，将城市管理、社会管理、公共服务等事项融入网格。

⑤“3＋X”垃圾分类试点：“3”是指将日常生活垃圾分为可回收物、其他垃圾、有害垃圾三类分别进行收运处置。“X”是指根据今后垃圾处置终端建设情况，成熟一项，分流一项，逐步对大件垃圾、绿化垃圾、电子垃圾、废旧织物、厨余垃圾实行分类收运处置。

⑥“双全”社工：即全科社工、全能服务。全科社工是指全面掌握各项社区工作职业技能的社区工作者。全能服务是指居民所需服务能顺利得到满足的服务模式。

⑦一馆两中心：镇江市科技馆、妇女儿童活动中心、青少年活动中心。

⑧两沿两环：沿金港大道、沿长江和环大市口、环大禹山

⑨三个一批：培育一批、巩固一批、招引一批。

⑩两化融合：信息化和工业化融合。

⑪四大引才计划：企业家引才计划、载体引才计划、校地合作引才计划、海外代理引才计划。

⑫“3550”：省委省政府明确的“开办企业3个工作日内完成、不动产登记5个工作日内完成、工业建设项目施工许可50个工作日内完成”的目标。

⑬“4050”人群：处于劳动年龄段（女40岁以上、男50岁以上的，本人就业愿望迫切、但因自身就业条件较差、技能单一等原因，难以在劳动力市场竞争就业的劳动者。

⑭创业“四项行动”：创业能力提升行动、创业政策拓展行动、创业孵化载体提升行动、创业服务优化行动。

⑮两项清单：社区（村）依法（按序）履职工作事项、社区（村）协助机关部门工作事项。

⑯八个本领：执政本领、政治领导本领、改革创新本领、科学发展本领、依法执政本领、群众工作本领、狠抓落实本领、驾驭风险本领。

秀美的焦山风光

专　　记

责任编校：耿纪明

科技创新活力持续释放

京口区科技创新工作紧紧围绕“三区三高地”总体定位，以“两聚一高”为引领，贯彻落实省科技创新“40条政策”和市“聚力创新六条政策”，不断优化创新环境，激发创新创业活力，为全区经济社会发展提供有力科技支撑。全年研发投入占地区生产总值比重达2.71%。高新技术产业产值占规模工业产值比重46.4%。万人发明专利拥有量达83.32件，列全市第一。每万人劳动力中研发人数210人。京口区再次获批“国家知识产权强县工程示范区”，高分通过“省知识产权战略区域示范区”验收，区知识产权局获“省专利执法先进集体”。

深化体制机制创新，激发全社会创新活力。研究制定新一轮科技创新政策。区委区政府出台《关于加快推进科技创新加速经济转型升级的意见》（镇京发【2017】24号），形成覆盖全区科技型企业、孵化载体、驻区高校院所的政策普惠体系。建立京口科技项目监管诚信体系，完善科技项目经费监管制度。

强化创新平台支撑。集聚政策资源，构建不同阶段孵化模式，搭建专业支持互联网产业发展公共服务平台，将江苏大学大学生创业园、金港产业园创客工场、归国博士创业园、京口高创中心打造成“选种—育苗—移植—壮大”互联网产业专业“阶梯式孵化链”。京口高创中心、市创业园获省孵化器绩效评价B类。

完善科技金融体系。为9家企业办理科技贷款2000万元。加强科技企业上市培育，科技型企业鼎胜新材在主板上市，江苏茴香豆、宝华物流等分别在新三板上市，锐天科技信息有限公司入库省科技企业上市培育计划。

提升企业自主创新水平和质效，推动产业向中高端迈进。

推动骨干企业创新。建立“一高企一团队”跟踪服务机制，新增省级研发机构3家、市级重点实验室1家、市级公共服务平台1家。江苏安德信超导加速器科技有限公司获中国好技术、省企业创新奖，镇江立达纤维工业有限责任公司进入省最具成长性高科技企业。鼓励中小企业创新。认定高新技术企业9家、省高企入库4家，民营科技型企业5家，省级高新技术产品26个。组织申报省、市科技项目49项，省项目立项11个，市项目14个，获得资金扶持1500万元。

2017年3月，京口区人民政府与江苏大学开展校地合作对接会（崔世林　摄）

深化校地合作，促进创新资源高效整合。开展校地共建活动。落户中山大学惠州研究院华东分院。开展“企业家院校行”“专家教授企业行”等活动，组织60多家企业与上海交通大学、复旦大学、华东理工等高校院所交流对接。组织专场产学研活动7场，签订产学研合作协议40个，实施产学研合作项目60多项，科技成果转化产值百亿元以上。构筑高能级创新大平台。建立江苏大学新一代信息技术产业研究院，入驻江苏大学互联网企业3家。与江苏大学合作共建“镇江市无机材料与器件研究及应用开发科技公共服务平台”获市级立项。全面落实省创新型试点区工作，形成“重发展、促转型、争先进”内生动力。加强知识产权应用和保护，提升知识产权综合竞争力。京口工业园创成省级知识产权示范园区，江科大附小纳入省级知识产权试点学校建设。专利申请2712件，其中发明专利申请825件。新增国家标准《企业知识产权管理规范》备案企业8家。惠通集团获省国家专利优秀奖、省专利金奖。

“暖企惠民助居”大走访活动

京口区认真贯彻落实省、市关于大走访部署要求，牢固树立问题导向、目标导向、需求导向和效果导向，结合持续开展3年的“真·实”活动，发动全区广大党员干部深入基层，与群众、企业面对面交流，实打实解决问题，实现1469名党员干部参与全覆盖，5379家企业、126774户常住户全覆盖，发现和解决问题全覆盖，走出好作风，访出真实效。

强化顶层设计

科学制定方案。在对照省、市要求，结合全区实际基础上，制定出台《关于全面开展大走访，深入推进“真·实”活动的实施意见》以及“暖企”“惠民”“助居”大走访具体实施方案。

加强组织领导。成立由区委主要领导任组长的大走访领导工作小组。建立健全协调会办、定期报送、“三张清单”、通报督查等机制。

加强宣传引导。在走访过程中，宣传党和国家方针政策，宣传大走访意义和目的。通过京口网站、“京口发布”微信公众号专栏等宣传先进典型、新鲜经验和成功做法。

注重统筹推进

开展培训。针对大走访中遇到的“进不了门、说不上话、交不了心”等问题，举办不同专题培训班，帮助走访同志熟悉业务、掌握方法，提高走访效果。

推行组团式走访。针对主城区常住居民户较多实际状况，以社区（村）为单位，划定65个走访网格，采取“4＋X”（“4”即区领导、区级机关干部、街道园区干部、社区村干部，“X”即片警、网格长、业委会成员等）组团模式，分片包干，全面覆盖，实现党员干部和走访对象一一对应。

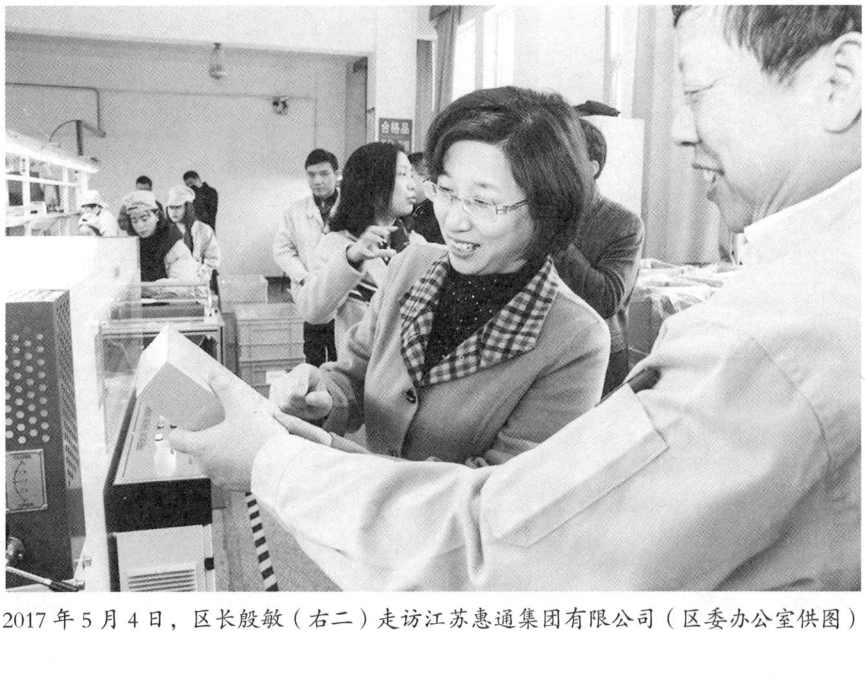

2017年5月4日，区长殷敏（右二）走访江苏惠通集团有限公司（区委办公室供图）

创新走访路径。在“走”和“访”过程中，各街道（园区）、机关部门因地制宜，创新思路，创造很多行之有效举措。例如：健康路街道根据走访对象工作性质、家庭状况等因素，探索“五星级”居民管理模式，受到市委领导充分肯定。

着力解决问题

解决实际问题。通过现场办公会、交办督办等形式，解决普莱克斯稀有气体项目前期环评立项、新民洲临港产业园增加公交226路班次、原镇纺宿舍小区无路灯、外来务工人员子女入学、白莲巷综合整治粉刷面脱落、某挂户少年户籍迁移和申请低保等具体问题1500余件，有关案例及群众表扬信在“江苏大走访”公众微信号、《镇江信息》“暖企惠民”大走访专刊上刊登。

以大走访为抓手，推动重点工作落实。促使机关党员、干部3万余人次投身文明城市建设，有60名机关党员、干部长期兼职社区“网上居委会”版主，帮助近400余户家庭实现创新创业，共同打造65个“两网”治理亮点，有力助推社区建设和社会治理。促使机关党员、干部走遍辖区企业，积极为企业发展出谋划策，解决实际问题，有力助推全区经济建设和发展。

坚持常走常访，推动大走访一直走下去。联系服务群众是一个永恒课题，走访落实是一项长期任务。集中走访后，将建立健全干部下访有制度安排、群众反映诉求有正常渠道、化解矛盾问题有稳定机制、民意参政有规范程序的“四有机制”，推动大走访持续拓展提升、实现常态长效。（马一飞）

聚焦城市基层党建 聚力社会治理创新

京口区坚持把加强城市基层党建、巩固党的执政基础作为贯穿社会治理和基层建设的一条红线，举办2个基层党建专题培训班，设立

2017年8月25日，举办区委“书记项目”现场推进会（丁毅 摄）

120万元“书记项目”专项奖，建立“2123”（双周指导、每月例会、双月报送、每季督查）督促检查制度，每月召开街道（园区）、机关部门、社区（村）等不同层次现场工作例会6次，项目化推动“基层党建引领社区社会治理创新工程”书记项目落到实地，着力提升城市基层党建工作科学化和治理能力现代化水平。经验在《组织人事报》《党的生活》《党建之窗》《镇江日报》《中国城市报》以及省简报、人民网、江苏先锋网、金山网等报刊、网站宣传报道数十篇。

突出一个核心引领。在“两个融合”上下功夫，即党建服务与社区服务相互融合，党建体系与社会治理体系相互融合。党建服务与社区服务相互融合以党建服务中心为阵地，以“京口先锋”党员志愿服务为载体，通过党组织关爱党员、党员服务群众增强党组织吸引力、凝聚力和感召力。制发《关于规范基层党的组织生活的实施意见》，深入推进“双型”（法治型、服务型）先进党支部建设工程，创成“五星”支部7个、“四星”支部129个。党建体系与社会治理体系相互融合。以网格体系为依托，凸显党组织形象标识，完善“社区建党委（总支）—网格建支部—楼栋建党小组”工作模式，推广设立“志缘、趣缘、业缘、地缘”等功能型党组织，实现党组织对网格治理体系全面覆盖和有效引领。

构建一个枢纽平台。每个街道（园区）建设1个不少于800平方米规范化、示范性社区党建服务中心，强化区域辐射功能，精准定位，着力打造“一中心一特色”。象山街道重点建设大禹山北片区党建服务中心。健康路街道立足星光义工品牌深化，在党建服务中心建设星光义工总站。新民洲临港产业园传承知青文化特色，打造具有浓厚知青精神党建服务中心。全区统一增设街道（园区）党建服务中心工作机构，按照正股级事业单位管理，配备22名全额拨款事业编制专职党群工作者，加强基层党群工作力量和专业化水平。

重构一张服务网格。按照量力而行、尽力而为原则，对原有一级网格服务体系全面重构，全区划分成555个一级网格。采用“1＋N”网格力量配备模式，“1”即一级网格由社区（村）和街道（园区）工作人员担任专职网格长，“N”即二级网格由多名党员、群众骨干担任志愿网格员。同步实行民情档案星级分类管理机制。建立城市网格化智能管理平台，推广“2＋X”联勤联动执法管理模式，打造京口城市基层党建“两网”模式升级版。

制定一套服务清单，问需于民实效化。依据居民需求创新服务，京口路社区梳理居民需求，在社区生活服务中心设置“快乐四点半”“艺术人生”等功能区。服务内容项目化。通过开展基层党建引领社会治理创新典型案例评选，形成虹桥社区“橙色为民连心桥”等35个特色为民服务项目。服务组织社会化。深入推动公共服务“三社联动”，探索建立公益服务“双向认领”机制，58个社区利用党组织为民服务专项资金，实施项目49个。服务形式网络化。试运行“京口先锋”党建信息化平台，象山街道、正东路街道、古城社区、米山社区等都开发群众喜闻乐见服务公众号。

建立一个协同机制。在“助居”大走访中，创新建立每月“温暖20”访谈日机制，推动533个党支部、428名乡科级以上党员干部精准结对337户困难家庭，60个区级机关部门党组织助力65个社区（村）党组织和谐发展。完善区域服务“八联”共建机制，健全街道、社区两级“大党委”制，213名机关企事业单位和“两新”组织党组织负责人兼任街道党工委、社区党组织委员，形成共建共治“党建联盟”。推行“群众点单、支部派单、党员接单”为主要内容志愿服务模式，在“京口先锋”平台上集中发布“微心愿”，组织党员领办。四牌楼街道益家乐社会组织还通过团中央公益网站公开招募志愿者，将服务项目在网上实现众筹，获得公募基金资助。

打造一支坚强队伍。探索运行“双全”社工培养机制，举办城市党建工作暨社区党组织书记（昆山党校）培训班。与南京四月天社会服务中心合作，开发运行“双全”社工技能培训软件平台，制定社工队伍管理办法，编制六大类公共服务题库1000余题，举办首期164名社区工作者参加的“双全”社工培训班，合格率98.1%，重点构建全区以“双全”社工为标志的社区工作者职业体系。重新核定社区（村）工作人员职数，落实市委书记“书记项目”，建立基本报酬定期增长机制。社区、村正职干部每月基本报酬分别提高到3500元和3200元，增幅分别达40%和39.1%。

（丁毅）

学习贯彻十九大精神，开创人大工作新局面

京口区人大常委会党组书记、主任 施正中

2017 年 11 月 17 日

党的十九大是一次不忘初心、牢记使命、高举旗帜、团结奋进的大会。京口人大及其常委会将更加自觉地在思想上政治上行动上同以习近平同志为核心的党中央保持高度一致，坚持和完善人民代表大会制度，努力推动人大工作取得新进展、开创新局面，为京口迈上新台阶做出新贡献。

一、深刻理解和把握十九大对治国理政的新要求

一是深刻把握治国理政体系的战略方位。报告将“推进国家治理体系和治理能力现代化”列入新时代中国特色社会主义思想，将由“推进国家治理体系和治理能力现代化”等内容构成的“坚持全面深化改革”列为新时代中国特色社会主义 14 条基本方略之一，明确了国家治理体系和治理能力实现现代化的具体时间表。我们将自觉置身于新的历史方位，紧紧围绕新时代坚持和发展中国特色社会主义的总目标、总任务、总体布局、战略布局，在大局下思考，在全局中定位，认真谋划当前和今后一个时期工作的新思路、新举措。

二是深刻把握以人民为中心的工作导向。报告开宗名义，中国共产党人的初心和使命就是为中国人民谋幸福，为中华民族谋复兴。特别强调，要坚持把人民群众的小事当作自己的大事，从人民群众关心的事情做起，从让人民群众满意的事情做起。明确提出建设人民满意的服务型政府，保证全体人民在共建共享发展中有更多获得感。人大来自于人民，植根于人民，为民谋利、为民代言、为民服务是“天职”，我们将始终不忘为民初心，牢记人大使命，助推服务型政府建设，真正把人民对美好生活的向往作为人大一切工作的导向和目标。

三是深刻把握全面依法治国的目标要求。十九大报告通篇贯穿着“依法治国”理政思路，通篇融汇法治精神。执政兴国需要法治思维；社会治理需要法治方式；惩治腐败需要厉行法治；百姓福祉需要法治保障。我们将更加充分地发挥依法治国的职能作用，发挥好在严格执法和公正司法中的监督作用，在全民守法中的促进作用，推动新时代“法治施工图”在京口全面落地。

四是深刻把握健全人民当家作主制度体系的时代要求。十九大报告对加强人民当家作主制度保障、发展社会主义民主政治作出战略部署，从坚持和完善人民代表大会制度出发，提出“一个根本”（人民代表大会制度是坚持党的领导、人民当家作主、依法治国有机统一的根本政治制度安排）、“两个支持和保证”（支持和保证人民通过人民代表大会行使国家权力，支持和保证人大依法行使立法权、监督权、决定权、任免权）、“两项制度”（健全人大组织制度和工作制度）、“两个机关”（各级人大及其常委会成为全面担负起宪法法律赋予的各项职责的工作机关，成为同人民群众保持密切联系的代表机关）、“一完善一优化”（完善人大专门委员会设置，优化人大常委会和专门委员会组成人员结构）更高要求，为做好新时代地方人大工作指明方向。我们将以更强的责任、更大的担当思考把握新时期人大工作，深刻领会、坚决贯彻、全面落实，努力推动人大制度和人大工作与时俱进、创新发展。

二、切实把十九大精神作为今后工作的行动指南

一是思考把握工作讲政治、明方向。十九大报告指出，要坚持党对一切工作的领导。我们将切实提高政治站位，自觉把党的领导贯穿

于人大工作的各个方面。根据中央、省、市委要求和区委工作部署，确定工作思路，把握工作重点，使人大工作总体安排、工作目标、具体举措都围绕区委中心工作，做到工作部署紧贴区委要求，推动全局工作坚定有力，重大决定体现区委意志，保证区委主张通过法定程序转变为全区人民的共同意志和自觉行动，使人大各项工作在思想上、政治上、组织上始终与区委同心、同向、同步。

*二是谋划推进工作讲民意、重民生。*首先，助推全局工作把握民意。发挥人大优势特点，凝聚人大代表、人民群众的智慧力量，反映人民群众意愿，回应社会关切，使区委决策部署、政府重点工作与全区人民意愿有机结合，真正为人民谋利益、谋幸福。其次，行使法定职权尊重民意。在监督上，坚持把群众呼声作为第一信号，把群众需要作为第一选择，把群众满意作为第一标准，扎实有效推动热点难点问题解决。第三，检验工作成效体现民意。坚持人民满意的标准，切实改进工作作风，常态化问需于民、问政于民、问计于民，主动让群众评判人大工作，自觉接受群众监督，让人民群众在人大工作中有实实在在获得感，有发自内心满意度。

*三是推动改革发展讲法治、强责任。*人大处于法治建设第一线，我们将更加科学地运用人大职权，保障政府在宏观调控和维护社会公平正义方面关键作用，推动依法行政、公正司法突出问题解决，加大法治教育普及力度，让依法、靠法、用法治理城市成为新常态，为京口改革发展提供强有力法治保障。

*四是履行法定职责讲科学、求实效。*十九大报告指出，要使各级人大及其常委会成为全面担负起宪法法律赋予各项职责的工作机关。“全面”二字分量很重，也为我们今后开展人大工作提供鲜明指向，我们将科学把握人大履职重点，紧紧围绕区委工作重点，在推动重大战略实施上精准发力，完善监督方式方法；在助推关键问题解决上精准发力，增强监督工作针对性和实效性。科学推进人大规范运转，强化专业思维、专业素养、专业方法，全力提升人大履职水平。

践行新思想　展示新作为

为决胜高水平全面建成小康社会凝聚思想文化力量

中共京口区委常委、宣传部部长　孙国林

2017年12月11日

2017年，在区委、区政府的坚强领导下，全区宣传思想文化工作战线紧扣“创新创优”“求真求实”工作要求，积极进取，奋发作为，各项工作都取得新成效。

一、强化理论武装，在提高思想凝聚力上下功夫

*1.理论武装扎实有效。*持续深化习近平总书记系列重要讲话精神的学习，扎实开展“旗帜鲜明讲政治”等专题学习活动，累计开展党的十九大精神宣讲活动80余场，开展各类理论普及宣讲150余场。

*2.意识形态平稳可控。*把意识形态工作纳入常委会工作要点、党建工作考核、区委巡察。出台年度考核细则，召开分析研判联席会议，全区意识形态领域平稳可控。积极引导全区党团员开展“发声音、亮观点”活动，全力构建良好的网络生态环境，有效化解负面舆情30余件。

二、强化新闻宣传，在提高舆论引导力上下功夫

*1.新闻宣传强劲有力。*在《新华日报》等省级以上报刊组织重点宣传稿件10多篇，在《镇江日报》发稿700多篇，在《京江晚报》“行走京口”刊发稿件50多篇，在市电视台播出新闻稿件77条。

2.新媒体宣传成效显现。“京口发布”编发推送信息800多条，京口手机报编发147期，京口微博发送信息900余条。

*3.宣传方式贴近群众。*围绕服务群众拓展宣传方式，紧紧依靠群众开展新闻宣传，努力畅通社情民意反映渠道，汇集民意化解民忧，让新闻宣传工作架起党和政府联系人民群众的桥梁。

三、强化文明创建，在提高道德渗透力上下功夫

在精神文明建设中，我们充分发动和依靠广大人民群众，最大限度地发挥思想道德建设和精神文明创建活动统一思想、凝聚人心的教育引导作用。

*1.道德建设方面。*广大人民群众内心的信念、对善恶的判断取舍决定着整个社会的道德状况。道德建设要坚持面向群众，尊重群众，依靠群众，善于运用群众喜闻乐见的方法，特别是善于运用新媒体，大力加强社会公德、职业道德、家庭美德和个人品德建设。突出价值引领，做好“镇江好人”“微美人物”“最美京口人”等先进典型的选树工作，不断扩大先进典型示范效应，让道德建设渗透到群众日常生活的各个方面，有效提升广大群众的道德素质。2017年，全区有1人被评为“中国好人”，1人获评“江苏好人”，5人当选“镇江好人”，28人获评“最美京口人”。深化未成年人思想道德建设，开展“21天养正行动”。推进文明系列先进单

位创建，中山路小学荣获首届“全国文明校园”称号。提升志愿服务制度化信息化水平，活跃志愿者有44998人。

2. 精神文明创建方面。精神文明创建活动贵在群众参与、群众欢迎。在“文明进万家”活动、“双美双优”示范点建设等文明创建活动中，我们牢固树立群众观点，坚持“创建为民、全民创建”的理念，从群众的利益和需求出发，下大力气解决与群众切身利益相关的问题，让群众从精神文明创建中得到实惠，在实践中提高觉悟。2017年，全区建成9个“双美双优”示范点。对全区44条背街小巷和次干道的市容环境，165个住宅小区的物业管理，16个集贸市场、10条商业街区的经营秩序进行整治提升。举全区之力做好全国文明城市复审迎检，营造全民共创共建共享的良好氛围，为镇江市高质量通过复审做出积极贡献。

四、强化文化建设，在提高文化影响力上下功夫

1. 文化产业有亮点。积极发展泛娱乐产业，成功举办首届江苏电竞活动周暨2017NEEC全国电子竞技精英赛。有效服务三山文化传媒实现新三板挂牌。

2. 文化惠民有力度。完善现代公共文化服务体系，各街道已基本建成基层综合性文化服务中心数字化平台。开展全民艺术普及，持续打造“出彩京口人”品牌。推进书香京口建设，获得镇江市首批“全民阅读工作先进集体”称号。实施群文创作工程，高质量编撰《京口文化丛书》；图书《中国价值：图说社会主义核心价值观的根与源》荣获省“五个一工程”奖；著作《高志以行：当8800万党员站出来》获市第二届精神文明建设优秀作品奖。

公共法律服务体系建设的实践与思考

中共京口区委常委、政法委书记 杨国平

2017年12月25日

全面依法治国战略实施以来，全社会对公共法律服务的需求不断增长，健全和完善基本公共法律服务体系的要求日益迫切。党的十八届四中全会通过的《中共中央关于全面推进依法治国若干重大问题的决定》进一步提出“推进覆盖城乡居民的公共法律服务体系建设”这一重大任务。随着经济社会的快速发展，社会结构深刻变动，利益格局深刻调整，思想观念深刻变化，法律服务在广度和深度上不断拓展的同时，公共法律服务体系建设滞后、法律服务资源配置不均、公益性法律服务提供不足等矛盾也日显突出。因此加快构建公共法律服务体系，是政法机关向社会提供公共服务的一项创新性服务措施，是司法工作改革发展地方向。推进京口区平安建设和法治建设朝着更高水平迈进，建设“强富美高”新京口地现实需求。

一、构建公共法律服务体系的内涵及必要性

公共法律服务体系，就是指以社会主义法治理念为导向，以维护公共利益和切实解决群众最为关心、直接和最具有现实利益的法律问题为根本宗旨，以促进社会公平正义、维护社会和谐稳定为目标，是一种在各级司法行政部门的组织指导下，整合律师、公证、法律援助、法律服务组织等各种法律服务资源和社会力量共同积极参与，为政府、社会以及群众个人提供优质、高效、无偿或低廉法律服务的公共体系。当前，伴随着经济社会的快速发展和城乡一体化的不断深入，涉法问题和涉法矛盾也随之大量增加，与此同时各类组织和广大群众对法律服务的需求日益增长。

一是社会经济发展水平整体的提高必然会导致法律服务需求的快速增长。传统的法律服务方式模式已经不能适应经济社会发展对法律服务的巨大需求，这就对传统的法律服务制度和法律服务方式提出严峻挑战。

二是法治建设的发展有效带动公共法律服务需求的增长。随着基层法治建设的不断推进，其过程中涉及的大量的法律问题迫切需要广大基层的法律服务工作者引导和帮助群众，广大基层群众在遇到问题时也更加倾向于利用法律途径解决问题。

三是为进一步加强社会和谐和长治久安，推动社会整体公平正义，要求我们必须加快完善公共法律服务体系。近年来，随着经济建设的快速发展，不同群体之间差距加大等社会问题越来越严重，由此导致社会矛盾尖锐，群体性事件时有发生，大量涉法涉诉案件进入信访渠道，不利于法治社会建设。因此，必须建立起与经济社会发展相适应的公共法律服务体系。

二、公共法律服务体系建设的现状与问题

（一）京口区公共法律服务体系工作情况

京口区公共法律服务体系建设正在稳步推进，并取得初步成效：

1. 三级公共法律服务实体平台基本建成。京口区三级实体平台已基本建成。其中区级中心1个，负责统筹、谋划、指导各级公共法律服务中心（站、室）建设；街道公共法律服务中心6个，主要承担管理、指导和协调联动的职能，办理有关公共法律服务事项；村（社区）公共法律服务工作站66个，重点办理街道公共法律服务中心指派的服务事项，指导基层开展公共法律服务。建有法律援助中心等工作室，主要负责排查调处矛盾纠纷，为辖区内群众提供法律咨询，对群众申办法律援助等法律服务事项进行指引、帮助等。

2.“一村（社区）一法律顾问”全覆盖。“一村（社区）一法律顾问”工作作为京口区公共法律服务体系建设的重要内容，在党委统一领导下，由政府主导，司法行政部门牵头组织实施，引导社会力量广泛参与，依托法律专业人才为基层组织，为群众提供“零距离”法律服务的系统工程。打通全区公共法律服务面向基层、服务群众的“最后一公里”。截至目前，全区66个村（社区）实现法律顾问全覆盖。选派业务能力强、政治素质高的33名律师和基层法律服务工作者到村（社区）担任法律顾问，定期进村入户开展法律服务、法律咨询、化解矛盾纠纷、提供法律意见、开展法治宣传、举办法治讲座等各项工作。

3.公共法律服务效果初步显现。一是通过法治宣传提高群众法律意识，引导群众通过合法途径表达利益诉求，从源头上预防和化解矛盾纠纷；二是法律服务更为便捷，群众不出村便可享受到专业的法律服务；三是基层治理明显改善，有效提高基层干部依法治理的意识和依法办事的水平，有效防范风险；四是矛盾纠纷及时化解，将社会隐患消除在萌芽初期，将各类矛盾解决在基层，有效降低信访量，促进社会和谐稳定。

（二）公共法律服务体系建设存在的问题

1.思想认识不够导致建设力量不足。公共法律服务体系建设涉及的单位和人员众多，有些部门在思想认识上没有形成共识，重视程度存在差异，导致建设力量分散，直接影响建设的纵深推进。一是少数工作部门对公共法律服务体系建设的重要性认识不足，没有认识到公共法律服务体系建设是中共中央全面推进依法治国、完备国家法律服务体系的重要内容，是创新社会治理方式、维护社会和谐稳定的重大举措。二是部分工作人员没有转变工作观念，没有把公共法律服务体系建设作为一项新的长期工作来对待，上级领导安排一点做一点，缺乏主动性和积极性；三是部分村（社区）“两委”对公共法律服务体系建设暨“一村（社区）一法律顾问”工作不明白不理解，认为法律顾问是在插手村（社区）工作，干预他们的自我管理；四是部分群众对免费法律顾问的工作质量持怀疑态度，认为律师都是收费的，免费法律顾问不可信不可靠。

2.法律服务资源配置不均衡。通过法律服务机构布局可以看出，大部分律师事务所都设置在城区，对于农村地区的法律服务保障上，没有重视缺少规划，几乎没有在农村设立律师事务所，农村法律服务工作主要靠基层法律服务所2～3名法律服务工作者支撑，面对农村大量的法律服务需求，从办案能力和人数上来看，都是有很大差距的。

3.法律服务业务本身存在“短板”和“瓶颈”。法律服务门类还不齐全，特别是高层次、高端法律服务机构和业务不多，非诉讼法律服务业务“短板”问题明显，缺乏专业优势和品牌优势。基层法律服务偏重于诉讼或仲裁等传统型业务，非诉讼业务相对欠缺，特别是参与政府机关决策管理、企事业单位经营比较少。此外，法律服务业务拓展难度加大，公证、司法鉴定行业在新常态下传统业务受到很大影响，新业务拓展不足，成为制约发展的“瓶颈”。

4.法律服务体系建设投入不够。对公共法律服务体系建设存在认识误区，政府购买服务政策在实践中没有得到认真执行。由于缺乏具体标准规范，政府购买法律服务操作性不强，执行中随意性很大，大多数只是象征性地支付部分费用，没有统一的标准。此外，经费落实难、管理使用不规范等问题在基层较为突出，制约法律服务业的健康发展。

三、坚持问题导向，开创新时代下公共法律服务体系建设的新局面

（一）提高思想认识，将公共法律服务体系建设与全面推进依法治国结合起来。

社会各级各部门要从协调推进“四个全面”战略布局，特别是全面推进依法治国战略的高度，认识到公共法律服务在公共服务中的重要作用；要认识到公共法律服务体系建设是预防和化解矛盾纠纷的有效手段，是促进社会治理创新的重要方式，是促进社会和谐稳定的重要手段。司法行政机关作为公共法律服务体系建设的推动者和服务的主要提供者，对其重要性一定要有充分的认识，并且要把对公共法律服务的认识和理解，通过各种方式、寻求各种机会，让党委、政府有关领导都认识到公共法律服务体系建设的重要性；要做好本系统干部职工的宣传教育工作，转变工作观念，将公共法律服务体系建设作为当前和今后一段时间的重要任务常抓不懈；要充分利用和发挥媒体作用，宣传公共法律服务工作的重要性，报道公共法律服务取得的工作成绩、给老百姓带来的实惠；充分挖掘公共法律服务在解决基层矛盾、促进基层依法治理、引导群众依法办事依法维权的典型案例，让大家相信真的能够“花小钱办大事”。通过各种方式，统一公共法律服务体系建设思想，提高各级各部门和社会各界对公共法律服务的重要性认识，有效促进公共法律服务体系建设。

（二）坚持“一个统筹”，推动形成公共法律服务体系建设合力。

公共法律服务虽然是由司法行政机关负责，但在具体工作中应突破思维界限，做到“司法行政机关统筹，各部门齐抓共管”。政府部门应当准确定位，主动承担对社会提供基本法律服务的责任，做好纵向资源整合和横向部门联动。积极探索建立司法行政与劳保、民政等部门对接的工作机制，加强司法行政部门与法院、检察院、公安局等部门的重头协调，建立司法调解、行政调解、人民调解“三大调解”联动机制，完善公共法律服务配合机制，推动解决基层公共法律服务体系建设中存在的突出问题，促进公共法律服务职能的有效发挥。坚持因地制宜、分类指导的原则，建立律师、公证、司法鉴定、人民调解、法律援助、法治宣传、基层法律服务联合运行机制，充分调动专业化团队的积极性，打造网格式管理的公共法律服务。合理配置法律服务资源，解决区域间发展不平衡问题。真正形成党委领导、政府主导、部门协同、统筹推进的公共法律服务体系建设机制。

（三）转变发展理念，合理调整优化法律服务发展布局。

一是进一步壮大法律服务队伍。争取法律服服务机构设立的政策支持，促进法律服务机构数量稳步增加，引进和培育一批高资质、高水平服务机构和优秀人才，提升法律服务品质。二是突出发展重点。乡镇（街道）层面，重点发展基层法律服务所、公共法律服务中心等，加强司法所和基层法律服务所"两所共建"工作，推动基层法律服务下沉社区；村（社区）层面，推动人民调解员和法律顾问相结合，推动法律服务全覆盖。三是有效整合资源。均衡配置法律服务资源，建立"大法律服务"格局。引导法律服务资源在城乡之间、发达地区与欠发达地区之间合理流动，满足城乡基层群众的法律服务需求。整合律师、公证、基层法律服务、法律援助、司法鉴定等资源，为群众提供"窗口化""一站式"服务。加强与工、青、妇、老、残、信访，社会组织等部门社团的工作对接，引导社会力量参与，共同推进法律服务体系建设。

（四）强化经费保障，为法律服务体系建设提供有力支撑。

公共法律服务是以公益属性为基础，不同于通过市场获得的法律服务。公益性和非营利性的特质，明确公共法律服务体系建设必须以政府的财政支撑作保障，必须将公共法律服务资金保障列入财政预算，这也是公共法律服务体系能否建成的基础要件。由政府根据本地实际，按照"哪项公共法律服务最需要先补贴哪"的原则，强化政府财政支持力度，并逐步提高公共法律服务补贴的范围和标准，探索尝试补贴制、合同制、项目制等多种政府出资方式。

（五）加强公共法律服务监管，营造依法有序的法律服务执业环境。

强化对公共法律服务质量全程化监管是打好社会法律服务的基础，也是强化人民群众对法律服务的认同度和满意度的有效措施。一是加强对"人"的考评。重点对公共法律服务队伍进行标准化衡量、专业化评测。增强法律服务队伍的服务意识，提升服务的规范化水平，牢固树立质量至上的理念，强化法律服务从业人员的责任意识，积极营造良好形象。引导服务机构培育梳理社会意识，强化社会责任感，在能力范围内做好法律知识普及和社会公益活动。二是加强对"事"的考评。健全完善专业监管队伍，重点是对公共法律服务案件进行标准化衡量。构建科学化考评标准，建立健全服务质量评价机制、监督机制、失信惩戒机制，确保公共法律服务优质高效。积极倡导人民群众参与其中，不断提高城乡居民的认同度和满意率。三是加强对"物"的考评，重点是对公共法律服务设施进行标准化衡量，加强公共法律服务的规范化、标准化、信息化及建设，统一服务场所标识、指引和功能设置。严格法律服务市场的基层管理，严厉打击不法机构和未经审查私自设立的服务场所，引导从业人员通过规范途径进行注册认证。根据不同地域的特色因地制宜，打造法律服务也品牌，扩大公共法律服务的受众面和影响力。

让党的旗帜在每一个基层阵地高高飘扬

——京口区加强党支部建设的实践与思考

中共京口区委常委、组织部部长、统战部部长　徐玉军

2017 年 12 月 18 日

落实新时代党的建设总要求，推动全面从严治党向基层延伸，必须坚持把党支部作为最重要的基本建设。近年来，京口区委坚持党的一切工作到支部的鲜明导向，不断加强和改进党支部建设，为开创新时代京口"强富美高"新局面提供坚强组织保证。

一、主要做法

（一）夯实组织覆盖的基本功。针对组织覆盖的难点和盲点，实施"两新"组织党建提升工程，集中组建一批"两新"（新经济组织、新社会组织）党组织，为苏宁、八佰伴等商圈楼宇、"e 创小镇"等互联网企业提供"红色引擎"。目前，全区社会组织党组织覆盖率达到 85%，非公有制企业党组织覆盖率动态保持 98% 以上，"两新"组织党的工作覆盖率动态保持 100%。在村居，以网格为依托，完善"社区建党委—网格建支部—楼栋建党小组"工作模式，设立"志缘、趣缘、业缘、地缘"等功能型党组织，实现党组织对网格治理体系的有效引领。在"两新"组织，推行"一对一"帮带，选派 121 名基层党务干部赴"两新"党支部担任党建指导员，防止"边建边散"。

（二）夯实队伍建设的基本功。深入推进"两学一做"学习教育常态化制度化，落实党员"积分管理、先锋亮绩"制度，采取个人"亮绩"、小组"考绩"、群众"评级"、支部"定绩"，建立定性和定量相结合的考评办法，推动优秀党员增动力、后进党员有压力。打造"双强"型党支部书记，开展"领头雁"素质提升行动，不断把党性强、业务

精、有威信、肯奉献的党员选拔进班子。2017年村居党组织书记基本报酬普遍提高40%，每年落实优秀“两新”党组织书记特殊津贴15万元左右，探索城市社区离退休党支部书记奖励补贴制度，激发党支部书记的精气神。

（三）夯实制度执行的基本功。将《党支部组织生活基本制度工作法》发放到每个党支部，为书记、党务工作者和党员提供简明实用、有“法”可循的“口袋书”。以“双型”先进党支部建设工程为抓手，出台《党支部“四补”专项行动工作方案》，将执行组织制度不力作为一票否决争创事项。经过三年努力，全区党支部落实基本制度更加规范有力，区级先进党支部创成率达21.5%。尊重首创精神，鼓励基层创新，形成“户外党课”“支部大比武”“党员讲理论”“大学生村官讲师团”等一系列吸引力强、效果好的“京口样本”。

（四）夯实功能发挥的基本功。突出政治功能和服务功能建设，打造“红色初心”京口党建工作总品牌，形成以红色引领、红色头雁、红色堡垒、红色文化等10类党建要素、近100个基层“盆景”，串珠成链，构筑起京口党建的“亮丽风景”，不断彰显党支部政治底色。深入开展党员志愿服务“三十佳”选树活动，培育200个以上区级党建服务品牌、30个党建引领社会治理基层案例，办结86个先进党支部“书记项目”，形成“四式”服务工作法、每月“温暖20”访谈、圆梦“微心愿”等一批群众欢迎的服务机制。

（五）夯实保障落实的基本功。资金不断向基层倾斜，严格落实每名党员每年不少于100元的党支部活动经费，明确4类基本列支项目，每年将全区基层党建工作经费的50%以上拨付到基层党支部，提高经费使用效能。建设标准化服务阵地，统一名称、标识，打牢红色印记，建成首批8个社区党群服务中心示范点，探索网格党群服务站、党员中心户建设，把党组织的旗帜和作用凸显在群众家门口。开发“京口先锋”平台，开发“E网通”“先锋榜”“党建＋”三大功能模块，对全区601个党支部、1.4万多名党员进行全程纪实、积分管理、即时排名。

二、存在问题

对照党的十九大精神、新时期党的建设总要求，以及基层党员群众期盼，在加强和改进党支部建设方面，京口区主要存在着三个突出问题。

（一）基层党组织整合能力还不够强。作为城市主城区，70%以上党员为退休党员，集中在城市社区，但城市社区党建活动场所、工作阵地相对较少、面积小，分布也不均衡，辐射半径小，部分党支部开展党员活动有难度。同时，尽管实现街道、社区两级“大党委”制，但建而不联、联而不合的现象还比较突出。各领域党组织相对封闭，各自为政障碍、行政隶属壁垒仍未完全打破，导致大量党建资源闲置，使用效率低下。

（二）班子运行质效还不够高。年龄老化情况比较严重，如区级机关部门党支部书记平均年龄43.2岁、社区离退休党支部更是达到65.4岁。党支部书记没有职级、缺少关心激励，“兼职书记”多，干事动力不足。党支部班子后备力量不足，组织动员能力较弱，缺乏开拓创新的内生动力，党支部发展后继乏力。

（三）政治功能和服务功能落实还不够准。少数基层党组织虚化、弱化、边缘化。随着城市经济社会不断变化，新业态从业人员大量涌现，存在着部分组织关系不接转、人户分离等现象。党支部、党员参与社会治理创新主动性不强、办法不多，联系服务群众的效果还不明显，党员先锋模范作用有待加强。

三、对策打算

下一步，京口区将认真贯彻新时代党的建设总要求，以提升党支部组织力为重点，以高质量建设为目标，不断提升党支部整合力、引领力、战斗力，让党的旗帜在每一个基层阵地高高飘扬。

（一）推动资源高质量融合，提升党支部整合力。健全区、街道、社区三级党组织联动体系，完善“八联”共建机制，推进街道社区党组织与驻区单位党组织组织联合建立、党员联合管理、服务联合参与、资源联合利用、环境联合治理、议事联合推进、矛盾联合化解、活动联合举办，打破各领域党组织行政隶属壁垒，搭建以街道社区党群服务中心为主阵地、驻区单位场所相配套的共享型基层党建活动平台，推动各领域基层党组织信息、资金、人员、阵地等资源有效整合、多方共享，发挥最大效益。加大投入力度，采取建改购租、共建共享相结合的方法，再建一批便捷服务、便利活动的综合阵地。

（二）推动班子高质量运行，提升党支部引领力。突出党支部领导核心作用发挥，紧扣“基本组织覆盖好、基本队伍建设好、基本制度执行好、基本功能发挥好、基本保障落实好”五项基本要求，改进百分制评定指标，优化星级动态管理，力争到2020年，全区“五星”“四星”“三星”党支部分别占比2%、30%、50%，“一星”及以下党支部占比不超过10%。抓好带头人队伍建设，每年分级对全区党支部书记集中轮训一遍、应会应学考学一遍。积极构建社区工作者职业体系，落实《优秀社区党组织书记享受事业待遇实施办法》，探索建立优秀党支部书记奖励补贴经费，努力形成正向激励效应。

（三）推动功能高质量落地，提升党支部战斗力。持续推进“两学一做”学习教育常态化制度化，认真开展“不忘初心、牢记使命”主题教育，深化“红色初心”总品牌，实施以“领导班子建设提升、党支部质量提升、党员意识提升、党建责任提升、党建标杆示范”为主要内容的“四提升一示范”工程，使每名党员都纳入党组织的有效管理。持续推进党建引领社会治理工程，坚持党领导下的“多网融合、一网联动”，实施新兴领域“两个覆盖”达新标三年行动计划。坚持每月“温暖20”访谈机制，组织党员常访网格、常下网格、常在网格，努力将党的建设融入社会治理各项工作，党支部和党员作用嵌入社会治理各个环节。

名城名校协同跃升工程的调研报告

京口区人民政府副区长　顾明华

2017 年 8 月 21 日

镇江市作为江苏省高校聚集度第二的城市，具有得天独厚的名校资源，如何利用好这一独特的要素禀赋，深化校地合作，是京口区乃至镇江市都需要破题研究的重要课题。

一、校地合作基本情况

2013 年京口区率先启动“校地融合式发展”模式，与驻区江大、江科大等高校共同制定工作规划和具体方案，经过几年的努力，校地双方在产业升级、科技研发、人才培育、大学生创业等方面合作取得一系列阶段性成果。其中，科技项目获市级以上立项 259 个；引培人才入选省“双创计划”1 名、市“331 计划”6 名、市“金山英才计划”2 名；共建科技公共服务平台，开展专利申报、转让等服务 1000 多件；企业与高校共建 21 家省级研究生工作站；建成 1 个国家级、5 个省级高新技术创业孵化器；与江大合作打造“一园两基地”，即创新创业园和大学生创业就业示范基地、创新研发与科技成果转化示范基地。

二、校地合作存在的问题

总结四年的校地合作工作，在取得成绩的同时，也清晰地看到客观上存在的一些问题，主要表现在以下几个方面：

（一）学科与产业契合度不高

截至 2016 年，京口区的三次产业比重为 0.3 ∶ 26.7 ∶ 73，主导产业是现代服务业，在第二产业中，又以新材料、粮油加工、木业加工、泛娱乐、电子商务等为主。而江苏大学优势学科是动力工程及工程热物理、农业工程、材料科学与工程、食品科学与工程、新能源汽车（机械工程、电气工程）、生物技术及其医药转化（临床医学、药学、生物学）等；江苏科技大学则是船舶与海洋工程、桑蚕养殖、先进材料及加工技术、计算机科学与技术、控制科学与工程等。总的来说，高校的优势学科与京口区主导产业契合度不高。

（二）科研成果转化承载力不足

目前为止，全区高新技术企业 30 家，与驻区高校合作的 15 家，其中仅有索普、鼎胜新材、飞驰汽车、惠通集团等少数几家企业产值在亿元以上，其余企业产值基本在千万以下。根据区科技局统计数据显示，每年江苏大学科技成果就地转化率约为 16%，江苏科技大学转化率约为 9%，大量专利还处在“沉睡”状态，而南京东南大学超过 90% 的专利在省内尤其是南京本地转化和应用。总体来看，京口的科技型企业起步晚、规模小、资金不足，加之与高校专业关联度不高，大部分企业无力承载驻区高校的科技成果转化。

（三）扶持力度不够

目前，科技创新政策相对健全，省“科技创新 40 条”“知识产权 18 条”和市“聚力创新 6 条”，京口区即将出台的“1 ＋ N”政策。但校地合作缺乏专门的政策支持，特别是创投资金方面更是缺乏，镇江市设立 5 亿元的新兴产业投资引导基金等，京口区设立相关的创投基金 2 个（500 万元的创业孵化种子基金、900 万元的互联网产业基金），校地合作创新创业仍停留在“创”的阶段，尚未迈出“投”的步伐，仅通过项目申报在科研经费上获得支持。如，2016 年，京口区校地合作申报市级项目 19 项，争取资金 125 万元左右，与设立 2 亿元校地合作基金（天使引导基金子基金）的杭州、9.4 亿元高新创投基金的苏州等校地合作先进城市相比，京口区乃至全市的校地合作特别是创投合作仍然任重而道远。

（四）高校周边环境有待提升

经过江大、江科大周边的公交线路数十条，而且随着城市发展，周边住宅区兴建，随之而来的人流、车流、物流量也必将增多，大大增加禹山路、学府路这两条“城市走廊”的通行压力，也增加高校周边的交通安全隐患。无论是江大，还是江科大，校外消费的主要区域都存在着大量的流动摊点和占道经营，经营过程中产生大量垃圾、污水，影响周边环境卫生。由于高校实行封闭式管理，学生出行主要方式是自行车，前几年虽然开展校内自行车偷盗专项整治，但犯罪率仍然居高不下。此外，由于江大、江科大等高校位于城东片区，索普化工对周边环境的影响也一直是被高校师生经常反映的问题。

三、下一步工作打算

高校依城市而兴，城市因高校而盛。落实省委、省政府“聚力创新”的战略要求，拟将高校集聚这一资源禀赋优势转化为胜势，实现名城名校协同跃升，需进一步加大力度、协调努力。

（一）健全校地合作体制机制

目前，京口区已与高校建立并施行三项校地合作机制：一是联席会议制度，校地双方成立专门的合作领导机构，共同建立联席会议制度，定期召开联席工作会议，针对产业研究院、农机智能装备谷等重大合作项目，商讨合作方案，并牵头协调解决合作过程中遇到的各类问题。二是联动协作机制。将校地合作工作纳入年初区政府与各条块单位签订的责任状中，由区科技局牵头抓总，各条块单位协调配合，全力作为，落实好自身职责。三是督查考核机制。由区科技局负责定期通报重点校地合作项目的进展情况，区政府办负责督查考核，并将校地合作纳入全年绩效考核体系。除此之外，在我区即将出台的“1+N”政策中，拟设立每年 150 万元的校地合作专项资金，用于打造校地合作示范区、高校科研成果向京口转化、产学研对接、技术转移中心、研究院所建设、科技副总选聘任用、相关人才培养及共享实验室仪器设备补贴等。学习参照“杭州经验、南京方法”，建议镇江市与高校合作双方都建立专门的校地合作责任机构，由党政一把手亲自挂帅，下设办公室和专门工作组，负责统筹协调和规划具体工作；政校双方共建合作的日常工作机制、项目协调机制、促进提升机制，将双方合作从临时性合作转变为长期性合作，从单一性合作转变为全方位合作，从一般项目合作转变为大项目合作，从自发性合作转变为有组织合作；政策上加大对高校建设发展所需资源的倾斜力度，专门设立引进一定规模的科技研发、创业投资、产业引导基金。

（二）加快城市高校同步提升

想要实现校地共同跃升，人才、产业和学科三者缺一不可。一是注重人才引培工作，每年校地联合开展企业家院校行、院校专家企业行活动，拓展校企信息沟通对接渠道，促进产学研合作；结合“金山英才”“金凤凰”等计划，落实各项人才政策，引进更多高层次人才或团队，帮助科技成果转化；开展“教授博士柔性进企业”活动，从高校选派教授、博士到重点企业或科技型企业挂职服务，促进科技成果快速就地转化，同时选派政企优秀领军人才到高校担任产业教授。二是加速壮大现有产业，围绕爱励、鼎胜、恒顺、北汽等镇江当地重点企业，加大配套关联企业招引力度，拓展延伸产业链上下游产业，吸引不同类型科技人才；同时促进高性能材料、文化创意、电子信息等主导产业和以泛娱乐、“互联网＋”为代表的融合跨界产业集聚发展，为高校毕业生创造更多的就业岗位。三是促进高校学科发展，围绕本地产业和高校优势学科，做好“学用结合”的文章，如为呼应泛娱乐产业的发展，今年镇江高专将试点开设电子竞技专业，这方面大有可为；中船海工产业基地项目与江科大的造船专业，北汽集团和江大的动力、新能源汽车专业都比较契合，可以加深探索，提高融合度，做到互相促进、共同发展。

（三）共建“双创”平台载体

当前，随着江大校区建设和江科大、镇江高专搬迁步伐的加快，镇江与高校共建“双创”平台载体迎来前所未有的窗口期、机遇期。第一，做好全盘谋划的文章。我区将紧扣“创新创业活力区、科技创新高地”的定位，抓住江大体积扩容、江科大搬迁等契机，共建智能农业双创谷、产业研究院，建议市级层面进行全盘谋划，将江大、江科大等高校本部打造成校地融合度最高、优势学科最契合、配套服务最优越的学府路“珍珠项链”。第二，做好运营水平的文章。建议市委、市政府会同合作高校建设专业指导团队，借鉴北京、上海、深圳等地的先进做法，重点做好以下三个方面：一是提高载体管理水平，实行“一个载体，一套班子”的管理模式，真正能够全程为入孵的校地合作项目提供管理、科研、金融、法务、营销等各个环节解决方案，为高校师生创业者提供更完善的服务体系，提高项目孵化和创业成功率。二是促进项目和产业融合，针对校地合作的项目，落实一个项目制订一个发展路线图的要求，精准项目市场定位，确保项目在入孵初符合当地产业导向，发展中融入当地产业环境，壮大后做强所在产业链条。三是构建发展良性循环，校地合作中，政府的投入和扶持必不可少，但要想实现长期合作，政府受益是关键。在管理水平和产业融合方面，前面已经提出了相应的对策和要求，重点是抓落实，杜绝入而不出、孵而不化、“墙内开花墙外香”等现象，为当地政府税收做出贡献。第三，做好“投”的文章。各辖市区尽快设立引进创投基金，加快迈出投资步伐，一方面，抓住投融资体系完善契机，进一步扩大“平台＋”创投资本规模；另一方面，精选一批种子期、初创期项目，加大路演推介力度，进行股权直接或联合投资，加快实现政府受益裂变式循环增长。

（四）擦亮大学生创业名牌

自2011年京口区受市委、市政府委托，推进建设大学生创业示范区以来，建立健全各项制度，构建“市区联动、以区为主、齐抓共管”的工作局面；设立大学生创业扶持资金，并在创业借款、创业奖励、项目资助、初始注册、房租补贴等方面给予一系列政策扶持。共建大学生创业指导服务站，成立大学生创业联盟，组织创业校园行系列活动，如创业指导、SYB培训、创业实训等。下一步，建议镇江市进一步放大成效，在市级层面建立健全各项体制机制，将“市区联动、齐抓共管”的模式推广到其他辖市区；市委、市政府牵头设立引进具有一定规模的创业投资、创业扶持基金，并给予大学生创业一定的政策支持；深入开展“创富见面会”、“青春在创业中闪光”等大学生创业特色活动，建立市级创业实训基地，引导更多大学生投入创新创业的浪潮中。市区联合、多措并举，促进大学生创业工作在全市范围内开花结果，将大学生创业打造成全省甚至全国知名的镇江名牌。

（五）优化高校周边环境

改善高校周边环境需要市区联动、部门协作，共同打造高校周边新环境新常态。京口区将牵头城管、住建、交通、公安、市场监管等部门和属地街道，优化高校周边社区配套服务；开展周边临时摊点占道经营和食品安全专项整治；加大高校周边治安巡查力度；整顿高校区文化产业，联合消防、市场监管部门整顿网吧、KTV等娱乐场所，重点扶持书店、美术馆等高尚文化场所的合理经营，营造浓厚的文化氛围。加大对高校周边配套服务产业项目招引力度，引进一批集购物、餐饮、住宿等于一身的优质商业综合体，满足日益增长的文化生活消费需求。建议市级层面牵头东部片区开发工作，协调推进老丹徒镇改造、玉带河治理和江大附校建设等事宜，这些不仅是改善高校周边环境的民生实事，也能解决校地合作人才的后顾之忧，有利于吸引人才留镇；同时，建议市交巡警大队加大对全市高校周边的治安环境整治力度，加强规范周边行人车辆通行；市、区交通部门建立联动机制，合理优化高校周边交通路线，避免禹山路、学府路这两条镇江交通主动脉“堵塞”；校地联合开展校园内部安全生产及治安防范专项整治。

准确认识　把握重点

切实做好新时期基层公安机关从优待警工作

京口区人民政府副区长、公安京口分局党委书记、局长　姚恒清

2017年8月7日

一直以来，从优待警都是党和政府以及各级公安机关非常重视的一项工作，但又是一个在认识上尚未完全清晰、在工作中尚未全部到位的现实问题。迈入新的发展时期，公安队伍管理的重点已从单纯的“树形象、不出事”转变到“优化作风、保持勤廉、增强战斗力和活力”上。从优待警在公安队伍管理中的作用和地位也日益突出，把从优待警融入队伍管理的每一个环节将是关键所在。作为公安队伍管理的主体，各级领导者必须明确认识到，从优待警不仅仅应在一般意义上体现对民警的关心和爱护，而应当作为队伍管理的一个重要组成部分，通过从优待警，达到激励民警、提高战斗力和活力的目的。

一、从优待警要正确认识、准确把握

通俗来讲，从优待警是指为民警创造安居乐业、发挥个性、激发潜能，坚定理想信念，实现自我价值需求的有关条件。但在日常生活中，人们往往容易把这一概念狭义地理解为“提高民警的工资福利待遇、改善民警的工作和生活条件”，这很不全面。我们应当从广义上去理解，从优待警还具有更为丰富的内涵，包括对民警政治上关心、人格上尊重、精神上鼓励、工作上爱护、业务上培训、生活上体恤、执纪上从严、边缘处挽救等等。在现实中，常常有人持“放纵论”：以爱护民警为名，放松管理，认为只要完成业务工作，队伍不出大的问题就行，造成大事未犯、小事不断，客观上给队伍建设埋下隐患，这种失之于宽的做法其实是对“从优待警”的一种曲解。

一是从严与从优两者性质相同。“不以严治，无以明是非”。“优待”和“严治”，从马克思主义的角度看，可以理解为公安民警的“权利”和“义务”，两者相互统一。从优待警与从严治警从来都不是矛盾的对立面，而是互为支撑、缺一不可的爱护民警的两个方面。只严不优，难以持久；只优不严，姑息养奸。从严治警源于从优待警，主要是通过他律手段规范民警的职业行为和职业操守，属于从优待警范畴。从优待警赋予民警更多的自由和激情，只有把两者统一起来，才能使公安民警既有纪律性又有积极性，从而把队伍建设提高到一个新的水平。

二是从严与从优目的一致。从严治警是为长远的、根本的、有保障的从优待警，是从优待警自身所包含的两个要素的统一，两者目的同一，都是以关心和爱护民警、加强队伍建设为出发点和归宿点，并且都是民警实现自我价值与行政主体实现目标的统一；两者作用同一，具有异曲同工之处，都是提高民警素质的两种互相联系的方法。

三是从严与从优效果互补。就公安机关近年来涉法涉诉案件和民警违规违纪情况来看，有短板的地方不一定会出事，而出事情的地方一定有短板。当前，全警都在全力投身大走访活动，主动贴近群众、改进作风，努力提振队伍精气神，就要坚持从严治警抓起。只有坚持从严治警，才能纯洁队伍，不断提高民警的思想道德和业务素质；只有同步宽松待警，才能激发民警自律意识和工作热情。只有坚持从严治警，才能做到情况清、目标准，确保工作的超前性和严密性；只有同步宽松待警，才能做到服务群众具有自主性、针对性、有效性、艺术性和系统性。只有坚持从严治警，才能使全体民警面对各种诱惑不动心，面对各种困难不退缩，面对各种是非不迷茫，始终保持良好的精神状态；只有同步宽松待警，才能让民警在法治的框架内焕发活力，永葆生机与朝气。

二、从优待警要抓住重点、联动实施

作为公安队伍管理的主体，各级领导者都必须充分认识到，从优待警不是口号，而是队伍管理中一项必不可少的实在工作。作为基层公安机关，主要是要抓住重点，联动实施：

一是减负要主动。要主动关注民警的工作压力和家庭生活困难，依托警务保障部门建立“民警家政服务中心”“心理咨询室”“家属直通车”等多种有效载体，区分不同情况，想方设法为民警及其家庭提供帮助，包括实际困难和心理问题，从而有效减缓工作压力、免除后顾之忧。如，当前，派出所社区大多是按照“一区一警”的模式配备警力，这种警务模式要求民警做到一警多能，客观上任务重、压力大。因此，必须在确保社区民警队伍稳定的基础上，适当增加社区民警的编制，并建立科学合理的考评机制，取消不必要的检查评比，为他们创造一个松紧有度的工作环境。

二是保护要超前。要真正挺直为民警依法履职、提供保护和维权。一方面，要在全社会树立正确的警察和警务观念，维护民警尊严和法律权威，形成尊重人民警察、支持人民警察的社会风尚。另一方面，也要本着公平与正义相结合的原则，为民警提供必要的物质保障和精神动力。如，做强警察协会职能，帮助遭遇重大意外及重大伤害的民警渡过难关；争取最大政策支持，解决民警工伤认定、因公负伤等医疗保障救助问题。

三是关爱要贴切。从近几年民警身体状况检查可以看出，患有两种及两种以上疾病的占相当大的比例。可以说，关注民警健康已成为一项重要任务。对健康状况较差的民警，要及时安排他们治疗休养或调整岗位，对长期从事超负荷工作的特殊岗位要实行轮岗换岗。同时，要开通民警医疗“绿色通道”，尤其要重视民警的心理健康，主动与医疗、卫生部门协作，逐步建立民警心理健康医疗制度，通过设立健康咨询中心、开通心理健康热线、强化心理训练等形式，帮助民警化解在工作、生活、家庭、情感问题上的不良情绪，让他们保持乐观向上的精神状态。

四是整体要同步。从优待警是一项宏大的系统工程，需要各部门的协作和共同努力，要按照心往一处想、劲往一处使的思路，主动加强沟通协调，确保优警措施办成办好。如，在优化执法环境问题上，不仅需要法制部门加强执法指导，而且还需要组织教育、宣传等部门的配合协调，为执法工作营造良好的社会环境和舆论氛围。再如，要主动开展丰富多彩的警营文体活动，在帮助民警缓减工作压力的同时，鼓励民警接受更全面、更高等的教育，通过多种方式、多种途径提高民警综合素养和履职能力，积极帮助他们进一步实现人生价值。

三、从优待警要把握关键、立足长效

切实做好公安机关的从优待警工作，不仅要各负其责、形成合力，而且要兼顾社会、正确取舍。“从优待警”不等于“无限给予”，需要掌握适合的“度”。这样，才能既保证从优待警的公正性，又保持从优待警的长期性。

一是从全面性看，要坚持严优并举。列宁同志说：“要真正地认识事物，就必须把握、研究它的一切方面、一切联系和‘中介’。”从优待警，必须正确把握其内涵与外延的联系，保持科学的认识和正确的态度，树立辩证的观点，避免形而上学的片面性。要充分认清从优待警不是特权护警，更不是纵容违纪。如果以从优待警、爱护关心为由，对民警队伍的违法违纪甚至犯罪行为采取睁一只眼闭一只眼的态度，那就是对民警最大的不负责任，就是养痈遗患，造成恶性循环，最终会毁了民警的前程，毁了公安机关的形象。我们必须将从优待警与严格执纪、改进作风相结合，坚持以严格执纪、改进作风为前提，以严优并重为指导，以增强队伍战斗力和活力为目标，扎实做好从优待警各项工作。尤其要始终牢记严是爱、松是害，决不漠视或袒护民警的缺点、问题，甚至违法违纪行为，该批评的要及时批评，该查处的要及早查处，真正起到警示提醒、防患未然的良好效果，力争做到“不让一名同志掉队”。

二是从公正性看，要坚持制度约束。从优待警，切不可将民警个人权利凌驾于群众利益之上，任何违背社会公平正义的“福利”都是不可取的，更违背“廉洁奉公”“执法为民”的根本宗旨。必须将从优待警作为保障社会公正的有力抓手，牢固树立机会公平、规则公平的观念，努力克服横攀竖比、盲目追求的思想。如，在谈及民警困难，大多反映的问题都是涉及民警配偶和子女的就业、就学等问题，民警对由单位和组织出面解决这些问题的期望很高。面对这种情况，我们必须分清“帮一把”与“开后门”的关系。在同等条件下助一臂之力，叫“帮一把”；条件不够靠关系进取，叫“开后门”。公安机关的“帮一把”属于从优待警，而公安机关的“开后门”就属于特权运作。

三是从现实性看，要坚持力所能及。从优待警应从精神和物质两个方面加以通盘考虑，既要防止单纯的精神“从优”而没有物质奖励，使从优待警失去必要的物质基础，从而使公安民警产生失望心理；又要防止单纯的物质“从优”而缺少精神鼓励，对公安民警的价值观带来负面影响，造成公安民警对金钱、物质的追求。只有把解决思想问题与解决民警实际困难相结合，才能保证从优待警顺利实施并取得长足效果。由于受经济发展水平的制约，对民警的帮助以及补给相对有限，从优待警必须在政策、条件允许的范围内开展，既要主动摒弃“乱承诺、做不到”的思想，也要切实防止“怕困难、不争取”的情况，不断加强调查研究，真正关注民警需要什么、想好能为民警做到什么，努力赢得民警的理解和共鸣。

四是从需求性看，要坚持工警结合。近年来，“带病坚持工作”“积劳成疾累倒在工作岗位上”等事件常常见诸宣传报道中，缓解警力不足、过度使用的问题已成为从优待警的当务之急。对此，要坚持围绕主业，科学调配警力，主动丰富维护社会治安的辅助力量，进一步规范保安和文员招录、培训管理机制，充分发挥警务辅助力量在社会管理、治安防控和安全保卫工作中的积极作用，将身兼多职的民警替换下来，将文员岗位的警力释放出来，让长期劳累的民警得到休息，努力避免“非战斗性减员”损耗警力，确保在让全警得到放松的同时进一步提升队伍整体实力。对保安和文员同样也要坚持优待与严管结合，各种福利待遇要努力向社会看齐，并力争略好于一般单位；各种纪律要求要努力向民警看齐，严防“一国两制”，切实把警务辅助力量当成民警一样来管理和培养，确保能留得住人、不出问题。

从优待警是一项暖警心、添活力的工作，事关公安队伍建设和公安工作大局，要围绕民警“最需要的”、“最实事求是”的重点内容，采取严优两手抓的方法，切实把从优待警工作落到实处，为建设过得硬的新时期公安队伍做出积极贡献！

大事记

责任编校：程 娟

1月

3日

▲ 中储粮内港池码头建设正式启动，标志着总投资20.04亿元的中储粮三期项目开工建设。

4日

▲ 区首届篆刻大赛结果揭晓并进行颁奖。此届大赛是京口区2016年度开展篆刻艺术推广“十个一”重点工作项目中的一项。

▲ 中华诗词学会授予四牌楼街道江滨新村第一社区“中华诗教先进单位”称号。

5日

▲ 京口区文艺志愿者协会主席蒋周健获共青团中央第十一届“中国青年志愿者优秀个人”荣誉称号。是镇江市唯一获此殊荣的青年志愿者。

6日

▲ 镇江市旅游业发展“十三五”规划重点项目，总投资达60亿元的铁瓮城遗址公园项目开工启动。

9日

▲ 京口区谏壁街道雩山村等镇江市10个行政村被中央精神文明建设指导委员会授予首届“最美乡村”荣誉称号。

▲ 正东路街道江科大社区被省科协授予“江苏省科普示范社区”荣誉称号。

12日

▲ 省科技厅公布第六批江苏省创新型试点县（市、区）名单，全省共有6个县（市、区）上榜，京口区榜上有名，是镇江市唯一入选辖市区。

16—19日

▲ 区政协第九届委员会第一次会议召开。会议听取并认真讨论中共京口区委书记裔玉乾同志的讲话，审议通过《政协京口区第九届委员会常务委员会工作报告》《政协京口区委员会常务委员会关于八届五次会议以来提案工作情况的报告》《2017年区政协工作要点》，通过区政协九届一次会议关于提案审查情况报告。通过《选举办法》和选举工作人员名单，选举孙国平为区政协九届委员会主席，选举徐军、朱裕根、盛杰、张和松、宋小燕为副主席。选举王广林等21人为区政协九届委员会常委。通过大会决议。赞同殷敏同志代表区人民政府所作《政府工作报告》，并赞同其他报告。会议应到委员208名，实到197名。

17—20日

▲ 京口区九届人大第一次全体会议召开，会议听取和审议区人民政府工作报告；审查和批准区2016年国民经济和社会发展计划执行情况及2017年国民经济和社会发展计划（草案）报告、区2016年财政预算执行情况和2017年财政预算（草案）报告；听取和审议区人大常委会工作报告、区人民法院工作报告、区人民检察院工作报告。表决通过区人大法制委员会、财政经济委员会组成人员名单以及大会各项决议。选举施正中为京口区第九届人民代表大会常务委员会主任，姜厚荣、郑苏真、陈德福、杜承华为副主任，王大伟等28人当选为委员。选举殷敏同志为京口区人民政府区长，朱强松、林黎明、赵永斌、郑兆巍、杨国平、顾明华为副区长。选举刘凯同志为京口区人民法院院长、张东生同志为京口区人民检察院检察长。王德标等73人当选为镇江市第八届人民代表大会代表。当选人员向宪法宣誓。出席会议代表222名，列席人员75名。

22日

▲ 区人民法院被省高级法院授予“全省优秀法院”殊荣。此次全省只有10家基层法院上榜，京口区人民法院是镇江市唯一获此荣誉的法院。

▲ 象山街道孟诚社区获得“江苏省标准化居民学校”荣誉称号。

24日

▲ 大市口街道获评“全省和谐示范社区建设示范街道”。

26日

▲ 镇江市“最美社区医生”、京口区健康路社区卫生服务中心花山湾服务站主任杨凌的感人事迹被选编入省卫计委编写的《我身边的好医生》一书。

2月

3日

▲ 京口区2017新年第一会，“突出‘两聚一高’，大力解放思想，加快科学发展”动员暨作风建设大会在市影剧院举行。

5日

▲ 2016年第四季度“最美京口人”揭晓，恒顺实验小学姚春英、京口蔬菜研究所朱忠贵等7人上榜。至此，京口区2016年度共评出28名“最美京口人”，另有蒋周健成为“中国好人”候选人，展翠琴等2人入选“江苏好人”，刘伟琴等5人入选“镇江好人”。

10日

▲ 京口区慈善总会、区足球协会、健康路残疾人服务中心、老来乐社康综合服务中心、睦园居家养老服务中心、拓普足球俱乐部6家单位被江苏省民政厅评为“江苏省示范性社会组织”。

12日

▲ 2017年全省重大项目集中开工现场推进会举行，镇江市32个项目参加集中开工，市委书记夏锦文、代市长张叶飞参加设于中储粮镇江基地的镇江分会场活动。

15日

▲ 镇江中储粮华东粮油物流基地、镇江中林国际木业交易储备中心、镇江海龙核电站屏蔽防护设备3个产业项目成功入选江苏省2017年重大项目名单。一次入选3个产业大项目，这在京口历史上尚属首次。

19日

▲ 京口区被省民政厅表彰命名为“江苏省2016年度现代民政示范区”。

20日

▲ 镇江市中山路小学、红旗小学、实验小学三所学校成为首批“江苏省书香校园建设示范点”。

3月

1日

▲ 江苏大学、京口区人民政府举行校地合作对接会，双方正式签订校地合作协议，决定建立长期、紧密、务实的全面合作关系，实现“资源共享、优势互补、共赢发展”。

3日

▲ 四牌楼街道统计办获评江苏省统计规范化“百佳单位”。

7日

▲ 八届区委2017年第一轮巡察工作正式启动。根据区委巡察规划，本届区委将采取常规巡察、专项巡察、交叉巡察等方式，每年大体上安排3轮巡察，任期内对全区58个党组织开展巡察，实现巡察全覆盖目标。

10日

▲ 中国核能行业协会在镇江组织召开新产品成果鉴定会，由叶奇蓁、于俊崇两位中国工程院院士领衔共10位核电领域专家组成的鉴定委员会，对江苏海龙核科技股份有限公司年产150吨中子吸收板生产线及制造过程进行全面鉴定并给出权威结论：该企业在国内首家生产的乏燃料贮存材料——硼铝中子吸收板填补国内空白，达到国际一流水平。

▲ 京口区工商联被中华全国工商业联合会评为2016年度“全国‘五好’县级工商联”。这是镇江市唯一获得该荣誉称号的区级工商联。

▲ 京口区环保局环境监察大队夏亦民荣获首届“江苏忠诚环保卫士”称号，她是镇江市唯一获此殊荣的人。

11日

▲ 京口区篮球协会在区全民健身中心正式成立，副区长林黎明为协会成立揭牌，刘戎当选协会会长，20支球队参加随后举行的“2017恒运柒星苑”杯京口区（春）篮球联赛开幕式。全区拥有各类体育协会16家。

14日

▲ 四牌楼街道江坚家庭获评第一届“镇江市文明家庭”。

16日

▲ 位于新民洲临港产业园的区重点项目——长江堤防建设工程正式开工。该工程建设按百年一遇防洪标准新建长江堤防930米，堤防加固980米。计划总投资2200余万元。

20日

▲ 京口区江天法律服务所主任邵健被省司法厅授予“2016年全省法律援助工作先进个人”荣誉称号。

▲ “全国青少年三维创意设计示范校”授牌仪式在市中山路小学举行，中山路小学成为全市首家“全国青少年三维创意设计示范校”。

▲ 区环局获评“十二五”全省重点流域水污染防治成绩突出先进单位，是全市7个辖市区中唯一获此殊荣的区级单位。

21日

▲ 区档案馆通过省档案局利用部副主任刘鸿浩率领的评估组考评验收，成为省级中小学档案教育社会实践基地。

▲ 全国高速干线物流网络“派哥快运”启动仪式暨第三届“中国好司机—爱心家庭”颁奖典礼在京口区举行。来自中国物流学会、中国宏观经济研究院、中国妇女发展基金会等相关部门领导、专家学者、项目合伙人、行业高管精英等计200余人来镇见证“派哥快运”正式运营。随后举行第三届“中国好司机—爱心家庭”颁奖典礼。

23—24日

▲ 在西安举行的第四届全国中小学外语教师名师大会上，京口区解放路小学张洁老师获得“全国中小学外语教师教学能手”“全国中小学外语教师名师”两项荣誉，她参评的教学课例光盘也在大会上经专家组评审获一等奖。

▲ 镇江京口中学校园九（1）班徐文睿同学在2017年西安交大少年班的招生考试中，从通过资格审查的近2400名考生中脱颖而出，以初试综合成绩全国第十、复试综合成绩第一的高分被录取。

29日

▲ 截至3月底，新民洲港2个泊位到港船舶16艘，进口木材41.3万立方米，实现销售3亿元。

30日

▲ 京口区侨联归国华侨侨眷法律服务中心成立，成为全市首家区级涉侨法律维权服务机构。

▲ 江苏鼎胜新能源材料股份有限公司退休返聘职工徐长林日前被省委、省政府授予“江苏制造工匠”殊荣。

4月

15日

▲ 以“儿童故事会”方式创新宣教社会主义核心价值观，恒顺实验小学日前迎来中央电视台国际

频道《走遍中国》节目摄制组专程拍摄。

16 日

▲ 2017 第一季度“最美京口人”揭晓，京口区环保监察大队大队长夏亦民、镇江元致亨食品有限公司工会主席陈香等 8 人上榜。

18 日

▲ 京口区谏壁老工业区金阳路以西地块改造（航空航天中小企业基地）和焦湾路拓宽及北延（创普大道）道路工程等 2 个项目获得中央预算内资金补助 4842 万元，争取资金额度为该区近三年之最，也是全市唯一获得补助地区。

19 日

▲ 京口区第四届“梦溪读书节”启动仪式暨“世界知识产权日”“世界地球日”主题宣传活动在梦溪广场举行。

20 日

▲ 京口区四牌楼街道人社中心被人社部授予“全国人社系统 2014—2016 年度优质服务窗口”。

23 日

▲ 镇江市改善民生重点工程——总投资 6.5 亿元的京口区孟家湾安置房项目，合同内工程全部完工，正在进行配套设施施工。

25 日

▲ 中林新民洲港区二期工程 4 个泊位通过镇江市交通局口岸办组织镇江海事局、海关、出入境检验检疫局、边防检查站组成的验收组验收，具备对外开放条件。

5 月

2 日

▲ 景阳山社区获得“江苏省巾帼文明岗”荣誉称号，是京口区唯一一家获此殊荣的社区。

6 日

▲ 京口区婚姻登记服务大厅正式落户位于第一楼街核心商业圈的镇江婚庆文化创意产业园。

18 日

▲ 为了满足新民洲临港产业园区务工人员和当地群众出行需求，市公交总公司在保持公交 226 路现有 6 个班次不变基础上，每日再增加 2 个运行班次，全天达 8 个班次

19 日

▲ 江苏惠通集团专利项目《空中鼠标及控制鼠标指针移动的方法与装置》获得江苏省第十届专利项目金奖。镇江市仅此一家企业获此殊荣。

▲ “江苏省首届书法名校高层论坛暨师生作品年展”上，镇江市书法特色学校——桃花坞小学有 21 名师生获得一、二、三等奖，祝俊老师荣获一等奖，同时学校获优秀组织奖。

21 日

▲ 由中物联主办，京口区政府等单位承办的第二届中国物流金融峰会暨“互联网＋物流＋金融＋政府服务”高端峰会在京口区举行。峰会举行了“中国物流与供应链金融研究院”成立仪式。镇江市人民政府被授予“互联网＋物流＋政务服务”特殊贡献奖。同时揭晓 2017 中国物流金融年度大奖。22 日上午，峰会举行“公益大讲堂”，中物联金融委会长刘景福等 4 位行业领袖展开一场精彩对话，与大家分享他们在物流金融创新发展方面的最新研究成果。

30 日

▲ 京口区大市口街道米山社区经过城市推荐、省级复核、人社部审核，并向社会公示后，被认定为第四批国家级充分就业社区。

6 月

6 日

▲ 新民洲临港产业园和如皋港务集团有限公司正式签订《中林（镇江）生态产业城木业先进制造区投资合作协议》，标志着京口区与中林集团合作进入全新阶段。

23 日

▲ 京口区获评镇江市首批全民阅读工作先进集体。

27 日

▲ 京口工业园通过 2017 年度江苏省知识产权示范园区评审，这是全市唯一一家通过评审的开发区。

28 日

▲ 省财政厅、省政府妇儿工委办、省妇联联合发文公示 2017 年度省级妇女儿童公益项目申报结果和扶持情况，京口区妇联申报的“木兰花”困难女性就业增能计划获批省级一类项目。

▲ 第十四届中国国际物流节暨第十七届中国国际运输与物流博览会、2017 亚洲物流双年展（简称“中国国际物流节”）在成都举行，京口区被大会授予“中国物流十大管理创新奖”，也是江苏省唯一获得该奖项单位。

29 日

▲ 由京口区委、区政府组织编写的《京口文化丛书》首批两册《京口群贤》《京口烽烟》由江苏大学出版社出版并和读者见面。

7 月

3 日

▲ 由中国教育报主办，中国教育报刊社人民教育家研究院、中国教育报学前教育周刊、镇江市教育局、京口区政府承办，京口区教育局协办的 2017 年中国学前教育年会在镇江粤海酒店召开。来自全国 31 个省自治区直辖市的各级教育行政部门负责人、幼儿园园长和教师、学前教育研究者 1500 余人参会。

5 日

▲ 全省首家监区艺术工作室挂牌仪式在江苏省未成年犯罪管教所多功能活动室里举行。

▲ 京口区孟家湾安置房项目今年再次获得 2000 万元中央预算内专项资金支持，该项目争取金额累计 4000 万元，资金额度创历史新高。

7 日

▲ 全市首家获得阿里巴巴官方认证的政企服务平台——京口工业园“云端店小二”正式上线。

12 日

▲ 由镇江市司法局联合镇江报业集团、镇江文广集团举办的全市首届“最美司法行政人”评选活动结果揭晓。京口区司法局副主任科员、法宣科科长袁爱红，京口区象山街道司法所所长展翠入选。

13 日

▲ 装载 3 万吨散装玉米的“玉龙岭”轮船靠泊中林新民洲港，这是新民洲港首次靠泊粮食类散货船。

15日

▲ 中国共产党京口区第八届委员会第三次全体会议在市影剧院举行。全会深入学习贯彻习近平总书记系列重要讲话精神，认真落实省委十三届二次全会和市委七届四次全会精神，总结2017年上半年工作，部署下半年工作。区委副书记、区长主持会议。市委常委、区委书记裔玉乾代表区委常委会作报告。区长殷敏作会议小结。新民洲临港产业园、京口工业园区、区人社局就贯彻落实会议精神交流发言。区委委员、区委候补委员出席会议。区四套班子其他领导，区纪委委员和有关方面负责同志列席会议，部分企业和金融机构代表列席会议。

18日

▲ 京口区人民检察院挂牌成立全省首家未成年人刑事检察局。

▲ 总投资5.5亿元智能数字移动终端研发生产基地项目正式落户京口工业园。

20日

▲ 京口区镇江金钛软件有限公司孙哲博士主持的三维桥式吊车防摆控制及突发事件紧急制动方法研究获得A类科研经费资助，入选省人社厅公布的2017年度“江苏省博士后科研资助计划”资助项目名单。

28日

▲京口区综治委预防青少年违法犯罪工作领导小组办公室被江苏省综治委预防青少年违法犯罪工作领导小组评为2016年度江苏省预防青少年违法犯罪工作先进集体，全市仅2家单位获此荣誉。

8月

1日

▲ 江苏省人才办和省科技厅联合公布2017年度江苏省第五期“333工程”科研项目资助评审结果，镇江市有25名人才获得项目资助，江科大附小蔡艳的《小学创客学习的校本研究》项目位列其中，成为市教育系统唯一受资助项目。蔡艳是该区教育系统获得“省333工程”科研资助第一人。

5日

▲ 中共京口区委召开全区领导干部会议，宣布省、市委关于京口区党政主要领导调整的决定：殷敏任京口区委书记，裔玉乾不再担任京口区委书记职务；提名徐申锋为京口区区长候选人，殷敏不再担任京口区区长职务；徐申锋任京口区委委员、常委、副书记。市委书记惠建林出席会议并讲话，市委常委、组织部部长李健主持会议并宣布省、市委决定。裔玉乾、殷敏、徐申锋分别讲话。京口区四套班子领导、法检“两长”、其他在职副县处级以上干部；区各部委办局、直属企事业单位主要负责同志；各街道（开发园区）党政主要负责人出席会议。

14日

▲ 京口区首家民营企业境外投资项目——江苏鼎胜新能源材料股份有限公司年产8000吨亲水铝箔（泰国）项目经市发展改革委备案批复。

▲ 区九届人大常委会第六次会议正式召开。区人大常委会主任施正中主持会议。会议决定任命徐申锋为镇江市京口区人民政府副区长、代区长，刘柳为镇江市京口区人民政府副区长；会议还通过辞职事项。区人大常委会副主任姜厚荣、郑苏真、陈德福、杜承华出席会议。

16日

▲ 2017年京口区招商引资项目集中签约仪式在国际饭店举行。中船海工产业基地、中储粮粮油加工贸易基地、金港先锋产业孵化园等16个优质项目落户京口，总投资达64.77亿元。区委书记殷敏出席活动并致词，区委副书记、代区长徐申锋主持活动，副区长顾明华作招商项目推介。区四套班子其他领导出席活动。

22日

▲ 第五届深圳国际IP授权及衍生品展览会在深圳会展中心举行。由京口区文体局和大禹山创意新社区共同引进项目——江苏湛蓝影视股份有限公司作为镇江唯一参展动漫企业，其原创IP吸引业内众多商家关注。

25日

▲ 在2017年江苏省第三届小学生乒乓球锦标赛（南方赛区）上，京口区八叉巷小学代表队杨浩然、付哲文分获男子甲组单打冠、亚军，京口区八叉巷小学代表队荣获男子甲组团体第一名、男子丙组团体第二名和男子乙组团体第三名。

27日

▲ 京口区“万名旅行策划师”被列入全市重点旅游创新项目。

▲ 第三届i创杯互联网创新创业大赛在南通举办，京口区大禹山管委会两家企业：绪普信息科技有限公司的“基于大数据的智能制造管理系统工业云平台”及金海星导航科技有限公司的“基于北斗的智能交通安全管理系统及智能化应用项目”从全省463个参赛项目中脱颖而出，成功晋级决赛。

9月

3日

▲ 铁瓮城棚户区改造一期（西门考古）项目签约结束。

15日

▲ 2017年国际低碳（镇江）大会京口分会暨首届“江苏电竞活动周”高峰论坛在国际饭店国际厅举行。

▲ 新民洲法治文化广场被评为第五批“省级法治文化建设示范点”。

17日

▲ 国家体育总局发布《体育总局关于表彰2013—2016年度全国群众体育先进单位和先进个人的决定》，京口区人民政府荣获2013—2016年度全国群众体育先进单位称号。

20日

▲ 省委宣传部、省文明办等部门在南京联合举办“美德之光——第六届江苏省道德模范颁奖仪式”，京口区花山湾卫生服务站主任杨凌获江苏省道德模范提名奖。

21日

▲ 市委书记惠建林在市行政中心市民大厅会见爱励国际董事会主席兼首席执行官史达祥一行，双方就加强项目合作等方面进行详细交流。市委常委、秘书长郭建，市委常委、常务副市长裔玉乾，京口区委书记殷敏，爱励全球副总裁

兼首席财务官睿科，爱励资深副总裁兼亚太区总裁朱炯炯参加会见。

▲ 京口工业园区国家火炬计划重点高新技术企业海龙核科，成功中标福建省福清核电厂5、6号机组电气/机械防火封堵包采购项目，投标报价8833万元，项目金额超过企业上半年7603.67万元营业收入。

22日

▲ 镇江市“脱贫攻坚、慈善助力”主题活动表彰大会上，京口区获第一届“镇江慈善奖”5大奖项中4项。谏壁街道蔡家社区书记江双喜和区慈善总会副秘书长兼办公室主任阚士海获“优秀慈善工作者”表彰。

25日

▲ 京口区召开对标苏南学习考察交流会，学习交流苏南先进经验和成功做法，深入推进思想解放，提升全区上下发展热度。区委副书记彭忠东主持会议。区委书记殷敏，区委副书记、代区长徐申锋出席会议并讲话。区领导彭忠东、孙国平、朱强松在会上作交流发言。区发改和经信委、民政局、住建局，象山街道、谏壁街道、健康路街道、京口工业园区汇报赴苏南学习考察体会及贯彻落实市委书记惠建林调研京口讲话精神下一步措施和打算。区四套班子其他领导出席会议。

27日

▲ 共青团农场土地开发项目补充耕地质量通过专家评审。

▲ 最美天籁童声——携手维童，镇江京口合唱音乐会在西津音乐厅惊艳开唱。

10月

1日

▲ 镇江市首个民主党派基层委员会网站——中国民主同盟京口委员会官网上线运营发布仪式在苏宁广场举行。

8日

▲ 在镇江市公益创投标中，京口区6个项目脱颖而出，中标数在各区位居第一。

11日

▲ 京口区为八佰伴商圈党委成立举行揭牌仪式。至此，京口两大核心商业圈苏宁商圈和八佰伴商圈均已成立党委，实现城市新兴领域党建工作的有效覆盖。

▲ 在南京召开的2017年江苏省“最美家庭”评选揭晓会上，京口区妇联选送郭健家庭获评“江苏省最美家庭”，杨凌家庭家训家规获评“江苏省最美家规家训”。

16日

▲ 市史志办牵头市摄影家协会、京口区史志档案办、四牌楼街道江一社区等单位共同举行《“强富美高”新镇江》摄影画册首发式，并向社区赠送市、区史志成果。

20日

▲ 黄晓林、张保国、纪红兵3名优秀人才入选镇江市2017年“金山英才”镇江制造2025领军人才计划。

▲ 京口区举行“情系京口”人才恳谈会，邀请引才中介、科技企业、高端人才代表，以及第一到第五批科技镇长（创新）团成员等35人参加，区领导殷敏、徐申锋、翟德智、顾明华出席会议。与会者共同见证京口工业园区与中山大学惠州研究院产学研合作、中国中小企业信息产业园与恒生科技园载体运营合作、设立镇江市京口区驻美国华盛顿人才工作联络站等协议签订。

▲ 镇江宝华物流股份有限公司股票在全国中小企业股份转让系统挂牌，转让方式为协议转让。此举标志着“宝华物流”已在新三板挂牌成功，京口上市企业已达8家。

23日

▲ 京口区首期“双全”社工培训班在区文化艺术中心开班。

26日

▲ 京口区超额提前完成市下达的2兆瓦“金屋顶”年度目标任务。

27日

▲ 京口区召开全区重点产业项目现场观摩推进会，区四套班子领导及相关部门、各街道（园区）主要负责人参加会议。

▲ 京口区乡村骨干教师培育站建设启动仪式在市谏壁中心小学举行。

28日

▲ 京口区老干部活动中心正式揭牌，京口区离退休干部党工委同时成立。

11月

3日

▲ 爱励铝业（镇江）有限公司累计发货2.5万吨航空板材，第25001吨航空板交付给中国商飞。市委书记惠建林出席爱励镇江2.5万吨航空板发货庆祝仪式并致辞。

6日

▲ 京口区人民检察院与镇江市地方海事局联合会签《关于建立检察监督与水上交通安全监管预防指导机制的实施意见》，正式建立检察监督与交通安全监管执法合作机制。

8日

▲ 第二届中国木业供应链大会暨木业产业园区发展论坛在江苏盐城召开。会上，镇江中林生态产业城获“中国十大木业产业园区”“中国十大木业港口”奖牌。

▲ 江苏省文明委评选出一批优秀志愿者，贺家弄社区银发义工助老服务中心治安巡逻员徐广春因“在全省学雷锋志愿服务活动中，事迹突出”榜上有名，同时成为京口区获得此荣誉唯一一位志愿者。

10日

▲ 京口区组织开展“五级人大代表接待选民日”活动。

▲ 共青团京口区第十一次代表大会隆重开幕，李德升代表共青团京口区第十届委员会做题为《勇于改革创新 敢于担当作为团结带领全区青年为京口的大发展奋力拼搏》报告。大会选举产生共青团京口区第十一届委员会委员、候补委员，并选举产生出席共青团镇江市第十七次代表大会代表。会议还通过共青团京口区第十一次代表大会关于工作报告决议。

13日

▲ 在中国第十二届社区卫生服务论坛上，京口区健康路社区卫生服务中心被再次授予“全国百强社区卫生服务中心”荣誉称号。

▲ 京口区代表队荣获镇江市第十五届运动会青少年部团体总分第一名和金牌总数第二名。

15—17日

▲ 2017全国第六届幼儿美术

教育研讨会在京口举行。开幕式上，全国幼儿美术教育研究中心在镇揭牌，为全国百所幼儿美术教育联盟园授牌。活动由江苏教育报刊总社和市教育局联合主办，《早期教育》编辑部、京口区教育局承办。

22 日

▲ 由江苏省人社厅牵头组织评选的“省创业孵化示范基地”名单揭晓，镇江有5家单位成功入选。至此，京口区有国家级创业载体1家、省级创业载体4家。

26 日

▲ 京口区2016年度区委“书记项目”——“深化‘真实’活动，聚焦为企服务”案例被评为全国优秀案例之一。这是该区连续4次获得全国基层党建创新案例奖项。

27 日

▲ 学习贯彻中共十九大精神省委宣讲团走进京口，省委宣讲团成员、苏州大学马克思主义学院院长、博士生导师田芝健教授为区副科级以上机关干部作中共十九大精神专题辅导报告。报告结束后，田芝健走访四牌楼街道香江花城社区，与基层干部群众互动交流。区委书记殷敏主持报告会并传达市委七届五次全会精神。

29 日

▲ 2017年度“江苏省高层次创新创业人才引进计划”（简称省“双创计划”）资助人选进入公示阶段，京口区推荐的江苏树正信息科技有限公司的周从华入围省“双创博士”自主创业类。

30 日

▲ 经基层推荐，评委会投票、公示，首届“最美京口生态人”评选揭晓，淮永哲、陈德政等9人上榜。

12 月

1 日

▲ 第四届中国林产品质量与标准化研讨会暨中国镇江（新民洲）进口木材加工利用研讨会在京口区举行。来自国家林业局、中国林业科学研究院木材工业研究所、美国工程木协会APA等行业主管部门领导、国内知名木业专家学者以及国内外知名木业企业代表190余人参会。区委书记殷敏为活动致辞。会议还就“中国镇江（新民洲）进口木材加工利用”进行专题研讨。与会嘉宾听取“进口木材加工及开发利用”和“林产品质量标准化发展与企业品牌建设”两场专家论坛。

5 日

▲ 由区人大常委会主任施正中编纂的党建读本《高志以行：当8800万党员站出来》被省委宣传部授予“2016年度全省优秀理论成果”荣誉称号。这是全省各辖市报送该类别唯一一部获奖作品。

6 日

▲ 全市首个社区清真助餐点——大市口街道千秋桥社区清真助餐点在社区民族家园内正式启用。

12 日

▲ 京口区谏壁街道雩山村在全国精神文明建设表彰大会上被授予第五届“全国文明村镇”荣誉称号。

14 日

▲ 由京口工业园区管委会与中山大学惠州研究院、江苏大学能源研究院三方开展的校地合作项目——江苏中江能源与材料产业技术研究院在京口工业园落地。

17 日

▲ 京口区“探索社区治理模式创新 推进‘两网’品牌建设”通过江苏省现代民政研究院专家组评估，被评为“2016年度江苏基层社会治理十大创新成果”。

▲ 京口高新技术创业服务中心党支部被镇江市委党的建设工作领导小组命名为“2017年度五星法治型、服务型先进党支部”，成为京口区首家非公有制领域五星先进党支部。

18 日

▲ 镇江宝华物流股份有限公司新三板挂牌敲钟仪式在北京全国中小企业股份转让系统成功举行。

24 日

▲ 首届京口卫生系统主任论坛在健康路社区卫生服务中心召开，辖区内5个社区卫生服务中心主任参加活动。

25 日

▲ 京口区大禹山创意新社区被列入“2017年江苏省小型微型企业创业创新示范基地”名单，是全市唯一入围园区。

28 日

▲ 中共镇江市京口区第八届委员会第四次全体会议在镇江影剧院举行。区委副书记、区长主持会议。区委书记殷敏代表区委常委会作报告。全会审议通过《中国共产党镇江市京口区第八届委员会第四次全体会议决议》。区委委员、区委候补委员出席会议。区纪委委员和有关方面负责同志列席会议，部分基层党代表列席会议。

29 日

▲在2017镇江市“校—地—企”科技合作对接会上，京口区政府与江苏大学签订校地合作协议，共同组建“江苏大学京口新一代信息技术产业研究院”。

京口概况

责任编校：程 娟

地情概况

【位置】 京口区是江苏省镇江市市辖区之一，位于江苏省西南部，长江与京杭大运河十字交汇处，东接镇江新区，南和丹徒区为邻，西与润州区隔古运河相望，北接扬州市邗江区。（王建）

【面积】 全区总面积124.686平方千米，其中谏壁街道33.418平方千米、象山街道22.582平方千米、新民洲临港产业园24.773平方千米、正东路街道4.920平方千米、大市口街道2.318平方千米、四牌楼街道4.097平方千米、健康路街道1.892平方千米、长江水域30.686平方千米。（王建）

【地貌】 京口区地处宁镇山脉东段，属宁镇扬丘陵地区和长江冲积平原区，地势为中部高，东、西及沿江地带地势平坦，岗坡丘陵穿插其间。中部有焦山、北固山、象山、汝山、京岘山、老山、鼎石山和焦顶山，由北自南排列。东部有雩山，东西向排列。区内除新民洲为主江中沙洲外，其他基本上形成以丘陵岗坡地为主的地形特征。沿江低地近代由长江泥沙淤积而成。（王建）

【资源】 京口区内多低山丘陵，以黄棕土壤为主，岗地以黄土为主，平原以潜育型水稻为主。全区耕地面积1683.41公顷，其中粮田993公顷、常年菜田面积185公顷。设施农业面积150公顷，林地1475.35公顷，优质果品基地14.7公顷，养殖水面100公顷。

辖区内水资源丰富，长江、运河流经境内。有长江岸线17.5千米，有国家二级长江堤防15.4千米。除涝方面，有排涝站15座，装机1813千瓦，总流量27.8立方米/秒。灌溉方面，有灌溉站8座，总流量3立方米/秒。

境内有长江鱼类13目25科90多种，其中刀鱼、鲥鱼、鳗鱼、鮰鱼、河豚是中国名贵品种。白鳍豚、中华鲟等为中国珍贵稀有动物，列为国家一级保护动物。人工饲养水产品有青鱼、草鱼、鲢鱼、鲤鱼、鲫鱼等及虾、蟹、鳝、鳖等。区内有鸟类32科122种。新民洲临港产业园区常年有18种鸟类定居，其他野生动物有21科。

区内植物资源丰富，有各类树种80科500种。自然植被以落叶阔叶树为主，其中有麻栎、枪树、黄连木、山槐、枫杨等。药用植物有700种。引进树种有黑松、杉木、泡桐等。

区内矿产资源种类不全、经济价值不大。谏壁街道雩山有零星含铁石英砂岩出露，青龙山有白云石、石灰石，象山街道袁家村有石灰石。黏土主要分布在沿江一带。（丁志国）

【人口】 2017年，全区常住人口312685人，其中男性155987人、女性156698人。全区总户数125237户。迁入10803人（省内迁入9202人、省外迁入1601人），迁出11353人（迁往省内9497人、迁往省外1856人）。全年出生2715人（男1339人、女1376人）。全年死亡3520人（男1926人、女1594人）。流动人员为113708人（16岁以上110544人、16岁以下3164人）。常住人口总户数125237户、312685人，其中象山街道21141户、48595人，大市口街道22177户、58206人，四牌楼街道21885户、55519人，健康路街道31901户、82554人，正东路街道14592户、36079人，谏壁镇13541户、31732人。（杨万华）

【建置沿革、区划】 京口是镇江古称之一，最早见于《尔雅》“绝高为之京”，古人把高平之地称为京，北固山下的江称口，谓之京口。汉称京口里，东吴孙权筑铁瓮城，置京口镇，京口成为东吴政治中心。晋时置晋陵郡，郡治由丹徒镇移治京口，从此京口始为郡（州）、府治所在地。晋永嘉之乱，大批士族南渡，为此侨置兖、徐二州于京口。南朝宋置南徐州，隋置润州，宋升润州为镇江府，镇江名称一直沿用至今。民国18年（1929年）春，江苏省会由南京迁镇江，治所也一直在京口。1949年，镇江解放后，市、县分设，市区及近郊归镇江市管辖，乡镇归丹徒县管辖。1983年，实行市管县体制，市区设立城区和郊区。同年12月将城区更名为京口区，郊区更名为润州区。1992年10月，镇江市行政区划调整，古运河以东大市口、四牌楼、健康路、正东路4个街道，象山、汝山、丹徒、谏壁4个乡镇和甘露茶叶试验场，为京口区管辖范围。2011年7月22日，京口区人民政府根据省政府《关于撤销镇江市京口区象山镇谏壁镇分别设立街道办事处的批复》（苏政复〔2011〕43号）和市政府《关于同意撤销京口区象山镇谏壁镇分别设立街道的批复》（镇政复〔2011〕17号）精神，撤销象山镇和谏壁镇，分别设立象山街道办事处和谏壁街道办事处。2017年年底，京口区辖大市口、四牌楼、健康路、正东路、象山和谏壁6个街道办事处以及京口工业园区、新民洲临港产业园区（江苏省京口现代农业产业园区）。全区有61个社区、5个行政村。

（程娟）

【民族情况】 据统计，京口区少数民族有27个，人口7653人。超过1000人以上少数民族有回族、蒙古族，其中回族人口最多，有5508人，占少数民族总人口的71.97%，蒙古族1124人，占少数民族总人口的14.69%，其他少数民族有满族、壮族、朝鲜族、维吾尔族、苗族、土家族、布依族、侗族等，人数均为100人以下。（雷鹏）

【方言】 京口话属于镇江语系，镇江话属北方方言次江淮方言，位于北方方言与吴语两大方言交汇处。古代镇江话属吴语，由于东晋、十六国期间少数民族入侵，北方人口大量流入镇江、扬州一带，因而语言发生变化。镇江市虽属北方方言范畴，但构成复杂，其中既有吴语遗痕，又有旗腔（类似京腔）影响。与普通话相比，镇江话没有全浊声和舌尖后声母，鼻化原音介于前鼻音韵母之间，in、ing、en、eng、n、l不分，有入声调。词汇中保留丰富吴语词。（程娟）

【交通】 京口区作为镇江主城区之一，区内交通十分便捷。至2017年年底，京口区公路总里程121.60千米，其中：省道10.5千米，县道33.667千米（雩龙公路、谏辛公路、学府路、镇澄路、新民大道），乡道29.117千米，村道48.313千米，桥梁13座。100%建制村通公路。

城市道路：东西向主干道有中山东路、长江路、正东路、东吴路、学府路、京口路、桃花坞路、大西路（东段）、滨江旅游副线、江滨大道、禹山路、宗泽路等；南北向干道有解放路、电力路（北段）、梦溪路、古城路、石马湾路、小米山路、谷阳北路、谷阳路（北段）、经十二路（北段）、左湖路、焦山路等。

主要公路：镇澄线、金润大道、金港大道、谏辛公路、雩龙公路、新民大道。

公交：截至2017年年底，辖区内公交枢纽站有江大枢纽站、焦山枢纽站、大东枢纽站。公交首末站有我家山水公交站、京口工业园区公交站、九中公交站、新民洲公交站、长岗公交站、江大北公交站、市委党校站、梦溪嘉苑站、谏壁公交站、龙山公交站、南门汽车客运站、宗泽路公交站、江山名洲公交站、南山风景区（碧榆园）公交站、镇江中学公交站、林隐路公交站、美林湾公交站、公交官塘停保场公交站。公交线路有：1、2、3、4、5、6、8、9、10、11、12、14、15、16、17、18、19、20、21、22、23、24、25、28、29、38、39、46、49、51、52、56、57、59、60、61、62、63、68、72、75、81、82、83、84、85、101、102、104、105、106、109、112、113、115、116、118、123、130、132、133、135、201、202、203、206、208、209、211、212、213、215、218、219、221、223、226、301路。夜班线路有31、32、33、34、35、91、92、93、95路。其中旅游线路有2、8、17、29、49、60、102、115、133路、假日旅游专线到金山公园。49、83、84、104、112、130、204路、假日旅游专线到焦山公园。4、8、25、49、83、112、130、133、135、204路、假日旅游专线到北固山公园。1、3、8、12、20、21、24、38、51、56、75、82、85、101、106、116、211、212、213、215、219路到宝塔山公园。15路到南山风景区。另外还有镇江到扬州平山堂旅游专线。直达城铁镇江站线路有11、17、19、28、73、81、82、115、116、133、201、212、221、226、301路、假日旅游专线。直达高铁镇江南站线路有39、85、118、202、208路。20千米以上线路有9、20、21、22、23、24、25、28、29、60、61、75、82、83、85、91、115、118、135、203、206、208、211、212、213、215、216、221、226、301路。

境内航道为京杭运河，长5千米，为三级航道，最大通航能力为1000吨级船舶。

长江岸线方面。京口区自然岸线总长17.7千米，开发利用7.96千米；深水港口岸线6.9千米，开发利用4.53千米。京口段沿江港口分为谏壁和新民洲两个港区28个码头，谏壁港区由26个码头泊位，新民洲港区有2个码头泊位。2017年，谏壁港区和新民洲港区进港船舶总吨位842万吨，进港船舶1798艘，其中海船570艘，内河船1228艘。

京口境内铁路有镇瑞线和正在建设的连镇线8.1千米。镇瑞线长6千米，设上隍站，年货运吞吐量400万吨。（金玉）

【风景名胜】 京口依山傍水，风景秀丽多姿，其真山真水具有独特山水风貌，以"天下第一江山"闻名于世。著名镇江三山有两山在区域内，焦山"山裹寺"，以雄秀见长；北固山"寺冠山"，以险峻称雄。焦山定慧寺为全国重点寺庙。区内"珍珠项链"——长江路上有春江潮广场、江滨公园。古运河风光带上有河滨公园、宝塔山公园。市区还有大市口广场、梦溪广场、京口广场、东吴绿地广场、花山湾广场、古城公园、向家门绿地公园等旅游景区、景点及健身广场。

作为国家历史文化名城，京口不仅有众多自然风光，还有着深厚历史底蕴。虎踞桥、焦山碑林、铁瓮城、甘露寺铁塔等为全国重点文物保护单位。焦山碑林中现存重要摩崖石刻80处，藏碑400余方，尤以"大字之祖"瘗鹤铭以及苏轼、米芾、黄庭坚、陆游等书法大家墨迹碑刻和摩崖石刻为最，堪与西安碑林媲美。五柳堂、张云鹏故居、东晋花山湾古城墙遗址、焦山定慧寺、江苏省立镇江图书馆、宗泽墓和油库墩遗址7处为江苏省文物保护单位。2011年，“京江新二十四景”中位于京口区内有11处，分别是北水柳浪、摩崖夕照、寒汀芦荻、海门江雪、晋城春望、灯火临流、春江夜月、北固远帆、甘露流芳、鼎石访梅、湾头壁立。（陆阳）

【雨情】 2017年汛期雨量820.1毫米，雨日43天，最大日雨量110毫米，发生于6月11日；最大连续降雨量127毫米，连续降雨2天，发生于6月10日–11日。

（黄海霞）

【水情】 2017年汛期（5—10月），长江镇江（二）站高潮位潮警戒（7.00米）天数为14天（2016年39天）；最高水位为吴淞▽7.79米，出现在7月12日；最低水位为▽3.92米，出现在5月6日；长江（大通站）最大流量70200立方米/秒，出现在7月6日；长江最小流量为28000立方米/秒，出现在6月2日。

2017年，镇江市6月22日入梅（常年6月19日），7月11日出梅（常年7月12日），梅雨期19天（常年23天）。累计梅雨量全市面平均149.9毫米，较常年平均梅雨量（253.9毫米）偏少4成。入梅略晚、出梅正常，梅雨期降水呈间歇性、过程性特点。（黄海霞）

国民经济和社会事业

【概况】 2017年，京口区主要指标全面完成，经济运行总体平稳、稳中向好。全年完成地区生产总值469.66亿元，同比增长7.3%，一般公共预算收入17.7亿元，同口径增长5%，社会消费品零售总额318.24亿元，同比增长10.4%，固定资产投资390亿元，高新技术产业产值占规模工业产值比重46.5%，R&D支出占GDP比重2.7%。城镇、农村常住居民人均可支配收入分别达45693元、25437元，各增长8.8%、8.2%。单位GDP能耗下降率、主要污染物减排完成年计划。

（钱成）

【项目建设】 坚持“项目为王”，围绕项目干，重大产业项目建设呈良性“滚动”。省级重点项目推进加快。中林（镇江）生态产业城港区研发中心、木材初加工二期设备基础施工完成。镇江中储粮华东粮油物流基地港口物流项目主体竣工，粮油配送中心开工建设。京口核科技产业园项目签约，车载式无损检测管理平台研发成功。市级重点产业项目进展良好。列入市级13个产业升级项目、7个技术改造项目年度完成投资71亿元，占年计划投资100.6%，项目开工率、签约率、竣工率均为100%。区级重点产业项目有序推进。区级产业项目中35个项目开工建设、16个项目竣工，年度完成投资120亿元。一批重点项目加速推进，江苏宝京汽车部件有限公司一体式半挂车轴竣工投产，苏宁广场塔楼竣工，滨江科技金融商务中心（迎江大厦）主体封顶，东大院·创业广场开街运营。（钱成）

【工业经济】 多端组合发力，推动工业企稳回升态势巩固。主要指标完成良好。完成工业应税销售收入361亿元，同比增长7%。定报工业增加值70亿元，同比增长4.8%。工业固定资产投资（设备）增值税抵扣6885万元。主导行业增长加快。装备制造、粮油加工、金属压延、航空航天四大行业应税销售收入分别比2016年增长23%、22%、20%、15%。8家全市应税销售百强企业，完成应税销售收入316亿元，同比增长6.5%，占全区比重提升至83%。转型升级取得实效。战略性新兴产业销售增速高于区平均14.9%，15家新兴产业企业利润、利税分别比2016年增长110%、41%。正恺电子等6家企业进入省级“单打冠军”储备库。江苏海龙核科技股份有限公司生产的第一块中子吸收板填补国内空白。江苏鼎胜新能源材料股份有限公司、江苏宝京汽车部件有限公司入选省重点培育发展国际知名品牌领军企业。供给侧结构性改革推进，化解钢铁过剩产能60万吨，关停落后产能项目2个，降低企业成本9200万元。新增上市企业3家、全区上市企业总数10家。（钱成）

【服务业发展】 服务业引领发展“主力军”作用突出，服务业增

2017年7月，区发改和经信委领导考察京口工业园区年产10万支一体式半挂车BB车轴项目（钱成 摄）

加值占GDP比重73.1%，同比增长0.5%。传统服务业稳步增长。消费拉动经济增长作用明显，社会消费品零售总额增幅高于GDP增速3.1%。限额上餐饮业零售额增长14%，批发业、零售业分别比2016年增长10.3%、10.2%，支撑作用明显。现代服务业亮点展现。举办“首届江苏电竞活动周暨全国电子竞技菁英赛”“第二届物流金融峰会”“全国进口木材加工利用研讨会”，吸引一批关联企业落户。区荣获“中国十大物流管理创新奖”。凤凰文化广场等3个项目列入省服务业重点项目。“e创小镇”列入市重点建设特色小镇，中国中小企业信息产业园25栋产业楼主体封顶。以网络游戏为主导互联网产业比2016年增长20%，成为中国“互联网+物流+政务服务”产业基地。房地产平稳健康发展。受宁镇扬同城化建设加快等利好影响，房地产发展形势转好，去库存压力消减。商品房销售面积84万平方米，同比增长12%。商品房销售额80亿元，同比增长54%。（钱成）

【农业发展】 完成3000亩基本农田土地承包经营权确权登记颁证。区农村产权交易中心在市公共资源交易中心挂牌。探索推行“一河一策”管理制度，“河长制”工作通过省级年度验收。水环境综合整治力度加大，一夜河西段、小上隍河等河段完成清淤治理，侯姚生活污水处理站建设通过验收。新民洲段2.07千米主江堤防洪能力提升工程竣工。中储粮镇江粮油有限公司内港池码头通过省市专家组防洪评审。完成禁养区畜禽养殖关停任务。京江路、共青团农场等地新造林100亩，超计划50亩。（钱成）

【招商引资】 围绕全区产业定位，整合招商资源，对接目标企业、目标区域、目标人物，放大项目招引“源头”作用，为全区经济发展、项目建设夯实基础。全年开展小分队招商270批次，接待客商327批次，招商精准性、专业性、实效性提升。签约移动终端智能制造等55个项目，总投资96.68亿元，其中制造业项目21个，涉及投资37.8亿元。服务业项目34个，涉及投资58.88亿元。招引落户总部经济企业150余家，实现一般公共预算收入1.23亿元，其中9家企业跻身区纳税百强企业，5家企业实体落户京口。（钱成）

【科技创新】 聚焦科技创新，以企业为主体科技创新竞争力增强。万人发明专利拥有量83.32件。新增高新技术企业4家、省级研发机构3家，新认定民营科技型企业5家、高新技术产品26个。实施产学研合作项目60余个，合作立项省级以上科技项目11个，争取资金1500万元，科技成果转化产值突破百亿元。京口工业园创成“省级知识产权示范园区”，惠通集团获得“江苏省第十届专利项目金奖”，江苏安德信超导加速器科技有限公司获“中国好技术”奖，镇江立达纤维工业有限责任公司获评省“最具成长性高科技企业”。“金凤凰”活动成果丰硕，招才引智持续深入。编制完成《镇江市京口区人才发展第十三个五年规划纲要》，聘请首批“招才顾问”“引才大使”15人。引进国家杰出青年1人、长期外国专家5人。入选省双创博士1人、市“金山英才”计划14人，新引进大学本科以上人才1214人。（钱成）

【生态环境治理】 推进“263”专项行动，41个项目完成年度任务，压减煤炭消费量36万吨，关停化工企业2家，国考、省考断面达标。（钱成）

【社会事业】 创业富民有效。出台《富民增收五大行动方案（2017—2020）》。城乡居民收入保持较快增长，城镇、农村常住居民人均可支配收入增幅分别超GDP增幅1.2%、0.7%。全年新增城镇就业11721人，扶持创业2496人，新开业各类市场主体、注册资本分别比2016年增长51%、52%。镇江创业园、米山人家社区分别创成“国家级创业孵化示范基地”“国家级充分就业社区”，互联网双创中心创成“省级创业示范基地”。保障体制机制进一步健全。城乡社会保险覆盖率保持98%以上。推出家庭医生服务模式，基层卫生机构一体化综合业务信息系统功能完善。市重点民生工程、区为民办实事项目——区残疾人综合服务中心建成使用。精准扶贫落到实处，为每户贫困家庭建档立卡，组织党支部、机关干部“一对一”结对帮扶。社会救助托底民生，全年发放低保金、救助金、补助金1700余万元。教育现代化、公共文化体育工作走在全省前列。敏成小学和京岘家园幼儿园投入使用，象山花园小学部分主体封顶。举办“全国学前教育年会”“全国幼儿美术教育研讨会”。获评“全国义务教育质量监测实施县级优秀组织单位”。新增公共文化设施面积3600余平方米，群众文化赛事市级（含）以上获奖18个。创成“全国群众体育工作先进单位（2013—2016年）”。城市基础设施升级改善。完成43个棚户区和老旧小区改造、海绵城市建设、物业提升项目。宗泽路西段等7条道路竣工通车。开展城市管理“2＋X”联勤联动试点，整治街区环境，通过全国文明城市复检，城市品质提升。社会大局保持和谐稳定。创新“网格—社区—街道”三级社会综合治理机制，开展“大排查大整治行动”，信访积案化解、安全生产、食品药品监管等公共安全工作推进，中共十九大等重大活动维稳工作完成。（钱成）

精神文明建设

【概况】 京口区文明办贯彻全区宣传思想工作会议精神和市文明委工作要求，从建设更高水平文明城市入手，倡导和弘扬社会主义核心价值理念，明确职责、找准定位、讲求方法、全力投入，增强精神文明建设实效。（包迎辉）

【文明城市建设】 理念提升。由区委主要领导带队，组织区相关职能部门领导赴张家港市参观学习文明城市建设先进经验。区文明办组织区创建办工作人员和各街道、园区分管领导、区城管局领导赴张家港市、常熟市参观学习公益广告、城市管理等经验做法，明确全员发动、全民参与、强制入轨、公益广告提档升级等工作理念，理清创建思路、优化创建措施。

机制创新。创新开展大走访与建设更高水平文明城市融合发展工作模式，划分辖区路段，明确每个路段责任人员，通过层次签订责任书，压实责任。开展争做“文明单位、文明商户、文明家庭、文明市民、文明学生”活动，通过发放倡议书，与单位、商户、家庭、市民、学生签订承诺书，组织发动结对人员做好宣传群众、组织群众、发动群众工作，形成文明城市建设全民共创、共建、共享良好机制和氛围。全区走访各类单位860家、商户6291户、居民户120429户，发放文明垂钓倡议书48498份。

氛围营造。在全区交通路口、背街小巷、居民小区、楼宇醒目位置、人员集中场所等处，以“社会主义核心价值观”“讲文明树新风”“图说我们的价值观”“关爱未成年人”为主要内容，制作3000余平方米与周围环境相融合、宣传教育针对性强的公益广告。区文明办还制作2000块台卡，对商铺宣传社会主义核心价值观和诚信经营理念。动员辖区单位履行社会责任，镇江市八佰伴商贸有限公司常年利用柜台做公益广告，得到社会各方肯定。

考核检查。制定出台更高水平文明城市建设考核细则，明确奖惩标准。邀请市城调队围绕文明城市创建内容，对京口专门测评，将测评结果与市文明城市长效管理双月测评结果相结合，对全区各责任单位开展常态长效考核，奖优罚劣，推进文明城市建设工作开展。

重点整治。开展“双美双优”（道德美、环境美、秩序优、服务优）和“双升双亮”（社区环境、市场环境新提升，打造文明旅游、文明交通新亮点）创建活动。全区有9个点位参加市“双美双优”示范点创建，6个基础较差点位参加市“双升双亮”达标提升活动。加大对问题突出区域整治力度，牵头城管、交警、市场监督、属地街道等单位，对塔山路、花山湾菜场周边、桃花坞路沿线、大市口商圈等创建问题多、群众反映大区域整治，取得较好效果。（包迎辉）

【“文明进万家”活动】 文明提升。发布活动内容，明确活动要求，截至10月底，组织开展各类群众性精神文明活动600场次。

综合环境整治。对44条道路开展综合环境整治，清理建筑物立面污损，乱搭乱建、乱贴乱画、乱钉乱挂、乱扔垃圾和杂物等不文明现象，并对报栏、座椅等公共设施进行维护，督促商铺落实《市容环卫责任书》，做到无店面外溢、无路牙垃圾。

物业管理提升。对全区165个小区开展物业管理提升行动，设置物业服务规范化标准，提升街道、社区和物业服务企业服务水平和服务质量。

市场秩序整治。对全区16家集贸市场和10条商业街区经营业主规范经营、文明经营等情况综合整治。（包迎辉）

【社会主义核心价值观教育实践】 先进典型示范引领。组织开展“我推荐、我评议身边好人”活动，每季度定期组织开展“最美京口人”评选，选出28名“京口好人”，其中，“中国好人”1人、“江苏好人”1人、“镇江好人”5人。健康路街道社区卫生服务中心杨凌获得“江苏省道德模范提名奖”。发挥道德讲堂道德教化作用，各社区通过道德讲堂对身边好人进行宣传。

“诚信社区”和“善行义举榜”标准化建设。在实现各社区覆盖基础上，打造一街道一个示范点，全区打造9家区级诚信社区标准化建设示范点和6个善行义举榜标准化建设示范点。深化诚信示范街区建设，提升大祥时尚街、龙吟坊商业街、第一楼街步行街等诚信街区建设。开展“我们相聚在社区”“社区邻里节”等群众性活动，加强群众之间交流互信。

群众性精神文明创建活动。中山路小学荣获“全国首届文明校园”，谏壁街道雩山村获评“全国文明村”，江坚等4户家庭当选“镇江市首届文明家庭”。承办“喜迎十九大，幸福舞起来”镇江赛区活动，京口依兰健身俱乐部和绿叶健身俱乐部分别获得二等奖和优秀奖。（包迎辉）

【公共文明实践活动】 志愿服务活动。根据各街道、园区常住人口数，设计表格对各街道、园区注册志愿者占比、活跃志愿者占比通报并排名，促进各单位完成任务。将平台注册及活动发布作为各级文明单位预申报前置条件，对没有注册平台，不发布活动单位一票否决，扩大平台注册覆盖面。全区在“志愿镇江”平台注册志愿者91347人，活跃志愿者36780人，服务时长超过24小时6077人，新发布活动557个。

城市“啄木鸟”行动。安排专人加入“镇江市公共文明督导”QQ群，对群里“啄木鸟”发现涉及京口的问题，根据各部门职能，逐一分解到各相关部门解决，做到“发现一条、解决一条”。对那些明显不属于京口职能范围又找不到相关市级主管部门解决的问题，按照属地管理原则，先行解决，事后再向市文明办反馈，确保行动开展。在做好市督查交办问题同时，自加压力，建立京口“啄木鸟”工作QQ群，组织社区群众开展自查，对发现问题整改。

“我们的节日”主题活动。以春节、元宵、清明、端午等节日为节点，春节期间组织文体爱好者开展“新春联欢会”，元宵节开展“开心猜灯谜”，清明期间参加扫墓，端午节开展包粽子比赛等活动，加强公民思想道德教育。

未成年人思想道德教育活动。联合辖区内学校组织开展“小手拉大手”“七彩的夏日”“缤纷的冬日”“童谣传唱”等活动。组织开展美德少年评选活动，1人获评“省级美德少年”，2人获评“市十佳美德少年”，2人获评“市美德少年”，96人获评“区级美德少年”。

（包迎辉）

中共镇江市京口区委员会

书　记
　　裔玉乾（　—2017-08）
　　殷　敏（女）（2017-08—　）
副书记
　　殷　敏（女）（　—2017-08）
　　彭忠东
　　徐申锋　（2017-08—　）
常　委
　　王　琴（女）（　—2017-12）
　　何广林
　　朱强松（　—2017-12）
　　石　捷
　　翟德智（　—2017-12）
　　倪新明
　　杨国平（2017-12—　）
　　徐玉军（2017-12—　）
　　孙国林（2017-12—　）

区委办公室
（区委机要保密局）

主　任
　　顾明华（　—2017-04）
　　魏晓曦（2017-12—）
副主任
　　陈　西（2017-04—2017-12）
　　蒋伟文（　—2017-12）
　　王　立
　　金凡舒（女）
　　钟龙达
区委机要保密局局长
　　李　瞰（　—2017-12）
　　蒋伟文（2017-12—　）
副局长
　　孙荣军

组　织　部
（区委非公有制企业和社会组织工作委员会、区党员干部现代化远程教育中心）

部　长
　　翟德智（　—2017-12）
　　徐玉军（2017-12—　）
副部长
　　盛　杰（　—2017-12）
　　吴大明（　—2017-12）
　　赵晓文（2017-12—　）
　　陈国兴
　　郎德虎（　—2017-12）
　　高翠兰（女）（2017-12—　）
区委非公有制企业和社会组织工作委员会书记
　　吴大明（　—2017-12）
　　赵晓文（2017-12—　）
区委非公有制企业和社会组织工作委员会副书记
　　高翠兰（女）（　—2017-03）
　　吴艳媚（女）（2017-03—　）
　　顾金东（2017-12—　）
党员干部现代远程教育中心主任
　　夏　鹏

区人才办公室

副主任
　　李海洪

区高层次
人才引进服务中心

副主任
　　章　晨（　—2017-03）

区级机关工委

书　记
　　丁永忠
副书记
　　陈军越（女）
　　陈　涛（　—2017-08）
纪工委书记
　　陈　涛（　—2017-08）

老干部局
（关心下一代工作委员会）

局　长
　　陈国兴
副局长
　　王胜云

宣　传　部
（精神文明建设指导委员会办公室）

部　长
　　何广林（　—2017-12）
　　孙国林（2017-12—　）
副部长
　　李　军
　　梅永生
　　包迎辉

吕小康
文明办主任
包迎辉
文明办副主任
刘亚洁（女）

新闻中心

主　任
陶宝强

统战部

部　长
翟德智（　—2017-12）
徐玉军（2017-12—　）
副部长
朱家巍（女）
金德荣
常加华

侨　联

侨联主席
王晓方
副主席
李镇生

区委台湾工作办公室

主　任
吴红霞（女）
副主任
郭晓雯（女）

政　法　委

书　记
王　琴（女）（　—2017-12）
杨国平（2017-12—　）
副书记
张经阁
喻　石

社会治安综合治理委员会办公室

主　任
喻　石
副主任
戴长喜

依法治区领导小组办公室

副主任
许竹春（女）

国家安全领导小组办公室

主　任
张经阁

信访局

局　长
王　勇
副局长
李燕敏（女）（　—2017-03）
柳如永（2017-03—　）
胡德林（2017-08—　）
纪检组组长
胡德林（　—2017-08）

党　校

校　长
彭忠东
常务副校长
邵晓清
副校长
徐　波

行政学校

校　长
朱强松（　—2017-12）
何广林（2017-12—　）
副校长
邵晓清

史志档案办公室（档案馆）

主　任
满子琴（女）
副主任
耿纪明
丁　杨（女）

京口区人大常委会

主　任
施正中
副主任
倪兆顺（　—2017-01）
徐　军（　—2017-01）
姜厚荣（2017-01—　）
陈德福（2017-01—　）
郑苏真（女）
杜承华
党组书记
倪兆顺（　—2017-01）
施正中（2017-01—　）
党组副书记
徐　军（　—2017-01）
姜厚荣（2017-01—　）

人大办公室

主　任
谢红星（　—2017-03）
张晨阳（2017-03—　）
副主任
张晨阳（　—2017-03）

内务司法工作委员会

主　任
徐开宏
副主任
刘　勉（女）

财经工作委员会

主　任
李　勇（　—2017-12）
张亚南（女）（2017-12—　）
副主任
蒋　剑

教育科学文化卫生工作委员会

主　任
肖　波（　—2017-12）
张立明（2017-12—　）
副主任
吴立宪

人事代表工作联络委员会

主　任
赵国华
副主任
徐彩华（　—2017-12）

环境资源城乡建设工作委员会

主　任
王大伟

副主任
王德标

京口区人民政府

区　长
殷　敏（女）（2017-01—2017-08）
副区长、代区长
殷　敏（女）（　—2017-01）
徐申锋（2017-08—　）
副区长
朱强松（　—2017-12）
何广林（2017-12—　）
陈德福（　—2017-01）
林黎明
赵永斌
郑兆巍
杨国平（　—2017-12）
顾明华（2017-01—　）
姚恒清（2017-12—　）
党组书记
殷　敏（女）（　—2017-08）
徐申锋（2017-08—　）
党组副书记
朱强松（　—2017-12）
何广林（2017-12）

政府办公室（法制办公室、研究室、外事办公室、侨务办公室）

主　任
顾洪涛（　—2017-03）
魏晓曦（2017-03—2017-12）
黄贤宇（2017-12—　）
副主任
许琛雨（女）（　—2017-12）
陈　坚（　—2017-08）
杨　旻（　—2017-03）
姚奇峰
王　勇
金凡舒（女）
吴伟良
陈　俊
吴　成
党组书记
顾洪涛（　—2017-03）
魏晓曦（2017-03—2017-12）
黄贤宇（2017-12—　）
法制办主任
顾洪涛（　—2017-03）
魏晓曦（2017-03—2017-12）
黄贤宇（2017-12—　）
外事办主任
顾洪涛（　—2017-03）
魏晓曦（2017-03—2017-12）
黄贤宇（2017-12—　）
侨办主任
顾洪涛（　—2017-03）
魏晓曦（2017-03—2017-12）
黄贤宇（2017-12—　）
纪检组组长
陈祥富（　—2017-08）
e办事服务中心主任
王　伟（2017-12—　）

区政府接待办公室

主　任
金凡舒（女）
副主任
杨寅涛

机关事务服务中心

主　任
金凡舒（女）
副主任
章　晨（2017-03—　）
董泽建（　—2017-12）
党组书记
金凡舒（女）

发展改革和经济信息化委员会

主　任
虞　军（　—2017-03）
王壮保（2017-03—　）
副主任
殷　明（2017-03—　）
王玉萍（女）
经　晶（女）
张恒可（　—2017-12）
董　巍（2017-12—　）
党组书记
虞　军（　—2017-03）
王壮保（2017-03—　）
纪检组组长
殷　明（　—2017-03）
王　红（女）（2017-03—2017-08）

教　育　局

局　长
廖伟根（　—2017-12）
郭先武（2017-12—　）
副局长
于咏梅（女）
张　伟
步　蓉（女）
黄　涛（女）
党委书记
廖伟根（　—2017-12）
郭先武（2017-12—　）
党委副书记
于咏梅（女）
纪委书记
范冬云（女）（　—2017-08）

政府教育督导室

副主任
殷晓蕾（女）（　—2017-12）
市京口中学校长
于德青
书　记
左云鹏
市中山路小学校长
刘正才
书　记
刘正才
市实验小学校长
李素琴（女）
书　记
袁　萃（女）

科学技术局

局　长
薛　莲（女）
副局长
许红兵
孙文吉
党组书记
赵反修

纪检组组长
田壮民（ —2017-08）

知识产权局

局 长
薛 莲（女）

民 政 局

局 长
谢根龙
副局长
谢铭柏
颜丽娟（女）
赵有保
朱 静（女）（ —2017-12）
党组书记
谢根龙
纪检组组长
范荣庆（ —2017-08）

双 拥 办

主 任

民族宗教事务局

局 长
戚秀平
副局长
张昌俊

司 法 局

局 长
陈 琳（ —2017-12）
郭 健（2017-12— ）
副局长
李 震
李 卉
曹 刚
党组书记
陈 琳（ —2017-12）
郭 健（2017-12— ）
纪检组组长
殷 红（ —2017-08）

财 政 局

局 长
谭雪峰（ —2017-03）
宋 辉（2017-03— ）
副局长
赵正军
宋 扬
谭志江
徐兰芳（女）
党组书记
谭雪峰（ —2017-03）
宋 辉（2017-03— ）
纪检组组长
刘 倩（ —2017-08）
国资办主任
宋 扬
机关财务结算中心主任
沈 妍（女）
谏壁街道分局局长
朱康顺
象山街道分局局长
李冬梅（女）（ —2017-12）

人力资源和社会保障局

局 长
郎德虎（ —2017-12）
副局长
王 忠
赵 军（女）
王兴国（2017-12— ）
华舒仪（女）（2017-12— ）
党组书记
郎德虎（ —2017-12）
纪检组组长
傅 岗（ —2017-08）
社会保险管理中心
主 任
陈珑境
劳动就业管理中心
主 任
庄 严
人才服务中心
主 任
胡 蓉（女）

机构编制委员会办公室

主 任
盛 杰（ —2017-12）
高翠兰（女）（2017-12— ）
副主任
刘明军
叶 晶（女）（2017-03— ）

住房和城乡建设局

局 长
王志斌
副局长
蒋 松
冯忠洁（女）（ —2017-03）
吴新华
陈 阳
党委书记
黄少青（ —2017-03）
王志斌（2017-03— ）
纪委书记
商伟民（ —2017-03）
李燕敏（女）（2017-03—2017-08）
村镇办主任
夏 热

城市管理局

局 长
王荣兵
副局长
张枝荣（ —2017-12）
吴生银
郭建成
沈庆伟
殷晓蕾（女）（2017-12— ）
党委书记
王荣兵
党委副书记
成 华（女）（ —2017-03）
纪委书记
成 华（女）（ —2017-03）
马伟民（2017-03—2017-08）
环卫所所长
张建玲（女）（2017-03— ）

交通运输局

局 长
周祥华
副局长
王 华

刁华伟
杨少华（女）（ —2017-03）
吴玉才（2017-03— ）
党组书记
周祥华
纪检组组长
吴玉才（ —2017-03）
冯忠洁（女）（2017-03—2018-08）

农业委员会（水利局）

主　任
戎国平
副主任
岳传荣
马志良
刘卫红（女）
李　尧（2017-08— ）
党组书记
戎国平
纪检组组长
李　尧（ —2017-08）

水　利　局

局　长
戎国平

商　务　局

局　长
刘远遥（ —2017-12）
杨　旻（2017-12— ）
副局长
李卫红（女）（ —2017-03）
丰　富
赵　骥（2017-03— ）
党组书记
刘远遥（ —2017-12）
杨　旻（2017-12— ）
纪检组组长
徐　劲（女）（ —2017-08）

招商中心（招商服务中心）

主　任
宋小燕（女）（ —2017-03）
杨　帆（2017-03— ）
副主任
王发龙
苏安平
梅康凯（ —2017-08）
书　记
宋　辉（ —2017-03）
陈　峰（2017-03— ）
纪检组组长
顾红云（女）

文　体　局

局　长
赵晓文（ —2017-12）
宜建美（女）（2017-12— ）
副局长
陈晓君
董朝霞（女）（ —2017-08）
吴志辉 （2017-08— ）
书　记
赵晓文（ —2017-12）
李　瞰（2017-12— ）

旅　游　局

局　长
赵晓文（ —2017-12）

卫生和计划生育委员会

主　任
张立明（ —2017-12）
刘远遥（2017-12— ）
副主任
朱　静（女）（2017-12— ）
殷文琪（女）
周云鸿（ —2017-03）
钱俊华
邵顺江（2017-06— ）
党委书记
张立明（ —2017-12）
刘远遥（2017-12— ）
副书记
徐　翔（ —2017-08）
纪委书记
徐　翔（ —2017-08）

健康路社区卫生服务中心

主　任
朱琛平
党支部书记
朱琛平

红十字会、计生协会

会　长
林黎明
副会长
高桂蓉（女）

审　计　局

局　长
顾成权
副局长
王珺晨（女）
张　青（女）
党组书记
顾成权
纪检组组长
史俊生（ —2017-08）

安全生产监督管理局

局　长
程　鹏（ —2017-12）
姚　斌（2017-12— ）
副局长
赵永明
金　鑫
党组书记
程　鹏（ —2017-12）
姚　斌（2017-12— ）
纪检组组长
孙　昊（2017-03—2017-08）

统　计　局

局　长
张和松（ —2017-03）
严　波（2017-03— ）
副局长
杭军花（女）
林　亮
党组书记
陈　峰（ —2017-03）
严　波（2017-03— ）

物　价　局

局　长
杨志强（ —2017-12）
程　鹏（2017-12— ）

副局长
吴时斌
党组书记
杨志强（ —2017-12）
程 鹏（2017-12— ）
纪检组组长
吴志辉（ —2017-08）

环 保 局

局 长
朱文仲
副局长
刘 玲（女）
陈 铮
陆光金
党组书记
朱文仲
纪检组组长
孔晓颖（女）

市场监督管理局

局 长
魏晓曦（ —2017-03）
宋小燕（女）（2017-03— ）
食品药品监督管理局局长（兼）
魏晓曦（ —2017-03）
宋小燕（女）（2017-03— ）
副局长
张 竞（ —2017-03）
丁桂林
周国豹
汤智慧（2017-03— ）
简夕武（2017-12— ）
党委书记
魏晓曦（ —2017-03）
张 竞（2017-03— ）
副书记
张 竞（ —2017-03）
纪委书记
蔡重武（ —2017-08）
第一分局局长、食品药品监督管理分局局长（兼）
汤智慧（ —2017-03）
许付余（2017-12— ）
第二分局局长、食品药品监督管理分局局长（兼）
许海凌
第三分局局长、食品药品监督管理分局局长（兼）
魏国安（ —2017-12）
施宇飞（2017-12— ）
第四分局局长、食品药品监督管理分局局长（兼）
胡 珏（女）（ —2017-12）
陈 龙（2017-12— ）
第五分局局长、食品药品监督管理分局局长（兼）
许付余（ —2017-12）
纪静静（女）（2017-12— ）
第六分局局长、食品药品监督管理分局局长（兼）
施宇飞（ —2017-12）
稽查大队大队长
周卫东

国有资产管理中心

主 任
袁在森
副主任
纪嘉洲
高敏修
胡 飞（2017-03— ）
党工委书记
钟志敏
纪工委书记
曹 钢
财务总监
周 玲（女）

商业贸易总公司

总经理
袁在森

工业发展总公司

总经理
袁在森

物资集团

总经理

供销合作总社

主 任
庄福寿（ —2017-12）
许文兰（女）（2017-12— ）
副主任
纪成忠
陆智国
党组书记
庄福寿（ —2017-12）
许文兰（女）（2017-12— ）

京露茶场

场 长
副场长
褚 磊

江苏北固产业投资有限公司

董事长
谢秀英（女）
总经理
朱伟广
副总经理
龙元圣
王 勖
张逸飞
朱赞弘（女）（2017-05— ）
党组书记
谢秀英（女）
纪检组组长
丁晓云（女）
监事会主席
宋 杨

政协京口区委员会

主 席
孙国平
副主席
姜厚荣（ —2017-01）
徐 军（2017-01— ）
谢志荣（ —2017-01）
朱裕根
盛 杰（2017-01— ）
张和松（2017-01— ）
宋小燕（女）（2017-01— ）
党组书记
孙国平
副书记

徐　军（2017-01—　）
秘书长
曾　强

政协办公室

主　任
郭　健（　—2017-12）
曹明军（2017-12—　）
副主任
曹明军（　—2017-12）

提案委员会

主　任
冷　斌（　—2017-12）
陈　琳（2017-12—　）
副主任
陈　淮（　—2017-12）

学习和法制委员会

主　任
陈　林

经济和科技委员会

主　任
姜春虎
副主任
江克成

社会管理和社会事业委员会

主　任
倪　坚
副主任
郭海军

京口区纪律检查委员会（区监察委员会）

书　记
石　捷
副书记
陈洪生
刘　松（2017-12—　）
副主任
陈洪生（2017-12—　）
刘　松（2017-12—　）
监委委员
王　明（2017-12—　）
监察局局长
陈洪生（　—2017-12）
纪委常委
刘　松（　—2017-12）
王　芳（女）
王　明
办公室主任
杨　凯
基层工作一室主任
张　羿
基层工作二室主任
彭中南
监察局副局长
刘　松（　—2017-12）
宜建美（女）（　—2017-12）
第一纪检监察室主任
刘　松
党风政风监督室主任
王　芳（女）（　—2017-08）
芮建芬（女）（2017-08—　）
纪检监察干部管理监督室主任
戚志栋
信访室主任
王　明
第二纪检监察室主任
蒋　超（　—2017-12）
余跃明（2017-12—　）
案件审理室主任
蔡红琴（女）（2017-08—　）
第三纪检监察室主任
蒋　超（2017-12—　）
派驻纪检组
区委办纪检组组长
刘　倩（2017-08—　）
区委政法委纪检组组长
陈　涛（2017-08—　）
区政府办纪检组组长
王　红（女）（2017-08—　）
区发改和经信委纪检组组长
徐　劲（女）（2017-08—　）
区教育局纪检组组长
马伟民（2017-08—　）

区委巡察机构

区委巡察办主任
陈洪生（2017-08—　）
副主任
冯忠洁（女）（2017-08—　）
陈祥富（2017-08—　）
区委巡察组组长
王　芳（女）（2017-08—　）
陈　坚（2017-08—　）
副组长
蔡重武（2017-08—　）
孙　昊（2017-08—　）
范荣庆（2017-08—　）
殷　红（2017-08—　）

京口区人民法院

院　长
刘　凯
副院长
汪忠春
华　军
邱　凯
吴　震（2017-08—　）
党组书记
刘　凯
副书记
汪忠春
纪检组组长
仲亚励（女）（　—2017-08）
政治处主任
宦宇新（　—2017-08）
施正星（2017-08—　）
审判委员会专职委员
吴　震（　—2017-08）
宦宇新（2017-08—　）
仲亚励（女）（2017-08—　）
执行局局长
韦　雷

京口区人民检察院

检察长
张东生
副检察长
束玉兴
陈　东
贾永平
党组书记
张东生
纪检组组长
董　春（　—2017-03）

政治处主任

靳　明（　—2017-08）

李　凌（2017-08—　）

检察委员会专职委员

靳　明（2017-08—　）

许　辉（2017-08—　）

反贪污贿赂局

局　长

贾永平

反渎职侵权局

局　长

束玉兴（　—2017-12）

京口区人民武装部

部　长

倪新明（　—2017-07）

政　委

倪新明（2017-07—　）

人民团体和社会团体

京口区总工会

主　席

谭雪峰（2017-03—　）

副主席

王立玲（女）

共青团京口区委

书　记

李德升

副书记

王　雪（女）（2017-04—　）

京口区妇女联合会

主　席

孙沛晖（女）

副主席

栾群文（女）

妇儿工委办公室主任

顾　颖（女）（2017-04—　）

科　协

主　席

吴惠平

副主席

殷云仙（女）

工　商　联

会　长

朱裕根

副会长

徐振平

党组书记

朱家巍（女）

区　文　联

主　席

梅永生

副主席

杨立军

残疾人联合会

理事长

王正辉

副理事长

贡银锁

蒋文煜

市垂直部门

公安京口分局

局　长

姚恒清

政　委

施有才

副局长

闵锁银（　—2017-05）

张许镇

陈廷桥（　—2017-05）

杨建明

蒋锡宇

钱兴东（2017-05—　）

姚　坤（2017-05—　）

书　记

姚恒清

副书记

施有才

纪委书记

辛伟荣（　—2017-05）

池兆禄（2017-05—　）

政治处主任

吴晨牧

维护稳定工作领导小组办公室

主　任

吴晨牧

区委防范和处理邪教问题领导小组办公室

主　任

钱兴东

国土京口分局

局　长

殷文平

副局长

康　云（　—2017-11）

虞明航

沈　坚

吴　瑕

党工委书记

殷文平

纪工委书记

席　瑜（女）

地税二分局

局　长

臧　红（女）（　—2017-04）

孙维祥（2017-04—　）

副局长

周利斌（　—2017-04）

杨锡荣（女）（2017-04—）

姚建斌（2017-04—　）

国税三分局

局　长

韩铜民（　—2017-11）

陈　鹏（2017-11—　）

副局长

洪丹霞

郑海庆

陈　丹

规划京口分局

局　长

凌明忠

副局长

韩建军

杨龙山

书　记

韩建军

副书记

祝再军

（区委组织部干部科）

中共京口区委员会

责任编校：程　娟

综　述

【概况】　实现地区生产总值469.66亿元，同比增长7.3%；一般公共预算收入17.7亿元，同口径增长12.4%；规模工业销售收入340.26亿元，同比增长11.3%；社会消费品零售总额318.24亿元，同比增长10.4%；城镇居民人均可支配收入45693元，同比增长8.5%；农村居民人均可支配收入25437元，同比增长8.2%。完成全年目标任务。　　（卞贵健）

【深化改革创新，发展质效稳步提高】　出台全面深化改革工作实施方案，项目化推进29项年度改革任务落地见效。产业结构不断优化，服务业占比达73.1%。新产业新业态发展迅猛，以网络游戏为主导的互联网产业营业收入同比增长26%以上；总部经济企业突破400家，初步形成集群规模和效应；成功举办第二届中国物流金融峰会，荣获“中国十大物流管理创新奖”。爱励铝业公司研发生产的航空板力助国产大飞机C919成功首飞。海龙核科技公司生产的江苏第一块中子吸收板填补国内空白，达到国际一流水平。江苏鼎胜新能源材料股份有限公司入选省重点培育发展的国际知名品牌领军企业。高质量编制实施区人才发展“十三五”规划。深化校地融合，新增省级研发机构2家，合作立项省级以上科技项目11个，万人发明专利拥有量继续保持全省前列。　　（卞贵健）

【坚持生态领先，人居环境加快改善】　高标准落实“263”专项行动，在全市率先完成禁养区养殖场全部关停任务，提前完成一夜河西段等清淤工程，全区生活垃圾无害化率达100%。加快建设“精美京口”，高质量完成43个棚户区和老旧小区改造、海绵城市建设、物业提升项目，征收搬迁23万平方米、拆迁扫尾工作走在全市前列，宗泽路西段等7条道路改造竣工通车，城市功能不断完善。大力推动城市精细化管理，创新开展城市治理“2＋X”联勤联动试点工作，大市口商圈市容环境和治安秩序明显改善。探索实行“路段长制”，全覆盖、常态化抓好城市环境整治与居民文明素养提升，高分通过全国文明城市复检，共建共享更高水平文明城市氛围持续升温。　　（卞贵健）

【加强民生改善，群众获得感更加实在】　全面开展大走访，深入推进“真·实”活动，走访1300余家企业、8万余户居民、65个社区（村），解决各类难题1600余件。抓实创业富民，扶持创业2496人，新增城镇就业11721人，新开业各类市场主体、注册资本同比分别增长51%、52%，米山社区创成国家级充分就业社区，镇江创业园创成国家级创业孵化示范基地。基本公共服务供给质量加快提高，教育现代化、公共文化体育工作走在全省前列，红旗小学等4所学校创成全国校园足球特色校，健康路社区卫生服务中心再次入选“全国百强社区卫生服务中心”。以“大排查大整治行动”为统领，抓实信访积案化解、安全生产、食品药品安全监管等工作，社会大局保持和谐稳定。　　（卞贵健）

【突出从严从实，党的建设全面加强】　推进“两学一做”学习教育常态化制度化，“旗帜鲜明讲政治、忠诚担当干事业”已成为全区党员干部自觉行动。落实意识形态责任制，主旋律更加响亮，正能量更加强劲。加强干部队伍建设，落实“789”青年干部培养计划，完成干部专项分析研判，在全省率先试点职务与职级分离的干部选配制度。抓实基层基础，实施“书记项目”，基层党组织凝聚力创造力战斗力明显增强。强化正风肃纪，启动“两个责任”全程记实，推进监察体制改革，开展八届区委三轮巡察和“三治理一挂牌”专项行动，完成区委巡察机构设置和纪委综合派驻改革，查处违纪违法案件43件，营造风清气正良好环境。　　（卞贵健）

重要会议

【中共京口区委八届三次全会】　会议于2017年7月15日召开。会上，区委书记裔玉乾代表区委常委会作题为《强化内生动力，全面求真务实，确保高质量完成全年目标任务》报告。

全会指出，京口发展面临外部环境和工作要求发生着新变化。做好下半年工作，在思想观念上，要强化责任意识和使命意识；在目标定位上，要树立“京口高度”自觉追求；在工作作风上，要主动担当、真抓实干；在发展效果上，努力追求实效，做到既真又实。

全会要求，下阶段要进一步突出目标导向、问题导向和效果导向，以强烈政治责任感抓发展、同心协力促和谐，交出让组织认可、群众满意优秀答卷。提升富民实效。突出产业富民，加快推动现有产业向高端攀升，加快培育壮大特色富民产业，强化项目建设和科技人才“两个硬支撑”，做强居民增收经济基础。狠抓创业富民，突出重点群体带动，浓厚创业氛围，提高创业服务水平，释放群众致富潜力。补齐公共服务短板，健全完善公共服务体系，推进基本公共服务标准化，增加群众“隐形财富”。加强生态文明建设，标本兼治改善生态环境，深化生态文明建设制度改革，抓实生态文明建设“七大行动”（产业升级行动、重点片区整治行动、城市美化行动、环境治理行动、示范载体建设行动、基础能力提升行动、生态文化宣传行动）。加快建设“精美镇江”，加强交通基础设施和智能停车场建设，综合施策打造宜居宜业魅力区。维护社会稳定。进一步开展大走访，推进“真·实”活动，强化公共安全保障，提高社会治理创新实效。

会议强调，顺应新形势新要求，高质量完成全年目标任务对全区党员干部党性、能力和作风是重大考验。要以更严更实标准狠抓从严治党。坚持旗帜鲜明讲政治，锤炼担当能为干部队伍，加强基层党组织建设，巩固和维护风清气正政治生态。

全会号召，全区各级党组织、广大党员和干部群众要更加自觉地推动“两学一做”学习教育常态化制度化，激发强大内生动力，求真务实加油干，以更加过硬成绩迎接中共十九大胜利召开。

全会由区委副书记、区长殷敏主持，区领导施正中、孙国平、彭忠东、王琴、朱强松、何广林、石捷、翟德智、倪新明参加会议。

（卞贵健）

【中共京口区委八届四次全会】 区委八届四次全会于 2017 年 12 月 28 日召开。会上，区委书记殷敏代表区委常委会作题为《深度对标苏南，大力提升质效，开创新时代京口“强富美高”新局面》报告。

全会贯彻中共十九大和中央经济工作会议精神，落实省委十三届三次全会、市委七届六次全会部署，总结今年工作，谋划明年发展，动员全区上下不忘初心、牢记使命，对标苏南，提升质效，开创新时代京口“强富美高”新局面。

全会听取和讨论殷敏代表区委常委会所作工作报告。一致认为，报告主题鲜明，总结 2017 年工作实事求是，部署 2018 年发展重点突出，学习贯彻中共十九大精神坚决有力，对做好明年工作具有重要指导意义。

全会认为，2017 年，全区围绕迎接宣传贯彻中共十九大这个大局，落实中央、省、市各项决策部署，保持工作连续性、稳定性和奋进性，团结拼搏，真抓实干，各项事业实现新发展。主要表现在：抓大事要事，提升理念思路；坚持产业强区，保持稳中求进良好势头；改革创新，提高发展质量和效益；聚焦富民惠民，增强群众获得感和满意度；推动党的建设全面加强。

全会提出，学习贯彻中共十九大精神是当前和今后一个时期首要政治任务。学习贯彻十九大精神最核心、最关键是要准确把握习近平新时代中国特色社会主义思想这个十九大灵魂，并与学习习近平总书记视察江苏（镇江）时的重要讲话精神结合起来，充实“强富美高”新京口建设实践内涵。全会指出，新时代开创“强富美高”新局面一定要更加自信自强，一定要更加创新作为，一定要更加求真务实。

全会指出，2018 年是贯彻中共十九大精神开局之年，是改革开放 40 周年，是决胜全面建成小康社会、实施“十三五”规划承上启下关键一年。全会明确指出，2018 年工作指导思想是全面贯彻中共十九大精神和省委十三届三次全会、市委七届六次全会精神，以习近平新时代中国特色社会主义思想为指导，坚持稳中求进工作总基调，坚持新发展理念，坚持“三区三高地”总体定位，紧扣社会主要矛盾变化，按照高质量发展要求，深度对标苏南，大力提升质效，开创新时代京口“强富美高”新局面。

全会要求，做好 2018 年工作必须把握高质量发展这一要求，抓好五个方面：加快培育特色高端产业集群，通过加速集中集聚，强攻项目建设，做强实体经济，推动京口产业迈向特色高端，形成集聚效应，提高核心竞争力。激活创新发展动力潜能，拓展新空间，壮大新经济，增强新动力，为京口发展质量效益提升增添强劲动能。要努力建设生态宜居魅力城区，突出规划引领这一龙头，打赢生态治理这场硬仗，做好功能品质提升这篇文章。要切实提升社会治理现代化水平，通过更大力度创新社区治理，更大力度建设“法治京口”，更大力度加强德治建设来打造京口社会治理特色优势，来维护好安全稳定良好局面。要不断增进可观可感民生福祉，自觉践行以人民为中心发展思想，坚持量力而行、尽力而为，通过多措并举促民富，兴办实事惠民生，兜实底线保基本，不断提高群众幸福感和满意度。

全会强调，要贯彻落实新时代党的建设总要求，推进党的“六大建设”（党的政治建设、思想建设、组织建设、作风建设、纪律建设、制度建设），讲政治有信念，抓好党的政治建设；围绕敢担当善作为，锤炼全面过硬干部队伍；突出凝聚力战斗力，筑牢党在基层坚强堡垒；坚持制度化长效化，持之以恒深入推进正风反腐；注重统全局聚合力，持续浓厚团结奋进良好氛围，推动京口各级党组织和党员干部展现新气象，实现新作为。

全会号召，全区各级党组织、

广大党员和干部群众要以习近平新时代中国特色社会主义思想为指引，深度对标苏南，开拓奋进，创新实干，大力提升质效，开创新时代京口“强富美高”新局面。

全会由区委副书记、代区长徐申锋主持，区领导施正中、孙国平、彭忠东、何广林、石捷、倪新明、孙国林、杨国平、徐玉军参加会议。

（卞贵健）

重要工作

【紧抓大事要事，优化提升理念思路】 组织党政代表团赴苏（州）（无）锡常（州）地区学习考察，汲取先进理念和成功经验，促进思想解放、思路更新。注重超前谋划，大禹山北片区开发和焦北滩土地复垦得到市委市政府全力支持，拓展京口未来发展空间；中山路小学与第四中学成功整合，办成京口人多年来想办未办的事。突出特色引领，以互联网技术为支撑的新经济走在全市前列，创成镇江唯一“江苏省小微企业创业创新示范基地”，党建创新工作连续四届荣获全国基层党建优秀奖。强化担当实干，违法用地清理、违法建设治理、非法码头整治强势推进，“两个华夏”和人禾等历史遗留矛盾的化解取得重大进展，奔着问题去、敢啃“硬骨头”的工作导向更加鲜明、效应逐步显现。（卞贵健）

【坚持产业强区，保持稳中求进良好势头】 抓住项目建设“牛鼻子”，落实区领导挂钩项目负责制，创新实施“六个一”项目调度机制，高效推进56个产业项目，中储粮华东粮油物流基地等3个项目列入省重大项目，凤凰文化广场等3个项目列入省服务业重点项目，创历史新高。全年完成地区生产总值470亿元、同比增长7.3%；一般公共预算收入17.7亿元、同口径增长12.4%，综合评价得分排名全市第二；工业应税销售收入同比增长11.3%，五年来首次实现两位数增长；城乡居民人均可支配收入同比分别增长8.5%、8.2%。经济运行稳中向好、提质增效势头更加强劲。

（卞贵健）

【深化改革创新，提高发展质量和效益】 推进供给侧结构性改革，化解钢铁过剩产能60万吨，降低企业成本近亿元。狠抓转型升级，中储粮镇江基地入驻十年，成长为百亿企业；爱励铝业坚持高端发展，航空板发货突破2.5万吨；新民洲港开港两年跻身全国十大木业港。新增65家“四上”企业、2家挂牌上市企业、6家高新技术企业。成功举办首届江苏电竞活动周暨全国电子竞技菁英赛、第二届物流金融峰会、全国进口木材加工利用研讨会，吸引一大批关联企业落户，初步形成集群效应。编制实施人才发展规划，建成中山大学惠州研究院华东分院。科技成果转化产值突破百亿元。（卞贵健）

【聚焦富民惠民，增强群众获得感和满意度】 突出抓好生态环境整治，在全市率先完成禁养区畜禽养殖关停任务，“263”专项行动和“河长制”取得阶段性成效，生态质量加快改善。扎实推进富民增收五大行动（创业富民行动、就业促进行动、农民增收行动、产业富民行动、民生幸福行动），“两个收入”（城镇居民人均可支配收入、农村居民人均可支配收入）保持全市前列。加快建设“精美京口”，高质量完成43个棚户区和老旧小区改造、海绵城市建设、物业提升项目，宗泽路西段等7条道路改造竣工通车，城市功能不断完善。高分通过全国文明城市复检，基本公共服务供给质量加快提高。（卞贵健）

【突出从严从实，推动党的建设全面加强】 扎实推进“两学一做”学习教育常态化制度化，四套班子领导带头并带领全区党员干部真学实做、真查实改，争做“四个合格”（政治合格、执行纪律合格、品德合格、发挥作用合格）党员。严格落实意识形态责任制，把牢意识形态工作主动权。加强干部队伍建设，选派优秀干部“上挂下派”，推动干部队伍结构不断优化、活力持续增强、能力显著提升。抓实基层基础，实施“书记项目”，建成江一社区等8家社区党建服务中心，基层党建工作经费、社区运转经费、社区党组织为民服务专项资金同比分别增长60%、51.2%、50%，社区、村工作人员报酬同比分别增长40%、39%，基层党组织凝聚力创造力战斗力明显增强。强化正风肃纪，启动“两个责任”全程记实，稳步推进监察体制改革，扎实开展八届区委三轮巡察和“三治理一挂牌”专项行动，完成区委巡察机构设置和纪委综合派驻改革，营造风清气正良好环境。（卞贵健）

组织工作

【概况】 区委组织部致力于增强干部工作科学性、基层党建实效性、人才工作精准性，适应干部管理要求，健全选人用人机制，打造城市党建名片，开创人才工作新局面，为各项工作发展提供组织保证。

（丁治轩）

【“两学一做”学习教育】 推动48名区委直属党（工）委（党组）书记、606名支部书记围绕“旗帜鲜明讲政治”讲党课。建立“专项＋阶段”动态督查机制，将严的标准、实的要求传递到基层，落实到支部。实施“双十”（在全区选树10个左右党支部书记工作室和10个左右党员教育实境课堂）领学计划，打造省级党支部书记工作室1个、市级党支部书记工作室示范点2个、市级党员教育实境课堂示范点3个。开展“京口先锋”“三单制”（群众点单、支部下单、党员接单）圆梦微心愿活动，帮助解决各类难题2600余件。做好党员关爱工作，2人发放省级党员关爱资金，24人发放市级党员关爱资金。提升远程教育学用水平，建成市级远教优秀示范站点11个，制作《奇迹》《为了谁》等一批优秀党员教育电视片。

（戴佳容）

【实施“书记项目”】 区委主要领导牵头多次研究“书记项目”，作出批示，率队三赴上海、杭州等地学习考察。出台《关于实施党建引领社会治理创新的意见》，设立120万元区委“书记项目”专项奖。开展基层党建引领社会治理创新典型案例征集评选，建立督促检查“2123”（双周指导、每月例会、双月报送、每季督查）制度，三级联动盯紧抓实168个基层党建“书记项目”，把第一责任扛在肩上。（丁毅）

【支部建设】 与中国浦东干部学院昆山分院联合举办城市党建工作暨社区党组织书记培训班。制定下发《关于规范基层党的组织生活的实施意见》。严格执行组织生活基本制度“工作法”，持续推进“双型”（法治型、服务型）先进党支部建设“四补”专项行动，“五星”党支部增至7个，“四星”党支部同比增长48.8%。（丁毅）

【基层保障】 全区基层党建工作经费、社区运转经费、社区党组织为民服务专项资金同比分别增长60%、20.4%、50%。每个街道（园区）建成1个不少于800平方米规范化、示范性社区党建服务中心。增设街道（园区）党建服务中心，按照正股级事业单位管理，配备22名事业编制，履行党的建设职能。建立社区（村）专职工作人员基本报酬定期增长机制，社区、村正职干部每月基本报酬分别从原来的2500元和2300元提高到3500元和3200元，涨幅分别达40%和39.1%。副职干部和一般工作人员每月基本报酬同比分别增长47.6%和39%。（丁毅）

【基层党建】 “深化‘真·实’活动，聚焦为企服务”获第四届全国基层党建创新案例优秀案例，京口区连续四届荣获全国基层党建优秀奖。重构全区服务网格，实现对驻区企事业单位、小微企业、个体工商户等全覆盖，创新“五星”分类走访模式。以网格体系为依托，完善“社区建党委（总支）—网格建支部—楼栋建党小组”工作模式，实现党组织对网格治理体系全覆盖和有效引领。着眼专业化队伍打造，启动“315”社工培养计划，实施“双全”（“全科＋全能”）社工培养工程，首批考评合格率达98.1%。试点“京口先锋”平台建设，实现党员积分管理痕迹化、日常活动远程化、考核积分自动化。（丁毅）

【党员形象】 深化“万个党支部结对万户困难家庭”奔小康活动，启动“助居”大走访，推动533个党支部、428名乡科级以上党员干部精准结对337户困难家庭，60个区级机关部门党组织助力65个居村和谐发展。建立完善每月“温暖20”访谈、区域服务“八联”（组织联合建立、党员联合管理、服务联合参加、资源联合利用、环境联合治理、议事联合推进、矛盾联合化解、活动联合举办）共建、党员志愿服务“三单制”（群众点单、支部派单、党员接单）、公益服务“双向认领”（群众点单、支部派单、党员接单）、公共服务“三社联动”（社区、社会组织、社会工作专业人才）等5项制度提供服务。深化“三问三访五服务”（党代表主动问政于民、问需于民、问计于民，做到选区党员遍访、开放日集中接访、重大诉求代访，通过驻室服务、上门服务、组团服务、在线服务、智慧服务，使党代表联系服务群众常态化、长效化）工作机制，评选表彰“十佳”党代表工作室，巩固提升党代表工作室建设水平。结合中国共产党建党96周年，推荐表彰市级党员先锋5个、区级45个。（丁毅）

【“两新”领域党建工作】 不断巩固“两个覆盖”（党的组织覆盖和党的工作覆盖），成立“两新”（新经济组织和新社会组织）组织党组织5个，接收市国资委改制企业党组织5个，在“两新”组织中发展党员51名。启动“两新”组织党建工作提升年活动，发放“两新”组织党务工作者特殊津贴18.6万元。镇江京口高新技术创业服务中心党支部创成“五星”先进党支部。注重提塑品牌，成立八佰伴商圈党委，为企业发展注入“红色引擎”。苏宁商圈党建效应显现，“发展非公党建、打造红色商圈”项目入选全市基层党建优质“书记项目”。（臧硕）

【年轻干部统筹选配】 团区委副书记、区妇儿工委办公室主任、京口工业园区社会事业部部长3个副科岗位面向全区年轻公务员统筹选配。创新探索“职务职级分离”办法，3名年轻干部先任职不晋级，待条件成熟，考核合格后再晋级，在打破隐形台阶，优化竞争性转任机制方面探索。通过个别提拔、统筹选配、公开调任等方式，3名“90后”干部走上乡科级副职领导岗位。（唐辛鑫）

10月20日，举行“情系京口”人才恳谈会暨项目签约仪式（杨松 摄）

【干部专项分析研判】 联合区委统战部、团区委，在全区开展为期2个月的乡科级正、副职后备干部、优秀年轻干部、优秀党外干部专项分析研判工作。强化梯队建设，建立一定规模、结构较为合理的乡科级正、副职后备干部和优秀年轻干部、优秀党外干部人才库。注重储用结合、以储促用，对入库人才针对性提出培养举措。（唐辛鑫）

【干部教育培训】 严格执行《干部教育培训工作条例》，制定《干部教育培训计划》，加强组织部门对教育培训工作的领导和统筹，多形式、宽领域、精准化培训干部，不断提升各级干部专业素养和工作能力。组织开展领导干部能力提升研修班、经济工作能力提升研修班等各类培训17场。配合上级部门完成干部调训55人次。选派25人赴村（社区）、街道经济部门、信访岗位挂职锻炼，8人赴上海黄浦区、4人赴省级机关挂职学习。（唐辛鑫）

【干部监督管理】 规范开展领导干部报告个人有关事项工作，核查拟提拔对象、巡查对象等80人次。严格落实关爱提醒、函询和诫勉制度。加大选人用人检查力度，对27家单位股级干部选任方案职数预审，对8家单位选人用人情况审查。创新监督机制，出台《关于进一步加强干部谈心谈话工作的实施意见》，做到谈心谈话常态化开展、类别化操作、科学化运用，由常委部长、分管部长带队，分4个小组赴各街道（园区）、相关部门、企事业单位与乡科级领导班子成员谈心谈话。用好职务职级并行政策，规范公务员职位管理，50名公务员晋升职级，为10名科级干部办理公务员登记手续。（黄玥）

【人才工作】 编制完成《镇江市京口区人才发展第十三个五年规划纲要》。形成高层次创新创业人才服务体系构建与评价、科教资源优势转化、社工专业人才队伍建设、党政人才队伍建设四个专题报告。围绕人才载体“四级体系”（综合性平台、专业型载体、企业阵地、众创空间）建设，引进专业化运营管理团队，推动人才载体提档升级。工业园区“左湖双创孵化器”顺利建成运营。大禹山完成省级众创社区申报工作。制定《京口区科技镇长团任期目标责任制考核办法（试行）》《京口区设立海外联络站管理办法（试行）》《京口区招才顾问、引才大使管理办法（试行）》等政策文件，发挥各方面桥梁纽带作用。（杨明）

【招才引智】 围绕重点项目引才，赴西安航天四十三所、上海军民融合促进中心、武汉大学、河南大学等科研院所，开展对接交流活动32场。借助科技镇长团揽才，继续发挥科技镇长团专业特长和高校资源优势，邀请专家来访157人次，开展对接交流活动60余次，促进人才项目申报40多人。成功举办“情系京口”人才恳谈会，邀请历届科技镇长团、创新团成员重回京口共谋发展，聘请15名招才顾问、引才大使。对接华中农业大学、南京航空航天大学、厦门大学、上海交通大学等55所高校，开展小分队招才。京口工业园区与中科大先进技术研究院、中山大学惠州研究院对接，推进产学研合作平台建设。（杨明）

【优化人才创新创业环境】 起草《京口区人才工作领导小组各成员单位责任清单》，明确20家成员单位工作职责。推行《京口区重点人才项目服务清单》，梳理出41家初创人才企业，与区人才工作领导小组20家成员单位结对挂钩，强化“一对一、面对面”服务。结对以来，梳理企业科技人才需求85条，解决人才企业和项目问题32个。召开融资需求座谈会，推介“苏科贷”“高新贷”（“苏科贷”为江苏省科技成果转化风险补偿专项资金贷款。“高新贷”为高新技术企业专属融资产品）等科技金融产品。与金融办联合组织20多家人才企业与10多家金融机构“资智融合”对接会，江苏锐天信息科技有限公司等3家企业分别与市农村商业银行和阳光农贷签订协议，获得200万～300万元信用额度。（杨明）

纪检 监察

【概况】 区各级纪检监察组织履行党章赋予职责，坚持挺纪在前，强化监督执纪问责，推进党风廉政建设和反腐败工作，为全区经济社会发展提供纪律保障。（杨凯）

【落实党委主体责任和纪委监督责任】 研究制定“两个责任”清单和考核细则，细化分解年度工作任务，明确责任部门和序时要求。分层分级组织签订“两个责任”责任书，组织开展线上线下全程记实工作，对《记实手册》填写情况跟踪抽查，按季度召开纪工委书记座谈会，传导工作压力。落实“双报告”（区委领导班子及区委书记以书面形式分别向市委和市纪委报告履行主体责任情况。）制度，配合区委召开“双述”（抓基层党建和落实全面从严治党主体责任述职会）会议，开展责任制检查考核。发挥问责利剑作用，对4名领导干部实施“一案双查”（纪检监察机关在查处案件时，既要查清当事人的违纪问题，又要查清主管领导或分管领导的责任范围及责任），对4名履行监督责任不力纪检监察干部提醒，做到履责有痕、倒查有据、落实有力。（芮建芬）

【作风建设】 紧盯重要节点和具体问题，组织19个检查组，检查商场、超市等单位45家（次），发现问题12项，提出整改意见8条。开展违规吃喝问题专项整治“回头看”，防止不正之风反弹回潮。开展税控发票线索集中核查，向4家单位提出处理建议。对4家区级机关部门下属事业单位开展作风建设重点督查，梳理问题线索5条，并提出整改意见。（芮建芬）

【效能建设】 服务保障全区中心工作，对“263”专项行动、大排查大走访大整治等工作实施高位监督，确保政令畅通。编印《京口区党政机关及其工作人员日常行为守则（暂行）》，下发通报2期，通报曝光10人，提升机关服务效能。 （宜建美）

【执纪审查】 全年接待群众来访67批、110人（次）。受理群众信访举报117件（次），办结率100%。立案审查43件，运用监督执纪“四种形态”（党内关系要正常化，批评和自我批评要经常开展，让咬耳扯袖、红脸出汗成为常态；党纪轻处分和组织处理要成为大多数；对严重违纪的重处分、作出重大职务调整应当是少数；严重违纪涉嫌违法立案审查的只能是极极少数）的112人（次），挽回经济损失130.55万元。 （刘松）

【巡察工作】 完成区委巡察机构设置，成立巡察办和两个巡察组。开展3轮巡察，对8家单位反馈巡察情况，发现共性和个性问题140条，实施“第一种形态”（党内关系要正常化，批评和自我批评要经常开展，让咬耳扯袖、红脸出汗成为常态）30人（次）、“第二种形态”（党纪轻处分和组织处理要成为大多数）5人（次）。 （王芳）

【党的纪律检查体制和国家监察体制改革工作】 组织实施综合派驻改革，设立5个综合派驻纪检组，实现对48家区一级党和国家机关派驻全覆盖。深化国家监察体制改革试点工作，制定改革试点工作实施方案等文件，完成转隶组建挂牌工作，选举产生第一届区监察委员会班子。 （戚志栋）

【党风廉政教育】 剖析违纪违法案例，拍摄警示教育片《失守的底线》，汇编《忏悔警示录》，用身边事教育身边人。推进“廉政＋文化”重点项目建设，建成“古城·廉园”——全市首家廉政文化主题公园。开展“党纪党规集中学习月”活动，通过“书记讲党纪”、党纪知识测试等形式，开展党纪党规知识宣传，浓厚崇廉尚洁社会氛围。 （杨凯）

【党风廉政制度建设】 运用制度固化从严治党实践成果，制定出台17项规范性文件。组织开展新一轮廉政风险点排查，梳理廉政风险点118处，配套规章制度49项。针对“三资”（资金、资产、资源）管理、工程项目建设、征收拆迁以及巡察等工作中发现的问题，通过纪检监察建议书形式，向有关党组织提出监督意见。 （杨凯）

宣传工作

【概况】 全区宣传思想文化工作战线紧扣“创新创优”“求真求实”工作要求，抓好理论普及，落实意识形态责任制，引导舆论导向，弘扬正能量和社会主义核心价值观，促进文化产业发展，建设文化惠民工程，抓好群众性精神文明创建活动，创造良好社会环境，各项工作取得新成效。 （金晓秋）

【理论普及】 学习习近平总书记系列重要讲话精神，开展“旗帜鲜明讲政治”等专题学习活动，深化理论宣传普及，区四套班子领导在市级以上刊物发表文章10篇，其中省级以上5篇，其他调研文章13篇。开展中共十九大精神宣讲活动80余场、各类理论普及宣讲150余场，受众2.3万余人次。培养基层宣讲“名嘴”8名。 （金晓秋）

【意识形态工作】 把意识形态工作纳入常委会工作要点，纳入党建工作考核范畴。将贯彻落实意识形态工作责任制作为首要内容，纳入对街道、园区宣传思想文化工作目标责任状考核。出台《2017年度党（工）委（党组）意识形态工作责任制考核细则》，细化分解意识形态工作任务。召开意识形态领域情况分析研判联席会议，对京口意识形态领域形势研判分析，全区意识形态领域平稳可控。 （金晓秋）

【新闻舆论宣传】 围绕区委区政府重点工作，内宣外宣齐发声：在《新华日报》等省级以上报刊组织重点宣传稿件10多篇，在《镇江日报》发稿500多篇，在《京江晚报》“行走京口”刊发稿件44篇，在市电视台播出新闻稿件77条。开展“发声音、亮观点”行动，适时推出70多条体现社会正能量、群众关注度高热点主题帖，26家受考核部门和单位跟帖评论，营造网上舆论氛围。同时，关注网上负面舆情，构建网络生态环境，全年发布舆情快报19期，化解负面舆情30余件。新媒体宣传成效显现：“京口发布”微信公众号编发推送图文信息800多条，京口手机报编发121期，京口微博发送信息900余条。 （金晓秋）

【文化产业发展】 5个亿元以上全市重点项目有序推进。发展泛娱乐产业，举办“首届江苏电竞活动周暨2017NEEC全国电子竞技菁英赛”。推行服务文化企业全程“记录制”，帮助12个企业参与2017年省级文化产业引导资金项目申报，申报数量、业态类型和申请金额创京口历史之最。帮助镇江三山文化传媒有限公司实现新三板上市。 （金晓秋）

【文化惠民工程】 深化现代公共文化服务体系，全区新增公共文化设施面积3610平方米。打造向家门街头公园广场等2个生态文明广场。各街道基本建成基层综合性文化服务中心数字化平台，大市口街道古城社区数字化建设创新经验在全市推广。5个社区被评为“市级管理服务规范达标基层综合性文化服务中心”。开展“魅力京口”广场文化惠民活动40余场。开展全民艺术普及活动，打造“出彩京口人”品牌，培育出全民艺术普及社团40余支、骨干70余人。开展艺术普及活动86场，组织艺术展演13场。推进书香京口建设，开展大型读书公益文化活动121场，获得“镇江市首批全民阅读工作先进集体”称号。实施群文创作工程，编撰《京口文化丛书》，在完成《京口群贤》《京口烽烟》两个分册发行基础上，推进《京口诗画》《京口风物》编撰工作。反映“中国好人”杨凌微电影《洁白的风铃草》在市电视台播出。图书《中国价值：图说社会主义核心价值观的根与源》荣获省“五个一工程”奖、市第二届精神文明建设“五个一工程”荣誉奖。著作《高志以行：当8800万党员站出来》和儿童剧《课本里的长征故事》获市第二届精神文明建设优秀作品奖。（金晓秋）

【价值引领】 开展核心价值观宣传教育，制作张贴核心价值观公益广告5000余平方米，制作发放公益提示卡2万余份。扩大先进典型示范效应，全区有1人被评为“中国好人”，1人被评为“江苏好人”，5人当选“镇江好人”，28人获评“最美京口人”，杨凌获得江苏省道德模范提名奖。涌现出区优秀工会主席陈香等一批典型。推进“诚信社区”和“善行义举榜”标准化建设，全区创成3个市级诚信社区标准化建设示范点，2个善行义举榜示范点。提升志愿服务制度化信息化水平，区“志愿镇江”平台注册志愿者91406人，活跃志愿者44998人，服务时长超过24小时的16655人，新发布活动779个，注册志愿者占比26.9%。（金晓秋）

【文明创建】 开展“文明进万家”活动，对全区44条背街小巷和次干道市容环境、165个住宅小区物业管理、16个集贸市场、10条商业街区经营秩序整治提升，开展各类群众性精神文明活动700余场次，全区市容环境、物管水平、市场秩序以及群众文明素养得到提升。深化更高水平文明城市建设，将大走访活动、“真·实”活动与文明城市建设融合开展，形成全民共创、共建、共享良好机制和氛围，全区走访各类单位860家、商户6291户、居民户120429户，发放文明垂钓倡议书48498份。开展“双美双优”示范点建设，有9个重点场所创成示范点。做好全国文明城市复审迎检工作，为全市通过复审做出贡献。开展未成年人思想道德教育，开展“21天养正行动”，评选出区级“美德少年”96人，其中1人当选江苏省“美德少年”。开展“我们的节日”“小手拉大手”等活动，吸引全区中小学生3万余人次参加。文明系列先进单位创建。四牌楼街道江一社区复审保留“全国文明单位”荣誉称号，中山路小学荣获首届“全国文明校园”称号，谏壁街道雩山村获评“全国文明村”，江坚等四户家庭当选“镇江市首届文明家庭”。（金晓秋）

统战工作

【概况】 区统一战线工作把握统战工作落实年、创新年总基调，落实中央关于统一战线重大决策部署和省、市具体要求，围绕区委中心工作，发挥统一战线优势，推进各领域统战工作，构建京口“大统战”新格局。（孙王磊）

【思想引领工作】 深化“与京口发展同心同行”主题教育活动，支持民主党派、无党派人士开展“不忘合作初心、继续携手前进”教育活动，在非公有制经济人士中开展“不忘创业初心，接力改革伟业”理想信念教育，在新社会阶层人士中开展以“新时代、新阶层、新担当”为主题思想教育，在党外知识分子中开展“跟党迈进新时代，同心共筑中国梦”教育活动，引导广大统一战线成员树立“四个意识”（政治意识、大局意识、核心意识、看齐意识），增强“四个自信”（道路自信、理论自信、制度自信、文化自信），始终与区委在思想上同心同德。（孙王磊）

【基层统战工作】 加强基层统战干部队伍建设，推动落实街道（园区）专兼职统战委员配备。3月，6个街道统战工作人员统一调整为组宣统委员。创建“项目化管理工作推进法”，下发《2017年京口统战特色（亮点）工作申报表》《2017年京口区统战工作双月计划表》，6个街道申报12个项目，形成创建“一街一品”“一街一特”工作特色，浓厚“创特色街道、树亮点社区”氛围。（孙王磊）

【党外队伍建设】 区委组织部统战部历时两个月，把全区139名党外干部进行“地毯式”综合研判，经过各单位评选报送、集体推荐、谈话推荐后，初步形成63人建议名单。区委统战部根据《党外干部议事规则》，经部务会研究，筛选形成44人建议名单，初步建立一支素质优良、结构合理、数量充足党外后备干部队伍。（孙王磊）

【信息宣传】 加大统战调研、宣传信息工作，扩大京口统战工作影响力。全年京口统战信息报道50余条，其中，央媒“人民网”1篇、省委《快报》头版1篇、“镇江信息”3篇、省委统战网站3篇、《镇江日报》头版1篇、“京口信息”专栏1篇，在2017年全市统战系统信息考核工作中取得第二名。（孙王磊）

【为各民主党派授“同心志愿团”旗帜】 3月14日，召开2017年度民主党派工作会，各民主党派京口基层委员会（支部）就2017年特色工作交流。会议下发《关于各民主党派工作激励机制的通知》《关于各民主党派与街道社区结对的通知》并签订结对协议书；宣读《与京口发展同心同行》倡议书，并为各民主党派授“同心志愿团”旗帜。区委常委、组织部部长、统战部部长翟德智出席会议并讲话。（孙王磊）

【统战工作会议】 5月3日，区委统战部召开街道统战委员会议，对全区统战重点工作部署，明确以加强社区统战、做好“三同心”（即同心志愿团、同心议事堂、同心工作室）工作为引领，打造“三同心”示范社区，以点带面，推动京口区统战工作迈上新台阶。区委常委、组织部部长、统战部部长翟德智对基层统战工作表示肯定，要求全体统战委员强调主责意识，不做统战工作门外汉；强调品牌思维，集中力量打造精品品牌；强调创新精神，以开放思维和工作方式，锐意进取、真抓实干，做好基层统战工作，共创京口大统战格局。（孙王磊）

【来访调研工作】 6月26日，市委统战部常务副部长徐建峰带队到京口调研基层统战工作。调研组一行先后参观爱励铝业（镇江）有限公司、四牌楼街道江一社区“三同心”阵地，观看“两网”（网络+网格）社区智能管理服务平台，听取京口统战工作汇报。徐建峰肯定京口区基层统战工作成效，就如何推动统战工作创新发展交流意见。8月31日上午，宿迁市泗阳县委常委、统战部部长吴俊宁一行5人到京口调研统战工作，先后参观考察正东路街道京口路社区“万花筒·同心圆”统战工作联络站以及四牌楼街道江一社区“三同心”工程示范基地。（孙王磊）

【“党外律师信访工作室”成效明显】 为拓宽党外人士参与社会治理渠道，自2012年起，区委统战部联合区信访局打造党外律师发挥作用新平台——党外律师信访工作室。2017年，党外律师信访工作室的律师参与信访接待72批次，接待信访群众165人，化解涉法信访案例34件，接收意见建议13条，矛盾化解成功率90%以上。党外律师信访工作室创新工作法，在6月20日召开的全省新的社会阶层人士统战工作会议上，作为镇江唯一一个典型案例被收编到《江苏省新的社会阶层人士统战工作实践创新案例汇编》中。（孙王磊）

【“三同心”机制开拓社区统战新格局】 “三同心”平台开展各类志愿服务行动50余场，参与志愿者3000人次；线上线下调解家庭矛盾、邻里纠纷824起；处置各类稳控信息23条，涉及人员56名。“三同心”阵地建设提升社区统战工作水平，增强社区治理和谐度，搭建统战人士服务群众新平台，画出京口统战最大“同心圆”。（孙王磊）

2017年7月，京口台办集中开展调研服务走访辖区台企，图为元鼎饰材实业镇江有限公司生产车间（徐丹 摄）

【“331机制”开启协商民主新模式】 以“331机制”（3次会议制度，3级联系交友制度，1个激励机制）为抓手，规范统战工作交流机制，搭建民主党派创新互动平台，开启京口区党派协商民主新模式。出台《关于建立区委常委与党外人士联系交友制度的意见》，下发《关于各民主党派京口基层委员会（支部）与街道、社区结对的通知》《关于各民主党派京口基层委员会（支部）工作激励机制的通知》，形成“多层次政党协商、立体化议事民主、全方位参与民生”良好局面。（孙王磊）

2017年6月，京口区区长殷敏赴台，在台湾101大厦开展专题经贸活动（秦璐 摄）

对台工作

【概况】 区台办强化对台工作政治纪律性，落实意识形态工作。加大对台经贸活动力度，推动台湾特色服务业品牌集聚。打造对台交流新亮点，持续推动两岸交流合作。开展“大走访”活动，打造台企转型升级新引擎，助推社区党建和“两网”治理新发展，帮扶贫困居民，推动对台各项工作取得新进展。（刘雪）

【对台意识形态工作】 在对台交往交流中，加强政治纪律性，征订《两岸关系》《台湾工作通讯》等内部刊物，把握对台工作、对内宣传相关节点。年初制定赴台计划，做到申报前安排行程、成行前教育、赴台期间规范行程和言行，返镇后上报赴台总结。全年开展4场对台交流交往活动，践行“两岸一家亲”理念。开展7场台企台属活动，就“维护统一、反对台独”交流。通过媒体渠道宣传京口服务台商台属务实举措，宣传台商台属为当地经济社会所做贡献，培育归属感成就感，堵塞“台独”渗透渠道。强化对台新闻宣传意识，在中国台湾网、省台办网站、京口区政府门户网站、《镇江日报》、《京江晚报》等主流媒体上报道宣传。2017年是两岸打破隔绝状态、开启民间交流交往30周年，京口区台办把握这一时代节点，组织相关部门和人员，参加由江苏省举办的“苏台交流30周年”主题征文、微视频大赛活动，区台办报送征文作品获市征文一等奖1名、三等奖2名，邀请专业团队制作微视频《扎根大禹山下》，介绍台湾青年一代在京口扎根创业历程，宣传京口台商为当地经济社会所做贡献，增添归属感、成就感。（徐丹）

【对台经贸】 树立“项目为王”理念，围绕京口区城市经济产业特色，开展现代服务业对台经贸活动。赴台湾、上海、南京、广州等台资密集地开展小分队经贸活动，发挥牵线搭桥作用，向责任单位引荐客商及信息。获得镇江百乐门文化娱乐广场暨江苏台商连锁服务业区域总部、社区及居家养老合作、e创特色小镇等一批项目信息。其中京口台办引荐总投资约15亿元的镇江百乐门文化娱乐广场暨江苏台商连锁服务业区域总部项目，获得区领导重视。6月，区委书记殷敏专程赴台湾推进该项目，拜访投资商百乐门国际集团董事局主席赵世崇及台湾连锁加盟促进协会、鲜芋仙、森邦、卤底捞等多家台湾连锁品牌服务业总部。（秦璐）

【对台交流】 组织接待新北市宗亲文化暨社区发展参访团、新北市教育交流团、镇江·新北低碳社区建设发展论坛嘉宾团、新北市淡水区江苏妇女菁英交流参访团等4批百余人次到访，在对台基层社区发展、低碳社区建设、学校教育、妇女菁英交流等4个领域搭建新平台，京口对台交流工作从经济交流向文化、教育、社区服务、养老、妇联等多领域延伸。（刘雪）

【服务台企】 按照区委区政府要求，组织开展全区大走访、“真·实”主题活动等专项活动，并与对台工作结合。开展“台商走电商”活动，助推“大润发飞牛网”零售和“e路发”批发两个自有电商平台做大做强。支持顺裕饰品实业（镇江）有限公司、元鼎饰材实业（镇江）有限公司等自有品牌台企“触网”京东·台企名品馆。推荐顺裕饰品实业（镇江）有限公司专利产品在南京举办的大陆台资企业产品展销会亮相，助推辖区台企转型升级，支持台企扎根京口发展。坚持问题导向和成效导向，解决台商在项目推进、用工用地、物流运输、矛盾化解等各类疑难问题5起，求助答复率100%，满意率100%，“有问题找台办”在台商心中形成共识。

【开展社区扶贫】 在助居、惠民行动上，区台办全体人员走进社区，参与社区为老服务、军民共建等多项活动，捐赠网络电视，支持社区两网建设，慰问社区30多名贫困户，解决结对居民困难，实现走访全覆盖，做到“人、财、物”全方位帮扶。（徐丹）

老干部工作

【概况】 区老干部工作以全省老干部工作会议精神和市局工作要点为指导，以“两学一做”为动力，围绕中心，开拓创新，加强思想政治建设和离退休党组织建设，开展文化养老，加强离退休干部管理，发挥老干部引领作用，完成目标任务。（吴姝颖）

【加强思想政治建设和离退休党组织建设】 按照从严治党要求，加强离退休干部思想政治建设和离退休党组织建设。采取多种形式，组织离退休干部学习中共十八届六中全会精神，学习习近平总书记系列重要讲话精神。引导离退休干部永葆共产党人优良传统和崇高精神境界。结合“两学一做”活动，上半年组织30多名县处级离退休干部到句容戴庄赵亚夫同志事迹展示馆参观学习，使老同志学有榜样，赶有方向。组织老干部参观区省级重大项目，让他们了解区经济发展成果。全年举行老干部情况通报会、形势报告会、座谈会、专题党课等8场600多人次。向老干部发放学习资料2000余册。推进“一方隶属，多重管理”党建模式，一批基于“地缘、业缘、趣缘”离退休干部党支部、兴趣协会、艺术社团蓬勃发展。5月，举办“社区离退休党员干部风筝文化节”。完善离退休党支部组织生活、学习交流、作用发挥、民主评议和党费收交等制度，为每个离退休支部订阅《学习参考》。实行资源共享，让离退休干部党支部“活

2017年4月19日，组织离退休干部到句容戴庄赵亚夫同志事迹展示馆参观学习（缪静敏 摄）

2017 年 10 月 20 日，组织老干部参观高邮抗日战争最后一役纪念馆（王胜云 摄）

动有阵地、经费有保障、学习有资料、娱乐有设施”。融入精神关怀。利用走访慰问、参观考察、学习座谈、健身娱乐等机会，广泛接触老干部，与他们拉家常、谈形势、交朋友，了解他们思想动态和需求，做好老干部情绪疏导和排忧解困工作。全区从党费中拿出 3.6 万元，为全区离退休干部订阅《银潮》杂志和《中国老年报》《镇江日报》。（吴姝颖）

【文化养老工作】 组织开展文化活动，为老同志增添正能量。整合文化养老阵地。利用主城区老年活动场所多优势，在发挥好区老干部活动中心功能基础上，挖掘社会资源，构建区、街道、社区和辖区内市级老干部教育、活动场所“四位一体”文化养老体系，满足广大离退休干部对精神文化的需求。建设敬老文化。根据老干部年龄、文化和兴趣爱好，分成若干兴趣小组，按不同时节组织活动，做到既有集中参观，又有分组活动。既有打牌下棋，又有健身娱乐。组织社区离退休干部党员上“移动党课”。组织社区 50 多名离退休干部党员赴镇江新区宜园参观考察宜文化历史。京口选送 20 余幅老干部书画作品，参加由市局主办书画展，获多个奖项。组织老干部乒乓球比赛，切磋球技。注重敬老文化辐射带动作用，把老干部家庭、保姆群体视作敬老文化教育对象和传播主体，倡导“和谐家庭”，做“敬老好子女”，让老干部在精神上得到关照。拓展文化养老途径。与区文体局、区老年体协、区老年大学、区老专家协会和区关工委联系，组织老干部参与活动。先后参加市、区老年体协组织的健身项目比赛，展示京口老干部风采。（吴姝颖）

【发挥老干部引领作用】 依托离退休干部党组织，支持涉老协会组织建设，搭建平台，让老干部激发活力，施展才能。发挥党组织引领作用，在离退休干部中开展“畅谈十八大以来新变化，展望十九大胜利召开”专题讨论，举行座谈会 3 场，有 80 余名老同志参加，收到征文 12 篇。抓平台搭建，让老同志奉献有舞台。京口目前有多个以老干部为主体的社团组织，会员众多，是一个人力资源宝库。他们根据自身特长和优势，参与到各个社会组织中发挥作用。原京口区政协主席贾国祥，退休后担任区慈善总会会长，撰写《我看十八大以来新变化》征文在《镇江日报》刊登。区关工委开展“老少共筑中国梦”活动，老干部报告团 2017 年宣讲 10 余场，受教育青少年 2 万余人。抓活动载体，让老同志奉献有成效。辖区内有数百名离退休人员参加镇江市文明城市创建，参与居民小区治安防范工作，社区网络长中有 80% 以上是“五老”人员，成为创新社会管理的一支重要力量。开展“树立新风尚、文明伴我行”“关注环保、爱我家园”等主题活动，使老同志发挥作用具有时代性和社会影响。（吴姝颖）

【离退休干部管理】 落实老干部情况通报、走访慰问、阅读文件、参观学习、参加重要会议等制度。2017 年春节前，区委、区政府召开县处级老干部情况通报会，区委常委、区人大、政协主要领导参加。时任京口区区长殷敏通报全区经济和社会发展情况，市委常委、时任京口区委书记裔玉乾作讲话，他肯定老干部为京口区发展所做贡献，鼓励老同志多谏言献策，更好地发挥作用，同时也对老干部管理服务提出要求。此外，区四套班子领导分组走访慰问老干部，区人大、政协会议邀请老干部列席，重要人事变动向老干部通报。老干部提出意见和建议得到区委、区政府主要领导采纳，并在区党政联席会议上通报。协调区财政、区社会保障、区医疗卫生和老干部供养单位，落实离退休干部生活费、医疗保障及财政支付机制，解决运行中遇到的问题，确保足额及时发放到位。把重点工作放在困难企事业单位和改制破产企业上，让每位老干部都能享受到改革开放成果。落实完善《京口区离退休干部困难帮扶办法》，用好专项资金，全年对 30 多名因病致困离退休干部帮扶慰问。老干部秦荣凯患肝癌，手术后长期服自费药，造成经济困难，裔玉乾书记亲自上门看望，并带上 2 万元慰问金。与社区联合，推进居家养老，解决老有所依问题。将老干部“四就近”

（就近学习、就近活动、就近得到关心照顾、就近发挥作用）纳入社区党建和为老服务项目之中，使社区成为老干部阅读学习文化娱乐场所、关心联络老干部纽带、发挥作用阵地。在中国共产党成立96周年之际，区老干部局还与江二社区联合举办“五老”康乐艺术团文艺会演。借助“两网”（网格+网络）融合，实现老干部管理服务精细化、便捷化和服务资源多元化。推进老干部社区医疗网络化服务，做好提档、升级、完善工作，利用社会医疗资源为老干部服务。健康路街道社区卫生服务中心管辖260多名离休干部，是镇江离休干部最集中的地方，其中多数为市直单位，中心主动加入江滨医院医疗集团，定期组织专家为老同志诊疗。他们还开通可视诊疗视频，让老同志在家里就可以问诊，既方便又安全。这项工作受到省局有关部门领导肯定。异地安置离休干部实行与本地离休干部同学习、同活动、同考察、同慰问、同表彰的“六同”管理法，增强他们归属感。（吴姝颖）

【自身建设】 近3000平方米区老干部活动中心开工建设，被列入全区2017年重大项目，10月交付使用，满足老干部学习娱乐需求。同时挂牌的还有区离退休干部党工委。开展“真·实”主题实践，活动中联系老干部工作实际，发挥自身优势。局党支部与江二社区党委结成对子，互帮互学，共同提高。结对企业，帮忙他们反映问题。开展“两学一做”，加强老干部工作人员思想作风建设，引导大家树立正确世界观、人生观、价值观，立足本职，建功立业。以“让党放心，让老干部满意”为目标，为老同志办实事、做好事。坚持“老干部工作无小事”理念，从每一次学习、每一次活动、每一次看望慰问做起，精心组织，认真对待，细微之处见精神，点点滴滴显真情。采取自学、帮带、送学和参加省、市级业务培训的方法，提高老干部工作人员政策水平和业务水平，增强大家解决问题的能力。开展“双型”党支部创建工作，局党支部开展“双结双帮、服务基层”党建品牌活动。参与文明城市创建等全区性重点工作，完成各项任务。克服人手少、任务重困难，做好信息调研工作，为老干部工作决策提供依据。（吴姝颖）

史志档案工作

【概况】 京口区史志档案办推进史志编研、档案利用服务和规范化建设。创建江苏省中小学档案教育社会实践基地，完成《京口年鉴（2017）》编撰出版发行，开展“‘6·9’国际档案日”和史志成果“六进”等宣传活动，史志档案影响力不断扩大。（凌晨）

【史志编研】 围绕省市要求，调整补充《京口区志（1983—2007）》文字图片，达到出版印刷要求。编撰出版发行《京口年鉴（2017）》，编撰《京口年鉴》年鉴事业发展报告，完成《镇江年鉴（2017）》（京口部分），完成《强富美高新镇江》画册（京口部分）供稿任务。组织1次区级年鉴规范化编撰培训。（凌晨）

【档案规范化建设】 开展全区档案等级创建和复查指导。指导区内1家宗教场所完成省三星级档案室创建，2家单位做好省星级档案室创建准备，1家合作社规范建档。区内1家单位创建省四星级档案室、2家单位创建省三星级档案室、1家单位创建省二星级档案室完成复查。完成区审计局、区人大等22家单位档案接收校对。组织全区25家单位档案人员业务培训。（凌晨）

【档案利用服务】 推进全区农村土地承包经营权确权档案整理、接收、数字化工作，完成区级、街道级、村级所有类型档案整理和数字化。接收、整理、录入35个部门人事档案700余份。接待社会各界档案利用者1300余人次、查阅档案1500余卷（件）。（凌晨）

【宣传培训】 开展4次史志成果进社区活动。联合市烈士陵园管理处共同撰写论文《镇江地区早期中共党组织的建立及其重要意义》。指导完成《两网（网格+网络）化社会管理创新模式在京口的实践》论文，论文以四牌楼街道创新“两网”化社会管理为蓝本，反映京口在全区组织开展“党建引领社会管理创新”实践成果。举办“‘6·9’国际档案日”系列宣传。围绕省市要求，征集反映全区“两聚一高”内容图片100余张。创建“京口档案”公众微信号，在《镇江日报》、市档案局网站、“镇江·京口”等平台上发布史志档案信息30余条。（凌晨）

【省中小学档案教育社会实践基地创建】 3月，省、市档案局相关领导组成评估组，实地验收区档案馆

6月9日，开展“纪念‘6·9’国际档案日”宣传活动（市档案局王少寅 摄）

10 月 17 日，在江一社区开展史志成果“六进”活动（区史志档案办供图）

省中小学档案教育社会实践基地创建工作。在听取汇报、实地查看、查阅台账、评估商议后，评估组同意区档案馆通过考评。（凌晨）

【“6·9 国际档案日”系列宣传】联合市档案局、市知青文化研究会在大市口城市客厅、招商北固湾广场、新民洲临港产业园开展镇江知青“上山下乡”图片展。协调大市口、健康路街道利用电子屏滚动播出档案宣传标语，通过短信、部门官网、公众微信号等形式加强宣传。（凌晨）

【史志成果“六进”活动】连续 8 年开展史志成果“进机关、进学校、进企业、进社区、进军营、进乡镇”活动。在江滨新村图书馆建立“史志书架”，联合市史志办向大市口街道古城社区、四牌楼街道江一社区、解放军 24 军干休所捐赠《京口年鉴》《雨花台烈士传丛书》等书籍、光盘 300 余册（张）。联合大市口街道古城社区、东吴社区开展“学史立志崇德向善”暑期主题教育活动，30 多名初高中生参观《华中抗战的长城——新四军在江苏》图片展。（凌晨）

【队伍建设】推进“两学一做”学习教育常态化制度化，围绕“旗帜鲜明讲政治”等主题开展专题讨论，组织全体党员干部赴沙家浜新四军革命纪念地、中共一大纪念地革命教育基地开展户外理想信念教育。开展“暖企惠民助居”大走访，走访企业 3 家，了解并帮助协调问题 4 个；入户调查 7 个小区 1000 余户居民，解决问题 7 个。联合米山社区共同开展纪念中国共产党成立 96 周年等活动。围绕卫生城市和文明城市复查开展一系列“文明进万家”迎检工作，以 2 户低保户为重点开展精准扶贫 6 次，提高党员干部心向基层、心向群众的能力和信念。（凌晨）

信访工作

【概况】区信访局打造“阳光信访”“责任信访”“法治信访”，畅通信访渠道，规范信访秩序，越级上访持续下降，全区信访形势平稳可控。2017 年度镇江市信访工作考核京口区排名前茅，区信访局被区政法委评为“党的十九大安保维稳工作先进集体”，局主要领导被市委、市政府评为“社会治安综合治理先进个人”，荣立个人二等功。（徐黄育）

【接访下访】区委常委会学习《江苏省信访工作责任制实施细则》，区委、区政府多次研究部署信访工作，推进重点信访问题化解。推进领导干部“四访”（定点接访、带案下访、重点约访、包案息访）和主要领导接访“百县千案”活动，推动干部走基层、访民情、解民忧。全年区领导接待研判处理信访问题 127 批 619 人次，包案处理信访案件 76 件，下访处理信访问题 44 件，走访信访老户 47 人。（徐黄育）

【区阳光信访系统管理服务中心成立】区委、区政府核准成立区信访局下属事业单位——京口区阳光信访系统管理服务中心，核定事业编制 2 名，到位 1 人，主要负责网络信访、阳光信访系统管理和维护等工作，推动全区信访工作信息化建设。（徐黄育）

【基础工作】抽调年轻干部到区信访局挂职工作制度化常态化。推广“网格—社区—街道”三级矛盾纠纷调处机制，整合矛盾调解、综合治理、信访机构力量，建成网格化矛盾调处机制。在全区信访系统开展“群众满意接访窗口”创建活动，规范业务流程，分类接待和依法处理群众信访诉求。建立手机信访 APP 和“今日头条”手机客户端，开通“E 访通”和微信访。全年阳光信访系统处理信访事项 535 件，发放权益保障卡 97 份，基本实现“网上受理、网上办理、网上反馈、网上评价”一站式服务。（徐黄育）

【积案化解】开展信访积案滚动化解。市联席办交办信访积案 9 件，化解 6 件，全部结案；梳理排查 12 件，全部化解。信访工作百日攻坚活动中，化解省、市交办重复访事项 25 件。（徐黄育）

【应急处置】加强驻京工作力量，建立警、信、责任单位联动机制，2017 年敏感时期进京非访零登记，协助公安等部门固定证据，未发生有影响信访事件。（徐黄育）

机关工委工作

【概况】区级机关工委围绕“服务中心、建设队伍”任务，以规范党内组织生活、规范党员行为、规范党内监督和深化机关“效能革命”

为重点，落实“四强化四提升”（强化学习教育，提升思想境界；强化制度规范，提升治党水平；强化作风效能，提升服务实效；强化党群互动，提升党建活力）工作举措和目标，引领机关党员、干部在谱写“两聚一高”京口篇章、建设“强富美高”新京口实践中担当作为。（李跃华）

【“双型”先进党支部建设】 把建设“双型”（法治型、服务型）先进党支部作为提升机关党建工作科学化水平牛鼻子工程来抓。注重宣传发动、分类指导、跟踪推进、典型引路、检查评比，打造特色亮点，不断巩固、提升、扩大创建成果，强化支部战斗堡垒作用发挥，推动机关党建工作规范化长效化。全年组织实施基层党建“书记项目”18个，新增党建品牌14个，4星以上党支部27个，占比超40%。（李跃华）

【“暖企惠民助居”大走访】 把开展“暖企惠民助居”大走访作为提升机关党建工作科学化水平重要载体进行。注重宣传引导。报道全区大走访开展情况，宣传先进典型、新鲜经验和成功做法，营造良好社会氛围，引导、调动全区上下参与大走访，编发工作简报23期。注重督促引导。督促机关党员、干部全面参与大走访，把大走访与“263”专项行动、全国文明城市复审迎检、金山湖综合整治、社会矛盾和安全隐患大排查大整治行动等全区重点工作有机融合，强化内生动力，全面求真务实。全年区级机关有上万人次党员、干部参加大走访活动，实现走访全覆盖。注重考核引导。考核体现公正性、激励性，考核结果纳入年度目标管理绩效考核体系，与党员年度考核、评议挂钩，强化党员先锋模范作用发挥，推动机关党建工作高效化实效化。（李跃华）

【“两学一做”活动】 把“两学一做”学习教育活动作为提升机关党建工作科学化水平主线贯穿始终、长抓不懈。把“两学一做”学习教育与“双型”先进党支部建设、“暖企惠民助居”大走访、促进各项业务工作相结合，组织党员学党章党规、学系列讲话，严肃党内组织生活，创新党员学习形式，推广党员“先锋亮绩、积分管理”。全年举办60余名直属党（总）支部书记参加的区级机关基层党组织书记培训班，为1000余名直属党员统一集中购买、配发党徽胸章，组织18名新党员赴茅山新四军纪念馆集体宣誓，落实“温暖20”等制度，做“四讲四有”合格党员，推动机关党建工作常态化制度化。（李跃华）

【区级机关基层党组织书记培训班】 5月下旬至6月中旬，机关工委分两个阶段举办区级机关基层党组织书记培训班，区级机关60余名党（总）支书记参加培训。第一阶段，组织党务实务专题培训，市委市级机关工委副书记刘春安、市政协社会法制委员会主任谭金生围绕“机关党建实务”主题，从加强党员教育管理、严格组织生活制度和加强机关党建考核等方面分别作业务辅导培训。第二阶段，组织现场参观教学，先后参观丹阳金桥张雅琴纪念馆和社会主义新农村建设、扬中渡江文化园主题展馆，开展以重温入党誓词、“两学一做”知识有奖竞答等为主要内容的主题党日活动，进行爱国主义、革命传统和理想信念教育。（李跃华）

【新党员集中宣誓】 6月23日，区级机关工委组织18名新党员赴茅山新四军纪念馆集中宣誓。宣誓仪式结束后，还组织大家参观新四军纪念馆、新四军将帅馆和新四军廉政展馆。集中宣誓和参观学习使新党员接受革命传统和党性主题教育。（李跃华）

党校工作

【概况】 围绕区委中心工作，抓好干部思想教育、理论培训、理论宣讲。全年区委党校（区行政学院）承担党性教育培训班6期，入党积极分子培训班2期，培训330人次，发挥党员干部教育培训主阵地作用。（柳彩娟）

【思想教育】 党校定期研究意识形态工作，加强对意识形态领域情况分析和研判，保证不出杂音、噪音，弘扬主旋律，发挥正能量，占领主阵地，掌握意识形态话语权。发挥党校主流思想舆论宣传主力军作用。把意识形态工作贯穿于一切教学科研活动中，做到“重大节点有声音、重大问题亮观点、重大时段搭平台”。（柳彩娟）

【职能履行】 为区级机关各部门服务，为人大、法院、工业园区、大市口街道、谏壁街道、四牌楼街道等单位举办党性教育培训班6期。培训地点选择在革命老区古田、龙岩、延安等地，使参训干部党性得到锻炼，精神受到鼓舞。借助四牌街道党员冬训，开展中共十九大精神下社区宣讲活动，同时支持四牌楼街道创立“金山理论讲习所”。“金山理论讲习所”是宣讲中共十九大精神重要载体、平台和主阵地，是加强党员干部党性教育的平台，更是密切联系党群干群关系的重要渠道。党校通过“金山理论讲习所”这个平台，推进中共十九大精神进社区、进企业、进学校、进网络，进入广大基层，进入千家万户，进入百姓心中，推动中共十九大精神在京口落地生根。（柳彩娟）

【“真·实”活动】 党校把大走访作为政治任务，走访低保家庭20户、企业3家，定期走访东吴社区，开展每月“温暖20”活动，在走访过程中梳理问题10个，解决问题10个。其中，党校一些做法给走访对象带来“真”实惠。在“助居”大走访中，为东吴社区打造“乐助先锋”党建品牌出谋划策；和古城社区、东吴社区联合开展“学史立志，崇德向善”主题教育宣讲活动；配合社区做好文明城市迎检工作。在“惠民”大走访中，帮助多病缠身的王惠了解最新针对低保家庭医保政策；多次到夫妻双方身体均有残疾的林志根、王英夫妇家走访慰问，帮助其儿子进行考研指导和职业规划。在“暖企”大走访中，帮助东吴医院解决门诊患者停车难问题，帮助陷入经营困境的镇江爱琴海沐浴中心进行发展现状分析和评估，并为其吸引客源出谋划策。（柳彩娟）

京口区人民代表大会

责任编校：耿纪明

综 述

【概况】 区人大常委会在区委坚强领导下，紧紧围绕全区发展大局，认真学习贯彻中共十九大精神，按照“规范、完善、创新、聚焦”总体要求，紧紧依靠广大代表，依法行使各项职权，有力推动全区经济社会发展和民主法治建设。

【围绕中心大局，积极助推改革发展】 把坚持党的领导作为履职尽责的前提，依法决定重大事项。听取和审议2016年财政决算及同级审计情况报告、上半年国民经济社会发展计划和财政预算执行情况报告、009号“加快推进京口区楼宇经济发展”、012号“加快中林生态产业城建设步伐”重要建议办理情况报告，开展深化校地合作、富民政策实施、融资平台运行等工作情况调研，建议政府着力化解项目建设瓶颈、加快产业转型、推进产业富民，促进经济发展提质增效。

【紧扣热点难点，努力推动民生改善】 突出生态保护，对2016年度环境状况和环境保护目标完成情况实施满意度票决，检查畜禽养殖污染防治工作，视察索普集团锅炉脱硫改造、餐厨废弃物处置工程等项目，助推“263”行动计划。聚焦城市发展，视察城市管理联勤联动综合治理工作，听取民生宜居工程实施情况汇报，推动“精美京口”建设。关注民生事业，审议义务教育优质均衡发展情况、003号“完善社区居家养老服务”重要建议办理、社会救助、健康镇江行动方案京口实施情况、残疾人综合服务中心运行等工作汇报，推动政府采取更加务实举措，加大民生事业投入。

【聚焦公平正义，全力推进民主法治】 完成市长江岸线保护条例（草案）、市非物质文化遗产项目代表性传承人条例等立法调研征求意见工作。听取《江苏省食品小作坊和食品摊贩管理条例》贯彻实施情况、“七五”普法规划贯彻实施情况汇报，全力推动依法治区进程。加大法律监督力度，审议民事行政检察工作、“家事案件”审判改革工作报告，调研健康路街道依法行政工作，妥善处理信访案件，所有来信来访均及时处理。

【优化服务保障，不断加强代表工作】 坚持主任会议成员联系人大代表和联系代表小组制度，邀请68名人大代表列席常委会会议、参加视察调研活动等，举办中共十九大精神专题宣讲会、公共文化服务保障法、江苏省食品小作坊和食品摊贩管理条例专题讲座，提升代表履职能力。健全代表活动阵地，完善常态化接待选民工作平台。认真组织代表小组活动，扎实开展“一街一特”主题活动，激发代表履职活力。修改并认真实施代表履职积分办法，及时公布积分情况，提高人大代表履职自觉性。深入开展“回原选区走访选民”活动，让人大代表在体察民情中迸发履职热情，增强代表履职动力。

【提升工作标杆，着力加强自身建设】 深入开展“两学一做”学习教育，“暖企助居惠民”大走访活动，组织党性教育活动，增强常委会组成人员和机关干部责任感和使命感。修订出台人大常委会议事规则、主任会议制度、组成人员守则和提高常委会会议审议质量实施意见等五项制度。强化对外宣传，出台宣传信息调研工作和网站建设相关规定，一年来，京口人大微信公众号发布65期144条信息和人大业务知识，90多篇宣传信息报道在市级媒体上发表。

重要会议

【区九届人大一次会议】 1月17—20日，召开区九届人大一次会议。出席会议代表222名，列席人员75名。京口区九届一次政协会议全体成员、部分离退休老干部列席有关会议。会议举行3次全体会议，6次主席团会议。

会议听取和审议镇江市京口区人民政府工作报告；审查和批准镇江市京口区2016年国民经济和社会发展计划执行情况及2017年国民经济和社会发展计划（草案）的报告、镇江市京口区2016年财政预算执行情况和2017年财政预算（草案）的报告；听取和审议镇江市京口区人大常委会工作报告、镇江市京口区人民法院工作报告、镇江市京口区人民检察院工作报告。表决通过区人大法制委员会、财政经济委员会组成人员名单以及大会的各项决议。选举施正中为京口区第九届人民代表大会常务委员会主任，姜厚荣、郑苏真、陈德福、杜承华为副主任，王大伟等28人当选为委员。选举殷敏为京口区人民政府区长，朱强松、林黎明、赵永斌、郑兆巍、杨国平、顾明华为副区长。选举刘凯为京口区人民法院院长、张东生为京口区人民检察院检察长。王德标等73人当选为镇江市第八届人民代表大会代表。当选人员向宪法宣誓。

会议期间，代表们以主人翁精神认真履行职责，积极参政议政，为京口区经济和社会事业发展建言献策。收到区人大代表提出议案、建议、批评和意见102件，其中10人以上联名提出议案26件，建议、批评和意见76件。《关于着力加快中林（镇江）生态产业城建设步伐的议案》《关于加快推进我区楼宇经济发展的议案》《关于完善社区居家养老服务的议案》作为重要建议办理。

【区人大常委会会议】 一年来，在区委领导下，区人大常委会先后召开10次常委会会议、14次主任会议，听取审议一府两院21项工作报告，组织11次专题视察检查调研活动和多次代表活动，全年依法任免国家机关工作人员134人次。

2月28日，召开区九届人大常委会第一次会议：审议通过区人大常委会2017年工作要点；通过关于撤销京口区选举委员会、京口区各镇选举委员会的决定；通过京口区九届人大常委会代表资格审查委员会组成人员名单；审阅区八届人大五次会议A501、A506号重要建议审议意见落实情况的书面报告；通过人事任免事项。

3月20日，召开区九届人大常委会第二次会议：任命区人大常委会办公室主任、新一届政府组成部门主任、局长24名。

4月20日，召开区九届人大常委会第三次会议：表决通过关于任命许娟、唐建勇为镇江市京口区人民政府副区长的决定。

4月28日，召开区九届人大常委会第四次会议：听取和审议区政府关于2016年度环境状况和环境保护目标完成情况报告，并对该项报告实施满意度票决，参加票决常委会组成人员29人，票决结果为通过，其中满意18票、基本满意7票、不满意2票、弃权1票、废票1票；审议通过《镇江市京口区人大代表履职积分实施办法》；表决通过各街道人大工作委员会委员名单和有关人事任命事项。

2017年10月19日，区人大常委会视察民生宜居工程实施情况（王穗 摄）

6月27日，召开区九届人大常委会第五次会议：听取和审议区政府关于2016年度财政决算情况和同级审计情况的报告，作出关于批准京口区2016年区本级财政决算的决议；听取和审议区政府关于义务教育优质均衡发展工作情况的报告。

8月14日，召开区九届人大常委会第六次会议：表决通过关于任命徐申锋、刘柳为镇江市京口区人民政府副区长的决定；根据殷敏的申请，经过审议，表决通过关于接受殷敏辞去镇江市京口区人民政府区长职务请求的决定；表决通过关于徐申锋代理镇江市京口区人民政府区长的决定。

8月28日，召开区九届人大常委会第七次会议：听取和审议区政府关于2017年上半年国民经济、社会发展计划和财政预算执行情况的报告；表决通过人事免职事项。

10月26日，召开区九届人大常委会第八次会议：听取和审议区政府关于012号《关于着力加快中林（镇江）生态产业城建设步伐的重要建议》办理情况的报告；听取和审议区政府关于区九届人大一次会议代表建议办理情况的报告，对012号《关于着力加快中林（镇江）生态产业城建设步伐的建议》、009号《关于加快推进我区楼宇经济发展的建议》、003号《关于完善社区居家养老服务的建议》三项重要建议办理情况实施满意度票决，参加票决常委会组成人员29人，票决结果为通过，具体如下：012号：满意20，基本满意7，不满意2；009号：满意18，基本满意10，不满意1；003号：满意21，基本满意6，不满意2；听取和审议区人民检察院关于民事行政监察工作情况的报告；讨论通过《镇江市京口区人大常委会议事规则（草案）》等4个完善人大工作相关制度；审阅2016年度环境状况和环境保护目标完成情况审议意见落实情况书面报告；通过人事任免事项，并补选徐申锋、秦艳、顾旬3人为镇江市第八届人民代表大会代表。

12月25日，召开区九届人大常委会第九次会议：补选徐玉军为镇江市第八届人民代表大会代表。

12月27日，召开区九届人大常委会第十次会议：听取和审议区政府关于2017年国民经济、社会发展计划和财政预算调整的报告，并作出相应决定；讨论通过京口区人大常委会关于讨论决定重大事项的规定；讨论区九届人大二次会议筹备工作意见，作出相应的决定；讨论通过代表资格审查情况的报告；讨论《选举办法（草案）》；讨论区九届人大二次会议主席团和秘书长、列席人员、计划和预算审查委员会等建议名单；讨论区人大常委会工作报告（讨论稿）；通过人事任免事项；审阅区政府关于京口区2016年度财政决算审议意见办理情况和2016年财政同级审计发现问题整改情况书面报告；审阅区政府关于义务教育优质均衡发展工作情况书面报告。

【区人大常委会主任会议】 1月27日，召开第一次主任会议：讨论区人大常委会2016年工作要点(讨论稿)。

2月21日，召开第二次主任会议：传达市八届人大一次会议精神；讨论区九届人大常委会主任会议成员分工；讨论区人大常委会2017年工作要点(讨论稿)和主要工作安排。

3月31日，召开第三次主任会议：学习《江苏省湿地保护条例》《镇江市饮用水源地保护条例》；专题研究人大宣传信息和调研工作；讨论街道人大工委“一街一特”主题活动。

4月27日，召开第四次主任会议：听取区法院关于“家事案件”审判改革工作情况汇报；讨论各街道人大工作委员会委员建议名单；听取《镇江市京口区人大代表履职积分实施办法》修订说明；研究街道人大代表联络工作站和社区人大代表联络工作室建设等事宜。

5月26日，召开第五次主任会议：听取区政府关于交通工作情况的汇报；

6月22日，召开第六次主任会议：听取区政府关于“七五”普法规划实施情况汇报；专题研究《镇江市京口区人大常委会议事规则》（讨论稿）、《镇江市京口区人大常委会主任会议制度》（讨论稿）、《镇江市京口区人大常委会组成人员守则》（讨论稿）和《关于进一步提高镇江市京口区人大常委会会议审议质量的实施意见》（讨论稿）四项人大工作制度制定、修改情况。

7月20日，召开第七次主任会议：讨论区人大代表宗余良辞职事项。

7月27日，召开第八次主任会议：听取区政府关于富民政策实施情况汇报；听取区政府关于完善社区居家养老服务重要建议办理情况汇报。

8月22日，召开第九次主任会议：听取区政府关于《江苏省食品小作坊和食品摊贩管理条例》贯彻实施情况汇报。

9月27日，召开第十次主任会议：听取区政府关于深化校地合作情况汇报；听取区政府关于009号《关于加快推进我区楼宇经济发展的重要建议》办理情况汇报；讨论研究完善人大工作相关制度。

10月24日，召开第十一次主任会议：听取区政府关于民生宜居工程实施情况汇报。

11月29日，召开第十二次主任会议：听取区政府关于社会救助工作情况汇报；听取区政府关于健康镇江（2016—2020）行动方案京口实施情况汇报。

12月21日，召开第十三次主任会议：讨论人大常委会工作报告（讨论稿）。

12月25日，召开第十四次主任会议：听取区委组织部关于监察委员会建议人选的通报。

重要工作

【开展“一街一特”主题活动】 为进一步做好代表工作，提高街道人大工委工作水平，4—10月，区人大在各街道人大工委开展“一街一特”主题活动。各街道人大工委结合自身实际，分别开展评议街道部门依法行政和效能建设活动、人大代表精准帮扶活动、“五个一”(大市口街道人大工委开展争做满意代表“五个一”活动。即：每名代表每年听取一次选举单位工作意见、走访联系一次选民、推动解决选区一个实际问题、提出一个有质量的议案或建议、报告一次年度履职情况)主题实践活动、打造“两网一微”(四牌楼街道人大工委借助街道智能平台，建立代表线上受理平台和代表接待选民线上处理平台，进一步拓展了代表与选民的沟通联系)履职平台，实现线上线下代表接待选民服务、建立实施代表“议政会”制度、推进东部生态环境综合整治行动等6个主题内涵深、工作措施硬、群众评价好的特色品牌，取得较好社会反响。

【加强制度建设，规范人大工作】 区九届人大常委会把制度建设作为人大建设重中之重，在建立和完善常委会制度方面积极有益探索，取得明显成效。对照有关法律法规，对已有制度规则修订，出台人大常委会议事规则、主任会议制度、组成人员守则和提高常委会会议审议质量实施意见等制度。试行会前撰写书面审议意见和分组审议新模式，不断提高常委会行使职权科学化、民主化水平。修订区人大常委会讨论决定重大事项规定，以区委文件转发，推动全区重大决策规范化、法治化。健全完善机关内部管理制度，进一步规范机关各项工作，推动机关工作人员服务水平和质量不断提高。

【督办重要建议，推进中林(镇江)生态产业城建设】 区九届人大一次会议将012号《关于加快中林（镇江）生态产业城建设步伐的建议》列为重要建议之一，区人大常委会围绕这一重要建议，深入实地开展视察调研，持续跟踪建议办理情况。针对项目推进不够快、产业定位不够明晰和审批协调难度大等方面问题，督促新民洲临港产业园立足现状，认真分析，查找不足，全力推进中林(镇江)生态产业城建设步伐。在区九届人大常委会第八次会议上提出，新民洲临港产业园要紧紧围绕产业定位，优化整合区域发展资源；积极向上争取，进一步加大项目推进力度，提高产业规划水平；主动对接宁镇扬同城化，破解区域发展壁垒，推动中林（镇江）生态产业城建设再上新台阶。（刘勉）

京口区人民政府

责任编校：耿纪明

综　述

【概况】　京口区紧扣“三区三高地”总体定位，牢牢保持工作连续性、稳定性和奋进性，统筹抓好改革发展稳定各项工作，经济运行稳中向好，项目建设快速推进，创新活力持续释放，城乡建设步伐加快，生态环境不断好转，市容市貌有效改观，经济社会发展呈现许多令人欣喜积极变化。

【经济运行稳中向好】　坚持产业强区，主动对标苏南，集中力量抓产业上项目，持之以恒调结构强创新，经济发展量增质更优。全年完成地区生产总值470亿元，增长7.3%（同比，下同），快于全市平均。一般公共预算收入17.7亿元，同口径增长5%，综合评价排名全市第二。工业应税销售收入370亿元，增长11.5%，五年来首次实现两位数增长。净增“四上”企业（规模以上工业企业、资质等级建筑业企业、限额以上批零住餐企业、限额以上服务业企业）44家，全市第一。

【项目建设快速推进】　3个项目列入省重大项目，创历史新高。中储粮粮油配送中心等35个项目开工建设，中集宝钢一体式半挂车轴等16个项目竣工投产。新民洲港开港两年进口原木突破280万立方米，成功跻身全国十大木业港。中林（镇江）生态产业城木材初加工区入驻企业16家，木业先进制造区一期开工建设，木业加工仅用一年多时间就形成集聚效应。苏宁广场塔楼全面竣工，东大院·创业广场开街运营，中小企业信息产业园25栋产业楼主体封顶，工业园区标准化厂房一期建成当年企业入驻率超过50%。

【创新活力持续释放】　新增高新技术企业6家，高新技术产业产值占规模以上工业产值比重46.5%，R&D经费（全社会研究与试验发展经费）占GDP比重2.7%。万人发明专利拥有量81件，保持全省前列、全市第一。中山大学惠州研究院华东分院当年签约落户并建成达效，60余个产学研项目加快推进，科技成果转化产值突破百亿元。镇江创业园创成国家级创业示范基地，互联网双创中心创成省级创业孵化示范基地。工业园区创成省级知识产权示范园区。举办“情系京口·人才恳谈会”，聘请首批“招才顾问”“引才大使”15人。引进国家杰出青年1人，入选省双创博士1人，入选市“金山英才”计划14人。

【城乡建设步伐加快】　大禹山北片区开发和焦北滩土地复垦得到市委市政府全力支持，拓展京口未来发展空间。实施铁瓮城一期等棚户区（城中村）征收搬迁23万平方米，在全市率先完成拆迁扫尾工作。开展江滨新村等居住小区物业提升工程10.9万平方米。完成桃花坞二区等老旧小区改造17.1万平方米，占全市改造面积半数以上。新河街历史街区修复提速，孟家湾安置房竣工交付，凌家湾安置房暂停两年之后复工建设。焦顶山路、小米山路改造等7条道路竣工通车。中建·大观天下、如意江南两个小区荣获“江苏省优秀物业管理住宅小区”称号。

【生态环境不断好转】　大力推进“263”（“两减”：即以减少煤炭消费总量和减少落后化工产能为重点，从源头上为生态环境减负；“六治理”：治理太湖水环境、生活垃圾、黑臭水体、畜禽养殖污染、挥发性有机物污染和环境隐患；“三提升”：提升生态保护水平、提升环境经济政策调控水平、提升环境监管执法水平。专项行动，实施生态文明提升工程项目99个。完成谏壁电厂8#、9#、10#机组关停等项目，压减煤炭消费总量36万吨。关停化工企业镇江美特斯新涂料有限公司。加快谏壁片区环境综合整治，搬迁“两个周边”（索普化工厂周边和开发区化工园区周边）居民537户，14.1万平方米。在全市率先完成禁养区畜禽养殖关停工作。孟家湾湖和玉带河上段整治全面展开，江滨泵站海绵公园等工程顺利完成，向家门城中村变身“环山氧吧”街头绿地。“河长制”工作通过省级年度验收，国考、省考断面水质全面达标。混凝土“黑站”关停、非法码头整治、违法用地清理等工作有力推进。

【市容村貌有效改观】 创新开展城市治理“2＋X”（“2”指城管和公安，“X”指其他相关部门和街道、社区，各方充分发挥各自管理、服务和执法职能，实行共治共管共享）联勤联动试点工作，大市口商圈市容环境和公共秩序显著改善。对解放路、梦溪路等主干道进行街景规划，八角亭等14个问题突出疏导点得到有效整治。治理违法建设10.5万平方米，新建改造公厕10座、垃圾中转站2座。朝阳门等5个小区推行“3＋X”垃圾（“3”就是将小区生活垃圾分为有毒有害、可回收物和其他垃圾；“X”是指特殊垃圾专项分流，比如：建筑装潢垃圾、园林绿化垃圾、大件垃圾等）分类试点，生活垃圾分类设施覆盖率达30%。高分通过全国文明城市复检，谏壁街道雩山村获评“全国文明村”。 （陈浩）

外事办工作

【概况】 区外事办坚持服务大局，严格审批管理，规范出国境流程和企业人员出国手续办理，做好外国人来华把关和经济服务工作，扎实推进各方面工作顺利开展。

【规范出国境流程和出国手续办理】严格按照规定加强因公出国（境）审核管理，把握好计划管理、经费控制、事前公示、行前教育、事后反馈各个环节。全年办理党政领导干部因公出国（境）申请报批11批20人次（其中教师出国6批次6名）。全年为企业办理APEC商务旅行卡13人。

【做好外国人来华把关和经济服务工作】 全年审批外国来华人员申请28人次。借助《江苏省保护和促进香港澳门同胞投资条例》等宣传工作，了解企业政策诉求，帮助企业进行协调，做好涉外方面指导和服务工作。 （钱倩）

侨务工作

【概况】 区侨办紧跟党的步伐，认真贯彻省、市侨务工作要求，不断创新服务手段，拓宽服务内容，积极服务经济发展大局，服务侨界群体。

【组织参加市“第九届华创会”】 7月，“第九届华侨华人创业创新镇江洽谈会”举行，京口区侨办组织落实洽谈会参会人员12人，涉及6个街道、2个园区相关负责人及8家企业中高层人员。

【协调资源，做好捐赠】 7月，江苏正恺电子科技有限公司举办第七届“正恺育秀”捐资助学活动，为15名受助学生发放助学金2.2万元。“正恺育秀”这项活动连续开展7年，企业表示要将这一品牌活动继续传承下去，不断发扬光大。

【做好法律法规工作】 普及《江苏省保护和促进华侨投资条例》（以下简称《条例》），分批次对企业发放调查问卷，一方面宣传《条例》的精神，另一方面了解企业诉求，收到反馈问卷12份。

【做好审批工作】 贯彻涉侨事务审批各项规定，严把审批关，全年完成“三侨考生”身份认定3批次。 （钱倩）

机关事务服务工作

【概况】 中心在领导班子带领下，牢记管理是基础，服务是核心，理清思路，不断提升服务水平，清正廉洁办后勤，创新特色亮品牌。服务会务更专业，公共节能管理体制更加完善，启用公务用车管理信息化平台，提升办公环境，改善机关干群就餐环境。

【规范公共机构节能体制】 落实能源统计制度准备工作，逐一走访街道、园区、区在外单独办公部门，做到底数清、情况明。着眼提升各单位节能管理员业务水平，举办公共机构基础信息和能耗数据核查工作业务培训班。扎实做好公共机构节能创建工作，指导区城管局成功创成省级节能示范单位。推进省节水型单位创建工作。

【专业服务会务】 全程保障重点项目开工、重大节日活动筹备、布置等服务工作。承办中国江苏首届电竞科普活动周研讨会、第二届中国物流金融峰会、江苏发展大会镇江行、京口区党政代表考察团——对标苏南、招商引资集中签约活动、“两聚一高”银企合作签约仪式、“情系京口”人才恳谈会暨项目签约仪式等重点活动20余次。全年承接各类会议270场次，参加人员19535人次，得到领导一致好评。

2017年7月6日，举行华侨华人创新创业镇江洽谈会开幕式（区侨办供图）

【系统管理公务用车】 启用公务用车管理信息化平台，实施车辆和司勤人员统一调度，有效避免“专人专车”现象。手机APP填写用车需求，系统科学保障各项公务活动。采取安装北斗卫星系统、喷涂统一标识等举措，切实加强车辆监管，接受群众监督，坚决杜绝公车私用。完善车队、驾驶员及车辆管理制度，加大车队安全学习力度。降低车辆违章次数，确保安全行车。积极推动企事业单位车改工作，完成基本数据摸底调查和实施草案。

【审核公有住房】 对全区低保和低收入家庭申请人员全面调查，严把政策关、审核关，确保审批全过程公平、公正。对符合条件申请人信息公开，方便群众监督，做到公开、透明。全年对全区180户住房困难家庭实施实物配租申请工作。全区保障户1451户，累计发放保障金521.9万元。

【监管安全生产】 落实“党政同责、一岗双责”。严格执行24小时值班保卫、夜间巡查制度和出入人员车辆查验、登记制。配合有关部门劝阻群众上访60余批次、450余人次，门卫登记6800余人次。组织安全生产大检查10次，排查安全隐患15个，全部整改到位。

【提升办公环境】 投入300余万元对办公环境包括食堂、办公大楼电梯、幕墙、门面房等10余项改造，硬件建设和服务软实力较大突破，特别是食堂一楼就餐区环境改善，广受机关干部好评。机关在办公大楼环境管理上，开展环境综合整治集中清理行动近20次。办公场所、公共场所卫生保洁责任到人、任务到人，有要求、有标准、有检查，奖罚分明，确保区机关卫生干净、整洁、有序。对文联、党校、招商中心、机要局等部门出新改造，提升机关干部职工办公环境。

【管理办公用房】 按照中央八项规定和省、市相关要求，开展办公用房规范管理“回头看”，严格按照标准核定办公用房面积。截至12月，全区核定基本办公用房使用面积3.4万平方米，其中办公室1.7万平方米，服务用房1.4万平方米，设备用房0.3万平方米。附属用房建筑面积0.1万平方米。部分超标办公用房均整改调换到位。

【保障食堂就餐】 严格执行中央八项规定和《党政机关厉行节约反对浪费条例》，精心安排好每次会议用餐、严格按标准接待用餐。为提供更优质服务，改善就餐环境，引进电子点菜系统，提供更精准化用餐服务。严把食材采购关，确保食品安全，精心安排职工用餐。创新食谱，每周五集中讨论，优化午餐营养搭配，定制下周菜谱。购置消毒洗碗机，让干群放心就餐。

（丁晓萍）

焦 山

政协京口区委员会

责任编校：程　娟

综　述

【概况】 区九届政协委员206名，常委会组成人员27名。区政协设办公室、提案委员会、学习和法制委员会、经济和科技委员会、社会事业和社会管理委员会。九届政协把握团结和民主两大主题，履行政治协商、民主监督、参政议政职能，完成区政协九届一次会议确定的目标任务，为促进聚力创新、聚焦富民，建成高水平全面小康京口做出贡献。

【区政协工作】 区政协举行常委会议4次，主席会议4次。区政协九届一次会议以来，政协委员、政协各参加单位和政协各委组提交提案157件，立案134件，向区委、区政府及有关部门报送建议案和调研报告19篇。（严涵）

重要会议

【政协京口区九届一次会议】 会议于1月16日下午至19日上午召开。选举产生政协京口区第九届委员会主席、副主席和常务委员，学习讨论中共镇江市委常委、京口区委书记裔玉乾代表区委所作讲话，与会人员列席京口区第九届人民代表大会第一次会议，赞同殷敏代表区政府所作《政府工作报告》和其他报告，同意孙国平代表区八届政协常务委员会所作工作报告，同意朱裕根代表区八届政协常务委员会所作提案工作报告。（严涵）

【区政协九届常委会议】 全年举行4次。九届一次常委会议于3月16日举行。会议传达学习全国和省、市政协全会精神，听取“助推创新发展，促进实力提升”主题活动开展情况通报、区政协主席副主席工作分工通报，并讨论通过有关人事任免事项。会议要求，新一届政协常委应有新作为，不忘初心、奋发向上、真抓实干、务实廉明，有担当、有定力、有情怀，在服务大目标、促进大发展、推动大团结上做出应有贡献。区领导孙国平、徐军、朱裕根、盛杰、张和松、宋小燕参加会议。九届二次常委会议于6月27日举行。会议听取区统计局、区发改和经信委关于上半年全区经济运行情况通报、区政协“助推创新发展，促进实力提升”主题活动开展情况通报，协商通过《京口区政协常委会关于加强自身建设的意见（草案）》。会议要求，区政协常委要示范表率，加强学习，调查研究，建言献策，民主监督，为不断开创京口政协工作新局面贡献力量。区领导孙国平、许娟、徐军、盛杰、张和松、宋小燕参加会议。九届三次常委会议于9月26日举行。会议听取区发改和经信委关于2017年全区重点项目进展情况以及区政府办公室关于九届一次提案办理情况通报，集中学习习近平在省部级主要领导干部专题研讨班开班式上讲话精神。会议要求，区政协常委要加强学习，统一思想，推动人民政协在新起点上实现新发展。区领导孙国平、刘柳、徐军、盛杰、张和松参加会议。九届四次常委会议于12月20日举行。会议听取区政协九届二次会议筹备情况汇报，讨论通过九届二次会议日程和主要活动安排、区政协常委会工作报告、区政协九届一次会议以来提案工作情况报告以及主题活动意见，协商通过区九届政协委员调整方案以及相关人事任免事项。会议指出，区政协九届二次会议是在新形势下召开的一次十分重要的会议，希望区政协常委做好各项准备工作，集中精力开好大会。区政协领导孙国平、徐军、朱裕根、盛杰、张和松、宋小燕出席会议。（严涵）

重要工作

【建言献策　推动科学发展】 发挥政协人才荟萃、联系广泛等优势，组织开展“助推创新发展，促进实力提升”主题活动，推进全民创新、科技创新，为全区经济社会发展谋良策。各街道（园区）政协联络委、镇江新区委员活动组组织委员深入一线，走访调研30多次，召开各类座谈会20多场，委员参与人数达370人次，提出建设性意见、建议20多条。区政协九届四次主席会议专题听取全区科技创新情况通报，提出突出企业主体作用、促进生产力发展、招商引资要以高科技企业为主等具体建议，为决策提供参考。经济建设。区政协九届二次常委会议听取全区经济运行情况通报，对各项经济指标冲刺“双过半”提出建议；九届三次常委会议听取全区重点项目进展情况通报，了解全区在建、在手、在谈、新开工项目建设情况，有针对性地提出意见。赴各街道、园区开展主席视察调研，走访重点骨干企业，推动经济发展。企业发展。结合“暖企”行动，组织开展委员走访活动，为企业排忧解难、出谋划策，帮助江苏鼎胜新能源材料股份有限公司、江苏鸿泰钢铁有限公司、镇江滨江科技有限公司、镇江宝华物流有限公司等30多家企业找准短板，解决发展中问题，推动区职能部门当好企业“店小二”，构建“亲”“清”新型政商关系。（严涵）

【协商落实　改善民生】 加强政治协商，关注民生。聚焦富民增收，与区发改和经信委、区农委等相关部门开展对口协商、专题协商、界别协商等多层次协商议政。立足于增加公共服务供给、提高共享水平，就水体整治、改善残疾人综合服务、养老服务等工作视察调研，促进把实事办实，把好事办好。发挥提案作用，服务民生。加大提案办理力度，区政协九届一次会议以来，收到提案157件，其中立案134件。通过区政协提案委、区政府办、政协委员和承办单位“四位一体”会商办理，采取领衔督办、跟踪督办、民主评议等多种形式，满意及基本满意率100%。推进大众创业万众创新、加强生活垃圾分类治理、规范小区物业管理、缓解交通难、停车难和加强校园周边安全环境整治等民生类提案得到重视和逐步解决。开展惠民走访，帮助群众解决困难。开展“惠民、助居”大走访活动，走访居民300多户，发挥社情民意信息直通车作用，反映群众呼声和社会动态，为社区和群众解决文明城市创建、创业就业、就医保健、物管卫生等各类问题32个，满足群众“微心愿”26个，精准帮扶困难居民20多户，坚持每年慰问环卫职工和孤寡老人，为服务群众履职尽力。（严涵）

【民主协商团结】 党派团体团结合作。开展民主协商，与各民主党派、工商联、无党派人士和社会各界联系，联合党派团体开展特色小镇建设、畜禽污染防治等重点课题调研，邀请党派团体成员参加助推发展富民、污水管网建设等政协视察活动，为各民主党派和有关人民团体参政议政创造条件。加强与“三胞”（台湾同胞、港澳同胞、海外侨胞）及其眷属、民族宗教界人士以及新社会阶层联系，调动一切积极因素，推进全区经济、政治、文化、社会和生态文明建设，营造团结民主、合作共事浓厚氛围。民主监督。增强民主监督实效，围绕“263”专项行动、化工企业搬迁、“金屋顶计划”实施等8个专题视察监督，视察后以《镇京协办通报》形式向区委、区政府提交有关建议，助推生态环境改善。区委八届三次会议前，针对区委、区政府交办专项课题开展监督调研，得到区委高度重视。中共十九大召开前，重点对安全生产、“大排查、大整治”工作情况监督。按照全面依法治区要求，在依法行政、司法公正等领域加强监督，营造法治环境。社会和谐。把发扬民主、增进团结、协调关系、化解矛盾作为履行职能着力点。加强与群众联系，引导群众合理表达利益诉求，使政协履行职能过程成为听取群众意见、反映群众意愿要求过程，成为加强区委、区政府与人民群众密切联系过程，协助区委、区政府了解各界群众所急、所难和所盼。弘扬社会主义核心价值观，深化“中华诗词之乡”内涵，推进中华优秀诗词进校园、进社区、进机关、进企业。四牌楼街道江一社区、中山路小学创成“全国诗教先进单位”。（严涵）

【加强自身建设】 学习培训。抓好全委会议、常委会议、主席会议、政协机关学习。制定执行《京口区政协委员“十要”行为准则》，引导委员守纪律、讲规矩、重品行。开办新委员培训班，就如何当好政协委员及撰写提案集中培训。举办学习贯彻中共十九大精神专题讲座，赠阅《党的十九大报告学习辅导百问》《习近平谈治国理政》等，统一思想，凝聚力量。

委组建设。定期召开专委会、街道（园区）政协联络委工作交流会，加强工作协作互动。完善专委会联系指导界别工作制度，健全与党政部门对口协商机制，使专委会较好发挥参谋助手作用。加强对街道（园区）政协联络委指导和联系，组织委员做好调研、视察、提案、反映社情民意等工作，在推动辖区经济发展、社区建设、文明创建、慈善公益和维护社会稳定等方面发挥作用。

机关服务。推进“两学一做”学习教育常态化制度化，组织开展旗帜鲜明讲政治、党中央治国理政“三新”、中共十九大精神以及“我为创新、富民做什么”专题讨论。树立问题导向，联系实际真查实改，做到政治合格、执行纪律合格、品德合格、发挥作用合格。制定实施《区政协常委会关于加强自身建设的意见》，带头加强制度规范。落实党风廉政建设“两个责任”，强化政协机关勤政廉政建设，执行好中央八项规定和省、市、区委相关规定。提升政协机关服务能力和水平，加强对委员服务，关心委员思想、工作及生活，保障委员合法权利。

（严涵）

2017年京口区政协重点提案一览表

表1

提案者	案　由
孙　云	关于推进大众创业万众创新全面发展的建议
倪　宏	关于挖掘打造镇江新区特色文化品牌的建议

民主党派

责任编校：李　奕

民主党派

【概况】　全区有8个民主党派基层委员会（支部），涵盖民革、民盟、民建、民进、致公党、农工党、九三学社等7个民主党派，有4个基层委员会、21个支部，有成员384人，其中具有中高级以上职称297人、人大代表5人、政协委员47人。2017年新发展27人。（秦岩）

【民革京口支部】　中国国民党革命委员会镇江市委京口支部（以下简称民革京口支部）有党员35人，其中有中高级职称26人，民革特色党员14人，2017年发展3名新党员。全年宣传报道29篇，其中市民革网站报道16篇、市委统战部网站报道3篇、镇江新闻网报道2篇、其他各类媒体报道8篇。

支部党员立足岗位，建功立业。有7人获得表彰，陈阳获得"（啄木鸟）镇江市行动季度之星"称号、杨娟获得"（啄木鸟）镇江市行动季度之星"称号、"镇江市爱国卫生工作先进个人"。庄薇被区委区政府表彰为"京口区'金凤凰'活动先进个人"。赵树英获得"江苏小优秀基层卫生骨干人才"称号。孙敏娟获得"镇江市优秀教育工作者"称号。刘卫红2016年度考评获京口区委区政府优秀等次。樊潇获得"京口区2016年度'经济工作能手'活动先进个人""京口区'暖企惠民助居大走访'专题活动三等奖"。

开展3类大型系列活动，分别为帮困助残、服务社会、与爱同行系列活动；关心民生、积极建言、参政议政系列活动；加强理论学习、增进思想共识、自身建设系列学习讲座。安排"镇江旅游发展""健康养老产业""宁镇扬同城化""三农发展""城市建设"等5个专题调研活动，形成一批调研报告。

（秦岩）

【民盟京口基层委员会】　中国民主同盟镇江市委京口委员会（以下简称民盟京口基层委员会）有成员67人，其中中高级职称56人，2017年发展4人为新盟员。全年发表宣传报道67篇，其中《人民政协报》2篇、《团结报》4篇、省级媒体3篇、《镇江信息》1篇、省民盟网站及刊物采用13篇、江苏统战部网站1篇。"两会"期间，民盟京口基层委员会向区政协提交"关于解决'想去看看京江路有些难'问题的提案"等集体提案3件，盟员政协委员提交个人提案8件。

开展活动方面，3月12日，民盟京口基层委员会联合京口区文艺志愿者协会和镇江外国语学校共同举办"爱助夕阳，关爱老人"系列敬老活动在镇江德高护理院顺利展开。3月14日，与四牌楼街道江一社区、道署街社区签订结对协议，

民建织部分会员赴浙江嘉兴南湖拜谒中共一大纪念馆（民建京口基层委员会供图）

对接社会服务工作，无偿为社区提供服务。5月31日，由民盟京口委员会牵线，联合民盟镇江市委员会、镇江市妇联，镇江市青联、镇江周艺公益服务中心、京口文艺志愿者协会主办2017第六届城乡少年手拉手庆“六一”大型文艺联欢活动。10月25日，参加中共京口区委统战部组织的“同心志愿团”活动，组织广大盟员踊跃参加“送温暖，幸福夕阳红”活动，向社区81位老人送演出、送慰问品。（秦岩）

【民建京口基层委员会】 中国民主建国会镇江市委京口委员会（以下简称民建京口基层委员会）有成员67人，其中具有中高级职称64人，2017年新发展4名会员。民建京口基层委员会坚持热点导向，积极参与和助推“263行动”，结合大走访，深入会员企业和社区调研，全年形成8篇调研报告。组织全体会员参加赴嘉兴参观中共一大会址、学习习近平在省部级主要领导干部专题研讨班开班式上讲话、学习中共十九大报告、参与同心志愿团等活动。（秦岩）

【民进京口中教支部】 中国民主促进会镇江市委员会京口中教支部（以下简称民进京口中教支部）有成员24人，其中具有中高级职称24人，2017年新发展1人。全年开展或参加各类活动14次，有5人自身工作或指导的活动获得表彰，分别是施旭萍老师课例《金属防护和废金属回收》被评为教育部部级学科德育精品课程，指导学生徐幸蕾获得江苏省“金钥匙”竞赛省三等奖。贾小英老师获镇江市数学“优质课”评比二等奖。戴松老师课例《整理与归纳》获2017年度“一师一优课，一课一名师”京口区二等奖。牛利林老师指导学生胡仕扬获得江苏省“金钥匙”竞赛省一等奖，7名学生获校级“化学实验技能”竞赛一等奖。杨晓珉老师在京口区作题为《关于“语文核心素养”培养的实践和思考》讲座，在7月11日民进镇江市委举行的“不忘合作初心 展现会员风采”主题演讲中获得第一名。

全年组织支部活动8次。春节、重阳节，全体会员分几路分别上门慰问退休老会员，给他们带去集体的温暖。1月4日聚会，共叙新一年打算和畅想，主委唐惠琴老师倡导会员积极献言献策为共创和谐文明社会尽己之力。3月6日，开展习近平总书记系列重要讲话学习，并组织半日踏青活动。5月1日，开展以“劳动实现人生价值”为主题活动，并进行“学科渗透”专项教学研讨活动。9月7日，在京口中学三楼会议室进行教师节庆祝活动，在各位会员畅谈工作和生活之外，还制订“书香校园，书香民进”集体阅读计划。（秦岩）

【民进京口小教支部】 中国民主促进会镇江市委员会京口小教支部（以下简称民进京口小教支部）有成员45人，全部具有中高级职称，2017年新发展2人。支部立足岗位申报了两个课题，先后完成《加大推进家庭教育工作力度，提升家校育人质量》《从面塑微店看民间艺术的市场春天——非遗产业在互联网时代背景下的创新发展调研》两篇理论文章。在民进省委会组织开展的“语文教师的语言修养”研讨征文活动中，支部侯晓佳、潘仪岚两位会员分别提交《漫谈语文第一课的变化》《对接生活 善用文字——培养富有情趣的语文学习》两篇文章。在市委会组织开展的“不忘初心”演讲比赛中，积极组织会员参加，汪婧会员在演讲中率先登场并获得优秀奖。在双岗尽责中，一批会员拥有市区骨干教师称号，支部的汪杏珍会员在市中医院护理岗位上成绩突出，2017年10月在常州举办的中医及中西医结合护理学术会议上，其撰写的《经皮穴位电刺激联合磁疗贴敷预防混合痔患者术后尿潴留的效果观察》论文被江苏省护理学会选为大会交流论文并获优秀奖。支部先后与民进市委会一起参与文化场馆建设与文化惠民相关提案的专题调研活动。在“两会”前夕，组织非政协委员、人大代表以解决问题的思路积极为“两会”建言献策调研，支部为市委会提交多个市政协提案素材，得到市委会的认可。（秦岩）

【农工党京口基层委员会】 中国农工民主党镇江市委京口委员会（以下简称农工党京口基层委员会）有党员54人，其中具有中高级职称45人，新发展党员8人。开展活动方面，6月7日，组织党员赴上海参观中国农工民主党一大会址。7月7日，开展“不忘合作初心，以革命党史激励我们继续前行”主题学习活动。组织党员开展庆祝“三八”妇女节、“5·12”护士节和迎新春等活动。坚持开展送温暖活动，平时能及时探望患病住院党员和70岁以上老党员。2017年，农工党京口基层委员会获得中国农工党镇江市委表彰，被评为先进基层组织。市人大代表、王德标主委撰写的《新常态下创新发展江苏省职业教育体

致公京口基层委员会组织“环保健步行 留住一片绿”活动（张珀 摄）

系几点建议》荣获2016年度全市人大系统调研成果评比一等奖。副主委陈六才（陈云石）荣获中国农工党省委、市委“社会服务先进个人”称号，同时被中国硬笔书法网评选为“全国硬笔书坛优秀书法教师”。党员龚闻俊荣获“2017年度镇江市优质工程‘金山杯’”奖。（秦岩）

【致公党京口基层委员会】 中国致公党镇江市委京口委员会（以下简称致公党京口基层委员会）有党员63人，其中具有中高级职称32人，新发展党员3人。2017年，致公党京口区基层委员会被致公党省委评为2012—2017年度先进集体，张建涛、张德厚、季虹、殷云良、魏榴萍等5人被评为省级先进个人。由王佩和蒋剑执笔的《关于加强和完善政府运用PPP模式购买公共服务的建议》被致公党省委评为2016年度优秀调研报告。

“两会”期间，充分调动全体党员参政议政积极性，围绕地区中心工作及群众期盼和关心的民生工作，积极建言献策。提出“关于进一步加强对小区业委会换届指导工作的建议”“关于加强京口城中村和棚户区改造的建议”“关于留学回国人员创办企业融资环境存在的问题及对策建议”“关于打造文创旅游新高地，加快运河风情街区建设的建议”“关于对花山湾路拓宽改造的建议”“关于加大对小区公共道路设立广告牌整治力度的建议”等人大建议和政协提案16件。“关于留学回国人员创办企业融资环境存在的问题及建议”等4条信息被市委会采用，其中“关于扶持家庭服务业的发展的建议”被省委统战部《统战专报》《镇江信息》第177期决策参考采用。全年发表通讯报道6篇，《镇江信息》专刊1篇、市致公党网站5篇，发表《海绵城市建设难点及对策建议》《提升城市（京口区）规划建设管理水平的建议》《建设“互联网+”名城的建议》《关于支持我省科技型中小企业健康发展的建议》《关于推进我省众创社区建设的建议》《镇江市创新驱动经济发展方式转变的机制与路径研究》等调研报告6篇。

九三学社京口支社会员参观合肥葛庭燧纪念馆（孙凯 摄）

开展活动方面，主动深入结对的千秋桥社区和桃花坞社区，了解社区发展和服务需求，构建医疗、法律和慈善3支志愿小分队，拿出3000元作为慈善服务基金。国庆、中秋期间，与结对社区组织开展同心送温暖广场服务活动，各支部根据自身情况，积极开展社区结对活动。

打造品牌方面，致公党京口基层委员会整合致公党内法律资源优势，多名法律界党员定期驻点区信访局、区侨联，重点为归侨、侨眷、海归创新创业人才开展法律援助服务，通过“以点带面、多方联动”形式打造“两通道一中心”（矛盾解决通道、问题咨询通道、法律援助中心）服务平台，力求汇聚正能量，服务经济社会大发展。（秦岩）

【九三学社京口支社】 九三学社镇江市委京口支社（以下简称九三学社京口支社）有社员28人，其中具有中高级职称23人，新发展社员2人。九三学社京口支社的政协委员积极参加政协组织的参观、考察、视察等活动，认真了解江苏省、镇江市发展情况，切实反映社情民意。各位政协委员提出多项提案和社情民意，得到有关部门肯定，社员颜斌提出的《推进长江与内河岸线规划的研究及实施》提案被评为优秀提案。组织全体社员赴丹阳，与丹阳委员会联合开展调研活动。通过走访大亚集团，调研民营制造业，形成题为《强化引导 政策扶持 促进民营科技企业发展》调研报告，参加社中央招标课题。

开展活动方面，积极选派年轻律师赴句容袁相村参加精准扶贫暨“送温暖”活动。与社市委医卫专委会一同走进丹阳市第二人民医院，开展急救知识培训。开展“九三学社传统教育基地行”系列活动。积极组织社员参加社市委组织的新社员培训班、骨干社员培训班，加强社员政治理论学习，不断提高政治把握能力，强化基层组织思想建设等。有2人获得表彰，镇江高等职业技术学校老师于海东专注教学被评为“江苏省优秀教育工作者”，朱虹获“九三学社江苏省第七届委员会组织建设模范”称号。（秦岩）

人民团体

责任编校：李　奕

总工会

【**概况**】　京口区总工会先后开展京口状元评选活动、工资协商工作、扶贫帮困工作、职工文体活动、强基固本等活动，加强职工和谐关系，维护职工权益。（周文娟）

【**京口状元评选活动**】　依托“京口状元”评选，围绕重点企业、重点行业、重点工程建设三个层面，深入开展富有特色劳动竞赛活动。全区90%工会组织和职工参与劳动竞赛、卫生应急、银行业务、物流运输节油、美容美发、烘焙制作、起重机六大行业职业技能竞赛活动。（周文娟）

【**工资协商工作**】　签订“劳动安全卫生专项协议书”，签订协议120份，在京口工业园区及象山街道办事处建立劳动保护监督检查员片区服务站。完成全区125家25人以上独立建会企业单独签订任务，惠及职工1.2万人，签订区域合同71家，覆盖企业1600余家。（周文娟）

【**扶贫帮困工作**】实施“助梦驿站”微心愿精准帮扶行动。围绕苏宁广场、中储粮项目工地等区重点项目与市工会联合开展农民工专题微心愿活动，围绕“城市美容师”——环卫工人开展微心愿圆梦活动，围绕“金秋助学圆梦行动”，开展困难职工子女微心愿活动等。全年征集微心愿124个，微心愿物品全部由基层单位工会及爱心人士认领，捐献物资十几万元，产生良好社会效果。常态化开展“帮扶解困送温暖，凝心聚力促发展”为主题困难职工“大病救助”活动，救助困难职工68名，救助资金87100元。区总工会采取自愿购买与赠送相结合形式，为全区部分职工办理大病、女职工、工会干部综合保障等种类职工互助保险1.5万余份，撑起关爱职工保护伞。巩固“春送岗位、夏送清凉、金秋助学、冬送温暖”传统帮扶项目。开展端午节为困难职工送温暖、为困难职工送健康、为一线职工送清凉等活动，帮扶1229人次，发放慰问物品及慰问金计23.73万元。（周文娟）

2017年5月，开展“京口状元”评选活动（周文娟 摄）

【**职工文体活动**】　成立职工乒乓球、羽毛球、篮球俱乐部，采取购买服务形式为职工会员提供活动场地及训练指导。有2200多名职工成为俱乐部会员，入会会员除免费享受活动场地和训练指导外，每人还免费提供训练服。区总工会投入专项资金近30万元用于职工普惠制文体活动开展。（周文娟）

【**强基固本活动**】　出台《京口区总工会改革方案》。方案从完善组织体制及运行机制、改进工作方式方法、强化维权服务职能、加强工会干部队伍建设、提高综合保障水

2017年4月，举行"助梦驿站"困难职工微心愿圆梦发放仪式（金梦雪 摄）

平、加强党对工会领导六个方面部署。调整工会组织隶属关系，突出街道园区作用。理顺全区基层工会组织隶属关系，调整后，有67个直管工会隶属于区总工会，拉长行业产业工会手臂，把民办教育、民办医疗、房地产开发、建筑家装、物业管理、房地产服务企业等纳入行业产业工会管理。激发基层活力上有突破。评选出星级工会主席31名，优秀工会干部30名，以奖代补向61名工会干部发放补贴。采取多种形式加大工会干部培训，5月，组织60余名工会干部在职工服务中心开展培训。6月，组织36名工会干部赴徐州市总工会开展基层工会干部培训。10月，联合润州区总工会组织各街道、园区、行业产业工会主席到厦门大学进行能力提升研修班学习。（周文娟）

共青团

【概况】 团区委积极推进改革，服务创新创业和青少年成长成才，助力生态文明建设，关爱特殊青少年群体，打造情系京口交友品牌，先后获得省"青年之声"创新创优案例二等奖，镇江市共青团创新创优成果一等奖、三等奖，区级机关目标绩效考核优胜单位和区宣传思想文化工作创新奖。协助益家乐社会服务中心创成2017年度省级青少年综合服务平台，并获得省级补助资金1万元。被评为省预防青少年违法犯罪工作先进集体。（陈文）

【共青团改革和换届选举】 完成京口团区委改革方案，建立团区委领导班子"专挂兼"体系，机关工作人员"1＋3"（专职＋挂职兼职志愿者）结构，在下属事业单位团校挂牌成立京口区青少年发展服务中心。街道（园区）普遍建立由9～21名委员组成的街道（园区）区域化大团委，充实村（社区）团工作力量。该方案被收入《京口区群团工作改革实施方案》下发。11月10日下午，召开共青团镇江市京口区第十一次代表大会及第十一届委员会一次会议，选举出共青团镇江市京口区第十一届委员会委员23名、候补委员10名以及第十一届委员会常委9名、书记1名、副书记1名，李德升任团区委书记、王雪任团区委副书记。（陈文）

【服务创新创业】 完善青年双创服务体系，与江苏大学创新创业学院办公室签订《大学生创新创业全面合作协议》，新创建青年创业基地1家，开展创业培训2场以及创业宣传活动2场。推荐创业青年参加各类创业大赛，1人获得省创新创业大赛二等奖。在企业中大力开展"青"字号特色创建活动，提升青年技能，深化为企业服务。为企业创成省级青年文明号1个，市级青年文明号3个，"青年安全生产示范岗"2个。（陈文）

【助力生态文明建设】 深化"青春助力生态京口"工作品牌，促进生态文明宣传教育。成立京口区青年生态文明宣讲团和生态环保公益联盟，常态化开展"青春助力生态京口"系列活动。开展各类生态环保活动计10场，百余人参加，多家媒体平台报道转载，促进生态环保理念深入人心。（陈文）

【服务青少年成长成才】 重点打造"890"青年课堂。面向全区"80后""90后""00后"青年党团员和干部，结合全区重点工作和青年成长需求，自定主题，每月一课，满足青年成长需求，提高综合能力。（陈文）

【关爱特殊青少年群体】 稳步推进"成长护航工程"。面向"五类重点青少年群体"（闲散青少年群体、有不良行为或严重不良行为青少年群体、流浪乞讨青少年群体、服刑在教人员未成年子女群体、农村留守儿童群体）开展管护、牵手、回归、阳光、关爱"五色花行动"9次，合力打造组织、政策、经费、信息、阵地"五大保障体系"，关爱帮扶30余名"重点群体"青少年，为30余名家庭困难中小学生发放希望工程助学金6000多元。（陈文）

【打造"情系京口"交友品牌】 以凝聚引导服务青年为宗旨，积极打造交友平台，拉近青年之间距离。与江苏省电力建设第三工程公司、京口区婚庆产业园共同组织青年交友活动3场，累计服务青年百余人，正确引导青年树立正确的婚恋观、家庭观，为青年恋爱交友搭建良好平台。（陈文）

妇 联

【概况】 京口区妇女联合会在区委、区政府领导和市妇联精心指导

2017年3月，“共建城市山林，共享生态文明——巾帼植绿领绿护绿”活动（崔世林 摄）

下，稳扎稳打，扎实推动妇联改革；多措并举，推进家庭文明建设；宣传引导，促进妇女创业就业；夯实基础，维护妇女合法权益；汇集资源，办好妇女儿童民生实事；突出特色，打造妇女工作品牌，推动妇女事业取得新发展，妇联工作开启新征程。授予张凤霞全国巾帼建功标兵、戎霞省级巾帼建功标兵、景阳山社区等6家单位省级巾帼文明岗、镇江常青园林景观工程有限公司省级巾帼现代农业科技示范基地。（杨莹）

【庆“三八”系列活动】 3月3日，区妇联举办纪念“三八”国际劳动妇女节107周年系列活动启动仪式暨“奔跑吧，姐妹”——寻宝健步行活动在京口宝鼎广场举行，全区女干部、女职工、女企业家、三八红旗手、巾帼文明岗职工等100余名女性代表参加活动。通过促进妇女就业庆祝“三八”国际劳动妇女节。3月7日，区妇联联合区人社局举办“三八架金桥，春风送岗位”就业援助专场招聘会，为无业妇女、就业困难妇女提供服务员、家政员、操作工、保洁员等就业岗位500余个，有效助推妇女就业。（杨莹）

【开展系列法治专题讲座】 3月10日，区妇联在四牌楼街道江一社区邀请区人民法院未成年人及家事案件审判庭杨毅庭长为该社区100名群众举办婚姻家庭案例分析专题讲座。杨毅庭长通过以案说法形式的讲座，增强了法律宣传的效果和影响，使社区群众受到了实实在在的法治教育。8月24日，区妇联联合京口区人民检察院在健康路街道桃花坞社区开展主题为“青春与法治同行”的法治宣传教育讲座。

（杨莹）

【市、区妇联“惠民”“暖企”大走访】 4月13日，区妇联党员干部分别到景阳山社区和京口路社区结对的精准扶贫对象家中，开展“惠民”大走访活动。走访中，党员了解困难群众的生活情况，并送去大米、食用油等慰问品，使受慰问家庭居民增强了生活信心，感受到党和政府的温暖。6月5日，市妇联赴谏壁街道雩山村开展“大走访大服务”活动。现场考察百励电子有限公司，参观最美乡村——雩山村，走访并慰问困难妇女许芬女家庭，与街道、村（社区）妇女工作代表、女大学生村官座谈。区妇联主席孙沛晖一起走访。8月25日，市妇联副主席孙萍带队走访京口区困难儿童家庭，了解他们家庭生活和孩子学习情况，聆听她们的困难和需求，在开学之际为她们送上书包文具图书等学习用品，鼓励他们不怕困难、努力争优。区妇联主席孙沛晖、爱心“社会妈妈”和社会爱心少年一起参与走访。（杨莹）

【精神文明建设系列活动】 3月17日，区妇联与象山街道在景阳山庄开展“共建城市山林，共享生态文明——巾帼植绿领绿护绿”活动，100余名参加者经过共同奋战，种植500余棵树苗。5月13日，区妇联在京口艺术文化中心举办家庭教育公益巡讲暨女性周末讲坛，邀请贵人汇首席教育官、国家二级心理咨询师王占伟为200余名家长授课，促进受教育者的心理健康。5月，区妇联与机关工委共同向全区市民和家庭发出“争做文明市民、争创文明家庭”倡议，签订承诺书，在社区和学校中广泛开展“文明礼仪好爸爸、好妈妈、好孩子、好社会妈妈申评展示”活动，引导社会各界提升文明程度。5月6日，由区妇联主办的第四届镇江市“广玉兰杯”乒乓球混合团体赛，在镇江市八叉巷小学四楼乒乓馆举行，有24队和160名运动员参加。通过一天精彩的角逐，共决出第一名1队、第二名1队、第三名1队。区妇联代表队取得第一名的好成绩。10月11日，从南京召开的2017年江苏省“最美家庭”揭晓会上传来喜讯，由区妇联选送的郭健家庭获评“江苏省最美家庭”，杨凌家庭的家训家规获评“江苏省最美家规家训”。

（杨莹）

【庆“六一”系列活动】 5月26日，区妇儿工委、区妇联承办的“我爱我家 同悦书香”镇江市庆祝“六一”国际儿童节活动在镇江市实验小学举行，市妇联主席胡云霞、市文广新局局长周文娟、市红十字会常务副会长史寿胜、市委组织部企业工委副书记郭鑫、京口区副区长、区妇儿工委主任林黎明、市妇联副主席孙萍、市政府妇儿工委办公室主任罗航宇、中国狮子联会江苏管委会创区理事、重大灾害援助委员会主席吴文彬以及京口区教育局、镇江市实验小学、镇江市广播电视台、中国狮子联会金山慈明服务队、书香未来服务队和各辖市区妇联、镇江新区妇工委、市级机关妇工委的有关领导同志和学生家长代表参加活动，市委组织部、市妇联、市文广新局、市红十字会、中国狮子联会金山慈明服务队、书香未来服务队等单位。6月1日，区妇联在镇江市学府路小学开展“润泽书香，让阅读伴我成长”诵读比赛，200名同学参加活动，活动使参加的师生受到生动的传统文化的教育。（杨莹）

【妇女儿童办实事系列活动】3月，区妇联联合区人社局、相关街道社区开展多种形式的创业培训10余场，组织有创业意愿的50余名妇女实地参观学习“99洗”洗衣工厂及其运营模式，使创业妇女学习创业经验和技能。7月，充分发挥妇儿工委办公室协调作用，制定妇儿工委为妇女儿童办8件实事，增加了具有京口特色的家庭教育科学实践项目、妇女维权民生优化项目和妇女生态文明提升项目，细化责任单位和主要目标。7月21日下午，京口区妇联开展暑期“爱的味道”亲子烘焙活动，让家长和孩子一起动手和努力，亲手完成精美的烘焙作品。通过现场手把手教学，让孩子在制作的过程中充分调动感官和手指的协调，感受劳动的乐趣，并在互动交流中传承家的温暖。7月26日，区妇联联合女性社会组织木兰会开展“为百名环卫女工送清凉”活动。活动现场，为环卫女工代表送去防暑物资，感谢她们的辛勤劳动，叮嘱她们做好防暑降温措施。从8月开始，区妇联组织婚姻家庭纠纷排查化解专项行动，调解婚姻家庭纠纷16件，调解成功率100%，有效化解大量矛盾纠纷，为中共十九大的胜利召开营造良好的社会环境。9月7—9日，区妇联实施“爱心储蓄罐，传承好家风”公益项目，号召每个爱心家庭每天节约1元钱，为困境儿童送温暖，累计募捐18288元。9月21日，区妇联主办，区文明办、区总工会协办的京口区女性讲坛——“魅力演说”分享交流会在京口区文化艺术中心举行，辖区女性创业促进会的二十余位女企业家参加了此次活动。9月22日上午，区妇儿工委办在京口路社区开展妇儿公益社工项目培训。南京邮电大学崔效辉教授为辖区社会组织负责人、妇女儿童工作者讲解当前江苏省社工项目的情况和要求，着重分析项目立项、申报、实施和评估的内容及注意事项，并对京口区省级项目进行专业化的指导。9月27日，区妇联主办的“京口八坤”“大手牵小手，共绘新蓝图”笔会活动在京口文化艺术中心举办。女书画家代表与小学生共同挥毫泼墨，用这种中华传统艺术形式抒发迎接中共十九大的喜悦之情。11月24日，区妇联联合京口公安分局等单位在四牌楼街道江一社区开展“‘零’家暴从我做起”主题宣传活动。现场还设立“白丝带在行动”展牌宣传区，图文并茂介绍全区“白丝带”行动具体情况。（杨莹）

【群团改革和发展规划】3月，区妇联通过广泛发动，精心组织，在各街道（园区）党工委支持下，在一个月时间内完成全区66个村（社区）妇联改建及换届工作，切实加强全区妇联基层组织建设，增强基层妇女工作队伍建设。10月30日，区委深化改革领导小组会议审议通过群团改革实施方案。方案在深入基层广泛调研和征求意见基础上，逐项对标总书记提出的“35条重大改革举措”，牢牢抓住强“三性”（政治性、先进性、群众性）、去“四化”（机关化、行政化、贵族化、娱乐化）的核心目标，突出组织设置、队伍建设、管理模式、工作方式、综合保障等重点内容，力求使方案体现上级要求、京口特色和妇女需求。12月6—8日，区妇联在扬州大学举办京口区妇联系统干部业务能力提升培训班。该培训是继全区基层妇女组织会改联后的首次培训，采用了业务学习和实地调研相结合的方式，对于提升基层妇女组织精英力量，健全基层妇女组织网络，促进妇联改革有着积极意义。9月22日，区政府办印发妇女儿童发展规划（2016—2020年），新规划从全区“十三五”时期的新任务出发，从适应经济发展新常态出发，对接全国纲要和省市“十三五”规划，体现率先发展、领先发展要求，彰显京口特色。（杨莹）

【接待台湾省新北市议员到访】11月6日，台湾新北市淡水区交流参访团到京口区考察交流妇女工作，新北市议员蔡叶伟率领20余名成员参观区女性社会组织木兰会活动场所，观看木兰会成员旗袍秀、诗歌朗诵，并就两岸妇女工作进行愉快交流。（杨莹）

科协

【概况】区科协贯彻省、市科协工作要求，围绕区委、区政府中心工作，不断丰富、深化、拓展“四服务一加强”内涵，成功举办京口区第29届科普宣传周活动。组织2017年京口区全国科普日“创新驱动发展，科学破除愚昧”暨京口区“科普进基层——健康连着你我他，

2017年9月28日，科普讲座进社区（吴惠平 摄）

科普惠及千万家”主题活动月。实施“基层科普行动计划”，江科大社区荣获“江苏省科普示范社区”称号，东桃社区等2个社区荣获“市科普示范社区”称号。区科协被中国科协评为“2017年全国科普日活动优秀组织单位”。（吴惠平）

【开展科普宣传周活动】 全面贯彻《全民科学素质行动计划纲要（2016—2020年）》，把握科学素质工作新特点、新要求。成功举办京口区第29届科普宣传周活动，组织2017年京口区全国科普日“科普进基层”活动，吸引城乡居民广泛参与，不断提升全民科学素质。（吴惠平）

【开展科普示范周活动】 组织开展科普宣传周系列活动。5月20日上午，在古城公园广场举办京口区第29届科普宣传周“科普进社区，文明进万家”主题活动，把生态文明理念、文明城市创建要求，结合“大走访”活动带进千家万户。科普宣传周活动主要有6大板块：举办大型广场科普服务咨询活动。5月20日上午，在古城公园广场举行京口区第29届科普宣传周暨大市口街道“科普进社区，文明进万家”活动启动仪式。活动形式采用科普咨询服务办法；活动内容和现场效果充分体现科普性、群众性、互动性、实效性。活动现场还开展“生态文明”“文明城市”等内容有奖竞答，镇江文博数据科技有限公司现场演示3D打印等活动。“科普周高端科普报告会”进社区活动。区科协特邀江苏省首席科技传播专家赵永富走进四牌楼街道江一社区、健康路街道健康社区作“辐照食品与食品安全”科普报告，受到广大居民好评。科普讲座进社区（村）活动。发挥区科普讲师团作用，利用一个月时间，深入社区（村）实施“点单式”科普讲座。科普志愿者进社区（村）活动。各街道组织科普志愿者进社区（村）开展内容丰富、形式多样、吸引居民参与的科普活动。科普影视宣传月活动。科普周期间，区科协组织科普影视光盘，各社区组织居民观看，加大科普宣传力度。书香京口建设。按照社区综合文化服务中心建设要求，区科协组织一批科普图书赠送给相关社区。（吴惠平）

【开展全国科普日活动】 9月16日至10月31日，开展“创新驱动发展，科学破除愚昧”暨京口区“科普进基层——健康连着你我他，科普惠及千万家”主题活动。继续推进“三网三共”社区科普工作品牌，在此基础上，重点开展“三网三共”+“三进”活动，即在构建网格网络网民科普体系、推进共建共享共赢科普目标的基础上，着力开展科普讲座进社区，科普宣传进网格，科普知识进居民活动。“科普进社区”活动。发挥区科普讲师团作用，在全区开展以“健康连着你我他，科普惠及千万家”为主题科普讲座。向参加人员每人赠送一册《公民科学素质》知识简易读本。科普讲座后，接着开展《公民科学素质》有奖答题活动。向每个社区赠送一册《公民科学素质读本》。发动社区居民参加江苏省首届公民科学素养大赛网上答题。制作“健康连着你我他，科普惠及千万家”科普展板到社区巡回布展。“科技进校园”活动。向全区中小学每个班级赠送一册《公民科学素质读本》。和镇江文博数据科技有限公司合作，开展3D打印进校园活动，让学生参与到科技活动中来。发动中小学生参加江苏省首届公民科学素养大赛网上答题。“科普进机关”活动。向机关每个部门赠送一册《公民科学素质读本》。发动机关干部参加江苏省首届公民科学素养大赛网上答题。科普影视宣传月活动。科普日期间，区科协组织科普影视光盘，各社区做好播放工作，加大科普宣传力度。（吴惠平）

侨　联

【概况】 区侨联紧紧围绕中心、服务大局，切实维护侨胞权益，真诚服务侨胞，积极引资引智，通过联络联谊成立澳大利亚归侨侨眷联合会和区归国华侨侨眷法律服务中心，发挥全区广大归侨侨眷和海外侨胞独特优势，为全区经济社会和谐发展做出应有贡献。（孙王磊）

【拓展为侨服务】 以“聚侨心，促和谐”为主线，以实施“活动聚侨”“依法护侨”“爱心助侨”三大工程为抓手，上下联动，合力推进，全力做好为侨服务工作。重视新侨服务，新侨民多是“创二代”、“富二代”、党外知识分子，思想多元、观点多样，为了更好地发挥其才能，区侨联把握规律、加强引导，承办市留澳海归创业沙龙，为新侨体现价值提供平台载体。（孙王磊）

【积极引资引智】 区侨联充分发挥归侨侨眷、海外华人华侨、港澳同胞和新移民等各界人士招商引资资源优势，积极招引人才和项目，扩大京口影响。促成上海星源文化

2017年3月，归侨侨眷法律服务中心启动仪式（秦岩 摄）

投资集团有限公司总裁唐伟国一行到京口开展项目考察，受到市区两级领导张叶飞市长、胡宗元副市长、京口区委殷敏书记热情接待，并就投资事宜深入洽谈；为招商选资挖掘区域优势，引进项目，打造京口商业副中心，侨联发挥自身优势帮助象山街道积极招商选资，挑选有实力国内知名企业参加京口建设，争取繁荣京口东部经济，着力打造镇江市经济副中心。为第一楼街推荐一批新项目，如施尔美医疗美容医院，志峰科技创业团队，美鲜加镇江旗舰店等优秀项目。（孙王磊）

【加强联络联谊】 区侨联创新工作思路，开展“续中华亲情，共圆中国梦”主题实践活动，拓展海内外联络联谊，工作影响力得到有效提升。2017年全区有侨港澳眷属和新移民及出国留学生亲属300多名。区侨联在侨情资源丰富的社区建立侨界群众活动场所，主动加强与京口籍海外侨领和侨社团联系，筹备并建立多个海外国家留学生联谊会。根据京口实际，坚持结合传统节日或重大节庆活动，组织侨界群众开展各类喜闻乐见的活动。（孙王磊）

【成立澳大利亚归侨侨眷联合会】 为在镇澳大利亚留学生、华侨群体包括侨眷提供创新创业机会和环境，区侨联充分发挥在经济社会文化等交往过程中桥梁和纽带作用，成立镇江市（京口）澳大利亚归侨侨眷联合会。联合会致力于为留学生和华侨群体提供更好创业就业机会，提供帮扶政策、创业指导等服务，为广大留学生和华侨、侨眷解除后顾之忧。借助留学生联谊会平台，帮助留学生扩大朋友圈，使他们更快适应环境，能够发现、积极举荐人才，为镇江招才引智服务。

（孙王磊）

【成立区归国华侨侨眷法律服务中心】 区侨联联合京口区法院、江苏汇典律师事务所、江苏朱方律师事务所，成立“京口区归国华侨侨眷法律服务中心”。3月30日下午，“京口区归国华侨侨眷法律服务中心”成立并举行启动仪式，成为全市首家区级涉侨法律维权服务机构。京口区委常委、组织部部长、统战部部长翟德智，市侨联副主席王永新出席启动仪式并讲话。会上向3名特聘顾问、特聘律师颁发聘书，特聘律师、华侨代表分别作交流发言。中心成立完善京口区涉侨法律维权服务机制，充分发挥律师专业优势开展涉侨法律维权工作，依法维护海外侨胞和归侨侨眷的合法权益。（孙王磊）

2017年3月，举办企业家法律沙龙（徐振平 摄）

工商联

【概况】 区工商联以服务“两个健康”（两个健康是指非公有制经济健康发展和非公有制经济人士健康发展）为抓手，积极开展非公有制经济人士理想信念教育活动，充分发挥桥梁纽带和参谋助手作用，确保各项工作顺利推进，连续两年被评为全国“五好”县级工商联。

（徐振平）

【积极参政议政】 “两会”期间，工商联界别政协委员和人大代表，认真履行参政议政、民主监督职能，积极撰写议案提案，向党和政府建言献策，共提出工商业人士涉及的经济类、民生类提案41件，议案20条。（徐振平）

【组织会员参加市联各类活动】 组织5名会员参加“2017镇江印度文化周中印商务论坛”活动；组织5名会员参加上海交通大学市工商联新任执委培训班；组织3名会员参加市工商联联合税务部门开展的建筑业税务知识专题辅导；组织12名会员分别收看全国、省年轻一代民营企业家理想信念报告会；组织3名会员参加“2017华侨华人创新创业镇江洽谈会”。（徐振平）

【积极投身社会公益事业】 引导非公有制企业经济人士常怀感恩心和责任心，积极承担社会责任，关爱社会、回馈社会。协办“慰藉孤老助医”项目启动仪式，并组织爱心企业家现场捐赠2万余元。副主席徐正出资8000元春节慰问孤寡老人，出资2.5万元帮助谏壁地区15名学生完成学业；副主席鄂秀萍连续三年每年出资1万元，开展与城市美容师共迎新春佳节活动，被评为2017年第一季度“最美京口人”；元致亨食品有限公司建立献爱心志愿者服务队，定期为社会服务，并出资2万元成立馨香爱心基金，用于资助陷入困境特殊人群，在“爱心企业关爱女性城市美容师活动”中为40名环卫女工送上价值1.2万元早餐卡；象山街道商会开展“金秋助学”活动，出资1万元资助江苏大学食品与生物工程学院贫困学生。

（徐振平）

【开展“亲”“清”廉政警示教育活动】 为积极弘扬“亲”“清”正气，努力构建新型政商关系，3月14日，京口区工商联组织部分企业家在京

2017 年 3 月 14 日，开展“亲”“清”廉政警示教育活动（徐振平 摄）

口区人民检察院预防职务犯罪警示教育基地接受教育。

活动中，企业家们参观京口检察院警示教育基地，观看警示教育片，并对办案点实地参观。大量翔实图片、视频资料和身边典型案例教育引导企业家牢记法律红线不能触碰，法律底线不能逾越，倡导“遵纪守法办企业、光明正大搞经营”风尚。（徐振平）

【走访调研民营企业】 为认真贯彻落实省委统战部、省工商联开展“万企大走访大调研”会议精神，4 月 5 日上午，市工商联副主席吴银权，区政协副主席、工商联主席朱裕根率市区两级工商联走访调研辖区民营企业。

两级工商联先后走访明泰科技、周艺教育、蓝舶科技、绪普科技、正恺电子、鼎胜新材等民营企业，向企业家了解发展中遇到的困难和问题，了解他们所思所想所盼，倾听他们意愿诉求，引导企业进一步提振信心，加快转型升级、创新发展，鼓励企业克服目前发展中遇到的困难。（徐振平）

【举办红酒品鉴及礼仪培训主题沙龙】 4 月 12 日下午，区工商联举办红酒品鉴及礼仪培训主题沙龙，邀请高级品酒师王伟平作为主讲嘉宾，对葡萄酒的品鉴方法、养生功效和交际礼仪细致讲解。活动既增强工商联组织的凝聚力，又提升企业家文化素养。（徐振平）

【举办企业法律风险防控主题沙龙】 为更好地服务企业，为企业发展提供法律服务和保障，促进企业健康发展，3 月 15 日下午，区工商联举办企业法律风险防控主题沙龙。活动邀请江苏律威律师事务所主任袁俊律师、京口区劳动人事争议仲裁院葛飞院长作为分享嘉宾，采用理论与案例相结合，通过他们自身多年的办案经验，就企业可能遇到的法律风险及防范措施进行详细讲解。区政协副主席、工商联主席朱裕根及 30 余位民营企业家参加活动。（徐振平）

【赴新疆生产建设兵团第四师参观考察】 为积极拓宽京口区非公有制企业家发展思路，增进对外交流，推进全区非公有制经济人士理想信念教育实践活动深入开展，应新疆建设兵团第四师工商联及霍尔果斯经济开发区兵团分区管委会邀请，6 月 17—21 日，区政协副主席、工商联主席朱裕根率企业家考察团赴新疆建设兵团第四师开展参观考察交流活动。

区工商联企业家考察团先后参观考察七十五团、伊力特实业有限公司、七十二团、国家级霍尔果斯经济开发区兵团分区，并分别看望慰问京口区在七十四团、七十五团的援疆干部和 2014 年以来四师到京口区挂职的 3 位领导干部。（徐振平）

【召开六届二次执委会】 11 月 21 日，区工商联六届二次执委会议召开。区政协副主席、工商联主席朱裕根出席并作工作报告。

会议听取并审议年度工作报告，部署 2018 年工商联工作。审议通过有关人事事项，传达学习中共十九大精神、中发〔2017〕25 号文件精神。（徐振平）

群众团体

责任编校：李 奕

区文联

【概况】 区文联发挥“联络、协调、服务、指导”职责，立足新的形势，做强文化品牌，助推“京口八坤”、康盛剧社发展，开展丰富多彩文化活动，繁荣群众文艺。 （梅永生）

【品牌培植】 着力抓好康盛剧社品牌培植工作。小越剧《心愿》申报国家级艺术基金，新编扬剧《白蛇传》申报国家级和省级艺术基金，新编大型扬剧《新村官的蓝图》加快推进。新版（金派）扬剧《白蛇传》入选国家民间艺术资源“进村入户”（省级）共享工程，收藏在南京图书馆。康盛剧社周洁作为全省唯一票友代表赴北京参加全国戏曲大会。康盛剧社推出优秀传统扬剧折子戏《王瞎子算命》（戴维权等）、《石灰记》（金桂芬等），受到票友欢迎。经过多方沟通协调，镇江画报2017第2期用3个页面介绍京口八坤阚爱萍、丁悦、王宏彦、唐峰、王照萍的艺术概况和成果。举办京口八坤“小手拉大手，喜迎十九大”联谊笔会，桃花坞小学8位同学参加活动。全力支持康盛剧社于8月开展的“社区小舞台，月月有好戏”活动，丰富广大居民文化生活。9月，康盛剧社举办“戏”迎国庆中秋暨欢迎梅兰芳艺术团联谊演出。

（梅永生）

2017年2月，京口区文化科技卫生“三下乡” 群众在家门口得实惠（崔世林 摄）

【亮点打造】 区文艺志愿者协会主席蒋周健在江苏省未成年犯罪管教所成立“蒋周健名家工作室”，这是江苏省首家监区艺术工作室，《镇江日报》《京江晚报》予以重点报道。区文艺志愿者协会召开区文艺志愿者工作会议，表彰朱子春等10名先进个人，调动广大文艺志愿者工作积极性。区文艺志愿者协会在江滨新村文体活动中心组织“幸福重阳迎盛会，同心共画中国梦”文艺演出，喜迎中共十九大胜利召开。以“中国好人”杨凌为原型，组织拍摄微电影《洁白的风铃草》，在市文广集团新闻频道播出，金山网、京口发布等媒体全力推介。图书《高志以行：当8800万党员站出来》、戏剧《课本里的长征故事》申报江苏省“五个一工程奖”。由京口区作家协会组织编写的《京口文化丛书》首批两册《京口群贤》《京口烽烟》，由江苏大学出版社出版并和读者见面，成为宣传和展示京口文化的又一靓丽名片。该丛书6册，是京口区“十三五”规划确定的重点文化建设项目，其余4册将在2018年年底前出版和读者见面。解放路小学原创民乐合奏《天山牧歌》、区少年宫创作的少儿男子群舞《我和我的机器人》入选第三届江苏省文华奖终评名单。这是京口首次有节目入选。 （梅永生）

【精品创作】 由京口区创作编排的小品《窗帘》在扬中新坝影剧院首演赢得满堂彩，该小品根据真人真事创作，艺术再现全国模范司法所所长、象山街道司法所所长展翠琴——社区服刑人员“引路人”形象。10月，《窗帘》在全市“最美司法行政人”法治文艺调演中荣

2017 年 10 月，喜迎中共十九大文艺会演（崔世林 摄）

获一等奖。中国作家协会会员、京口区作家协会副主席王娟瑢的作品《展翅飞翔的金凤凰——再访张中董事长和中储粮油脂镇江基地》首次在国家级刊物《中国报告文学》刊发。组织参加“爱与美的礼赞”首届镇江灯火诗颂晚会，周园、刘汝斌朗诵反映“中国好人”杨凌事迹的“鲜红的爱心”，受到观众好评。京口区书画家协会董金祥在新加坡举办个人画展，新加坡《联合早报》《联合晚报》《南洋商报》以及马来西亚《星洲日报》等媒体跟踪报道。由京口区作家协会钱俊梅撰写的报告文学《跪向土地》（原名《清凌凌的河上》），由凤凰出版传媒集团出版，该书是镇江市重点文学创作扶持项目。（梅永生）

【活动开展】 举办系列创作演出活动，先后举办“生态京口，职工随手拍”摄影大赛、“京口墨趣”中老年艺术爱好者书画展、区音舞家协会暨星月艺术俱乐部汇报演出等丰富多彩的活动。联合江苏北固产业投资有限公司主办“风雨十五年”摄影大赛，孙江红作品《桓王亭》获一等奖，另有 10 多幅作品分获二三等奖以及优秀奖，获奖作品在区政府一楼大厅展出。组织数名书法家赴谏壁街道开展“三下乡”活动，为居民义务写春联 200 多幅。与市影视家协会联合举办“画意诗情中国梦”诗词朗诵主题活动，受到江一社区广大居民欢迎和好评。桃花坞社区举办喜迎中共十九大书画展，用书画形式表达听党话、跟党走、对党忠诚、迎接中共十九大召开喜悦心情。在桃花坞社区书画社社长黄风鹤 80 岁生日当天举办“黄风鹤 80 岁个人书画展”，现场展出黄老书画作品 80 幅。古城社区书画社举办以“风清气正迎十九大，浓墨重彩绘廉洁”为主题的书画展。部编语文教材出现“京口元素”，江科大附小学生赵禹涵的书法作品《画》（唐朝诗人王维的作品）被一年级语文教材习字册选登。市实验小学“童声飞扬”合唱团、解放路小学“七色光”合唱团、中山路小学“雏声”合唱团、红旗小学“旗星”合唱团与维也纳童声合唱团，在西津音乐厅联袂精彩演出。（梅永生）

【典型选树】 区文艺志愿者协会主席蒋周健当选为“江苏好人”。区文联等有关部门联合表彰 2016 年度京口区“十佳文艺团队”和“十佳文艺骨干”。区文明办、区文体局、区文联、区文艺志愿者协会联合发文，授予孙静芳等 31 人 2016 年度“最美京口文艺志愿者”称号。以“退而不休，笔耕不辍——王娟瑢小说集《笑对人生》出版”为题，分别在《京江晚报》9 版头条、《镇江日报》6 版头条位置报道王娟瑢醉心文学创作事迹。胡红娣当选 2017 年一季度最美京口人，其事迹在《镇江日报》刊登。胡红娣牵头负责的“闪光的音符—残疾人文艺支持成长公益项目”启动，受到各界好评。（梅永生）

区残联

【概况】 区残联坚持以中共十九大精神和习近平总书记系列重要讲话为指导，积极投身“两聚一高”创新实践，认真落实区委区政府民生重点工作和市残联下达的各项任务，在改善残疾人民生，促进残疾人增收，推动残疾人社会融合等方面取得新进展。配发各类辅助器具 69 件，免费康复训练 87 人，为符合条件 291 名精神残疾人免费发放药物，为 3 人免费安装假肢，为 11 人免费进行白内障复明手术。推荐 12 人上岗就业，积极推进象山街道残疾人之家和工业园区残疾人之家建设。（葛伊涵）

【建设区残疾人综合服务中心】 区残疾人综合服务中心建设工作被列为镇江市重点民生工程及京口区

2017 年 9 月，“京口八坤”与小学生笔会迎盛会（崔世林 摄）

委区政府为民办实事项目。经功能布局设计，市招标办公开招标，于2017年2月8日进场改造装修，历经70天施工，于4月30日整体竣工，5月19日全国助残日投入使用。依托新建成残疾人综合服务中心，规范设置综合服务大厅、小星星儿童康复中心、残疾人辅助器具中心等功能室，提供“一站式”窗口服务，为残疾人提供康复训练、康复理疗、就业服务、职业技能培训、法律援助等综合服务。（葛伊涵）

【完善建设街道残疾人之家】 根据省、市关于普及乡镇、街道“残疾人之家”建设，打通服务残疾人“最后一公里”，实现每个街道都有“残疾人之家”目标，区残联从实际出发，克服街道场所紧缺，资金短缺困难，因地制宜，借助社会力量与街道自身投入以及市、区残联以奖代补形式，加快建设街道残疾人之家。全区有6个街道残疾人之家正常运行，初步形成全区“30分钟日间照料圈”。推进象山街道残疾人之家和京口工业园区残疾人之家建设，象山街道残疾人之家和工业园区残疾人之家选定建设地点。（葛伊涵）

【残疾人精准康复工作】 组织开展“推进残疾预防，健康成就小康”系列主题活动，为62名0～6周岁残疾儿童、25名7～14周岁残疾儿童免费抢救性康复训练，为11例白内障患者免费手术、3人安装假肢。为符合条件291名精神残疾人免费发放药物。为28名残疾困难精神病患者提供住院救助。为贫困残疾人配发各类辅助器具69件。护苗行动为60名残疾儿童发放鸡蛋券。（葛伊涵）

【残疾人就业培训工作】 5月2日，区残联举办“就业帮扶，真情相助”专项招聘会，组织辖区5家企业参加招聘，参会企业为残疾朋友提供40多个岗位。招聘会上，有20多人现场与招聘企业初步达成就业意向，安排12人就业，新增残疾人实名制就业32人。举办心理辅导、工艺品加工、种植养殖业、“互联网+”培训班3期，培训残疾人65人次，新增残疾人实名制就业50人。（葛伊涵）

【残疾人文化生活丰富多彩】 以第27次全国助残日为契机，举办“仁爱家园，共享阳光”系列活动。组织专题广场活动，市、区领导为京口区残疾人综合服务中心、小星星儿童康复中心、镇江市辅助器具中心京口分中心揭牌。区残疾人艺术团还为全国助残日献上精心准备的节目，展示残疾人不折不挠、顽强拼搏精神风貌，残疾演员们精彩表演赢得观众尊敬和阵阵掌声。以“节日展风采”为主题举办一场残疾人作品展，在综合服务中心多功能厅对残疾人范三十子、薛学义、胡勇程等获奖摄影绘画作品展示，宣传残疾人风采，展现其自强自立精神。依托各街道残疾人之家先后举办以“精彩人生”为主题残疾人读书活动和陶笛教学、外出游玩、摄影和绘画等活动，丰富残疾人业余生活，鼓励他们积极参与社会活动，唤起他们对生活的热爱。（葛伊涵）

红十字会

【概况】 区红十字会继续坚持“人道、博爱、奉献”红十字精神，充分发挥红十字组织在政府人道工作方面助手作用，开展弱势群体人道救助工作，创建省市红十字示范学校，全面完成救护培训工作，建成京口“博爱家园”，全面完成养老照护培训任务，为构建和谐社会做出积极贡献。（赵伟）

【救助弱势群体人道工作】 开展“红十字博爱进万家”活动，向各级弱势群体发放5万余元物资。开展免费为残疾儿童健康体检。上门看望敬老院孤寡老人，走访挂钩康乐敬老院，看望并慰问孤寡老人。“六一”前夕，组织辖区内社区卫生服务中心为儿童福利院孤残儿童免费开展体格检查。（赵伟）

【创建省、市红十字示范学校】 确定江滨实小、八叉巷小学、红旗小学、桃花坞小学四所学校创建，并与校方就如何将红十字工作与学校德育、体育和科普知识教育有机结合起来，引导学生从小养成助人为乐奉献精神交流。桃花坞小学、红旗小学通过市红十字会创建校验收，江滨实验小学通过省级红十字示范校创建验收。（赵伟）

【完成救护培训工作】 先后在江滨实验小学、红旗小学、八叉巷小学、桃花坞小学、香江花城小学、中山路小学通过校园电视台、小剧场等载体，向学生普及紧急避险逃生知识救护常识，尤其是地震、火灾、触电、溺水等意外伤害事故自救与互救知识。分别对高专2015级化工

2017年9月3日，江滨新村广场集中招募志愿者（胡宏云 摄）

系、奇美化工、中粮集团、震东电光源、四牌楼街道、江南化工厂、联成化工、三中、道达尔等单位职工开展急救培训，完成初级救护员培训452人，普及性培训5375人。（赵伟）

【建成京口“博爱家园”】 区“博爱家园”地点位于四牌楼街道江一社区江滨新村卫生服务站旁。博爱家园整合社会资源，引进社会组织，运用专业社会工作方法和理念，建立常态化应急救护培训机制，将健康小屋融入博爱家园建设中，向群众普及红十字自救互救知识，为居民免费提供测身高、体重、血压、视力、血糖检测5种自助检测项目，引导居民健康生活方式。京口博爱家园组建“博爱家园”志愿服务队、“益家乐”志愿服务队、“江滨幸福汇”志愿服务队、京口养老照护志愿服务队、“社区家庭医生”志愿服务队等5支志愿服务队，其中“江滨幸福汇”志愿服务队成功申请到“防灾减灾”公益创投项目，志愿者中拥有省级红十字救护师资3人，中级职业医师3人，省级红十字养老照护师资1人，专业社工8人，为辖区居民举办6期普级救护培训，受到群众一致欢迎。（赵伟）

【完成养老照护培训任务】 在江一社区成立10人组成的养老照护志愿服务队，其中专业社工8人，省级红十字救护师1人，省级红十字养老照护师1人。志愿服务队把培训人群重点放在社区老年人及其子女、社区工作者、在校大学生中，自制适合老年人使用口袋手册，对老年人饮食、排泄、清洁、睡眠、用药、康乐等方面照护、老年人常见急症急救知识与技能集中授课培训，完成普及500人。这支养老照护志愿服务队每年将在“博爱家园”所在社区及周边社区为居家养老人员开展志愿服务不少于20次，每次至少2户，总计受益居家养老家庭达50户以上。（赵伟）

京口区见义勇为表彰会

见义勇为基金会

【概况】 京口区见义勇为基金总额1210.15万元，年末总资产1256.69万元，基金会收入50.05万元，支出40.71万元，其中，公益支出39万元，用于奖励和表彰见义勇为先进集体和个人，资助见义勇为牺牲人员及其家属、致伤致残和特困见义勇为人员，相关宣传活动。（汪轶超）

【表彰奖励活动】 按照《江苏省奖励和保护见义勇为人员条例》开展表彰奖励活动，召开表彰会5次，表彰见义勇为积极分子25人，奖励公安机关保安辅警57人。区基金会推荐1人获评第二届绿叶奖“江苏见义勇为环卫工”，4人受市基金会表彰，2人在“迎接十九大，忠诚保平安”主题活动中获专项奖励。（汪轶超）

【见义勇为宣传】 开展见义勇为宣传活动。3月，在区政府，街道办事处和社区服务中心举行见义勇为宣传图展活动。5月，组织见义勇为事迹宣讲团，在正东路街道、国电谏壁发电厂等单位举行见义勇为先进事迹巡回报告会。7月，建立京口区见义勇为基金会网站，网上公开表彰奖励信息，宣传见义勇为法规政策。11月，举办3场见义勇为专题文演宣传活动。（汪轶超）

【开展慰问补助】 进行走访慰问活动，落实权益保护工作，给牺牲见义勇为人员家属，致伤致残见义勇为人员和见义勇为人员中特困家庭发放慰问补助金。开展“春节送温暖”“夏季送清凉”系列走访慰问活动，全年走访慰问见义勇为人员112人，发放慰问金和补助金20.02万元。（汪轶超）

政法委及综治

【概况】京口区政法系统围绕区委、区政府决策部署，恪尽职守、依法履责，完成各项工作目标。首次获得“全国法治县（市、区）创建先进单位”荣誉称号，被市委、市政府评为“2013—2016年全市社会治安综合治理先进集体”，连续13年获得“江苏省平安县（市、区）”称号。（朱亚苏）

【社会大局保持稳定】 完成全国“两会”、中共十九大、国家公祭日等重大安保维稳任务。处置华夏幸福历史遗留问题、镇澄路拓宽项目失地农民入数据库、京岘家园不动产证办理等一批群体性事件，化解张润洲、芦秀英、唐福祥、陈亮等26件信访积案。落实社会稳定风险评估机制，实施重点建设项目稳评事项22个。审理执行涉军房屋租赁纠纷33件。开展反邪教斗争，全年没有发生影响国家政治安全的重大案事件和暴力恐怖事件。（朱亚苏）

【平安建设创新发展】 创新社会治理工作，健全社会治理体系。围绕“治安防控、矛盾调处、服务群众”三大重心，构建“网格—社区—街道”三级综合治理体制，形成“三纵三横”治理架构。加强区、街道、社区（村）三级综治中心规范化建设，建成区级政法综治视频会议和指挥调度中心。加强流动人口、出租房屋和特殊人群管理，刑满释放和社区服刑人员重新犯罪率保持全市较低水平。开展“双实管理”和“大巡防”工程，完善立体化现代化社会治安防控体系，刑事警情、治安警情接报数比上年分别下降14.7%、7.5%。开展“清风行动”，维护全区金融领域秩序稳定。（朱亚苏）

【法治建设深入推进】 开展“法治惠民社区（村）行”工程，组织实施区级法治惠民项目58件。落实行政执法人员持证上岗，提高执法水平，在全市行政执法案卷评比中，获得行政许可和行政处罚类一、二等奖。加强司法执法建设。区法院执行工作，繁简分流执行模式初显成效，在全市执行擂台公开赛上夺得第一名；区检察院在全省率先开展未成年人刑事案件集中管辖试点，成立全省首家未成年人刑事检察局，打造全省一流未检综合工作区；公安京口分局侵财犯罪公诉数等打击犯罪主业绩效保持全市较高水平。新增省级法治文化建设示范点1家、省级民主法治示范社区3家，省级创建率居全市前列。（朱亚苏）

法治政府建设

【概况】 京口区深入贯彻落实国务院《法治政府建设实施纲要（2015—2020年）》《江苏省关于贯彻落实〈法治政府建设实施纲要（2015—2020年）〉实施方案》和《镇江市贯彻落实〈法治政府建设实施纲要（2015—2020年）〉实施方案》等文件要求，全面推进京口区法治政府建设各项工作，提高规范行政权力运行、化解行政争议、保障依法决策，坚持为经济社会发展营造良好法治环境。（奚俊燕）

【加强规范性文件管理工作】 京口区自行制定的规范性文件较少，现行有效规范性文件仅1件，为《京口区安全生产监督管理实施细则》。根据《京口区规范性文件实施效果评估制度》规定，京口区按时对该规范性文件进行实施效果评估，评估结果为可以继续执行。同时，完成市政府文件征求意见工作，区法制办在收到征求意见稿后，通过政务内网送交相关区领导查阅，同时向文件涉及的部门征求意见，节省文件流转时间。全年完成市政府规范性文件征求意见稿14件。（奚俊燕）

【检查民办教育培训机构监管情况】重点检查群众投诉举报的、存在安全隐患的、超许可经营范围和非法办学的民办教育机构监管情况。要求各职能部门依据《中华人民共和国民办教育促进法》及其实施条例形成自查报告。区法制办于5月召开民办教育培训机构专项监督检查会议，查找当前在民办教育培训机构监管中存在的突出矛盾，研究分

析原因，找到解决问题的突破口，促使民办教育培训机构检查工作取得实效。（奚俊燕）

【开展行政执法工作人员法律培训】京口区从建立健全制度入手，建立行政执法人员培训考核与资格管理制度，对行政执法人员进行资格认证。3月，对行政执法人员开展培训考核。至2017年年底，200余名持证人员培训考核工作由原单位自行组织。新申领执法证人员必须参加法制办组织的统一考试，经考试合格方能申领执法证件。12月，区政府法制办印发《关于开展2018年行政执法证件注册工作的通知》。注册范围包括"江苏省行政执法证"和"江苏省行政执法监督证"。前期由各行政执法部门自行安排培训和考试，考试合格的执法人员在行政权力阳光运行系统上进行注册申报后由法制办统一加盖注册章。新增人员也由各单位在权力阳光运行系统上报送，经法制办审核通过后统一上报。（奚俊燕）

【开展行政执法案卷评查工作】9月，区法制办组织对全区行政执法部门行政执法案卷评查，要求各区级行政执法部门分别报送2017年度已结案1本行政处罚案卷和1本行政许可案卷。收到来自9家单位的12份行政执法案卷，其中行政许可案卷5份，行政处罚案卷7份。行政执法案卷做到事实认定清楚、证据确实充分、适用法律准确、程序合法、权利告知明确，对案卷评查中发现的问题，提出整改意见和建议。（奚俊燕）

【推进"两法衔接"工作】促进全区"两法衔接"（行政执法与刑事司法衔接）工作有序开展，主要依据《京口区行政执法与刑事司法相衔接工作机制实施办法》，围绕重点领域检查"两法衔接"工作职责情况、信息共享平台使用情况及存在问题。2017年各行政部门移送案件6件，从案件性质上看，在移送案件中，包含拒不支付劳动报酬案、销售不符合标准食品案等。（奚俊燕）

【做好行政应诉工作】京口区全面贯彻落实行政诉讼出庭应诉制度，加强与法院和被诉单位联系。及时联系法院，了解掌握行政案件开庭审理情况；联系被诉单位，核实出庭人员名单，确保出庭应诉工作顺利进行。2017年，京口区发生行政诉讼案件14件，开庭审理7件，审结6件，严格执行行政首长出庭应诉制度，出庭应诉率达100%。（奚俊燕）

【推进行政调解工作】全年京口区受理行政调解申请5749件，办理5749件，办结5157件。主要涉及治安纠纷、民事纠纷和劳动者维权、消费者维权。区6个街道均设立行政调解工作室，统一规范工作制度、格式文本等，并定期对行政调解工作人员开展学习培训。在办公场所统一悬挂标牌，并公示统一格式行政调解范围、流程和工作职责等，便于群众了解行政调解工作。（奚俊燕）

【加强法制机构队伍建设】京口区重视政府法制机构和队伍建设，明确区政府法制办为京口区政府法制工作机构，配有专职工作人员和办公设施，将法治政府建设工作经费纳入财政预算，全面予以保障。京口区对街道行政复议受案点、法制工作室和行政调解工作室统一规范。各街道以文件形式明确负责上述工作的人员。区法制办提供统一工作制度和工作流程，并对工作人员进行指导培训，保证"一点两室三员"在基层发挥作用。（奚俊燕）

公 安

•增强安保维稳能力•

【概况】以中共十九大安保维稳工作为主线，切实做到情报信息更加灵敏、重点人发现列管更加到位、源头属地管理更加严密、服务维稳处置更加有力，中共十九大等敏感节点，京口区实现"零进京非访""零上访登记""零滋事肇祸"目标，市区两级领导对此充分肯定。狠抓情报信息收集研判。坚持每日由大数据指挥服务中心牵头，召集相关警种部门召开情报信息研判例会，重点检查各类线索落地查证处置情况，交办督办重要问题落实。特别是中共十九大安保维稳工作期间，分局"三级研判"（"属地派出所＋街道办一级研判、分局大数据指挥中心＋警种部门二级研判、分局＋综治等职能部门三级研判"）的具体做法得到省委督导组领导高度肯定。通过超前情报预警，成功查控欲赴省进京上访滋事人员115人次。狠抓矛盾纠纷排查化解。围绕征地拆迁、企业改制、环境污染、涉众型经济犯罪投资受损群体等重点领域，开展社会矛盾和安全

1月10日，公安京口分局在城市客厅广场举办"110"宣传活动（区公安分局供图）

隐患大排查大整治十大专项行动，加大滚动排查密度和频度。对走访排查过程中发现的各类问题、矛盾纠纷，属于公安机关职责范围内的，第一时间落实整改，对不属于公安机关职责范围内的，第一时间转办、交办、汇报相关部门。协调地方党委政府围绕信访重点人诉求，开展分类化解工作，从源头上化解一批社会矛盾，解决一批安全隐患。年内，走访村居66个、企业225家、高校4所，排查各类隐患373个。成功处置华夏幸福产业项目回迁安置纠纷、东城绿洲幼儿园幼儿意外死亡事件、太和广场物业纠纷、三五九医院扬言跳楼事件、长江村居民堵路、置业集团职工上访、京岘家园住户集访维权等各类重点、敏感涉稳事件30余起，全区未发生影响稳定重大群体性事件。狠抓重点人员动态管控。在实战中推进公安、信访、综治、维稳以及街道、社区等各职能部门间合成维稳工作机制，在全区形成安全隐患共同排查、重点人员共同管控、维稳信息共同研判、矛盾纠纷共同化解的“四个共同”合成维稳工作局面，安保维稳工作效能得到明显提升。依托情报信息平台和摸排走访，细致梳理重点人员动态信息，并根据重点人员列管情况分别开展级别升降、签收处置、请求协助、人员建档等各项管控措施，在重要节点坚持每日两见面制度，确保责任到人、严盯死守。全年治安处罚9人，重点信访对象苗某被依法采取强制措施。狠抓网络舆情引导。严格落实24小时互联网巡查监控制度，第一时间发现、封堵、删除网上违法有害信息，及时消除负面影响。加强专业队伍和联动机制建设，24小时查控、引导网络舆情。围绕涉警、涉访等敏感舆情，采取正面宣传、转移视线、注水沉帖等方式，开展舆情引导18次。对违反法律法规，散布谣言、攻击他人等言论帖子快速删除、积极封堵、依法查处。年内，上报舆情167条，落地15人，完成导控任务110余次，成功处置“镇江公安太可怕了”“东城绿洲幼儿园幼儿非正常死亡”等一批重大涉警舆情。（俞福勇）

【完成元旦和区“两会”安保维稳工作】 1月，分局针对2017年元旦假期和京口区“两会”，开展安保维稳各项工作。每日进行情报信息综合研判。其间搜集上报涉稳信息33条，发布预警信息10条。加强重点人员管控。按照“一人一策”要求，落实重点人员管控力量和措施。其间，分局排摸重点人员112名和关注对象27名，未发生重点人员和关注对象滋事现象。加强社会面治安防范控制。全面提升社会面巡防等级，按照全时空控制、点线面结合要求，围绕核心区、人员密集场所等重点部位，最大限度地把警力推向街头路面，确保社会面治安秩序稳定。加强公共安全隐患整治。加强对人员密集场所和大型活动场所安全隐患排查整治，及时堵塞安全漏洞。落实危化品安全管理“四个见底”实现对爆炸物品、易制爆炸化学品生产企业、存储仓库、运输车辆和进出通道全面见底。要求，加强生产、销售、运输、存储、使用等各个环节审批管理、检查监督，杜绝各类安全责任事故发生。（俞福勇）

【完成春节安保维稳工作】 春节前，分局召开专题会议研究部署春节安保维稳工作，分局党委书记、局长姚恒清提出具体工作要求。春节期间，分局各单位、各部门贯彻落实上级相关部署，放弃休息，连续作战，圆满完成春节安保维稳工作任务。实行情报信息每日研判。期间搜集掌握各类行动性、破坏性、内幕性情报线索15条，发布“四色”预警通知、交办指令3条，超前掌握并成功处置个人扬言极端事件1起；强化重点人员动态管控。排摸重点人员底数，落实“一人一策”管控措施，全区未发生重点人进京信访非访和极端个人事件；提升巡逻防范勤务等级。全区实施加强巡逻防范勤务等级，突出重点区域、重点部位巡逻防范，社会大局总体平稳可控，其间接报刑事类警情35起，比上年下降10.0%。严格安全监管各项措施。执行《镇江市公安局2017年春节期间市区烟花爆竹安全燃放管理工作方案》，加强对人员密集场所和节日大型活动场所火灾隐患排查整治，及时堵塞安全漏洞，实现“万无一失”工作目标。（俞福勇）

【分局和江苏大学附属医院共建“平安医院”】 3月22日，分局会同江苏大学附属医院举行“平安医院”共建协议签字仪式。仪式上，分局党委书记、局长姚恒清和江苏大学附属医院院长陈德玉签署“平安医院”共建协议书，规范双方在安全防范、医疗纠纷、矛盾化解等方面职责任务。姚恒清对共建“平安医院”工作提出要求：平安共建要加强领导队伍建设，“班子”要搭好，要完善各项工作机制，加快信息快速互通、培训指导和应急处置等机制建设。要创新方法多思考，打造京口特色品牌。同时，双方就强化医院内部保卫设施建设、打击涉医违法犯罪和加强医患纠纷调解疏导等工作沟通协商并达成共识。分局党委委员、副局长闵锁银，大市口派出所、内保大队和巡特警大队主要领导参加仪式。（俞福勇）

【开展“平安企业”创建工作】 4月18日，分局召开“平安企业”创建工作部署会，传达学习省、市“平安企业”创建工作会议精神，下发分局《2017年“平安企业”创建活动工作方案》。创建工作启动后，确立辖区204家企业为2017年度创建达标单位。分局相关单位结合“暖企大走访”开展上门走访活动，期间走访企业77家，收到来自企业意见建议41条，排查整改各类安全隐患23处，发现化解矛盾纠纷15起。创建工作开展以来，京口辖区未发生一起安全生产事故，生产秩序稳定，经济发展势头良好。（俞福勇）

【“一带一路”高峰论坛、江苏发展大会安保维稳工作】 5月14—15日，“一带一路”国际合作高峰论坛在北京举行，5月19—21日，首届江苏发展大会在南京举行。分局按照上级部署要求，超前动作，强化措施，开展相关安保维稳工作。启动情报信息每日研判机制，广辟信息渠道，及时掌握有关赴省进京上访、扬言制造极端事件、炒作热点敏感问题等方面情报线索。搜集上报涉稳情报信息81条，发布交办指令、预警指令29条，并跟踪督办，为领导决策和妥善处置各类案事件提供信息支撑。突出抓好源头防范控制工作，深入排查化解各类矛盾纠纷。排查化解因征地拆迁、企业改制、环境污染等问题引发的各类矛盾纠纷11起，防止赴省进京集访信访、挑头滋事、制造影响等涉稳情况发生。狠抓重点人员滚动排查和动态管控，做到重点人头底数清、情况明。辖区自排的142名重点人员未发生因漏管失控引发上访滋事等问题。按照上级部署要求提高巡防等级，加强对社会面及政府部门、水气电部门等重点要害部位巡防。期间未发生一起重大案事件。

（俞福勇）

【开展“强基除患暖企惠民”大走访】 分局开展“强基除患暖企惠民”大走访活动，力求通过深入基层、深化走访，更加准确消除隐患、补齐短板，促进作风转变，全力服务“两聚一高”实践，确保以最优环境迎接中共十九大胜利召开。期间，全区公安机关出动警力1917人次，走访群众10949户，梳理问题170个，帮助解决问题152个，走访企业253家，梳理问题51个，帮助解决问题49个。（俞福勇）

【完成高考、中考安保工作】 6月，高考、中考先后如期进行，分局根据市局统一部署要求，严密组织，多措并举，出动警力200余人次，完成高考、中考安保任务。分局成立以分管局领导为组长，内保、巡特警、相关派出所等单位主要领导为成员的专门工作领导小组，具体负责高考、中考安保工作。提高巡防等级，加强对社会面、校园周边等重点要害部位巡逻防范，确保社会面稳定。排查化解考点周边各类矛盾纠纷10余起。分管局领导及职能部门多次深入各考点督导检查，发现问题及时整改，做到万无一失。

（俞福勇）

【深化“走访排查问题，化解风险，服务群众，集中走访攻坚”活动】 6月7日，分局召开全区公安机关深化走访排查问题，化解风险，服务群众，集中走访攻坚活动再动员再部署会议。市局党委委员、副局长顾传先出席会议并就集中走访攻坚活动进行强调，分局党委书记、局长姚恒清对集中走访攻坚活动进行动员部署，并提出具体工作要求。在此基础上，分局班子成员及相关单位、部门按照分工深入辖区开展走访活动，听取相关单位情况介绍，征求对公安机关的意见建议。活动走访村居66个、企业244家、学校10所，及涉军重点人17人、非访重点人36人、肇事肇祸精神病人77人，帮助企业解决困难问题5个，帮助困难群众或家庭504户，排查解决政治安全隐患14个、涉恐风险隐患1个、涉稳风险隐患133个、公共安全隐患59个、其他隐患62个。（俞福勇）

【完成“8·24”专项维稳任务】 8月，分局出动警力1000余人次，完成“8·24”专项维稳任务。分局成立由党委书记、局长姚恒清为总指挥的处置工作领导小组，多次召开相关工作会议，制定印发《“8·24”重大涉稳事件防范应对处置工作方案》《“8·24”专项维稳警力调动预案》。成立情报信息工作专班，实行24小时实体化运作，搜集重要情报线索223条，下发预警和交办指令47条，落地查证重点网民68人，形成专题研判产品3期。梳理明确具体身份3200余名重点人员，做到底数清、情况明。对上级交办48名重点人员采取“一人一策、一人一专班”方式落实稳控措施和责任。检查旅馆75家，处罚1家。检查誊印社、旗帜店30家。核查住宿信息12条，见面6人，发现并妥善处置4人。加强对党政机关、车站码头等人员密集地巡逻防控，盘查人员200余人、车辆30余辆，社会面大局始终保持平稳可控。强化打击处理，对11名拟依法打击处理重点人员通过传唤、入户上门等方式调查取证，依法分类处理。强化应急处置，设置分流暨屯兵点2个、安排警力60名，承担备勤待命和分流任务，在火车站、客运站等处成功劝返欲前往丹阳重点人员21名。（俞福勇）

【完成2017国际低碳（镇江）大会安保】 2017国际低碳（镇江）大会开、闭幕式及高峰论坛于9月26日至27日在镇江兆和皇冠假日酒店举行。联合国开发计划署相关领导，各大企业代表，省、市两级行政首长出席会议。分局高度重视会议安保工作，分局党委书记、局长姚恒清先后两次赴酒店实地踏勘线路，现场检查酒店硬件安全情况，并于26日、27日坐镇主会场指挥督战。会议期间，分局出动各派出所、业务大队、机关处室警力310余人次进驻会场，强化落实各项安保工作措施，确保2017国际低碳（镇江）大会主会场所有活动和场所万无一失，顺利实现市局、区政府预定安全工作目标。（俞福勇）

【“中林（镇江）生态产业城木业先进制造区项目开工仪式暨慈善捐赠活动”安保】 11月28日，中林（镇江）生态产业城木业先进制造区项目开工仪式暨慈善捐赠活动在中林新民洲港务公司举行，市委副书记、市长张叶飞，市委常委、常务副市长裔玉乾，市政府秘书长行祝鸿等市领导，京口区委书记殷敏、区委副书记、代区长徐申锋等区领导，市发改委、经信委、国土局、环保局、规划局等领导，各街道园区党政主要领导，以及中国林业集团公司总经理林展等中林集团有关领导约300余人参加开工仪式。区委副书记、代区长徐申锋主持开工仪式，市委副书记、市长张叶飞致辞。分局党委书记、局长姚恒清，副局长钱兴东，分局治安大队，巡特警大队，京口交警大队以及新民洲派出所50余人完成安保活动。（俞福勇）

【完成国家公祭日期间安保维稳工作】 “12·13”国家公祭活动安保工作开展以来，全区公安机关按照区委、区政府和市公安局一系列部署要求，将公祭活动安保作为继中共十九大安保维稳后又一项重大政治任务，按照措施不松、力量不减总要求，紧扣“三个不发生”（不发生暴恐案事件，不发生规模群体性事件，不发生重大公共安全案事件）总目标，着重围绕“稳人、控事、守住社会面”三个环节，强化情报收集研判，做实重点人员排查稳控，加强队伍战时引领，圆满完成国家

公祭安保警卫任务。（俞福勇）

• 提升侦查破案水平 •

【概况】 年内，打处主业绩效指标全部完成，受案数、抓获人头数、抓获历年逃犯数目均超过全年目标数，八类案件破案率100%。紧盯严重暴力犯罪、电信诈骗等新型网络犯罪，加强手段能力建设，用足用好“刑侦、技侦、网侦和情报侦查、视频监控、资金查控、车辆查缉、人脸识别”等专业手段，做到“大案”快侦快破，“小案”紧盯不放。投入重金改造刑侦技术室，为网安大队配足辅警和设备，为每个派出所配备12人的专业图侦队伍和设备。不断健全合成作战、新型网络犯罪侦控、阵地控制、基础+科技强侦等机制。开展侦监“合璧攻坚”试点，通过强化侦监联动、合成侦查，深挖违法犯罪。开展“春雷”、打击“盗抢骗”犯罪、打击非法吸收公众存款、传销等专项行动。历经8个多月长线经营、缜密侦查，通过刑侦、网侦、技侦、研判等侦查手段开展合成作战，一举破获部督“2017·5·4”毒品案件，此案一次缴获毒品数为近年来之最；辗转安徽、浙江、福建、广东、辽宁等8省市，破获公安部挂牌督办网络特大贩卖枪支等案件4起，缴获各类枪支400余把，各类子弹2000余发。推进禁毒专项行动，查处涉毒违法犯罪人员438名，缴获冰毒、海洛因等毒品9396.62克，铲除毒品原植物罂粟702株。全力侦办民生案件。所队联动、合力打处，相继破获“谏壁农村地区系列白日闯案件”“岑某强系列盗窃高校电脑案”“许某秋等人诈骗医保基金案”等一系列民生案件。成功侦破的部督“3·23”销售假药案系全市公安机关查破的首起部督“美容针”案件。开展打击涉众型经济犯罪行动，受理、立案非法集资类经济案件21起，抓获犯罪嫌疑人47人。（俞福勇）

【开展社会治安严打整治“春雷”行动】 2月，分局按照市局部署要求，推进打击“春雷”专项行动。2月7日，分局召开“春雷”行动督查推进会，分局党委书记、局长姚恒清要求各单位、各部门根据当前存在问题，在补短板上做文章，紧紧抓住“抓人”“破案”两个关键环节，切实做到在加强组织领导上下功夫，在分清责任上抓落实，在重点案件上求突破。分局各单位、各部门根据分局总体方案深入开展打、防、查、控等各项工作。截至2月底，分局在行动中抓获违法犯罪嫌疑人159名，破获刑事案件147起，查处治安案件38起。（俞福勇）

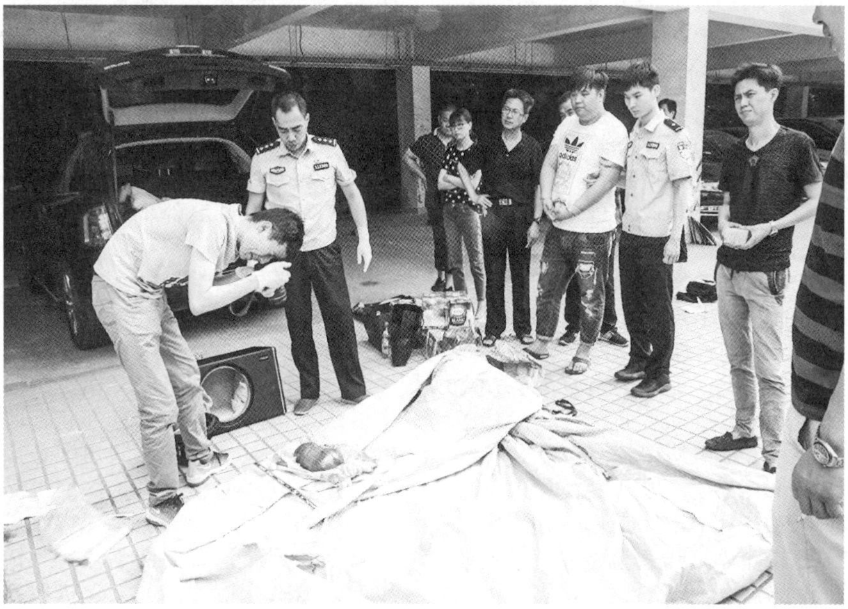

6月13日，分局成功侦破公安部挂牌毒品案件，现场查获毒品冰毒8公斤
（区公安分局供图）

• 完善治安防控体系 •

【概况】 开展城市巡逻体制重组工程，由巡特警大队牵头，联合市局巡特警、属地派出所实行“网格化”巡防；在区委、区政府大力支持下，分局争取到5年532万元专项工作经费，推进社会面视频监控“123”工程建设，新增400个高清监控点位，6个高空全景摄像机位，基本实现对辖区主要路段和人员密集场所的全覆盖，社会面视频监控联网接入工作稳步推进；完成分局大数据服务中心新建改造，改善一楼、二楼电视电话会议系统；推进社区警务战略，明确社区民警主要承担信息采集、人口管理、安全防范、服务群众四项职责。强化源头信息采集和治安动态管控，健全“采集即录入、录入即核查”工作机制，对社区民警提供信息直接服务协助破案的，与侦查办案民警同功同奖。突出显性用警，加密社会面巡逻防控。坚持屯警街面、显性用警，将机关警力补充到一线派出所，每日投入足够数量警力和警用车辆，重点加强对党政机关、水电油气和车站、公交、旅游景点、繁华闹市区等人员密集场所防控守护，加大对可疑人员、车辆盘查检查、信息比对力度。同时，有效整合社会面资源，整合全区义务巡防力量、治安积极分子、企事业单位内部保安、小区保安、环卫工、送奶工、邮递员等社会力量，组建志愿者协会，织密覆盖全区人防网络，涌现出“江东大妈”等一批义务巡防力量。落实“三个逐一”（逐一明确责任单位和协作单位，逐一制定整治方案，逐一明确整改时限），开展挂牌整治行动。按照“全面摸排、不留死角”要求，坚持定期排查和滚动排查相结合、全面排查和重点排查相结合。通过发布公告、设置举报电话、信箱，设立网络举报渠道，建立举报奖励制度，广泛收集违法犯罪线索。先后排查并治理整顿江苏大学水木阳光小区周边小旅馆无证提供住宿服务，不按规定验证登记问题，东吴路沿线足疗店存在涉娼现象等重点地区7处，以及中山东路商业街电

动车被盗等突出治安问题3个。针对开放性小区流动人口管理难的问题，分局九里街派出所创新推出“智能门禁”系统，相关经验做法在全市第二届派出所长论坛上被推介。

（俞福勇）

【“公安110，为民保安宁”主题宣传日活动】 1月10日，在全国第31个110宣传日之际，分局在大市口城市客厅举行“公安110，为民保安宁”主题宣传日暨“强巡防、保稳定”活动启动仪式。市委防范和处理邪教问题领导小组办公室主任、市局党委委员、副局长梁坚出席仪式并下达启动指令。区委常委、政法委书记王琴出席仪式，并就做好全区巡防工作提出要求。分局党委书记、局长姚恒清作动员讲话。区委政法委、市局巡特警支队、市局指挥中心相关领导，分局相关局领导和相关单位主要领导，以及部分民警代表参加启动仪式。

（俞福勇）

【与交警京口大队形成设卡盘查联勤模式】 5月24日，分局会同交警京口大队召开设卡盘查联勤工作会议，讨论确定设卡盘查联勤工作方案，并就卡点设置、警力部署、可疑人员车辆后续处置等事项沟通交流。分局副局长钱兴东出席会议，并就设卡盘查联勤工作，从加强指挥引导、突出盘查戒备、提升防控能力等方面作出强调。分局巡特警大队、各派出所负责巡防工作领导，交警京口大队相关领导参加会议。

（俞福勇）

• 夯实公安基层基础 •

【概况】 按照省公安厅和市公安局统一部署，结合京口实际，深入开展五项基础管控攻坚、“冬季攻势”等专项行动，全年实现“三个不发生”目标任务。“352”工作法做实流动人口管理。在工作组织上突出“三个强化”，即强化组织领导、强化宣传发动、强化检查督察；在工作开展上紧盯“五类重点”，分别是房屋出租户和流动人员相对集中城中村、安置回迁小区、房屋中介、群租房，以及存在从事传销、吸贩毒等违法犯罪活动曾被群众举报的老旧小区房屋出租户；在工作推进中抓好“两个环节”，分别是理顺模式“开好头”、落实奖励“收好尾”专门拟定《关于对房屋出租和流动人口信息采集进行奖励的规定（试行）》，通过发放奖励来调动流动人口协管员和社区工作者采集人房信息的积极性。全区新登记流动人口19413人、更新人员信息25514条、注销15529人，登记房屋出租户3499户、更新房屋信息288条、注销2199户。破获刑事案件156起、治安案件419起；登记列管来自高危地区流动人员236名；加强对房产中介数据收集，全区登记房产中介156家，与负责人逐一见面，全部签订治安责任书、建立档案。通过机关大队和派出所捆绑作业方式，对辖区范围内丰泽花园、米山雅居等3个行政未接管拆迁安置小区开展拉网式入户走访，及时摸清流动人员情况。“三主动三建立”强化寄递行业管理。主动联系，建立共同监管工作机制。加强与邮政管理部门联系，开展部门对部门、点对点信息沟通和协调配合，及时互通各自部门最新工作要求和工作指示，及时互通周边城市寄递行业发生案事件，做好本地应急处置预备工作，形成资源共享、信息互通、紧密配合、齐抓共管的工作合力。主动尽职，建立所队三级管控机制。参照旅馆、网吧专管员模式，由各派出所一名社区民警担任寄递专管员，建立本辖区寄递业主微信群，实时发布信息，引导寄递业业主规范经营。主动上门，建立检查培训长效机制。通过对检查中发现的、上级通报的和其他地方出现的寄递行业问题，主动上门进行跟踪整改，采取人盯人督促整改、手把手负责教会，培训从业人员熟练掌握禁寄物品相关规章、标准和禁寄物品形状、性能及其辨识要领，提升发现和识别禁寄物品能力。排摸寄递企业3家、网点72个，登记物流寄递行业从业人员284名、保安人员57名、视频监控193个，形成行政处罚材料移交邮管部门处罚31起。“互联网+”强化校园安全监管。以整治隐患、培训宣传和研发警、校共建APP为具体抓手强化校园安全监管，通过定期组织“一次隐患排查”、上好“一堂安全教育课”、开展“一次安全应急演练”，打造具有京口特色校园周边、校园内部和师生培训三块“安全阵地”。排摸辖区66所中小学、幼儿园及儿童托管场所底数，形成一校（园）一档、一校（园）一册台账。排查化解涉及校园和学生矛盾纠纷5起。推动整改涉及校园安全隐患68处，其中，主动作为、推动整改中山路小学和江南中学周边安全隐患，得到省厅、市局各级领导充分肯定。通过采取派出所对抗检查、交叉互查形式，及时查清消除社会安全隐患。发现整改安全隐患334处，查处违反危化品安全管理规定行政案件31起。对不放心地区、单位“回头看”，专门召开龙发大厦消防安全不放心单位约谈会，要求龙发大厦内人员密集场所一律自行停业整改，对拒不停业整改的依法严格查处，确保辖区消防形势安全稳定。检查单位3378家，发现火灾隐患或违法行为4664处，督促整改火灾隐患4672处，下发《责令改正通知书》1543份，办理一般程序行政处罚案件88起，临时查封36家，责令“三停”（停止施工，停止使用，停产停业）单位40家，全区未发生重大火灾、涉危事故，火灾事故总数同比大幅下降。（俞福勇）

【深入校园开展外事、禁毒宣传活动】 2月17日，分局出入境管理大队、禁毒大队一同深入镇江高等职业技术学校开展外事、禁毒宣传活动。民警通过讲解示范、发放宣传资料等形式向学校师生宣传出入境办证、防范毒品危害等方面知识。接受群众咨询200余人次，发放相关宣传资料1000余份。8月22日，京口区禁毒办会同市禁毒办联合团市委、江苏大学团委、润州区禁毒办，开展以“七彩夏日：拒绝毒品 美好青春”为主题的“6·27”暑期夏令营校园行公益活动。参观镇江市禁毒教育馆、江苏大学机器人实验室，观看公益宣传片《致青春》、小品《心灵的创伤》，开展禁毒模拟法庭互动、有奖禁毒知识竞赛活动。9月22日，京口区禁毒办联合市禁毒办等多部门深入江苏大学海外学院开展“禁毒防艾”宣传活动。通过PPT演示、设立咨询点、摆放展牌、发放资料等形式向现场300余名师生宣传禁毒防艾知识。

（俞福勇）

【组织开展“萌娃进警营”活动】 5月11日，分局组织“萌娃进警营”活动。来自镇江市实验幼儿园香江分园32名小萌娃走进分局体验警营生活。小朋友们观摩巡特勤队员警务技能演练，参与安全教育游戏，熟悉掌握正确拨打“110”报警电话方法和如何进行自我保护。分局巡特警大队、出入境大队，政治处、办公室参与活动。（俞福勇）

【开展夏季安全大检查】 7月，分局根据区委、区政府和市局部署要求，针对夏季特点，及时部署开展夏季安全大检查。月初，分局召开专题会议动员部署，传达学习上级相关文件精神，通报周边地区发生的重大安全事故，明确安全大检查的时间、内容、要求等事项。分局党委书记、局长姚恒清先后赴辖区黄浦置业有限公司、华茂员工公寓、谏壁金洋水上乐园等单位开展安全检查；内保、消防、治安等部门充分发挥职能作用，深入辖区开展安全检查；各派出所结合日常工作，始终把安全检查作为一项重要工作来抓。检查重点单位100余家，发现整改重大安全隐患20余个。

（俞福勇）

【开展“五项基础管控”集中攻坚活动】 7月4日，分局召开“五项基础管控”集中攻坚动员部署会。分局党委书记、局长姚恒清出席会议，并从思想认识、组织保障、责任落实、工作措施、联动协调、督查通报六个方面提出具体工作要求。分局各单位、各部门按照分局方案要求，组织开展相关工作。开展出租房屋和流动人口管理集中攻坚。新登记出租房屋376户，比上年增长8.3%，清理房屋出租户47户；登记流动人口2274人，比上年增长19.6%；落实出租人、承租人和房屋租赁中介机构负责人“三见面”250人。排摸重点场所65处，捣毁传销窝点25个，解救群众9人，遣返传销人员94名，破获非法拘禁案件6起，抓获犯罪嫌疑人19名。开展互联网危险物品信息管控集中攻坚。对辖区1家网络交易平台、5家涉危企业进行摸排并签订互联网危险物品信息发布责任书。寄递行业安全监管集中攻坚。走访登记寄递企业1家、分支机构1家、网点42家，登记从业人员信息106人，登记车辆信息57条，签订责任书40份。开展中小学幼儿园及周边秩序整治集中攻坚。排摸辖区各类中小学幼儿园66家，通过走访发现整改安全隐患3处。开展视频监控联网应用集中攻坚。京口区技防城新增监控设施建设“123工程”纳入京口区2017年民生改善重点项目。（俞福勇）

•增强法治惠民效果•

【概况】 完善执法机制制度。落实《交办信访事项办理规范》《执法过错责任追究移送办法》《所队领导主办案件暂行规定》和《值班所队领导执法责任若干规定》等要求。强化执法教育培训。开展各类培训10场次，培训民警239余人次。分局分管执法办案局领导、法制民警、法制员100%通过中级执法资格考试，局领导班子成员全部通过中级执法资格考试。加强执法全程监督。按照《镇江市公安局京口分局执法监督管理委员会工作规范》《镇江市公安局京口分局法律专家委员会工作规范》，对全区重大、疑难、复杂行政复议案件以及公安行政复议应诉工作等进行业务指导同时，加强对执法办案流程监督。全力推广随机抽查，严格按照《京口分局建立推广随机抽查机制规范事中事后监管的实施方案》要求，相关业务部门不定期对执法单位所有执法活动、办案区“四个一律”执行进行“飞行检查”。抽查行政裁决案件300余件，发现整改各类问题200余处，办案区硬件问题30余处，“四个一律”（违法犯罪嫌疑人被带至公安机关后，一律直接带入办案区，严禁违反规定带出办案区讯问询问；进入办案区后，一律先进行人身检查和信息采集；违法犯罪嫌疑人在办案区内，一律要有人负责看管；在办案区内开展执法活动，一律要有视频监控并记录。）问题15处。创新推进律师驻所工作机制。与司法部门配合，为辖区7个派出所分别选聘1名驻所律师，接待群众法律咨询200余次，化解矛盾135起，解决民事纠纷50起，解决老上访、老大难问题6起。被《人民公安报》、《江苏法制报》、镇江民生频道等各级媒体报道。探索推行的“模拟法庭”庭审活动、法制长廊进社区等工作被省厅、市局推介。年内，分局行政首长出庭率、胜诉率均为100%。（俞福勇）

【组织部分民警旁听法院行政诉讼庭审】 为深入贯彻“以审判为中心”诉讼制度改革要求，根据《镇江市公安局关于开展领导干部和民警旁听庭审活动的实施意见（试行）》，3月15日，分局组织基层教导员、法制员、民警骨干10余人，在京口法院旁听吴某不服强制隔离戒毒决定提起的行政诉讼庭审。市局副局长顾传先，分局副局长杨建明，市局法制支队、分局法制大队主要领导出庭应诉。通过旁听，民警对案件调查、取证、定性、适用法律等执法要求有新的认识，增强在日常办案中的证据意识、程序意识，依法行政、依法办案理念更加深入人心。分局党委书记、局长姚恒清旁听整场庭审。（俞福勇）

【邀请检察系统同志专题研究重大案件侦办工作】 4月19日，分局邀请镇江市人民检察院和京口区人民检察院、金山人民检察院同志，召开“3·23”案件联席协商会议，专题研究案件侦办工作。分局详细介绍案件的基本情况及下一步工作打算，就办案过程中遇到的一些难点问题详细咨询征求市、区两级检察院意见和建议。市局食药环侦支队主要领导，分局党委书记、局长姚恒清，党委委员、副局长蒋锡宇，

及法制、网安、治安部门相关负责同志、办案民警10余人参加会议。（俞福勇）

【开展“模拟法庭”庭审活动】5月23日，分局组织开展第一期“模拟法庭”庭审活动。“模拟法庭”围绕一起因接处警警情引发的诉讼展开审理，由驻所律师和民警代表主持扮演审判庭上的审判员、公诉人、被告人和辩护人等角色，给在场人员上了一堂生动法制课。市局法制支队相关领导，分局党委书记、局长姚恒清，副局长张许镇、杨建明、姚坤，其他辖市（区）局法制大队负责人，分局各派出所、大队、机关相关处室负责人，民警代表，驻所律师，70余人参加活动。（俞福勇）

【举办非法证据排除专题讲座】11月22日，分局专门邀请京口区人民检察院检察长张东生就非法证据排除进行专题讲座。张东生以“严格落实非法证据排除规则，推动刑事侦查工作新发展”为题，结合公安工作实际讲解刑事侦查工作中需要掌握的非法证据排除规则。分局全体局领导，各所队长及分管所队领导、专兼职法制员，法制大队全体民警参加讲座。（俞福勇）

•深化公安队伍建设•

【概况】创建党建“三个一”（一个平台、一块阵地、一套规范）工程，规范党建，引领队建。出台《关于以党建引领队建全面促进公安工作的实施意见》等相关文件。搭建以责任人为核心架构的“七层六级”层级管理责任框架，具体包括“党委书记－党委班子成员—党支部书记—党支部成员—党小组长（警长）—党员（民警）—辅警”，每一个层级党员干部或党员民警均直接负责下一层级4至5名同志管理教育责任，通过划小管理单元、划定责任区，实行挂钩考核，实现精细化管理。在二楼开辟全新“党员之家”活动阵地，集展示、服务、参与三大功能于一体。研发“京口公安党建通”APP服务平台。深化党风廉政建设，强化意识，筑牢防线。狠抓党委书记党风廉政主体责任，层层签订《主体责任书》《作风建设责任书》和《监督责任书》。组织开展“两学一做”学习教育、“迎接十九大、永远忠于党、忠诚保平安”主题教育实践，以及“讲政治、守规矩、严纪律、优警风”集中学习教育。围绕“十九大安保维稳”“五项基础攻坚”“冬季攻势”等公安中心工作开展各类督查82次，编发督察通报33期，提出督察建议86条；行政警告2人、约谈4人、诫勉谈话5人、批评教育9人、通报批评4人。坚持典型示范引路，树立标杆，争优创先。评选出党员示范岗5名，优秀党务工作者5名，优秀共产党员21名；荣立个人二等功4人，个人三等功12人，个人嘉奖85人。金怡同志获得全国特级优秀人民警察称号。优化行政服务管理，牢记宗旨，树立形象。紧扣“苏宁广场”“凤凰书城”等重点工程建设，开展“强基除患暖企惠民”和“真·实”等专题活动，开展为企业“平安体检”活动36次，实行上门服务、跟踪服务、预约服务等措施，协调解决涉及工程推进的治安、消防等方面难题；配合党委政府开展文明城市复检、“263”环保达标、非法采矿、非法行医和江苏大学高校周边环境整治等专项行动。优化服务举措，全面实行首问负责制、限时办结制，规范公安内部运行，提升工作效率，推进户籍制度改革，推进群众满意的标准化窗口建设，规范窗口基础设施、工作制度和考评机制。群众对户籍窗口、出入境窗口满意度均为100%。（俞福勇）

【开展春节前走访慰问活动】1月，分局在春节即将来临之际，领导班子成员按照组织分工，前往退休民警、患病民警、功臣英模等对象家中开展走访慰问活动。分局党委书记、局长姚恒清先后到精准扶贫结对帮扶群众许兆林、退休民警张志坚、患病民警顾治明、退休干部宋武平家中以及京口消防大队开展走访慰问活动，送上新春祝福，征求对公安工作意见和建议。活动走访慰问92人次，发放慰问金9.35万元。（俞福勇）

【宿迁市公安局考察交流刑侦工作】1月7日，宿迁市公安局党委委员、副局长陈红淦一行7人，在市局党委委员、副局长顾传先陪同下到分局考察交流刑侦工作。分局党委书记、局长姚恒清对宿迁市局领导考察交流表示欢迎，并就京口分局刑侦工作基本情况、刑侦警力配备、机构设置情况等作详细介绍。刑警大队就刑事打处绩效情况、大数据侦查破案机制、勘侦一体化运行机制等工作专题汇报。陈红淦对分局刑侦工作给予高度评价，对分局刑侦工作创新举措表示赞赏，表示将进一步学习借鉴京口分局先进经验，加强交流，促进两地警方在刑侦工作中共同进步。双方还就打击破案、刑侦队伍建设、执法规范化运作等方面交流讨论。市局刑警支队支队长赵晓平，分局党委委员、副局长张许镇以及市局刑警支队、分局刑警大队相关负责同志参加交流。（俞福勇）

【召开全区公安机关思想政治工作会议】3月9日，分局召开全区公安机关思想政治工作会议。分局党委副书记、政委施有才以“五个扎实推进”“五个有力保障”总结肯定2016年分局思想政治工作取得的成绩，从政治建警、规范管警、先进引警、素质强警、从优待警、从严治警这六个方面明确2017年分局思想政治工作重点任务。会议由分局党委委员、政治处主任吴晨牧主持，各派出所、大队教导员、内勤，政治处全体同志参加会议。（俞福勇）

【举办2017年春季登山比赛活动】4月1日，分局在南山风景区北入口举办2017年春季登山比赛。包括分局党委副书记政委施有才、党委委员政治处主任吴晨牧、党委委员办公室主任许星在内的民警80余人参加登山比赛活动。四牌楼派出所、黄晨飞、潘亚雄、杨文静分别获得团体、男子甲组、男子乙组和女子组第一名。（俞福勇）

【宁夏石嘴山市公安局大武分局考察交流】 4月24日，宁夏石嘴山市公安局大武分局一行10人到分局考察交流。双方就业务工作和队所建设座谈交流，组织参观四牌楼派出所、正东路派出所社区警务、治安防范等工作。局领导姚恒清、施有才、陈廷桥、吴晨牧、许星及相关单位主要负责人陪同考察。（俞福勇）

【开展“多彩警营”系列活动】 5月8日，分局在镇江第一中学体育馆举行“多彩警营”系列活动开幕式。分局党委书记、局长姚恒清出席开幕式，致辞并宣布分局“多彩警营”系列活动开幕，并强调要以此次系列活动为契机，不断探索新形势下加强警营文化建设新思路、新方法、新途径，使广大民警进一步提升精气神，增强身体素质，激发工作热情。此次活动将开展羽毛球、拔河、演讲等多项比赛。局领导施有才、吴晨牧、钱兴东、姚坤及各单位主要领导和部分运动员、裁判员代表参加开幕式。（俞福勇）

【斐济打击网络犯罪培训班到分局四牌楼派出所参观访问】 6月30日，斐济群岛共和国打击网络犯罪培训班一行20余人赴分局四牌楼派出所参观访问。考察团一行实地参观标准化办案区，观摩勤务指挥室“网格＋网络”社区智能管理服务平台运行情况，听取“e群防”工程经验介绍，对四牌楼派出所工作特色和亮点给予一致好评。省厅国合局、江苏警官学院相关负责人，市局党委委员左敦传，出入境管理支队主要领导，分局党委书记、局长姚恒清，党委委员、副局长杨建明及出入境、四牌楼派出所相关负责同志陪同参观。（俞福勇）

【举办第一期公安讲坛】 8月13日，分局举办第一期公安讲坛，邀请《中国经济周刊》杂志社主任编辑王克，围绕《舆情主动应对机制构建——媒介批判视域下的“意见传播”》作专题讲座。王克围绕社会舆论的生成机制、官方发布的社会责任、意见传播的技术奥秘三个方位，结合自身从业经验，为分局民警上了一堂生动的舆情引导课。分局党委副书记、政委施有才主持讲坛并就舆情引导工作提出要求。分局党委成员、各部门中层以上领导、内勤参加讲坛。（俞福勇）

【制定出台网站管理办法】 8月，分局制定出台《镇江市公安局京口分局内网网站管理办法》。要求遵循“公开、高效、共享、安全”的基本原则以及“谁建设谁负责、谁管理谁负责，谁发布谁负责”责任制度，确保网站发布信息及时、准确、完整，并对组织管理、栏目与权限设置、运行管理、信息维护、安全管理、监督考核等方面作出明确规定。（俞福勇）

【溧阳市公安局到分局正东路派出所考察交流工作】 9月26日，溧阳市公安局副局长郑红金一行，在分局党委委员、副局长杨建明陪同下到分局正东路派出所考察交流工作，双方就当前重点工作和队伍建设进行交流，观看分局法律服务工作站微电影。分局治安大队、正东路派出所相关领导陪同参加。（俞福勇）

【韩国全罗北道地方警察厅警务研修组到分局交流学习】 11月4日，韩国全罗北道地方警察厅警务研修组韩承洙、梁埈滈一行到分局交流学习。在四牌楼派出所听取“e群防”工程经验介绍，实地观摩勤务指挥室“网格＋网络”社区智能管理服务平台运行情况，与社区民警一同出警，参与街面巡逻，在江苏大学与韩国留学生进行交流。市局党委委员、副调研员左敦传、出入境管理支队相关领导、分局党委委员纪委书记池兆禄、出入境管理大队、四牌楼派出所相关负责同志陪同参加。（俞福勇）

【张宝华党代表工作室被命名为全区优秀党代表工作室】 11月20日，区委组织部发布《关于命名2016—2017年度十佳党代表工作室优秀党代表工作室的通知》，京口分局张宝华党代表工作室被命名为全区优秀党代表工作室。张宝华任镇江市公安局京口分局学府路派出所宗泽、东城社区民警，先后获江苏省劳动模范、全国特级优秀人民警察、全国五一劳动奖章等荣誉。（俞福勇）

【《追寻》微电影获得区党员教育专题片评比一等奖】 11月29日，京口区2016—2017年度党员教育电视片观摩评比活动在区政府举行，分局报送的《追寻》获得此次党员教育专题片评比一等奖。该片根据分局金怡真实事迹改编，所有警务人员角色均由分局民警扮演，通过严厉打击违法犯罪和热情服务困难群众两条主线结合，深刻诠释新时代公安民警“不忘初心继续前进”的铮铮誓言。（俞福勇）

【健康路派出所团支部获“镇江市五四红旗团支部”】 近年来，健康路派出所团支部坚持“三个导向”（问题导向，要素导向，目标导向），以实干谋新篇，全力打造服务型团组织。2017年，获“镇江市五四红旗团支部”的称号。（俞福勇）

【出入境管理大队获评镇江市第二批“法治实践优秀案例”】 2017年，镇江市依法治市领导小组办公室下发文件，对2016年度镇江市第二批“法治实践优秀案例”进行表彰，分局出入境管理大队申报的《打造“法治型、集约型、创新型”出入境管理服务新名片》获评镇江市第二批“法治实践优秀案例”。（俞福勇）

【召开全区公安工作会议】 1月22日，分局召开全区公安工作会议。市委常委、区委书记裔玉乾，市局党委副书记、政治部主任郦锡梅莅会。裔玉乾、郦锡梅在会上作重要讲话。分局党委书记、局长姚恒清代表分局党委作全区公安工作报告。分局党委副书记、政委施有才主持会议，并就会议精神贯彻落实提出具体要求。会上，四牌楼派出所、学府路派出所、刑警大队和巡特警大队作表态发言。区人大常委会党组书记、主任施正中，区政协主席孙国平，区委常委、政法委书记王琴，

副区长赵永斌，分局全体局领导，全体中层领导和部分民警代表参加会议。（俞福勇）

检 察

【概况】 2017年，区人民检察院受理提请批准逮捕案件118件153人，批准逮捕103件136人，受理审查起诉案件343件588人，提起公诉287件485人。依法办理公安部挂牌督办、交易数量近8千克的李某某等7人贩卖毒品案，钱某某等4人买卖枪支案等一批重大刑事案件。落实宽严相济刑事政策，对主观恶性较小、犯罪情节轻微、认罪悔罪的13名犯罪嫌疑人作出不批捕决定，对5人作出不起诉决定。

全年立案侦查职务犯罪案件14件14人，办案数创近年来新高。其中贪污贿赂案件8件8人，渎职侵权案件6件6人，涉案金额百万元以上重特大案件3件，反渎办案数同比上升200%，创历史之最。依法查处市住建局房产处原处长李某某受贿犯罪，立案查处市水利局水政监察支队原副支队长孙某、市公安局水上分局征润州派出所原副所长刘某某等滥用职权、受贿犯罪案件7件7人，扬州、安庆等长江沿线检察机关专门到区检察院交流考察办案经验。

适应以审判为中心的诉讼制度改革，院领导应邀为侦查机关办案人员专题讲授非法证据排除规则运用。加强侦查活动监督，实现辖区派出所派驻检察官办公室全覆盖，选择2家派出所作为重点监督对象，全年依法纠正侦查活动违法8件，纠正漏诉2件，监督立案1件，监督撤案1件。强化刑事审判监督，构建审判监督“四级审核”（承办人、科长、分管检察长和检委会审核）机制，依法提出抗诉2件。（杨钰）

【服务经济健康发展】 惩治破坏市场准入秩序和不正当竞争的经济犯罪，依法办理合同诈骗、生产销售伪劣产品、非法经营等犯罪7件36人。参与全区排查化解金融风险工作，惩治非法集资、传销等“涉众型”犯罪，起诉非法集资案件12件24人，由传销引发的刑事案件7件28人，依法办理涉案金额3亿余元、被害群众达3000余人的“三加六贸易公司”非法吸收公众存款案，全程介入案件引导侦查取证，协调做好追赃等工作，维护区域金融管理秩序和社会和谐稳定。（陈舟远）

【保障生态文明建设】 参与全区专项行动，对外强化与市地方海事局、区市场监督管理局、水利局、安监局等执法单位协作配合，构建信息共享、执法联动、联席会议等“两法衔接”机制，推动原城东垃圾填埋场、长江江滩建筑垃圾污染问题综合整治；对内建立民事行政检察部门与其他内设机构工作联动机制，全程介入一非法清洗化工桶案件调查，配合区环保局将涉嫌污染环境罪的犯罪嫌疑人移送公安机关立案侦查，推动制定生态修复方案，《江苏法制报》《镇江日报》等媒体予以专题报道。（付志远）

【打造民生检察工程】 维护食品药品安全，依法办理制售有毒有害食品、假烟、假药等案件6件36人，对全市首例销售假“美容针”案件22名被告人提起公诉。办理的近年来市区涉案人数最多的孙某某等17人生产、销售假药案被评为全市检察机关十大保障民生典型案件。组织开展危害食品药品安全犯罪专项立案监督，监督行政执法机关移送涉嫌犯罪案件线索3件，比上年增长200%。加大对非法侵犯公民个人信息犯罪打击力度，配合公安机关开展专项行动，对6名利用网络倒卖个人信息被告人提起公诉，保障公民个人信息安全。（王陶然）

【打造未成年人保护品牌】 依托全市检察机关首个全国“青少年优秀维权岗”，推进未检“航标灯工程”。在全省率先开展未成年人刑事案件集中管辖试点，办理未成年人犯罪案件18件23人，案件数比上年增长80%。成立全省首家有独立编制未成年人刑事检察局，线上开通全市首个未检公众号“京口未检”，线下开展关爱留守儿童、法治进校园等青少年犯罪预防教育20余场次，推动辖区16所中小学信息联络员和法治副校长全覆盖，未检局先后被评为“镇江市维护妇女儿童权益示范岗”“全市预防青少年违法犯罪工作先进集体”。（王俊爽）

【提升干警业务素能】 常态化开展“小课堂”练兵，以检察长领学、员额检察官授课、法学社研讨等方式，促进队伍办案能力提升。加强青年干警培养，选派3名干警赴省、市人民检察院跟班学习，与江苏大

2017年7月18日，京口区检察院成立全省首家未成年人刑事检察局，正式开展未成年人刑事案件跨区划集中管辖试点工作（区人民检察院供图）

10 月 27 日，京口区人民检察院在镇江市地方海事局挂牌成立“京口区人民检察院驻镇江市地方海事局预防指导工作站”，建立检察监督与交通安全监管执法合作机制（区人民检察院供图）

学法学院、江苏路韬律师事务所开展辩论比赛，实现办案实践与理论研讨“互融互通”。2017 年，全院干警 16 人次受到上级院表彰奖励，13 项调研成果在国家级、省级刊物发表，4 项研究成果分别在中国检察出版社、中国人民公安大学出版社出版。（杨永兵）

【推进司法责任制改革】 以员额检察官办案责任制为抓手，全面推进司法责任制改革，入额院领导均带头办理公诉案件，全年办案数累计达 153 件，其中检察长个人办案 15 件。完善司法改革配套措施，在全省率先建立员额检察官司法档案，实现对全院员额检察官司法办案信息全面同步记录。在全省检察机关司法责任制改革推进会上，区人民检察院落实司法改革工作举措受到省检察院充分肯定。（沈家鸣）

【加强党风廉政建设】 规范检察权运行机制，运用案件监督管理平台对司法办案各环节全程监督、动态监管。推进廉政风险点排查和防控措施建立工作，开展不规范司法行为约谈。把检察权置于人民监督之下，向区人大常委会专题报告民事行政检察工作，组织开展人大代表观摩评议案件庭审，召开新闻发布会，网上公开法律文书 259 份，让检察权在阳光下运行。（仲诚）

法 院

【概况】 2017 年，区人民法院忠实履行宪法法律赋予的各项职责，圆满完成各项任务，全年受理各类案件 11633 件，结案 9266 件，比上年分别增长 5.55%、8.32%，收结案数再创历史新高，继获评“全省优秀法院”之后，又被省高级人民法院授予集体一等功。（曹浏）

【刑事审判】 受理刑事案件 313 件，审结 268 件，判处罪犯 426 人。从重打击社会治安领域犯罪，审结抢劫、强奸、贩毒、聚众斗殴等严重刑事犯罪案件 20 件，判处 3 年以上有期徒刑 35 人。依法严惩涉民生领域侵害群众利益犯罪，审结制贩假药等犯罪案件 4 件 41 人。依法打击涉经济领域侵财类犯罪，审结盗窃、抢夺、诈骗等案件 100 件 156 人。开展打击电信网络犯罪专项行动，审结微信贩卖香烟、QQ 诈骗、盗窃支付宝账户、非法侵入计算机信息系统获取公民个人信息等一批新型网络犯罪案件。依法惩治腐败，审结贪污贿赂及渎职犯罪案件 8 件 10 人，为国家、企业挽回损失 173.1 万元。贯彻宽严相济刑事政策，判处缓刑 202 人，单处罚金 27 人，免于刑事处罚 16 人。（曹浏）

【民商事审判】 受理民商事案件 5850 件，审结 4587 件。加强婚姻家庭、劳动争议、侵权纠纷等涉民生案件审理，组建家事审判专业团队，实现家事审判专业化，审结婚姻家庭案件 438 件，发出反家暴人身安全保护令 5 份；重点做好劳动争议调裁审衔接工作，推动构建和谐劳动关系，审结劳动争议案件 336 件，调解撤诉率达 81.25%。审慎处理侵权纠纷，依法保护受害人的人身、财产及其他合法权益，审结侵权纠纷案件 263 件。落实中央

11 月 10 日，区法院举行全市法院首次大规模集中执行“搜查”行动，全体执行人员凌晨 5 点在法院集合出发（区人民法院供图）

《关于完善产权保护制度依法保护产权的意见》，依法保护各种所有制经济产权，为支持大众创业、万众创新提供有力法治保障，审结此类案件118件。（曹浏）

【行政审判】 受理行政诉讼案件39件，审结27件；审查非诉行政执行案件51件，裁定准予执行51件。审结案件中，判决维持行政行为13件，判决撤销或部分撤销行政行为1件，经协调改变相关行政行为、原告撤诉3件。推进法治政府建设，先后到市国土、住建、环保等热点行政机关开展专题法制讲座7场，听课执法人员达500人次。针对环评审批、土地征用等涉众型行政纠纷多发情况，向相关部门发送司法建议4份，并全部收到反馈，其中《致镇江市环境保护局关于严格建设项目环评审批的司法建议》获全省法院年度优秀司法建议。（曹浏）

【基本解决执行难工作】 区委常委会专题听取区人民法院基本解决执行难工作汇报，向全区下发《关于支持区人民法院基本解决执行难工作的实施意见》，区委政法委牵头组织公检法司合力打击拒执犯罪。创新执行管理模式，建立以员额法官为中心的扁平化执行实施团队，减少管理层级，提升执行效率，全年执结4247件，执行到位标的额3.58亿元，执结率上升11.26%，执行标的额到位率上升2.02%。加大执行力度，全年常态化开展集中执行活动42次，拘留被执行人50人次，查封车辆345台、房产528套62000平方米，查询、冻结银行、支付宝等账户资金1.18亿元，将1109名个人、282家企业纳入全国“失信被执行人名单库”，限制其高消费、贷款、开办企业等，58名被执行人迫于压力主动履行义务。9月，在全市人民法院基本解决执行难擂台赛上，区人民法院获得总分第一好成绩；11月，执行局被省高级人民法院记集体三等功。（曹浏）

【服务经济转型升级】 妥善审理涉供给侧结构性改革案件，加快清理“僵尸企业”；在新民洲产业园设立巡回法庭，为中林产业城项目提供高效法律服务，化解区属重点企业生产经营中法律纠纷。对涉金融类案件，开辟全程绿色通道，开展集中专项执行活动，提高金融债权清偿率，全年审执结金融纠纷案件1440件，涉案标的金额35.98亿元。（曹浏）

【护航生态文明建设】 对破坏长江生态环境非法采砂、非法捕捞、非法排污等各类违法犯罪，依法从重从快惩处，全年审结破坏长江生态环境犯罪案件27件48人。对长江非法采砂犯罪，没收被告人涉案船只，让违法犯罪者付出高昂代价；对长江非法捕捞犯罪，判决前督促被告人足额缴纳鱼苗修复费，在长江放生鱼苗40余万尾。坚持用司法守护青山绿水，审结环境污染犯罪案件8件26人，对18名被告人发出禁止令。加大土地类犯罪恢复性司法适用力度，恢复被侵占的农用地1.82公顷。区人民法院撰写的《创新环境资源审判方式服务生态文明建设》被市依法治市领导小组办公室评为全市第二批法治实践优秀案例。（曹浏）

【法律拥军工作】 成立专门工作班子，坚持重大案件院庭长亲自承办、重大矛盾院庭长亲自协调，为镇江“停偿”（部队全面停止有偿服务）工作走在全省前列做出积极贡献，全年化解涉“停偿”案件33件。法律拥军工作得到南京军事法院、镇江军分区、镇江市双拥办高度肯定，相关经验被最高法院《工作简报》转发。（曹浏）

【司法公开取得新进展】 加强司法公开平台建设，发挥“一网两微”（区法院的官方网站，微信，微博）和审判流程、裁判文书、执行信息、庭审直播四大平台作用，全年“一网两微”发布司法信息780条，在中国裁判文书网发布裁判文书2854份，在中国庭审公开网直播庭审742次，在淘宝网司法拍卖平台发布拍品137件，成交100件1.56亿元，溢价率10.26%，为当事人节省佣金780万元。全年围绕基本解决执行难、消费者权益保护、环资审判等主题先后召开五场新闻发布会；完善重大敏感案事件“三同步”（依法处置，舆论引导，社会面管控三者同步）应对处置机制，处置方法和效果得到省高院充分肯定。（曹浏）

【落实司法责任制改革】 落实院长庭长办案制度，确保入额院长庭长真办案、办难案，发挥示范导向作用。全年院长庭长办理案件2058件，占全院案件量的22.2%。加强审判团队建设，在首批33名员额基础上，又争取到3个入额指标并增补到位，充实一线办案力量，其他非办案岗位法官一律退出员额。（曹浏）

【推进内设机构改革试点】 精心制定改革方案，科学设置审判业务机构和非审判业务机构，将全院内设机构从17个精减至10个，推动行政事务高度集约，审判资源向一线集中。改革后，司法行政岗位人员比例从15%下降至9%，审执一线办案力量从75%增至81%，审执一线办案法官与审判辅助人员配比超过1∶1。（曹浏）

【深化繁简分流改革】 建立“全方位、全流程”繁简分流新机制，实现繁案精审、简案快审。案件在立案前进行第一次分流，由“一站一室”进行调解；进入审理阶段进行第二次分流，小额纠纷、简易案件、复杂案件分别分流到速裁组、简易组、专业审判组；执行阶段再次分流，用少部分力量办理简易案件，集中力量执行复杂案件。全年审结简易案件2711件，占全院案件量的29.3%；执结简易案件1486件，占执结案件总数的35%，平均执行周期缩短21天。（曹浏）

【队伍建设】 开展“两学一做”学习教育活动，组织干警到革命老区延安开展现场教学，重温入党誓词，坚定理想信念。坚持以党建带队建促审判，争创“双型”党支部，打造红色党建品牌，创成“四星”党支部2个、“三星”党支部3个，第四党支部被表彰为“镇江市政法系统先进基层党组织”，全院有16名干警受到上级表彰。创建“学习型法院”，组织各类业务培训15期485人次，对员额法官全部轮训一遍。建立青年法官导师制，资深法官与青年法官结对，通过全面指导提高青年法官办案能力，促进案件质量稳步提升，全年案件发改率1.34%，全市最低。（曹浏）

【审结“美容针”假药案】 2016年8月至2017年3月，被告人张某某、孙某某、熊某，通过微信联系、快递发货的形式，向被告人曾某某及卢某某所经营的“银泽国际”美容培训机构供货，以每支400元左右价格出售未经国家进口批准的多种肉毒素针剂327支，“银泽国际”又把这些肉毒素针转卖给包括镇江某时尚街美容工作室在内的全国多家小型美容室，美容工作室再以每支1000元到2000元不等的高价出售给受害人。因销售的肉毒素等价值400多万元的药品未经国家批准进口，没有任何中文标识，根据《药品管理法》，应以假药论处。2017年11月，4名主犯张某某、孙某某、曾某某、卢某某因犯销售假药罪被判处一年一个月到一年三个月不等有期徒刑，并处罚金，其余18名被告人也被依法惩处。（曹浏）

【审结滕某某等集资诈骗、非法吸收公众存款案】 2014年1月至2015年8月，被告人滕某某及喻某某（另案处理）在未取得中国银监会镇江监管分局的许可、未获准从事吸收公众存款业务情况下，谎称投资设立一汽大众轿车4S店及股权转让等，夸大公司经营利润，以月息1.5%～2%的高息为诱饵，以欺骗手段向镇江地区不特定90余名对象非法集资人民币900余万元，后返还利息本金100余万元，造成被害人实际损失800余万元，非法集资款未用于实际经营活动。2014年4月至2015年3月，被告人皋某按照被告人滕某某及喻某某的安排，协助喻某某管理公司，后担任镇江分公司实际负责人负责公司业务、人员等日常管理工作，帮助被告人滕某某非法集资610余万元，造成被害人实际损失520余万元。2014年10月至2015年8月，被告人佘某按照被告人滕某某的安排，担任镇江分公司业务经理和实际负责人，负责公司业务、人员日常管理工作，帮助滕某某非法集资490余万元，造成被害人实际损失450余万元。2017年11月，被告人滕某某因犯集资诈骗罪，被判处有期徒刑十二年，并处罚金人民币二十万元；被告人皋某因犯非法吸收公众存款罪，被判处有期徒刑三年六个月，并处罚金人民币六万元；被告人佘某因犯非法吸收公众存款罪，被判处有期徒刑三年三个月，并处罚金人民币六万元。（曹浏）

【审理全市首起刑事附带民事环境公益诉讼案】 2016年12月至2017年6月，李某某、高某违反矿产资源法规定，在没有取得采矿许可证情况下，擅自在句容市黄梅火烧山非法盗采灰岩矿石，造成矿产资源破坏价值达300多万元，侵害社会公共利益。袁某某为李某某、高某非法采矿提供帮助。在镇江市金山地区人民检察院作为公诉人对这起案件提起刑事公诉的同时，句容市人民检察院作为原告提起刑事附带民事公益诉讼，诉请判令三被告人对严重破坏环境资源、损害公共利益的行为在省级媒体上公开道歉，并连带赔偿矿产资源损失和生态修复费用570余万元。（曹浏）

【镇江环球电子仪表有限公司破产案历时十年破产成功】 2007年环球电子公司进入破产清算程序，由谏壁镇政府组成破产小组，2007年5月25日召开第一次债权人会议，后因资产被执行、股东纠纷及人员潜在负担问题等实际因素，破产工作进展缓慢。2011年9月9日，区人民法院根据审计报告，宣告环球电子破产。2016年5月23日，镇江立信资产评估有限公司再次评估环球电子公司的拟处置资产清算价值，并出具镇立信评报字（2016）第021号《资产评估报告》。资产的评估范围包括房屋建筑物、构筑物，截至2016年5月17日，环球电子公司破产财产清算价值1794500元，属于裁定给他人的价值253900元，存在争议的价值319800元。2016年8月，经多方走访调查，确认破产案件可以变现的资产价值为2010800元。2016年8月18日，召开第三次债权人会议，通过管理人提出的破产财产变价方案即：在评估价值2010800元的基础上依法委托拍卖机构或通过网络司法拍卖平台进行司法拍卖。2016年10月21日，破产管理人向本院提交拍卖申请书，要求对相关破产财产进行拍卖，起拍价2010800元。2016年10月22日，区人民法院发出拍卖公告，在淘宝网网络司法拍卖平台进行拍卖活动。拍卖公告载明竞买人条件为凡具备完全民事行

11月20日，全市首起“美容针”假药案22名被告审判现场（区人民法院供图）

6月27日，模拟法庭，敲响小法槌（区人民法院供图）

为能力的公民、法人和其他组织，且与集体土地所有权人协商一致的方可参加竞买。2016年11月7日，拍卖开始后，镇江市谏壁市政维修队与拍卖号V2662（李永娟）相继竞拍200多次，最终镇江市谏壁市政维修队以6230800元竞买成功。企业破产变价方案及分配方案获全票通过，200多名职工全部得到善后安置。（曹浏）

【引入电视直播刑事案件庭审】 3月28日，区人民法院审理一起利用网络销售虚假苹果手机诈骗案，镇江市广播电视台对该案进行全程直播，“一起镇江”APP同步直播。（曹浏）

【与高校合作建立卓越人才培养新机制】 2月28日，区人民法院党组书记、院长刘凯赴江苏大学，与该校文法学院院长刘同君教授等相关领导共同商谈“卓越法律人才培养”计划，就“培养目标、合作方式、工作机制、资源共享”等方面达成共识，双方将共同培养具有多学科知识背景、系统法学知识、娴熟法律技能的复合型、应用型高素质法律人才。（曹浏）

【消费普法进社区】 3月14日，区法院团委联合江苏大学法学院团委、江苏大学法律援助中心，赴象山街道开展“健康消费我做主”消费者维权法律宣讲活动。（曹浏）

【区人大视察调研法院家事审判改革工作】 4月10日，区人大常委会党组书记、主任施正中一行14人到区法院，通过听汇报、查台账、看现场等方式，对法院家事审判改革工作视察调研。（曹浏）

【区政协视察调研法院工作】 6月28日，区政协主席孙国平率队来到区法院，实地察看法院在建新审判大楼进展情况，随后听取党组书记、院长刘凯关于法院整体工作情况、“基本解决执行难”工作情况汇报。（曹浏）

【区法院新审判大楼主体工程顺利封顶】 新审判大楼于2015年9月8日正式试桩开工，历经两年时间，2017年8月9日大楼主体工程顺利封顶。（曹浏）

司法行政

【概况】 2017年，京口区司法局推进社会矛盾纠纷排查调处、公共法律服务、法治宣传教育、特殊人群服务管理“四个全覆盖”工作体系建设，坚持稳中求进工作基调，不断创新思路、转变作风、履行职能、突出重点，为助力“强富美高”新京口提供优质高效法律服务和坚强有力法治保障。局机关先后被授予全省司法行政系统中共十九大安保维稳先进集体、区2017年社会治安综合治理先进集体，区社会矛盾纠纷调处中心被授予2017年度市级“巾帼文明岗”。（王璐丹）

【“法律六进”活动】 开展区政府常务会议会前学法和政府组成人员集中学法活动，完成《中华人民共和国证券投资基金法》专题会前学法和《中华人民共和国环境保护

9月27日，区司法局走进江一社区开展“美好生活 德法相伴”活动（王璐丹 摄）

9 月 14 日，区司法局走访镇江市茂源化工厂（王璐丹 摄）

法》《中华人民共和国商标法》《中华人民共和国网络安全法》等 4 个专题集中学法，提升党员领导干部法治思维。开展“法企共建”活动，提高企业劳资人员法律意识；完善“一村（社区）一顾问”制度，开展“定时＋及时”常态化法律服务，让群众不出村（社区）就能享受到便捷的法律服务。以“聚焦富民·法护打工路”为主题，开展送法进工地、送法进社区等农民工学法活动。全省第三届司法日，与市局联合举办“法治惠民·12348 在行动”司法日系列活动，为群众提供各类法律信息和法律服务。开展“美好生活·德法相伴”活动，在街道、村居建设一批“尚法民德文化墙”。

（王璐丹）

【法治文化建设】 新民洲新红旗社区法治文化广场被授予第五批“省级法治文化建设示范点”，全区创建省级法治文化建设示范点 4 个。丹企社区、古城社区、大学山社区被命名为第十二批省级民主法治示范社区，全区省级民主法治示范社区（村）33 家，创建率达 51.52%，居全市前列。象山司法所以真实案例创作的小品《窗帘》，在全市“最美司法行政人”法治文艺调演中荣获一等奖。

（王璐丹）

【人民调解工作】 推行网格化管理制度，录入人民调解信息 1194 件，录入率 100%；开展矛盾纠纷排查调处“百日会战”专项活动，做到“小事不出村（居）、大事不出街道、矛盾不上交”。建成区人民调解委员会驻交警大队人民调解工作室、区环境保护纠纷人民调解委员会；在 500 人以上小区成立调解工作室 2 家、在 300 人以上企业成立调解工作室 2 家。在交通事故、医患纠纷、征地拆迁等矛盾多发的重点领域，突出行业性、专业性矛盾纠纷排查化解，推进公调对接、诉调对接、交调对接工作。

（王璐丹）

【特殊人群管控】 2017 年，全区接收社区服刑人员 118 名，在册 159 名，没有发生一起社区服刑人员脱管、漏管等问题。深化“五老”志愿者参与社区矫正工作，联合区关工委召开总结大会，对 10 名成绩突出的“五老”志愿者予以表彰奖励。67 名“五老”志愿者先后与 59 名社区服刑人员结对，实现“五老”志愿者与社区服刑人员“一对一”结对帮教。《人民日报》《江苏法制报》《镇江日报》等多家媒体对区“五老”志愿工作进行报道。接收刑释人员 59 人，帮教率 100%，坚持重点刑释人员必接必送制度。全年无重新犯罪情况发生。成立京口区解除强制隔离戒毒人员后续照管工作站和 6 个街道后续照管服务站，为纳入管理的解戒人员提供就业指导、心理危机干预等服务，无一人因监管不力发生问题。

（王璐丹）

【公共法律服务】 推进公共法律服务体系建设，打造“京口司法”亮点品牌。2017 年，办理公证 1286 件，提供法律咨询 400 余人次，未发生一起假证、错证案件。发挥区政府法律顾问团作用，全年为区政府提供法律服务 12 批次。全年办理法律援助案件 186 件，受援人满意率 100%。整合法律服务资源，突出加强公共法律服务建设，设立多个“零距离”办事窗口，实行局领导带班、工作人员轮流值班制度，为前来咨询办事群众提供了“一对一”法律咨询和服务。

（王璐丹）

【作风效能建设】 落实省司法厅 15 项富民惠民举措，组建“12348”法律服务队，利用“法企同行”送法进企业活动载体，开展“暖企助居惠民”大走访，推进“真·实”活动，大走访工作经验先后被《镇江日报》《江苏大走访》刊载。

（王璐丹）

军 事

责任编校：孙 可

综 述

【概况】 2017年，区人武部党委在军分区党委和区委、区政府领导下，坚持以学习贯彻中共十九大精神为首要政治任务，全面贯彻落国防动员体制改革，按照“不忘初心、牢记使命、奋发拼搏、确保安全”工作思路，开拓进取。坚持用集体领导、民主集中、个别酝酿、会议决定“十六字”原则规范党委工作，全体党员干部凝聚力、战斗力、执行力明显增强。坚持以履行使命任务为牵引，深入贯彻习主席强军目标重大战略思想，军事斗争准备不断拓展和深化。用“三个坚持”作为全年度工作指导主线，圆满完成年度各项工作任务，部队和国防后备力量建设实现新飞跃。（李学军）

【召开年度民兵集结点验大会】 4月12日上午，京口区人武部在市区古城公园举行象山、健康两个街道民兵整组工作点验大会。市委常委、军分区司令员曹寅莅临观摩指导，区委书记殷敏亲临现场。上午10时整，80名着装规范民兵集结，点验大会在雄壮的《中国人民解放军军歌》声中拉开帷幕，大会首先宣读民兵力量编组内容和民兵干部任（兼）职命令，区人武部军事科参谋钱蕴超组织全体民兵宣誓。新入队基干民兵张广鹏发言，表示坚守党的方针政策，做好现役部队助手，在地方“五个文明”（物质文明、政治文明、精神文明、社会文明、生态文明）建设中发挥应有贡献。曹寅对京口区在民兵整组工作中所取得成绩给予肯定。殷敏在讲话中要求：充分认清新形势下加强民兵预备役工作建设重要性，为幸福美丽京口发展建设做出贡献，利用对本地区社情熟、具有一定军事素质优势，在构建和谐社会中发挥作用。会议在《中国民兵之歌》声中结束。（李学军）

领导考察慰问

【省军区政委孟中康考察京口区人武部】 6月14日，省军区政委孟中康一行到京口区人武部考察调研。在听取区人武部政委倪新明（由部长改任政委）工作情况汇报后，孟中康指出，近年来，京口区人武部认真贯彻落实省军区党委以及镇江军分区部署要求，全面建设不断取得新发展进步，尤其是在党委班子建设、国防动员准备等方面很有成效，鼓励大家接续奋斗，并就当前及今后一个时期抓好中共十九大精神学习宣传、作风建设和安全稳定等方面提出具体要求。（李学军）

【京口区领导到人武部开展春节慰问】 1月18日下午，区政府区长殷敏、副区长郑兆巍等领导到区人武部开展春节慰问走访。殷敏代表区委、区政府带来新年祝福，并对区人武部2016年所做工作给予肯定。区委常委、人武部部长倪新明对殷敏区长一行到来表示感谢，表示在新的一年里，将以更加饱满的热情、全新面貌完成新时代赋予的历史使命，尤其在军改期间，正确对待个人得失，坚决服从上级命令，履行职责，积极发挥民兵突击队作用，为建设“强富美高”新京口做出贡献。（李学军）

加强征兵工作

【全力搞好征兵工作】 京口区人武部在年度夏秋季征兵中，以“五率”（报名率、上站率、合格率、择优率、退兵率）为抓手做好工作，努力提高征兵质量。广泛宣传造势提高报名率。利用辖区高校密集优势宣传，开展形式多样“征兵宣传进校园”活动。区人武部通过调查摸底，作出“向京口籍大学生发出一封信”活动，动员在外就读京口籍大学生回原籍报名。全区报名应征人数436名。持续跟踪管理提高上站率。对报名青年定期联系，跟踪掌握参军意愿、所处位置、家庭现状等情况。对初检合格、暑假回原籍大学生签订《预定兵通知书》，以便随时联得上、把得稳。严格初检初审提高合格率。坚持关口前移，采取社区把好调查关、街道把住初检关方式，严格初审初检，街道党工委集体研究确定送站人员。找准征集重点提高择优率。只要赶在定兵前来报名大学生，都组织专人陪同到医院体格检查，后与公安共同把好政审关，再逐个筛选、择优定兵，确保“双合格”(政治合格、体格合格)大学生批准入伍。严守政策法规降低退兵率。体格检查突出科室检查“细”、结论评定“慎”、复审复检“严”，防止带病入伍。政治审查突出无违纪、无政治性问题，按照省征兵办要求“零退兵”，杜绝责任退兵，实现年度征兵工作圆满收官。（李学军）

【聘请“廉洁征兵监督员”】 8月7日下午，京口区人武部召开全区2017年廉洁征兵监督员聘任会议。会上，区人武部政委倪新明为聘任的5名廉洁征兵监督员分别颁发聘书，就做好监督工作提出四点要求：要坚持原则，敢于碰硬，坚决维护党纪严肃性；要讲求方法，深入基层，找线索，查实情；要克服畏难情绪，不能把监督工作看成是摆设；要发现问题线索，第一时间报告，确保及时有效处理。会上监督员都表示遵守廉洁征兵制度，持续保持廉洁征兵高压态势，筑牢廉洁征兵“防火墙”，创造风清气正的征兵环境。（李学军）

加强内部建设和组织管理

【全面清查清理涉郭涉徐信息，确保托底归零】 5—6月，根据上级安排，京口区人武部做好全面彻底清查清理涉及党内军内腐败分子郭伯雄、徐才厚信息工作。通过召开会议，认真传达学习上级有关文件传真电报精神，使大家统一思想，及时对清查清理工作安排部署。部领导首先带队深入清查，做到逐个房间、逐台电脑、逐份文件、逐张照片全覆盖无死角清查清理。保密室、各科室资料室对往年留存资料书籍涉郭涉徐信息全面清查清理。干部职工还与本单位保密委员会签订涉郭涉徐信息清查清理托底归零承诺书，开展自查和互查。（李学军）

【在烈士陵园举行重温入党誓词活动】 11月24日，京口区人武部在镇江革命烈士陵园开展“不忘初心，重温入党誓词”主题活动。部机关全体人员和专武干部、民兵预备役人员60人参加活动。全体党员面向纪念碑肃立，先是向革命先烈默哀一分钟，然后在政委倪新明领宣下，全体宣誓人举起右拳，重温入党誓词，共同表达为党的事业奋斗终生坚定决心。最后大家参观镇江革命烈士纪念馆。这次活动让党员们身临其境，直面灵魂深处，深受教育，倍受鼓舞。大家表示要把誓词刻印于心，时刻叮嘱自己牢记党的宗旨，传承红色精神，以永不懈怠精神状态和一往无前奋斗姿态积极投身新时代强军兴军伟大事业。（李学军）

【谏壁电厂人武工作移交给京口区人武部管理】 10月16日，京口区人武部军事科参谋钱蕴超在谏壁电厂与该厂人武部部长汪洋举行人武工作交接仪式，将原隶属于润州区人武部管理的谏壁电厂人武工作移交给京口区人武部管理。谏壁电厂地处镇江市东郊，是中国最大火力发电厂，武装工作走在全市人武系统前列。谏壁电厂尽管地处京口区地理位置，可人武工作原由润州区人武部管理。2017年，根据镇江军分区对武装工作隶属关系规划调整，将谏壁电厂人武工作调整到由京口区人武部管理。（李学军）

秀美的焦山风光

城乡建设与管理

·综 述·

【概况】 2017年，区住建局局机关、建管处、村镇办分别创成“住建先锋”“安民服务”“三先惠民”党建品牌，全局“三星”级以上党支部占66.7%。全年办理回复政府“12345”热线1180件，人大、政协提案33件，各论坛、市长信箱等交办单29件，回复办结率达100%。先后获得市住房和城乡建设工作先进单位、党建工作科学化考核优胜单位、社会治安综合治理先进集体、“真·实系列主题活动优胜单位”等荣誉。 （张珀）

【项目建设】 全区实施城建重点项目28个，有小米山路（京口大润发段）、焦顶山路西段、华诚北路等建设。有贺家弄70号等危房解危工作。实施海绵城市项目19个。实施虹桥港水系周家庄综合整治等4个项目。年度投资额17.4亿元。京口区住建局抽调精干力量，成立城建工作领导小组，保证全年城建重点项目建设。

·拆迁工作·

【概况】 区住建局践行“依法征收、文明征收、和谐征收”理念，积极发扬“5＋2”“白＋黑”优良工作作风，完成全年征收拆迁、回迁安置等相关工作。

【推进房屋征收拆迁】 全区范围内征收拆迁目标任务面积为22万平方米，区住建局先后实施并完成许前许后搬迁项目、铁瓮城一期征收项目、创普大道张宋组搬迁项目等矛盾多、困难大征收拆迁工作。全年完成征收拆迁24万平方米、约1035户。强势推进拆迁扫尾工作，完成周家庄地块搬迁等7个项目115户扫尾任务。

【完善房产管理】 规范房产确权管理工作，房产档案实现全面信息化，确保万余份档案得到良好保管及利用。 （巫宣东）

·重点项目建设·

【改善城乡面貌】 通过实行制度化例会、节点化组织、常态化督查、精细化服务，保证小米山路（京口大润发段）、焦顶山路西段、华诚北路等重点道路项目按序时建设。

【提升城区品质】 推进危房解危工作，完成贺家弄70号、火坛楼巷14～15号、象山桥2村1～2号、2村3～4号等项目，计10620.7平方米。完成桃花坞二区等老旧小区改造17.1万平方米。

【完善城市功能】 组织实施海绵城市项目19个，投入资金3.12亿元，建成江滨泵站海绵公园项目。完成小米山路（京口大润发段）、象山桥危桥改造、华诚北路、宗泽路西段改造、新民洲园区10千伏电网改造等项目。落实“263”专项行动，成立局生态文明提升工作领导小组，定期召开项目推进协调会，强化系统治理理念，推进截污纳管、雨污分流工程，系统治理河道水体黑臭问题。组织实施虹桥港水系周家庄综合整治、谏壁污水处理厂一期二步工程等4个项目。建立完善象山圩区调换水机制，区域河道水质得到改善。 （陈廷震）

·物业管理·

【概况】 区住建局执行物业各项法规、条例，着力构建完善专业化、社会化、市场化物业管理机制，全面提高京口区物业管理和服务水平。

【严格物业管理全覆盖】 区物业管理联席会议办公室负责全覆盖工作双月考核、年终考核，每两个月通报考评结果，年终综合评价，各街道每月负责对辖区社区物业管理全覆盖工作考核。开展物业企业“创先争优”活动，“中建·大观天下”和“如意江南”两个小区被评为“江苏省示范物业管理项目”。

【保障业主权益】 化解物业矛盾。及时向物业企业了解情况，和当事人沟通，督促物业企业限期整改，保证办结率和满意率100%。协调处理“优山美地”“江山名洲”“竹林山庄”“太和广场”“馨逸家园”等小区物业矛盾，联合市住建部门对重大物业矛盾事件，采取约谈、现场督办等形式，纠正物业企业不规范服务行为，提高服务质量和水平。累计检查老旧小区248个次，下发整改通知72件，整改率达90%以上。

【注重宣传培训】 联合各单位开展多项物业管理方面法律法规宣传活动。组织辖区内街道、社区以及物业企业项目负责人近300人，对《镇江市物业管理实施办法》进行学习和政策解读。在城市客厅广场参加由上级部门开展的“共筑共享法治镇江”“综合法理和法治建设”法治宣传。局党委创新典型案例《推行物业党建联建，提升物业管理水平》入围全区优秀案例评选。

【改善园林绿化环境】 提升小区居住环境。将雅室小苑、桃花坞八区、江滨新村112～120幢、枫林湾小区19、27、29幢四个项目作为物业提升工程项目，总建筑面积10.94万平方米，惠及人口达4353人。（张明辉）

• 建筑业管理 •

【概况】 区住建局跟踪辖区内道路建设、拆迁安置房项目付款后纳税进度，完成建安营业税征管指标。严抓建筑拆除工地安全监管，保证全年无安全生产事故。

【确保建安税征缴】 与市建管处、税务等职能部门形成合力，织密建安税征缴网络，完成建安营业税0.514亿元，超额完成全年目标任务。

【强化安全生产】 全年组织安全生产检查37次，发现安全隐患19条，发出整改通知书9份，下发停工整改通知书7份，并全部及时整改到位，为全年无安全生产事故奠定基础。处理农民工讨薪事件23起，涉及286人，为农民工讨回欠款约953万元。（庄伟武）

城市管理与环境卫生

【概况】 2017年，区城管局完成46个城市环境综合整治项目。全年保持高压态势整治违法建设；对主次干道沿线、菜市场和校园周边、广场周边等重点区域进行占道经营整治；集中整治主次干道店牌字招；强化渣土扬尘整治；对临时疏导点开展提档升级管理；推广生活垃圾分类试点工作；实施“2＋X”联勤联动（“2”指网格化与网络化，“X”指城管、公安、住建、环保、市场监督、卫计委、交警、规划等相关部门，“联勤”指城管、公安、街道等单位和部门一起联合勤务，“联动”指工作站站长牵头，相关单位和部门一起联合行动）综合治理试点工作，形成信息传递快、问题交办快、处置整改快的管理模式。开展“三联三提升”（三联即局领导联系街道、科室部门联系社区、工作人员联系网格；三提升即提升环境卫生质量、提升管理秩序效果、提升文明素质水平）活动。完成年度城市管理目标任务。大城管考核继续保持全市领先。（陈梦宇）

【探索网格化治理模式】 实施“2＋X”联勤联动综合治理试点工作。在苏宁广场、城市客厅、欧尚超市、桃花坞、中建大观、江苏大学建立六个共治共享工作站。研发城管智能数据平台。接入微信公众号，力求达到信息传递快、问题交办快、处置整改快的管理模式。全年区级数字化城管平台接市级考核下派案件15322件，整改率为94.60%；区级考核人员挂钩街道对“网格化”工作进行考核，采集案件8809件，整改率为94.64%。（陈梦宇）

【专项整治】 违法建设整治。参与制定《京口区城市建成区违法建设专项治理工作行动方案》，强化“属地管理”原则，健全防违目标责任考核机制。拆除违法建设651处，面积约10.9万平方米，其中新违建229处，面积约2万平方米，存量违建422处，面积约8.9万平方米。

占道经营整治。重点整治主次干道沿线、菜市场和校园周边、广场周边等区域，出动执法人员1.3万余人次，取缔各类占道经营行为8100余处，店面外溢2700余起，暂扣违章经营当事人经营物品计900余件，下发责令整改通知书390余份。对辖区12处“马路市场”宣传告知，要求限期内自行解散。露天烧烤整治过程中，有52户进入室内经营（含3户新疆籍露天烧烤经营户），4户停业或转行经营，29户流动烧烤摊点全部取缔。

户外广告整治。投入资金20余

“2＋X”联勤联动队员行动中，劝离流动车载经营（周超然 摄）

万元，对辖区主次干道124户临街店铺破损店招整修，面积合计约860平方米。筹措资金150余万元对九里街、珍珠路、花山湾支路、桃花坞路、江滨新村怡馨路实施店牌字招专项整治。完成中山路、解放路、梦溪路等6条道路街景规划设计方案。配合文明城市创建、低碳环保大会召开、江苏发展大会召开、931生态环境治理、263综合环境整治等行动，全年协调落实大型户外广告位80余块次公益广告内容宣传。

渣土扬尘整治。建立健全“三位一体”联合巡查机制，保证在一线及时发现问题、处置问题。出动管理人员和执法人员5900人，检查处置工地2300余次，检查渣土车900辆次，查纠违规行为250次，开具违法违章处理通知书70份，暂扣车辆行驶证50本。

城市环境综合整治。46个城市环境综合整治项目全部竣工。加强过程监管，现场督促推进，如期完成年度目标任务。加强疏导点管理。对40处临时疏导点实行备案制管理，14处疏导点完成整体提升。撤销合并市容问题突出疏导点，通过治理使疏导点成为“秩序井然、环境整洁、文明和谐”城市窗口。

保洁提标行动。结合新一轮道路市场化保洁招标，重新制定标准，强化考核。保证每周2次的大冲洗制度。帮助无物业小区清运杂物，清理卫生死角950余处，清理垃圾杂物1900余吨。（陈梦宇）

【推进民生改善】 新建10座公厕、改造3座年久失修公厕，新建2座垃圾中转站。开展生活垃圾分类试点工作，完成37个小区垃圾分类设施设置工作，投放70座垃圾分类亭、800余只不锈钢垃圾分类容器、2000余只塑料垃圾分类容器，垃圾分类设施覆盖达到年度目标。（陈梦宇）

【文明城市省检工作】 实施“五大行动”（环境卫生清洁行动、市容环境美化行动、环卫设施改善行动、道路畅通便民行动、综合考评监督行动）。采取定人、定时、定地段、定责任方式，确保见人见效；成立专业应急处置队伍，负责各自职责范围内突发事件处置；落实局领导挂钩街道、科室部门挂钩网格工作机制，加大对环境卫生、市容市貌、安全生产等方面督导频次，推动问题发现在基层、解决在源头。（陈梦宇）

【开展“三联三提升”活动】 在京口城管系统内开展“三联三提升”结对走访活动。由局领导带队，系统全体人员参与到网格内，深入基层每一个社区。以科室部门为单位，结对主城区一个网格，全面覆盖主城区所有社区，广泛征求居民群众对城市管理工作意见和建议，做好结对社区“服务者”和“店小二”。出动干部职工下基层社区走访2946人次，帮助协调解决辖区内道路坑洼不平等问题341条。（陈梦宇）

【队伍建设】 推进“两学一做”学习教育常态化制度化，打造“百姓城管”党建品牌，组织“旗帜鲜明讲政治”“我为创新、富民做什么”“三新”（新理念、新思想、新战略）专题学习大讨论活动，举办一把手上党课活动。对焦山社区、东京村农户家庭和企业开展“暖企、惠民、助居”大走访。注重内部建章立制，制定《京口区城管局职工平时考核实施办法》《京口区城管局机关作风效能类考核实施细则》等规章制度，强化监督考核，规范工作制度与工作行为。组织部分党员干部赴古田接受红色学习教育，缅怀历史，坚定信仰，提振城管队伍精气神。（陈梦宇）

生态与环境保护

【概况】 2017年，京口区空气质量达到二级标准天数206天；PM2.5平均浓度49微克/立方米；国控断面（国家监控的水体水质监测断面）、省控断面（省级监控的水体水质监测断面）水质全面达标，达标率100%。开展区域环境综合整治、“263”专项行动（“两减六治三提升”：减少煤炭消费总量、减少化工企业数量、治理太湖水环境、治理生活垃圾、治理黑臭水体、治理畜禽养殖污染、治理挥发性有机物污染、治理环境隐患、提升生态保护水平、提升环境经济政策调控水平、提升环境执法监管水平）、污染减排、环境监管服务、环境宣传教育等工作，完成各项指标和重点任务，被京口区委、区政府评为“2017年度区级机关目标绩效考核优胜单位”。

【水、气、土污染防治情况】 水环境综合整治。完成谏壁月湖码头、抽水站专用码头、候姚组农村生活污水收集处理工程、谏壁城镇污水管网建设和新民洲水系综合整治工程等27项水污染防治项目。基本消除黑臭水体，完成新民洲朝阳河、大寨港、一夜河西段等河道清淤工作，改善城市河道整体环境质量。完成江滨泵站海绵公园建设，投资1800多万元对孟家湾湖和玉带河综合整治，提高水体自净能力，开展入江支流专项整治。

大气环境综合整治。从落实燃煤小锅炉整治、减排升级改造、挥发性有机物治理等方面强化大气污染防治，全年完成32项大气污染防治工程项目。重点排污单位提标改造方面，推进江苏鸿泰钢铁有限公司实施品种结构调整炼钢升级项目；完成谏壁电厂8～10号机组关停、江苏索普集团煤电机组脱硫脱硝提标改造。完成镇江印刷厂、鼎胜新材、索普化工基地等9项挥发性有机物治理任务。其中索普化工基地作为全省挥发性有机物调查和整试点之一，对化工基地“发货岛”环节及罐区醋酸乙酯的储存进行挥发性有机物污染综合治理。开展汽车维修、餐饮等行业专项整治，针对招商北固湾三区商住综合楼餐饮店油烟、异味、废气等扰民问题处理得到省、市主流媒体重点报道和肯定。

土壤综合整治。出台《镇江市京口区土壤污染防治工作方案》及《镇江市京口区土壤污染防治与修复规划》，完成农用地详查点位的核实及采样工作。印发《京口区土壤环境重点监控企业名单（第一批）》，与6家重点监管企业签订土壤污染防治责任书。完成镇江飞驰汽车集团有限责任公司原厂址地块、原金河纸业地块生态修复工作，启动格兰春普第二阶段场地详查工作。

6月3日，“6·5”世界环境日宣传活动（区环保局供图）

【“263”专项行动】 围绕结构调整、治污减排、生态保护等重点领域，通过巡查督查、问题交办、媒体曝光、简报通报、年度考核等形式推进“263”专项行动。镇江电视台新闻频道“263在行动”专栏曝光10件问题，除一件正在进行招投标外，其余9件整改完毕并接受电视台回访。全年累计下发交办单58份、印发督查通报13期、工作简报18期。以打造生态美丽京口为目标，实施生态文明提升工程，排定99个重点项目，截至年底，所有项目全部完成目标任务。

【污染减排】 全年京口区实施污染减排重点项目12个，其中水污染物结构减排项目4个、大气污染物减排工业治理类项目3个、结构减排项目5个，至年底全部完成。全年削减化学需氧量493.2吨、氨氮62.67吨、二氧化硫842吨，氮氧化物679.5吨，削减率分别为6.05%、5.75%、7.7%、5.1%。

【区域生态环境综合整治】 重点实施谏壁片区和城东片区环境综合整治。完成谏壁发电厂8、9、10号机组超低排放改造项目、江苏索普集团脱硫除尘改造项目；关停创普大道南段11家企业，10家混凝土黑站；推进索普化工基地和新区化工园区周边居民搬迁，搬迁居民约1629户、23.76万平方米。联合农委、城管等职能部门，对河道、建筑垃圾和生活垃圾、影响市容环境无证无照生产经营加工点等整治。结合大禹山片区综合整治开发，与同济大学、华中科技大学等高校专家对接，考察原北京城区垃圾填埋场、武汉北洋桥垃圾填埋场等项目现场，与武汉环投集团、英国FLI环境治理有限公司、台湾华威开发有限公司交流，持续推进城东垃圾填埋场整治。

【环境监管服务】 开展砖瓦行业、打击固体废物非法转移、混凝土黑站及港口码头整治等专项执法行动，参加太湖安全度夏交叉执法检查，制止和惩处破坏环境行为。全年下达环境监察意见书65份，立案处罚13起，查封扣押2起，按日计罚1起，限产停产5起，移送公安1起，处罚金额198.8万元，数额约为前5年的总和。落实环评审批制度，全年审批受理建设项目15个，办结15个，办结率100%。落实企业环保信用评价，全年对7家国控企业、59家非国控企业环保信用评定。加强环境应急管理，完成6家重点环境风险源单位突发环境事件应急预案备案，同时联合市环保局、索普集团开展索普码头环境突发事件应急演练。做好环境信访工作，通过大接访、领导带案下访、召开圆桌会议、群众座谈会等方式，处理群众来电来信来访。全年受理各种污染投诉1673件，环境信访投诉总量较上年下降32%。

【环境宣传教育】 创新宣传形式，形成环保新媒体传播矩阵，及时回应社会关切。在《镇江日报》、《京江晚报》、京口发布、京口网站等平台发布各类环保报道230余篇，通过微信公众号推送专题宣传16篇，2017年8月21日在《镇江日报》专版刊登题为《京口生态环保建设永在“进行时”》报道。使公众零距离感受环境保护。4月，区环保局组织江苏大学幼儿园小朋友参观镇江市餐厨垃圾处；5月，区环保局运用微信投票的方式联合教育局开展“寻找环保小天使”儿童绘画大赛。7月，区环保局聘请16位市民行风监督员走进索普集团，近距离了解身边化工企业，共同关注环境质量。（丁梦薇）

7月31日，区环保局邀请部分行风监督员走进索普展示馆（区环保局供图）

综合经济管理

责任编校：凌　晨

规划管理

【概况】　2017年，镇江市规划局京口分局投身京口城建重点项目建设，按照市局部署，创新理念，改进方法，加强管理，坚持依法行政，切实发挥城乡规划在经济社会发展中引导作用。（姚丽萍）

【行政许可】　严格执行“一书两证”（选址意见书、建设用地规划许可证、建设工程规划许可证）核发制度，办理选址意见书2份，用地面积0.28公顷；建设用地规划许可证10份，用地面积92.01公顷；建设工程规划许可证24份，总建筑面积5.23万平方米；完成竣工核实15份，建筑面积5.71万平方米。累计批前公示计20份，办结率百分之百。（张明）

【规划编制】　指导京口工业园进行园区规划修编，指导新民洲管委会进行新民洲镇总体规划修编；协助区政府和市规划局开展禹山北片区规划方案征集并组织专家评审；组织开展花山湾桃花坞片区综合环境整治（交通篇）等片区规划研究；研究编制孟家湾地块、二重地块、王家湾地块上市前规划条件；配合市局与区政府，展开“金山湖河长”相关工作。（周斌）

2017年8月，规划京口分局局长凌明忠（右一）带领业务骨干为企业送证上门
（市规划局京口分局供图）

【服务项目】　走访日泰生物、新民洲中林产业园等重点企业，加强效能革命建设，服务企业10余家、项目20余件。参与市、区两级开展的“暖企惠民”大走访活动，深入街道、园区，走访企业10余家，居民50余户。联合行政服务中心等单位，开展服务企业、服务社区行动。开展“大排查大整治”，排查辖区内企业违建情况，梳理未办手续项目，截至年底所有项目均整改到位。（卞凤兵）

【执法检查】　核查住建部第11期193个规划遥感督察图斑，其中涉及京口区图斑39个，截至年底已整改到位。（周斌）

【信访工作】　受理各类领导信箱、网上建议咨询投诉、“12345”便民服务15份，答复人大、政协提案5件。（姚丽萍）

【规划宣传】　开展“真·实”主题实践、“统一活动日”“党员进万家”“献爱心、送温暖”活动。结合“两学一做”，开展“微党课”学习党章党规、社会主义核心价值观等内容，组织党员干部写体会、谈体会。结对粮山社区，深化“三岗三责”志愿服务。建立健全服务制度，持续扎实开展“走转连”、“三解三促”等活动。打造党建服务品牌，

给予企业对口规划指导，加强新型党组织建设。（祝再军）

国土资源管理

【概况】 2017年，镇江市国土京口分局紧紧围绕区域经济和社会事业发展中心，以服务大局、保障发展为主线，以保护资源、节约集约为目标，以强化职能、依法行政为准则，以落实责任、清正廉洁为底线，完成全年各项目标任务，为全区经济可持续发展提供坚强有力资源保障。创成2015—2017镇江市预防职务犯罪先进单位，被市局表彰为2017年度全市国土资源工作先进单位、党风廉政建设工作先进单位，被区委、区政府表彰为党建工作科学化考核优胜单位、绩效考核优胜单位。（王建）

2017年12月，京口区委书记殷敏（左二）调研土地复垦工作（市国土京口分局供图）

【土地资源现状】 截至2017年年末，全区总面积12468.63公顷，各类土地现状分别为：耕地1683.41公顷，其中水田684.18公顷、水浇地15.58公顷、旱地983.65公顷。园地299.97公顷，其中果园45.52公顷、茶园5.17公顷、其他园地249.28公顷。林地360.80公顷，其中有林地221.03公顷、灌木林地118.57公顷、其他林地21.20公顷。草地28.22公顷，其中人工牧草地0.02公顷、其他草地28.20公顷。城镇村及工矿用地4693.03公顷，其中城市用地2310.64公顷、建制镇用地1194.47公顷、村庄用地471.35公顷、采（工）矿用地547.80公顷、风景名胜及特殊用地168.77公顷。交通运输用地579.57公顷，其中铁路用地42.49公顷、公路用地358.24公顷、农村道路用地104.59公顷、港口码头用地73.87公顷、管道运输用地0.38公顷。水域及水利设施用地4742.46公顷，其中河流水面2651.52公顷、坑塘水面228.81公顷、内陆滩涂1544.18公顷、沟渠114.23公顷、水工建筑用地203.72公顷。其他土地81.17公顷，其中设施农用地19.25公顷、田坎61.92公顷。（吴文君）

5月27日，举办镇江市京口区2017年度地质灾害应急演练（市国土京口分局供图）

【建设用地管理】 服务供地项目12宗，总面积128.56公顷，用地预审15宗，总面积71.44公顷，项目用地符合土地利用总体规划、年度计划及国家产业政策；完成征地补偿项目14宗，征地补偿面积117.30公顷，拨付各项补偿款3210.7万元，安置被征地农民785人，拨付社会保障资金和生活补助费6893万元。（顾君　孔国华）

【耕地保护】 对市政府下达的866.67公顷耕地保有量和180.00公顷基本农田保护层层签订责任状，完善耕地保护责任目标考核办法，加大日常巡查和违法查处力度，实现耕地保护100%目标，严格对照标准推进新民洲200.00公顷高标准农田建设，通过市局和省厅验收。实施耕地占补平衡项目5个，其中共青团农场东滩4个、谏壁街道粮山社区1个，项目建设总规模52.87公顷，竣工项目新增耕地47.80公顷，通过市局验收。（顾君　吴文君）

【国土资源执法检查】 立案查处土地违法类案件10宗，面积10.598公顷，其中耕地0.212公顷，罚款431073元。落实罚款280662元，办结案件2宗，终止调查案件1宗。组织土地动态巡查66次，巡查项目291个，巡查面积2195.54公顷。受理人民来信来访13件，其中上级部门转办12件、本局来信来访1宗。办结市政府“12345”服务热线94起。受理的13件次信访及94起市政府“12345”服务热线全部结案，办结率100%。全年未发生一起群众恶性越级重复进京到省到市走访反映问题情况。（焦春桂　冯素楠）

【矿山地质环境整治】 加快推进国家级废弃矿山治理示范工程和雩山水泥厂废弃宕口整治。组织矿政巡查69次，严厉打击非法盗采行为。加强地质灾害防治工作，向各街道、园区、临港产业园下发《地质灾害防治工作责任书》和《2017年京口区斜坡地质灾害防治方案》。加强地质灾害隐患点排查力度，2017年排查的52处地质灾害隐患点均已落实相应责任监测人与防灾人，“两卡一案”全部发放到位，落实到户。加大对地质灾害隐患点治理力度，完成宝塔山公园、技师学院、北固山东南侧、数帆亭、焦山公园古炮台对面、宗泽路基站、北吕二组山体6处隐患点治理。严格执行地质灾害24小时值班制度、领导带班制度、地质灾害巡查制度和灾险情速报制度等制度，组织巡查49余次，及时发送预警短信600余条。组织地质灾害应急演练，提升全区地质灾害预防和应急响应能力。全面落实地质灾害危险性评估级别核定工作，备案率100%。（刘瑛）

市场监督管理

【概况】 2017年，京口区市场监督管理局紧紧围绕服务发展主线、守牢安全底线要求，履行监管职责、维护市场秩序、服务区域经济发展，各项工作进展有序、成效明显。（袁卉）

【市场准入环境】 推进商事制度改革，推行“多证合一”（在全面实施企业、农民专业合作社工商营业执照、组织机构代码证、税务登记证、社会保险登记证、统计登记证“五证合一、一照一码”登记制度改革和个体工商户工商营业执照、税务登记证“两证整合”的基础上，将涉及企业登记、备案等有关事项和各类证照进一步整合到营业执照上）、“一照一码”（通过“一窗受理、互联互通、信息共享”，将由工商行政管理、质量技术监督、税务三个部门分别核发不同证照，改为由工商行政管理部门核发一个加载法人和其他组织统一社会信用代码的营业执照）。在全省率先实现企业简易注销登记改革，构建便捷有序市场退出机制。推进“3550”（开办企业3个工作日内完成、不动产登记5个工作日内完成、工业建设项目施工许可50个工作日内完成）和不见面审批改革，主动融入镇江“e办事”审批平台，推广市场主体名称网上自主申报，提高登记注册便利化水平。新登记市场主体7488户，比上年增长42.45%；注册资本169亿元，比上年增长40.51%。推进商事制度改革，行政注册科被省工商局给予“嘉奖”奖励、被市政府办评为“辖市区政务服务中心群众满意窗口”。（袁卉）

2017年3月15日，隆重纪念“3·15”国际消费者权益日暨大市口商圈企业诚信联盟启动仪式（区市场监督管理局供图）

【事中事后监管】 完成2016年度年报公示，做好宣传普及、咨询解答、操作指导，完成年报企业7538户，年报率达76%。推进“证照联动”（指证照管理部门将市场主体营业执照及相关行政许可审批、监管信息，通过证照联动监管平台共享并依法实施监管的工作机制）事中事后监管，牵头提请区政府建立证照联动监管联席会议制度，明确24家成员单位，建立联系QQ群。实施企业年报公示信息定向抽查、“双随机”（监管过程中随机抽取检查对象，随机选派执法检查人员）抽查、个体工商户年报信息检查、农民专业合作社年报检查等多项企业监管抽查，抽查企业365户。落实经营异常名录和黑名单管理制度，实施信用约束与惩戒，将84户无法联系住所企业列入经营异常名录，356户企业主动整改问题后移出经营异常名录。（袁卉）

【市场秩序整治】 重点领域市场监管执法。查处商标侵权、不符合特种设备安全标准特种设备、销售不合格商品和不符合食品安全标准的食品等行政违法案件50余起。线上线下一体化监管。规范网络市场经营秩序，检查核实网址365个、“工商网监”贴标网站审核成功167个、办理网络案件4件。指导“大禹山创意新社区”创建省级“网络市场监管与服务示范区”，辖区2个网络平台、6个网店被评为电子商务领域放心消费创建示范单位。广告监管。开展查处违法广告集中行动，加大违法广告查处力度，查处广告违法案件4件。商标专用权保护。落实“双打”（打击侵犯知识产权和制售假冒伪劣商品）任务，加大打击力度，查处侵权商标案件6件。清风行动中，联合区金融办、公安

2017 年 7 月，举办“情系民生 你点我检”广场活动（区市场监督管理局供图）

京口分局集中整治辖区内金融消费和投资理财广告，检查投资理财企业 400 多家，遏制违法投资理财广告泛滥局面，保护群众利益。（袁卉）

【食品安全监管】 坚持部门协调指导、各方联合行动、社会广泛参与原则，推进省级食品安全示范区创建。围绕食品生产企业风险分级，全项目检查 12 家食品生产企业；按照原料来源可上溯，产品销售可追踪要求，推进 1 家食品生产企业质量安全电子追溯系统建设，并通过市食药局考核；落实食品生产企业信用管理，指导 3 家大型企业申请红名单。根据国家食药监局《食品生产经营风险分级管理办法》，完成流通环节食品安全风险等级评定。大统华北固湾店、欧尚超市 2 家申报放心肉菜示范超市，中建大观农贸市场申报规范化农贸市场，元致亨江大店申报农村食品示范店，均已通过市食药监局验收。牵头推进餐饮安全示范区、A 级学校食堂创建，“明厨亮灶”工程建设、餐饮环节量化分级等放心餐桌工程建设。苏宁广场“餐饮区安全示范区”高质量通过市级考核验收，经验在全市系统内推广。开展“情系民生，你点我检”广场活动，接受咨询 850 余次，发放宣传资料 2200 余份，快速检测食品安全 360 多批次，被市食安委评为 2017 年镇江市“情系民生，你点我检”服务品牌创建先进单位。完成国际低碳大会、全国电子菁英赛、全国学前教育大会、市“两会”、市第十五届运动会等重大活动保障 6 次。（袁卉）

【消费环境建设】 开展“放心消费”创建，构建消费维权社会共治良好格局。完善消费维权诚信体系，成立以“政府倡导、企业响应，诚信服务、消费无忧，百年商圈、再展雄风”为宗旨大市口商圈诚信联盟。加强流通领域商品质量监管，抽检辖区内儿童服装、儿童玩具、数字移动电话机、床上用品等 25 类商品 280 个批次。受理投诉 2808 件，按时办结率 100%，群众满意率达 98% 以上。（袁卉）

【惠民工程】 免费检定全区 292 台（件）在用医用计量器具、694 台农贸市场强制性计量器具。专项监督检查商品包装和定量包装计量，检查生产企业、销售单位 14 家，检查在用衡器 68 台（件），抽查定量包装和商品包装 126 批次，合格率 99.2%。推进诚信计量示范单位创建，镇江新欣市场管理有限公司中建大观菜市场等 5 家单位获评 2016 年度省级“诚信计量示范单位”；组织江苏永辉超市有限公司镇江禹山路分公司等 5 家单位申报 2017 年度省级诚信计量示范单位。（袁卉）

【特种设备安全监管】 以安全生产隐患大排查大整治行动为主线，落实特种设备安全监察职责。开展电梯安全、涉危化品企业、气瓶等专项整治，从严打击特种设备使用环节违法违规行为。累计出动执法人员 375 人次，检查特种设备使用单位、气瓶检测、充装单位以及电梯维保单位 182 家，发现安全隐患 92 项，下达安全监察指令书 39 份，移交稽查及分局依法查处 8 起，处理“12345”等各类群众投诉举报 87 起，核实处理检验机构移交安全隐患 378 项。针对中共十九大、高温等重点时段，集中精力开展全区安全生产大检查和百日执法行动，与区安委办各成员单位开展联合执法，形成监管合力。截至年底，注册登记特种设备 8138 台（件），全年未发生安全监察责任事故和特种设备重特大事故。（袁卉）

【助力企业发展】 为江苏鼎盛新能源材料股份有限公司等企业办理动产抵押登记 5 件，助企融资 3.2 亿元。加大自主品牌培育力度，助推企业转型升级。新增商标 220 件，新培育申报知名商标 6 件。指导采标企业做好网上申报，完成 1 家企业 2 个产品采标工作，指导 25 家企业进行企业产品标准自我声明，声明产品标准 91 项。组织中储粮、鼎胜新材等 5 家企业在中储粮开展 2017 年“质量专家诊断行动”。组织国电江苏谏壁发电有限公司和中储粮镇江粮油有限公司申报镇江市市长质量奖。组织江苏索普集团申报并获得 2017 年度江苏省工业企业质量信用 AA 级企业。组织江苏索普（集团）有限公司、江苏索普化工股份有限公司 2 家企业申报并获得 2017 年江苏名牌。指导京口现代农业产业园通过省级农业标准化示范区考核验收，获良好等级。（袁卉）

安全生产监督管理

【概况】 2017 年，京口区安监局深入贯彻落实习近平总书记、李克强总理等中央领导同志重要指示

2017 年 5 月 22 日至 27 日，在中国矿业大学举办全区安监系统能力素质提升研修班
（区安监局供图）

和省、市、区主要领导重要批示及上级安全生产工作会议的一系列决策部署，以落实《中共中央国务院关于推进安全生产领域改革发展的意见》为主线，以安全生产大检查和“打非治违”、专项整治和一体化执法为抓手，扎实开展各项安全监管工作，全年发生生产安全事故 3 起，死伤 3 人，被市安委会评为 2017 年度全市安全生产先进单位。（王峥）

【安全监管责任制落实】　按照“党政同责、一岗双责、失职追责”要求，严格按照《镇江市京口区安全生产目标管理考核奖惩办法》，区政府与全区 23 家安全生产责任单位分别签订下发 2017 年度安全生产责任书和任务书。在元旦、春节、全国“两会”、“五一”、国庆等重大节庆假日期间，全区各级党委、政府及部门领导带队对全区重点行业企业和重大危险源点开展拉网式检查。中共十九大召开期间，按照国务院和省、市统一部署，严格按照大排查、大整治每周工作推进表，深入基层一线、企业车间、项目现场开展大排查活动，针对发现问题综合研判、现场办公、落实整改。全年检查各类生产经营单位 2963 家次，排查出各类安全隐患 4112 个，查出隐患均及时整改到位。（王峥）

【安全生产重点工作】　开展“安全生产执法年”活动。将事故防范重心从事后处罚追责转变为事前隐患排查整改，把加强事前处罚作为安全生产执法工作新常态、大方向，倒逼企业主体责任落实。探索建立“服务于前、执法跟进、长效监管”执法检查新机制，分类明确执法重点企业，组织第三方专业机构和专家进驻，督办企业限期整改隐患，专家复查整改情况，对未完成隐患整改企业一律依法立案查处。制定下发《京口区安全生产监管监察系统夏季安全生产百日执法行动方案的通知》，严格按照省、市要求开展大检查、大排查、大整治和夏季执法行动。

推进“互联网 + 安全生产平台”建设。通过大数据分析帮助企业调整各环节安全管理，加强对企业安全生产工作情况动态监管，最终实现从“治患”到“治本”。128 家不同类别企业安装巡检点 639 个，通过“互联网 + 安全生产平台”上报巡检数据 891 条。

推进安全生产网格化监管。结合实际制定下发《京口区安全生产网格化管理实施方案》，按照“重点突出、便于监管”等要求划分网格。区安全生产网格管理中心（后称“区安委会”）为一级网格，街道（园区）为二级网格 8 个，村（社区）为三级网格 68 个，生产经营单位为四级网格 521 个。每一个网格内责任单位与责任人实现“四定”（定岗位、定职责、定责任、定制度）机制，实现与安全生产工作全面覆盖。（王峥）

【安全生产基层基础】　按照一年打基础、两年见成效、三年上台阶工作目标，从健全工作制度，细化工作职能、完善工作制度、规范工作台账四方面，对 8 家街道（园区）开展调研摸底，落实“基层安监机构规范化建设和能力提升年”活动。提升基层业务，5 月 22 日至 27 日区安委办和中国矿业大学联合举办全区安监系统能力素质提升研修班，各街道、园区和安全生产职能部门 45 名人员参加。（王峥）

【职业卫生监管】　加大对全区用人单位开展职业卫生基本情况摸底工作力度，全区 253 家用人单位进行网上职业病危害因素申报，申报劳动总人数达 8517 人。（王峥）

【应急演练和值班值守】　细化落实全区安监战线 24 小时不间断专人值班和领导带班制度，加大重大节日期间安全值守。广泛采取突击式应急演练，聘请市安全生产专家库成员现场讲评，提高企业应对危险源点各类事故现场处置能力。6 月 26 日，在中储粮镇江基地开展京口区“安全生产月”综合应急预案演练。（王峥）

审计管理

【概况】　2017 年，京口区审计局贯彻落实全国、省市审计会议精神，履行审计监督职能，全年开展各类审计项目 18 个，其中财政审计 3 个、经济责任审计 5 个、工程决算审计 5 个、跟踪审计 3 个、专项审计调查 2 个。查出各类问题 58 个，涉及金额 4.69 亿元，节约财政建设资金 5860 万元，提出审计建议被采纳 61 条。（张雪君）

【预算执行和其他财政财务收支审计】　审计京口区本级 2016 年度预算执行和其他财政财务收支情况，

4月，镇江市审计局局长乔文兵（右起第三位）到京口调研“做合格审计人”大讨论主题活动（区审计局供图）

重点关注政府预算真实性、完整性，存量资金盘活，与民生、促进经济社会发展有关的专项资金管理、使用及效益等情况。延伸审计区城管系统和区教育系统37家单位部门预算执行情况，审计查出19类问题，从完善制度、加强预算、财务和资产管理等方面提出审计建议16条。（许璐）

【经济责任审计】 实施领导干部经济责任审计5个，加大对公共资金、国有资产、民生资金、实事项目和部门预决算公开等事项监督力度，审计查出各类问题27个，管理不规范金额12173.49万元，提出审计建议被采纳13条。（朱靖 胡云茹）

【专项审计调查】 审计调查区民政局等4家部门2016年度“三公经费”等公务费用和区教育发展专项资金，发现审计问题13个，从财务、资产管理和绩效管理等方面提出审计建议6条。（许璐）

【固定资产投资审计】 开展决算、跟踪审计项目8个，其中景阳山庄拆迁安置房工程结算审计和京岘家园拆迁安置房竣工决算审计，涉及审计金额19.29亿元；孟家湾拆迁安置房建设工程等跟踪审计3个，对申报的1.08亿元产值审核，核减产值1777万元。按季度出具阶段性审计报告9个，针对建设程序等方面存在问题提出建议30条；华诚二期安置房工程等工程审计3个，送审金额2.69亿元，核减金额4314万元。（王杰威）

【审计成果转化】 组织开展内部审计，指导监督四牌楼街道等5家单位内审，加强审计结果运用。加强对审计发现问题整改力度，建立审计结果整改跟踪督查数据库，试行动态销号管理，促进节约财政建设资金1546万元。（朱靖）

【审计基础建设】 深化“审计业务导师制”，开展“合格审计人”大讨论活动，选派1名业务人员挂职市审计局参与重点审计项目，聘请市局业务骨干开展“同级审”、条口部门预算全覆盖、专项调查、经济责任等专题讲座6场。组织业务人员参加省、市相关业务、法规培训106人次。2017年增加中级审计师1名、高级工程师1名。做好“暖企惠民助居”大走访活动，走访企业6个，居民户438户，帮助居民解决实际问题4个。结对华润社区，助力社区被评为省文明社区，成立全市首个未成年人救助保护站。做好精准扶贫，配合社区开展“低碳”、“粽爱端午·情满社区”、防空疏散演练等主题活动。（许璐）

统计管理

【概况】 2017年，京口区统计局紧紧围绕区委、区政府战略部署，较好地完成各项统计工作任务。在2017年度辖市区统计工作综合考核中，区统计局被评为优秀等次。在辖市区各专业业务考核中，有5项工作获得优秀等次、12项工作获得良好等次。“建模立库，打通统计服务‘最后一公里’”项目分别被省统计局、市统计局评为2017年度全省统计规范化建设管理创新项目、2017年度全市县级统计管理服务宣传创新示范十佳项目；工交能源科科长徐锁夕同志被评为2017年度全省基层统计岗位标兵。京口工业园区左湖村村委会廖玮被命名为镇江市“优秀普查员”称号。（胡涛）

【统计年定报】 抓好工业、房地产和建筑业、规上服务业及贸易业年定报业务培训，举办年定报业务培训会议4场，近280家企业统计人员参加会议。建立上下联动预警机制，配合各部门及街道、园区分解分析重点指标，做好监测预警与信息共享，提高数据支撑力度。加强重点产业类投资项目和“四上”（规模以上工业、规模以上服务业、限额以上批发零售住宿餐饮业、资质以上建筑和房地产业）企业“三个一批”（招引、巩固、培育）情况跟踪监测，达标企业做到及时入库列统。（胡涛）

【统计服务】 加强预测分析重点指标，提前预测苏南地区重点指标对比排名情况，深入开展专题分析研究，形成20多篇分析报告，其中《京口区一季度工业经济运行简析》一文得到区领导肯定性批示。进一步改进《统计月度资料》，编纂刊印《京口统计年鉴》，正式上线“数据京口”查询平台手机客户端。向市统计局提供2016年全区统计公报，每月编印《京口统计月

2017年8月22日，国家统计局江苏调查总队总队长邓盛平（左起第三位）到京口区慰问记账户（区统计局供图）

报》，全年编发各类统计信息80余条，统计分析25篇，其中4篇被《京口信息》作为增刊发布。三篇统计分析在2016年度全市优秀统计分析评比中分别荣获辖市区优秀统计分析报告进度类一等奖和专题类二、三等奖。（胡涛）

【统计调查】　扎实开展第一次全国海洋经济调查，举办专题业务培训4场，清查摸底800余家涉海调查单位，一次性通过省海洋办的调查数据质量抽查。组织住户调查样本轮换工作座谈会、培训会3场，轮换摸底调查670户城乡一体化住户调查样本框，50户新住户开始新一轮记账。举办住户调查年中培训暨联谊会1场、专题业务培训会4场，加强记账户“一对一”辅导，提高基础工作规范水平。9月，受国家统计局镇江调查队委托，根据镇江“暖企惠民”大走访民意调查实施方案，组织对所辖5个村委会100户农户进行入户“暖企惠民”大走访民意调查回访。完成2017年度人口抽样调查、月度劳动力调查、工业成本费用、党风廉政建设满意度、省级机关绩效管理社会公众满意度调查等十余类专项调查。（胡涛）

【全区第三次全国农业普查】　按照国家方案统一规定，从2017年1月1日开始，第三次全国农业普查（以下简称三农普）正式进入现场登记阶段，京口区近百名普查人员使用手持移动采集终端（PDA），开始逐村、逐户、逐单位采集普查基础数据，到1月20日登记工作基本结束。1月中旬举办三农普数据处理业务培训班，50余名数据处理人员参加培训。登记期间，区农普办通过数据平台，实时监控各普查区PDA上报工作，每日在农普工作群公布更新普查进度，隔天反馈数据处理平台审核错误清单，各普查区按照错误清单逐项修改审核逻辑错误，做好数据核实对比分析。

京口区三农普涉及5个街道（园区），划分为20个普查区，56个普查小区，选聘104名普查员和普查指导员。普查结果显示，京口区正式登记总户数4168户，其中普通农业经营户4137户、规模农业经营户31户；登记总人数13153人，其中农业从业人员数8592人，农业生产经营单位62个，确权耕地669.6公顷，实际耕地1445.93公顷。（胡涛）

【统计普法宣传和统计执法】　多形式开展统计法律法规学习宣传，深入贯彻落实《关于深化统计管理体制改革提高统计数据真实性的实施意见》，向新增“四上”企业发放《统计法律事务告知书》和《统计知识伴你行》500余份。通过年报培训会、工业统计知识竞赛、收看统计法制动漫宣传片等活动，加强对700余名基层统计人员统计法律知识培训。开展统计法治广场宣传活动2场，发放《统计法实施条例》宣传折页、依法统计宣传纪念品500余份，利用区政府大屏幕循环播放《统计与我在一起》公益广告宣传片。按照“双随机”（在监管过程中随机抽取检查对象，随机选派执法检查人员）原则抽取20余家联网直报企业进行行政指导。加强统计队伍自我管控，结合工作实际梳理分析，从源头上防范统计造假、弄虚作假。全局3人取得国家级统计执法证。（胡涛）

【统计基层基础工作】　深化区、街道二级维护更新联动机制，7777家单位更新基本单位名录库。核查376家一套表单位，重点核准“四上”企业增减变动情况。加强统计规范化建设，通过省局县级统计机构规范化建设“回头看”。健康路街道统计办被评为2017年度全省乡镇（街道、园区）统计规范化建设百佳单位，健康路街道统计办和象山街道统计办被评为2017年度全市镇（街道）统计规范化建设十佳单位，基层统计人员各有1人被评为全市2017年度最美统计人、普查员、调查员。（胡涛）

【队伍建设】　抓好“两学一做”学习教育，组织开展党组学习会6场，党支部集体学习12场，党性教育专题活动8场。逐级签订《党风廉政建设责任书》，将“两个责任”压实到基层和具体岗位。全力打造“数情先锋”党建品牌，扎实推进“四星级”党支部创建。全面开展“暖企惠民助居”大走访，走访精准扶贫困难户12家、企业9家、居民61户，排查并解决问题8个；参与打造社区书记项目“家文化”品牌，协助举办专场活动6期；参与文明城市复审迎检志愿服务260余人次。定期走访“金凤凰”活动结对企业2家，了解企业需求，宣传指导优惠政策。（胡涛）

3 月 15 日，在北固湾广场进行“3•15 价格现场咨询服务活动”（区物价局供图）

物价管理

【概况】 2017 年，京口区物价局围绕服务中心，加大改革推进力度。服务发展，营造价费环境。服务民生，加强监管保障，不断提升工作效能，全力推动“两聚一高”，推进“强富美高”新京口建设。全面完成将居民消费品价格指数涨幅控制在 3% 左右的年度目标任务。 （尤金瑞）

【收费监管】 开展全区范围行政事业单位收费统计和年度情况报告工作，87 家收费单位 3 月 25 日前全部报送完毕。上年度调整收费项目有：学校社会实践活动费由原来小学 60 元、初中 70 元每学期调整为小学 80 元 / 生 · 学期，初中 100 元 / 生 · 学期。清理规范一批行政事业性收费和经营服务性收费，取消收费项目有：国土部门征地管理费、人力资源部门人事关系及档案费 2 项；住建部门村镇房屋所有权证、财政部门收费票据工本费、收费票据购领使用记录簿工本费、江苏省非税收入一般缴款书工本费，4 项行政事业性收费；降低并转经营性收费项目为水利部门河道堤防工程占用补偿费 1 项、非刑事案件财物鉴定费、环境监测服务费、预防性体验费、党校口的培训费；暂停征收项目：国土部门采矿登记费、地质成果资料费、卫生检测费、委托性卫生防疫服务费、（民政）登记费，工商部门企业注册登记费、个体工商户注册登记费 7 项；免征对小微企业收取土地登记费、农业部门收取森林植物检疫费 2 项。 （尤金瑞）

【物业监管】 对辖区范围内紫榭丽舍、和润苑、京岘家园、宜嘉湖庭二期、沃得雅苑、江山名洲五期、六期 7 个住宅小区前期物业公共服务费进行备案。对全区 58 家物业服务企业，72 个前期普通商品住宅物业服务前期物业服务收费公示工作进行走访、指导，督促前期物业收费公示全覆盖。 （尤金瑞）

【市场监管】 开展市场价格检查 50 次，出动市场检查人员 150 人次，检查商家 46 家，下发《整改通知书》12 份，发放价格法律法规政策资料 310 余份；在大统华超市北固湾店和八佰伴商场开展 “3 · 15 价格现场咨询服务活动”；对镇江苏宁置业有限公司和大润发超市京口店开展价格政策培训。 （尤金瑞）

【权力阳光运行】 梳理政务服务事项应上尽上清单，排查行政权力事项 32 项，制定“不见面审批（服务）”事项清单，承诺 20 项政务服务事项为不见面事项。 （尤金瑞）

【价格争议调解】 发挥辖区 8 个乡镇街道司法所以及欧尚、万方等大型超市价格争议调解联络点引导作用,快速便捷处理价格矛盾纠纷，确保相关价格争议能及时高效调处到位。全年接受价格争议调处案件 2 件。 （尤金瑞）

【举报维权】 受理、办理各类价格举报 133 件，其中“12345”政府服务热线交办 108 件，“12358”价格举报平台 25 件，解答价费咨询 49 件，办结率、回复率均达 100%。 （尤金瑞）

【专项整治】 开展教育收费专项检查。专项检查辖区内 2 家幼儿园和 2 家小学相关收费行为。从严查处物业企业价格违法行为。查处凯旋小区物管企业深圳昊岳物业管理有限公司镇江分公司提高收费标准收取物业费、停车费价格等违法行为,依法公告退还违法所得44567元。开展商品房销售明码标价专项检查。对辖区内 10 余家房地产销售企业召开“商品房销售价格行为专项执法大检查和价格政策提醒会”，抽查 4 家商品房销售企业。 （尤金瑞）

【价格服务】 规范重点项目征收拆迁评估认证，完成房屋征收拆迁概算项目 26 个，概算资金 43.9 亿元。完成房屋征收、拆迁评估 904 户，总面积 20.2 万平方米。 （尤金瑞）

【平价店建设】 加强对辖区内 13 家平价商店实行月度、年度双考核，根据考核结果给予相应奖励。镇江欧尚超市有限公司学府店获一等奖 5 万元，镇江京口润京商业有限公司（京口大润发）等 3 家平价店获二等奖 3 万元，镇江恺源旅游超市有限公司江大店等 9 家平价店获三等奖 1.5 万元。5 月 26 日，会同市物价局，在永辉超市东方伟业广场开展平价惠民 365 活动，宣传平价商店惠民政策，进行有奖问答等现场互动。 （尤金瑞）

商贸·流通

责任编校：耿纪明

商贸工作

【概况】 全区商贸流通、电子商务、市场秩序等工作在区委、区政府和局党组坚强领导下，按照“稳中奋进”主基调，以提高商贸发展质量和效益为中心，全力推进社零指标和“1+6”活动，圆满完成各项任务指标。

【商贸流通健康发展】 以推进重点指标社会消费品零售总额为纲，把工作着力点放在推进商贸企业质态提升上。全年完成社会消费品零售总额318.2亿元，同比增长10.4%，总量列全市第二。以推进重点任务新增限上企业为目标，全年净增17家，超额完成目标任务。以推进重点项目加油站油气回收装置建设为抓手，联合区263办公室、区环保局，对11家加油站和油库全面达标，江滨菜市场“私有公管”模式全面推广。

【电子商务深入发展】 指导大禹山电子商务示范基地创建工作，年初再获省级品牌。指导健康路街道尚友社区电子商务示范社区创建，获省级品牌试点推广。牵头组织1家屠宰场、13家菜市场、7家超市、10家集伙单位肉菜追溯体系建设，第一阶段工作验收通过。为大禹山创意新社区管委会、健康路街道办事处、宴春酒楼、万方超市4家单位申请省市商务发展专项资金55万元。

2017年3月，区商务局主要领导陪同有关领导调研京口区服务外包企业（左举华 摄）

【市场秩序规范发展】 认真抓好“双打”（打击侵犯知识产权和制售假冒伪劣产品）成员单位任务部署、促进、考核工作，综合考评全市前列。按照《江苏省消费者权益保护条例》要求，牵头抓好商业预付卡消费者投诉处置工作。较好完成37家部省市重点商贸企业监测工作。认真落实安全生产“党政同责、一岗双责、齐抓共管”责任，安监工作考核总评优秀。（左举华）

国有资产管理工作

【概况】 区国有资产管理中心按照区委区政府“管好现有资产、维护大局稳定、抓好队伍建设”总要求，深入学习贯彻习近平新时代中国特色社会主义思想和中共十八大、十九大会议精神，深入推进“两学一做”学习教育常态化制度化。千方百计抓增收，攻坚克难补短板，全力做好“三清收、三到位、三提升”工作（清收好农行不良资产包债权、清收好国有资产价值、清收好重点债权；重点信访积案化解到位、历史遗留矛盾协调到位、企业改制协议的履行督查到位；全面提升班子执行力、全面提升党员干部整体素质、全面提升党组织凝聚力）。旗帜鲜明讲政治，深入开展精准扶贫走访慰问、拥军慰问、健康讲座进社区、文明城市迎检、争做文明市民、争创文明家庭等活动。

【综合利用现有资源】 区国有资产管理中心围绕“三项清收”（清收好农行不良资产包的债权、清收好国有资产价值、清收好重点债权）真抓实干，营造实干氛围。中心主动承接市农行不良资产包，鼓励全员参与和利用社会资源参与并举，开展清收工作，依法依规操作，取得突破性成效。主动对接市政拆迁，事前跟踪，强化国有资产核查，清收回笼江滨路自建房、鼓楼岗职工住房、竹林山庄居民楼未纳入改制评估的地下附属设施等国有资产价值100余万元。重点债权清收，实行领导挂钩责任制，明确清收责任人，清收回笼资金94万元。对在手管理的江滨路、黄山南路、环球大厦等国有集体房屋租赁，按租赁合同，履行督查，完善续签手续，租金清收到位。

【维护职工权益】 区国有资产管理中心围绕“三个到位”（重点信访积案化解到位、历史遗留矛盾协调到位、企业改制协议的履行督查到位），以企业人员劳动关系理顺为切入点纯化矛盾，立足重点信访积案化解，采取首问负责制，一案一策制，平稳有序处理历史遗留问题。采取领导接待日与平时接访相结合，稳控省市交办的重点信访人员，在全国“两会”、中共十九大等重要时间节点期间未出现群访、集访及越级上访等情况。结合全区大走访活动，督查原下属改制企业履行改制协议情况。通过司法途径妥善化解原市建材厂年近七旬老信访户信访积案。协调市、区相关部门，妥善处理原物资（集团）不在岗职工劳动关系问题，确保大局平稳可控。全年接待职工信访230人次，办结信访诉求78件，化解历史遗留问题10起，办结12345热线受理及政府交办信访问题12件，帮助不在岗职工查找档案60人次。自筹资金近70万元，用于10名不在岗职工补交养老、医疗保险金，办理退休，兑付独生子女奖励金等。 （陈明）

供销合作总社工作

【概况】 区供销合作总社下设综合办公室和为农服务科2个职能部门。下辖2个基层社、1个商场、1个公司，即镇江市象山供销合作社、镇江市京口区谏壁镇供销合作社、镇江市梦溪商场、镇江市聚鑫隆再生资源物资有限公司。经营网点30个，主要分布于京口城区、象山和谏壁两个街道及新民洲港口产业园区，主要职能为“三农”(农业、农村、农民，下同)服务。经营门类有农业生产资料、生活资料、废旧物资回收及其他服务业。全系统拥有职工总数277人，其中在职49人，退休228人，原改制破产企业仍有人未与原单位签订一次性补偿解除劳动关系协议。2017年，全系统完成销售12500万元，社会消费品零售总额9945万元，农资销售额1250万元，盈利84万元。

【为农服务社建设】 区供销社通过资源整合、开放办社、吸纳民资，先后投资1000多万元在九里街、孟家湾、谏壁月湖村、于山村、新民洲创建6家为农服务社。拥有市级二星级为农服务社3家，省级为民服务中心1家，省级为民服务中心样板社1家。为农服务社建设无论等级大小，均按江苏省供销社统一标识规范，按经营面积、销售品种、服务内容大小多少确定相应等级。二星级社由镇江市供销社组织验收授牌，三星级社和为民服务中心及样板社由江苏省供销社组织验收授牌。为农服务社店堂内均设有《服务公约》《常见农药配伍表》《常见农作物种植季节一览表》，另设有庄稼医院、农业科技咨询点、免费维修农具服务点。在辖区内指导农民合理使用化肥、农药，推广无害化种植蔬菜。经营品种有：农药、化肥、农膜、桐油、尼龙绳、农用五金，小型铁、木、竹农具及各类蔬菜种子等，同时还承担地方政府委托防汛救灾物资储备供应。区社围绕“便民惠农”这一主题，扩大服务项目和服务范围，提升服务功能，完善管理制度。

全年全系统供应各类化肥500吨、农药40吨、农膜55吨以及各种铁、木、竹农具器械12000余件和蔬菜种子近60个品种，为周边农民义务修理农具200余次。

2017年京口区为农服务社分布情况一览表

表2

统一编号	名　称	所属基层社	地　址	等　级
镇京供002	象山为民服务中心	象山供销社	东吴路九里街	省三星级
镇京供001	新民洲为民服务中心	新民洲供销社	新民洲港口产业园	省三星级
镇京供005	新民洲为农服务社	新民洲供销社	新民洲港口产业园老港区	市二星级
镇京供008	燕舞桥为农服务社	谏壁供销社	谏壁街道燕舞桥南	市二星级
镇京供009	禹山为农服务社	象山供销社	汝山孟家湾	市二星级

【象山省级三星级为民服务中心工作】 其经营规模面积在3000平方米以上，服务项目和功能基本涵盖城乡居民生产生活方方面面，有农业生产资料超市、生活资料超市、农用五金、医药连锁、竹器加工、食品加工、旅馆、浴室、饮食小吃等。

【新民洲为民服务中心工作】 该中心是京口区供销社与新民洲港口产业园区管委会共同建设全区规模最大、功能最全农村社区服务中心。

2017 年 10 月 17 日，京口区供销合作总社参加“2017 海峡两岸（江苏）名优农产品展销会”（郁玉婵 摄）

中心秉持“合作共建、社港共管、资源互补”原则，于 2012 年 10 月建成并通过江苏省供销社三星级为民服务中心验收评定。2013 年，荣膺江苏省供销社三星级为民服务中心样板社称号，实行统一管理，各项制度健全、规范并上墙，所有经营服务网点和广告牌以及对外办公招牌，全部规范使用“中国供销合作社（CHINA CO-OP）”标识。为民服务中心经营面积达 5000 平方米，服务区域人口 3000 多人，服务耕地面积 666.67 公顷。主要服务项目包括：服务大厅（主要是社区政务、代办项目等）、日用品超市、农业生产资料超市、废旧物资收购点、社区卫生院、农民专业合作社、餐饮服务网点，为周边居民、村民提供高效便捷全方位服务。

【基层社、商场工作】 截至 12 月底，镇江市象山供销合作社占地面积约 1 万平方米，经营面积 3800 平方米，固定资产 407 万元，在职职工 24 人，退休 127 人。该社拥有经营网点分别为：九里街象山为民服务中心、生资超市、孟家湾禹山为农服务社、大药房、休闲中心、旅馆、农用五金建材、文具店、服装店、日杂店、眼镜店、特色小吃店、象山食品厂、竹器加工。2017 年完成销售 4580 万元，农资销售额 17 万元，盈利 43 万元。截至 12 月底，镇江市京口区谏壁镇供销合作社占地面积 1500 平方米，营业面积 400 平方米，固定资产 72 万元。该社现有在职职工 12 人，退休 47 人。下辖 5 个经营网点：分别为燕舞桥为农服务社、燕舞桥农资仓库、新街招待所、于山街一商场（服装、蛋糕房及中国移动谏壁营业厅）、于山街二商场（床上用品、乔丹服装店、干洗店、红珠鸡店）。值得一提的是该社在优化提升社有资产方面取得较好业绩，2013 年该社对原燕舞桥农资仓库（原有房产面积 460 平方米）进行扩建改造，新增面积 600 平方米，使社有资产得到保值增值。全年完成销售 550 万元，社会消费品零售总额 385 万元，农资销售额 11 万元，盈利 23 万元。上述两家基层社经营方式均采用企业内部职工承包和对外租赁方式经营。

镇江市梦溪商场位于梦溪路 12 号，占地面积 475 平方米，经营面积 433 平方米，固定资产 53 万元。截至 12 月底，在职职工 13 人，退休 54 人。该商场经营方式主要以对外租赁经营为主，年租金收入 53 万元。

【参办 2017 海峡两岸（江苏）名优农产品展销会】 10 月 21—23 日，在镇江体育会展中心举行。区供销社组织 4 家基层单位参办 2017 海峡两岸（江苏）名优农产品展销会，设有两个展位，参展企业有镇江禾润世家食品有限公司、皇中皇生态科技蜂蜜园、象山供销社竹器加工社、象山供销社食品厂，参展农产品分为传统食品、竹制品、蜂制品、谷类四大类数十个品种，深受城乡居民喜爱，成为农展会一大亮点，参观人数 3000 余人，销售收入 2 万余元。

【“农资惠”服务平台建设】 2017 年按镇江市社要求，建设完成两个“农资惠”服务网点：京口区新民洲农资经营服务部、京口区谏壁农资经营服务部，主要经营农药、化肥、蔬菜种子、小农具等，经营品种 200 余种，覆盖面积近 333.33 公顷，年销量农药化肥 200 多吨。

（郁玉婵）

交通运输工作

【概况】 区交通运输工作聚力“五型交通”建设(畅通交通、平安交通、绿色交通、法治交通、和谐交通)，建设基础类项目9个，总投资20.1亿元，比2016年增长21%。围绕“完善路网规划配套、提升居住环境质量”总要求，以建设法治交通为目标，着力打造一流行政执法队伍。以促进地方经济发展为己任，认真履行部门职责。始终把为民办实事作为全局工作出发点，扎实推进法治惠民工作，取得良好社会效益。获省人社厅“劳动保障诚信A级单位”“市交通系统法制先进单位”“区安全生产先进单位”称号。

【建设镇澄路镇区段拓宽改造工程】工程全长1.6公里，总投资1.73亿元，项目建设资金由市、区财政统筹解决，同时向上申请专面补助资金支持。该工程由江苏省交通工程集团有限公司施工，江苏润通项目管理有限公司监理，江苏森森工程质量检测有限公司检测，并于2017年7月竣工通车。

【建设连淮扬镇铁路镇江段】 连镇铁路京口段东起谏壁街道东京村，西至谏壁街道蔡家村，涉及谏壁街道东京村、雩北村、雩山村、蔡家村、京口工业园区李华村，境内总长8.1公里，总投资8.2亿元。截至12月，桩基施工基本完成，开始架梁施工。禾家庄、小徐庄搬迁有序进行。

【建设谏壁节制闸桥改造工程】项目全长810米，其中桥梁长420米，按城市主干道标准建设，投资0.73亿元。项目建设资金由市、区财政统筹解决，同时向上申请专项补助资金支持。该工程由江苏省交通工程集团有限公司施工，江苏润通项目管理有限公司监理，江苏森森工程质量检测有限公司检测，并于2017年6月建成通车。

【建设雩山街改造工程】 街道长550米，沥青混凝土路面，双向四车道，设计时速40公里，路面设计宽度16米，两侧设有2～6米不等人行道，总投资3500万元。该项目于2017年9月底建成通车。

【建设长江堤防工程】 按百年一遇防洪标准，新建长江堤防930米，堤防加固980米，总投资2200万元。该项目于2017年4月竣工。

【抓好交通法制工作】 以建设法治交通为目标，努力规范行政执法行为，全面落实行政执法责任制，领导干部定期开展法律、法规学习。2017年5月至7月，全体行政执法人员在江苏省交通技师学院参加省交通厅组织执法资格考试，合格率100%，省、市抽测合格率100%，并组织人员参加普法网“七五”普法知识竞赛。

【监管运输市场】 牵头组织市公路处、京口公安分局、京口交巡警大队开展辖区内治限治超工作。在谏壁地区采取日常管理与集中整治相结合，流动检查与定点执法相结合方法，不定期组织集中突击检查，维护谏壁地区交通秩序。抓好交通处罚工作，全年无行政诉讼和复议撤销案件，连续20年保持公路、河道无“三乱”（乱设卡，乱罚款，乱收费）。

【实施民生工程】 针对群众反映谏辛公路、学府路、雩龙路、上隍路严重破损焦点问题，区交通运输局筹集资金300多万元，对雩龙路、谏辛公路、学府路、上隍货场路、上隍涵道进行大修，保证道路畅通。为更好地服务全区一号工程——中林（镇江）生态产业城项目，解决职工群众出行难问题，区交通运输局多次召开协调会、现场调度会，调研每天每班出行人员，科学配置优化公交线路，K226路公交线路在去年延伸4公里基础上，从5月18日起，在保持公交226路现有6个班次不变基础上，每日再增加2个运行班次，全天达到8个班次，方便群众出行，更好地为全区经济发展服务。

【进行交通便民服务】 局在市汽车检测站、市行政服务中心设立服务窗口，推进系列服务举措。通过公示栏、便民服务手册公示工作流程，采取预约服务、微笑服务和一

2017 年 7 月 19 日，区人大常委会视察金港产业园交通等基础设施建设情况
（区交通局供图）

站式服务，运输单位或个人可以提前预约，随办随走，一站式当场办理完申请事项。截至 12 月，全区参加“两证”审验 1433 户，车辆 2114 辆，审验率达 95% 以上。

【实施区“263”专项行动】 推进节能减排，淘汰运输落后产能。加强营运货车燃料消耗量准入和退出管理。全面淘汰老旧车、“黄标车”，限制高污染、高耗能机动车销售和使用。加快提升绿色低碳交通运输管理能力。加强交通基础设施环境保护管理，做到建设项目污染防治与主体工程同时设计、同时施工、同时投产使用。全力配合相关部门做好苏南运河京口段和新民洲北州主排河河长制工作。

【整治内河码头】 为全面完成中央环境督导组交办工作，按照“政府主导、属地负责，部门联动、齐抓共管、疏堵结合、综合治理”原则，对拆除 3 个非法码头做好覆土复绿工作。同时按市政府要求，做好三和物流公司和省交通工程公司码头拆除配合工作。

【建设“四好农村路”工程】 根据交通运输部在全国开展“四好农村路”（建好、管好、养护好、运营好）创建要求，不断提升农路规划层次和建设水平，多方筹措养护资金 250 万元，对全区现 113.049 公里乡村道路进行农路管养，使道路完好率达 100%，不断提高车辆通行能力和抗灾防灾能力。

【赴社区帮扶活动】 局班子成员每人出资 500 元给贺家弄社区结对帮扶对象，每月定期走访、慰问。开展“汇聚正能量，圆梦微心愿”活动，主要领导带领局党员干部携手贺家弄社区、区总工会认领“微心愿”6 个，给困难职工送去爱心，传递正能量。（金玉）

【精准扶贫助学新疆生产建设兵团 74 团】 为贯彻落实中央第二次新疆工作座谈会会议精神，江苏镇江市援疆前方指挥组和新疆生产建设兵团第四师党委联合开展“心手共牵，共同奔小康”结对帮扶主题活动。2017 年 8 月 27 日，在古尔邦节来临之际，江苏省镇江市京口区交通局扶贫助学捐赠仪式在 74 团中学举行。区交通局党组书记局长周祥华、区交通局党组成员副局长吴宇才、该局援疆干部刁华伟及该团党委副书记团长赵新军、团党委常委副团长罗良俊出席捐赠仪式。全校师生和受助学生家长参加本次活动。同日，区交通运输局党组书记局长周祥华、区交通局党组成员副局长吴宇才、该局援疆干部刁华伟一行还在 74 团党委副书记团长赵新军、团党委常委副团长罗良俊陪同下，前往该团各连队，为 21 户精准贫困户每户送去 1000 元慰问金，送上节日祝福和诚挚问候，使他们深切感受到党和政府的温暖和关怀。周祥华一行每到一户都要详细了解精准贫困户家庭生活状况，并对他们遇到的暂时困难给予积极的鼓励，要他们树立克服困难的信心，要相信党和政府，以积极态度解决好当前遇到的困难。（金玉）

总部经济管理工作

【概况】 总部经济紧扣“转型升级、特色发展”这一主题，坚持创新驱动理念，坚持稳中求进工作基调，不断整合区域资源，优化服务举措，实现新业态下总部经济运行质效双提升。特色产业特别是物流产业集群集聚步伐加快，“互联网＋物流＋政务服务”品牌影响力提升，聚焦行业知名企业，实施精准招商、精致服务，加快重大项目联系、商洽、协调力度，促使项目快落地、早运营。全年联系接洽企业 200 余家，着手推进重点项目中正广通集团、苏能集团、延长石油、福佑卡车、58 速运、建华物流和上海明畅物流有限公司等一批千万元大项目落户京口。其中，实际投资亿元的上海明畅物流有限公司为第一家落户的实体物流公司。全年新增总部经济落户企业 150 家，其中百强纳税总部经济企业达 9 家。实现一般公共预算收入 1.32 亿元，同比分别增长 50% 和 111%。荣获“中国互联网＋物流＋政务服务产业基地”和“中国十大物流管理创新奖”称号。

【培育特色产业】 因地制宜，倾力打造现代物流示范区。抓服务，以“互联网＋物流＋政务服务”产业平台为抓手，不断完善金融配套服务、油品供应、企业成本与税收筹划等子平台建设，打造全产业链服务模式，降低物流企业运行成本，提高运行效率，增强落户物流企业核心竞争力。抓载体，以中国物流金融峰会永久会址落户京口为契机，打造开放共享合作交流平台，成功举办第二届物流金融峰会，吸引全国知名物流企业和金融企业以及行业主管部门800余人参会，广泛宣传京口物流创新成果，储备大量项目资源。抓重点，坚持市场导向，加大重点物流企业、物流信息平台企业招商与服务力度，形成头雁效应，促进物流行业快速集聚。抓应用，整合行业优质平台资源，探索线上物流大数据分析研究与应用工作，为进一步做大做强物流产业和挖掘物流数字经济提供技术支撑。截至年底，吸引312家物流企业和25家全国知名物流信息平台企业落户京口。

【建设服务体系】 技能提升方面。专题理论培训，组织到北京、上海、遵义、深圳、沈阳等地参加一线招商实践培训，提升招商人员理论水平、创新意识、服务意识和实战水平。全年累计组织各类培训活动9批，参训人员300余人次。服务平台创新方面。加强政策研究，完成小规模纳税人开具3%增值税专票绿色通道建立、经纪人（艺人）工作室落户等创新服务成果。信息共享共建方面。与日照经济技术开发区、三门峡市一体化示范区、江苏财盟等异地政府和行业协会开展招商信息平台共建共享，致力于未来为平台企业提供企业扩大经营等需要的政策与服务资源。

2017年5月20日，京口区举办第二届中国物流金融峰会（腾飞 摄）

【召开第二届中国物流金融峰会】 5月20—22日，第二届中国物流金融峰会在镇江京口召开，中国物流与采购联合会会长何黎明、时任交通运输部运输司巡视员徐亚华、工信部巡视员景晓波、国务院发展研究中心金融研究所副所长陈道富、国家发改委综合运输研究所所长汪鸣、时任镇江市委常委、京口区委书记裔玉乾出席会议并分别致辞。峰会以“科技驱动物流金融创新发展”为主题，深入探讨和分享物流金融创新发展方面最新研究成果。同时，举行“中国物流与供应链金融研究院”成立仪式，揭晓2017中国物流金融年度大奖，镇江市人民政府被授予“互联网+物流+政务服务特殊贡献奖”，京口区被授予“中国互联网+物流+政务服务产业基地”称号。（瞿峰）

资料链接

镇江援疆工作

2010年中央新疆工作座谈会和全国对口支援新疆工作会议先后召开。根据江苏省安排部署，镇江负责对口支援新疆生产建设兵团农四师。农四师成立于1954年，其前身为原中国人民解放军五军十五师，由原二军五师十三团、新疆军区通讯团、六军骑兵团合编组成，是一支转战南北、功勋卓著，有着光荣传统和历史的部队。农四师地处天山西部北坡山区，东南北三面环山，西与哈萨克斯坦接壤，边境线475公里，占伊犁区域边境线的99%，毗邻霍尔果斯、都拉塔和木札尔特三个国家一级边境口岸。2010年年底，全师有18个团场，42个工交建商企业和50个行政事业单位，总人口22.07万人，其中少数民族4.27万人，占总人口的19.3%。土地面积996.16万亩，其中耕地170余万亩，天然优质牧场260余万亩。镇江市委、市政府高度重视对口援疆工作，于2010年成立以市长为组长，常务副市长和相关副市长为副组长，相关部门为成员单位的援疆工作领导小组。市委书记许津荣，市长刘捍东，常务副市长陈照煌及相关副市长分别率队赴农四师考察调研，确定对口支援四师的基本工作方向和总体工作思路，并签订镇江和四师全面合作协议框架。2010年9月6日，镇江市对口支援四师前方指挥部正式挂牌运行。截至2017年年底，镇江市共选派153名援疆干部，投放援疆资金13.06亿元，实施援疆项目283个，以多种形式为四师培训各类专业人才，援疆效果显著，为兵团农四师的经济跨越式发展和社会长治久安做出应有的贡献。

开放型经济

责任编校：丁　杨

综　述

【概况】　2017年，区商务局完成制造业实际到位外资3505万美元，占年计划100.14%，占比、较上年增幅均列全市第五。社会消费品零售总额318.24亿元，较上年增长10.4%。进出口总额14.47亿美元，较上年增长8.3%，超全市增速6.2个百分点，其中进口总额5.81亿美元，较上年增长81.6%，增幅全市第一。（左举华）

【外资利用】　2017年6月，首家融资租赁企业——米袋融租公司获批注册，开辟全区金融领域利用外资新路径。爱励铝业、鸿名石业、元鼎饰材、宝京汽车等一批制造业企业逆势而上，通过债转股、再增资等方式，全年合计贡献制造业到位外资超3000万美元。区商务局与条块、上级部门紧密协作，加强对重点企业服务指导。积极配合、主动协调解决项目单位在资本金到位过程中的困难。全程跟踪推进帮办，用最短时间办结光大水务跨境人民币、爱励债转股等一批特定手续资本金到账及上报工作。（左举华）

【外贸企业】　通过对进出口前30强企业动态监测，鼓励增长良好企业抓住机遇扩大进出口，深入跌幅较大企业，逐一梳理分析存在问题并帮助解决。抢抓国家和省扩大进口政策机遇，鼓励进口先进技术和设备，扩大原材料和知名消费品进口。争取上级扶持资金，帮助企业可报尽报，充分用好用足国家、省、市各级扶持政策。争取中信保支持，扩大出口信保覆盖面，做到年出口额300万美元以下小微企业参保全覆盖、保费全补助。依托区位优势和特色，重点培植新能源、新材料、海洋工程、信息技术四大高端新兴产业，大力招引龙头项目、补链项目，对爱励铝业、宏凯手机等一批科技含量高、出口潜力大的新项目细化扶持举措，推动其尽快形成出口新增长点。（左举华）

【服务外包】　按照“依托大企业、做强大产业、延长产业链、形成新优势”发展思路，打造“船舶设计管理研发外包”“动漫网游设计外包”两大市级服务外包特色集聚区，集中集聚做强全区特色服务外包产业。船舶研发外包产业日趋成熟，形成金舟软件、现代造船、省船研所等一批龙头企业，完善从顶层船舶设计到制造工艺解决方案再到嵌入式软件开发全产业链条。船舶研发外包业执行额占全区服务外包执行总额的近30%，成为京口服务外包第一大产业。结合“暖企”大走访活动，为服务外包企业解决各类矛盾和问题70余件，涉及市场开拓、人才引进、业务培训、专项申报等10多个大类。（左举华）

京口投资环境

【概况】　京口区是全国历史文化名城，是镇江市的主城区，地处中国东部沿海、长江下游南岸，是长江三角洲北翼中心、南京都市圈核心层城市。下辖象山街道、谏壁街道、健康路街道、大市口街道、正东路街道、四牌楼街道、京口工业园区（省级开发区）及镇江市新民洲临港产业园，辖区面积126平方公里，常住人口40万人。（孙毅泓）

【区位优越 交通便捷】　京口地处长江和京杭大运河“十字黄金水道”交汇处，处于上海经济圈和宁镇扬大都市圈的交会点，区位优势独特。铁路：有京沪铁路、京沪高铁、沪宁城际、宁杭高铁以及在建的连淮扬镇铁路五条铁路线，赴上海最快60分钟、赴北京最快4小时21分钟。公路：辖区内网布沪蓉高速、沿江高速、扬溧高速、宁杭高速等高速公路，润扬大桥、泰州大桥以及在建镇江长江大桥连接长江南北，镇江京口作为沟通江苏南北的交通枢纽地位日益增强。水路：镇江港作为中国主枢纽港，拥有万吨级以上泊位36个，与世界70多个国家和地区的近300个港口直接通航，年吞吐量超亿吨。镇江港新民洲港区是国家交通部批准的一类通商口岸，拥有长江岸线10.5公里，其中深水岸线5.38公里，建成6个5万吨级码头，开港运营并通过对外开放验收。京杭古运河京口段通航条件达三级航道标准，常年可通行千吨级船队。空运：华东地区首个通用机场——大路通用机场全面运营开飞，周边地区南京禄口机场、无锡硕放机场、扬州扬泰机场、常州奔牛机场密布。距离南京禄口机场90公里，上海虹桥机场240公里。（孙毅泓）

【历史悠久 人文荟萃】 “京口”为镇江古称，有着3000多年的悠久历史，是我国吴文化的发源地，山清水秀，人杰地灵，文化底蕴深厚。拥有“三山”（金山、焦山、北固山）国家AAAAA级景区，自古就有“天下第一江山”“真山真水”的美誉。白娘子水漫金山、刘备甘露寺招亲等传说佳话皆发源于京口；中国第一部百科全书《梦溪笔谈》、最早一部诗文总集《昭明文选》及文学理论巨著《文心雕龙》等鸿篇巨著皆诞生于京口；王安石、辛弃疾等历代文人墨客在此留下《南乡子·登京口北固亭有怀》《泊船瓜洲》等许多脍炙人口的千古绝唱。京口是江苏省重要的高教、科研基地，辖区内驻有江苏大学、江苏科技大学、解放军镇江船艇学院、江苏省司法警官学校、镇江市高等专科学校5所高等院校，在校师生近12万人，每年各类本科以上毕业生近1.8万人，汽车制造、船舶设计、材料科学等专业在全国领先。职业教育规模位居江苏省前列，有江苏交通技师学院、镇江市高等职业技术学院、镇江市化工技工学校等院校10余所，每年输送各类专业技术人才2万多人。京口是全国义务教育发展优质均衡区，有江苏省镇江第一中学、外国语学校、中山路小学、实验幼儿园等一批镇江一流的中小学、幼儿园。京口区创新开展“金凤凰”活动，累计引进国家“千人计划”16名、省“双创计划”33人次，市“331计划”74名、“金山英才”计划13名，高端人才集聚形成“京口现象”。（孙毅泓）

【产业发达 经济繁荣】 自古就有许多文人墨客及官方文书描述京口的繁荣。清康熙《江南通志》称：“京口为舟车络绎之冲，四方商贾群萃而错处，转移百物，以通有无。”如今的京口更是经济繁荣、百姓富裕之地。京口区坐拥镇江市核心商圈，是镇江高端商贸服务、金融与文化中心，也是沪宁线上重要的先进制造业基地，基础齐备、配套完善。以易乐、名通为代表的网络文化产业呈现爆发式增长，网页游戏开服数位居全国前列；以苏宁广场、凤凰文化广场为代表的高端商贸服务业优势明显；中国中小企业信息产业园、互联网创新创业产业园等电子商务、信息服务类载体加速提升；“e创小镇”入选镇江市重点规划培育的8个特色小镇名单。中林（镇江）生态产业城的木材加工贸易产业发展势头强劲；以中储粮为代表的粮油加工仓储产业国内领先；以爱励铝业、鼎胜新材为引领的新材料产业蓬勃发展；宝京汽车、鼎盛重工、惠通集团等一批装备制造企业发展迅猛。（孙毅泓）

【宜居宜业 和谐幸福】 镇江是中国优秀旅游城市。京口境内有京岘山、大禹山等9座城市山体，城在山中，山在城内，形成“城市山林”的独特风貌。位于长江北岸的京口新民洲，生态环境优美，水净米香，拥有国家一级保护动物“震旦鸦雀”、国家二级重点保护动物长江江豚，是中国生物多样性保护与绿色发展示范基地。京口已率先实现全面小康社会省定目标值，实现省区域教育现代化目标，医疗、保障等公共服务全覆盖。先后荣获全国和谐社区建设示范区、中国中小城市新型城镇化质量百强区、省社会治安安全区等一批国家和省级荣誉，人民安居乐业、企业安心发展、社会安定和谐。（孙毅泓）

京口产业发展基础

【现代服务业】 京口作为镇江市主城区，坐拥镇江市核心商圈，现代服务业具有良好的发展基础。

现代商贸产业：2017年，全区社会消费品零售总额318.24亿元。销售超亿元的服务业企业24家；D33文化广场、招商香槟道、正东南商业街等一批新兴载体快速发展。重点引进高端、新型商业业态和国内外知名商贸企业，打造核心商圈核心竞争力。

网络游戏产业：2017年，全区网络游戏产业营业收入2.8亿元。一期投资超5亿元的长江游戏谷项目正加速建设。重点发展VR游戏、手机游戏、网络直播、IP开发等领域，努力推动网络游戏产业向泛娱乐方向发展。

现代物流产业：2017年实现营业收入92.96亿元。初步形成新民洲港口物流、宝华物流、恒伟物流、索普物流、中储粮仓储物流五大区域型、专业型物流基地。同中国物流与采购联合会合作，共同设立“互联网＋物流＋政府服务”产业平台。着力发展木产品、危化品、粮油产品为核心的物流体系，并积极开拓供应链物流、物流金融等领域。

软件信息和互联网服务产业：2017年实现营业收入6亿元。中小企业信息产业园获批省级互联网产业园，以金海星为引领的北斗位置服务产业迅速发展，锐天信息在航空航天信息领域的市场份额不断上升，金钛软件、茴香豆网络、绪普科技等一批软件服务企业成为行业佼佼者。重点发展专业电子商务平台、云服务、北斗位置服务和软件研发等。（孙毅泓）

【先进制造业】 围绕《中国制造2025行动纲要》部署，推动先进制造业高端发展，重点培育和发展新型材料、木材加工贸易、汽车零部件制造、装备制造等战略性新兴产业。

新型材料产业：2017年实现应税销售82.6亿元。以铝材料、核材料两大板块为主体，集聚爱励铝业、鼎胜新材、海龙核材等一批龙头企业，产品包括航空航天及交通运输用铝板、空调箔、核电耐辐射材料、屏蔽材料、阻燃材料等，航天铝板成功应用于C919大飞机，空调箔产量全球第一。重点发展精密铝板材料、动力电池箔、核岛防护材料等。

木材加工贸易产业：2015年，京口区政府与中国林业集团签订协议，利用新民洲长江深水岸线、广阔腹地和生态资源优势，打造“港、工、贸、镇、农、游”六位一体的生态产业城，建设港区、加工区、金融贸易区等。项目被中林集团列为“十三五”企业发展“一号工程”，被江苏省列为省重大项目。重点发展港口物流、木材仓储、精深加工、木材交易、休闲观光等产业。

汽车零部件制造产业：2017年

实现应税销售9.7亿元。集聚飞驰汽车、宝华半挂、宝京汽车等企业。其中，总投资30.5亿元宝京一体式半挂车桥项目由宝钢金属、中集车辆集团和宝华半挂三家企业共同建设。重点发展冷藏保温车、特种运输车厢、军民两用方舱、高端商务改装车、半挂车牵引悬架系统、支承装置和半挂车桥等。

装备制造产业：2017年实现应税销售20.95亿元，以鼎盛重工、中船辅机和松协电器等企业主体，重点发展新型起重设备、海洋工程装备、冷藏设备和关键零部件等。（孙毅泓）

【农业】 以中储粮（镇江）基地为核心，发展都市生态农业，推动传统农业加快转型。打造省级现代农业产业园区、瑞京农科园等一批重要载体，加快园区设施景观化、产品种植智能化、生产过程标准化建设，形成“瑞京”蔬菜、“田柔子”有机大米、“开心乐园”瓜果等优质品牌。重点发展粮油加工、特色园艺、休闲观光等。（孙毅泓）

京口区重点规划建设的特色园区一览表

表3

序列	类型	园区名称	规划面积	主导产业及发展方向
1	粮油加工仓储物流	粮油加工特色产业园	200公顷	粮油加工及延伸产业
2	现代休闲农业	江苏省京口现代农业产业园	6.6平方公里	有机水稻、特色园艺、休闲观光
3	新型材料	京口区工业园高性能材料产业园	5平方公里	航空航天及车用高性能铝材、新能源材料、核材料等
4	装备制造	京口新民洲临港产业园	5.8平方公里	港口机械生产、海洋工程装备、木材加工贸易
5	商贸商务	大市口中央商贸商务集聚区	1.6平方公里	商务、金融、商贸
6	金融商务	金融商务集聚区	18公顷	金融、商贸、商务
7	软件信息科技服务	中小企业信息产业园	133公顷	航空航天信息化、船舶信息化、城市管理智慧应用、大众娱乐、电子商务、北斗位置服务

2017年京口区用电收费标准一览表

表4　　单位：元／千瓦时

电价类别	电度电价（元／千瓦时）						基本电价	
	1千瓦以下	1～10千瓦	20～35千瓦	35～110千瓦	110千瓦	220千瓦及以上	最大需量（元／千瓦·月）	变压器容量（元／千伏安·月）
城乡居民生活用电	0.5283	0.5183	—	—	—	—	—	—
一般工商业及其他用电	0.8366	0.8216	0.8156	0.8066	—	—	—	—
大工业用电	—	0.6601	0.6541	0.6451	0.6301	0.6151	40	30

2017年京口区用水收费标准一览表

表5　　单位：元／立方米

项　目	价　格
居民生活用水	3.05
工商服务业用水	3.61
建筑用水	3.90
特种行业用水	4.45

2017年京口区天然气收费标准一览表

表6　　单位：元／立方米

项　目	价　格
居民生活用气	2.66
非居民生产服务用气	3.16

农业 · 水利

责任编校：李　奕

农业工作

【**概况**】　全年粮食总产9060吨，油料总产862吨，上市放心蔬菜11340吨，全年抽检蔬菜600个样，合格率达100%。全区农业适度规模经营比重98%以上。吸引“三资”（民间资本、工商资本、外资）开发农业资金3亿元，农产品出口1000万美元。发放各类支农惠农补贴资金260.6万元；全年出栏生猪1.036万头，羊出栏0.0724万头，家禽出栏2.75万羽，检疫屠宰生猪12.6596万头，上市肉品8700余吨。全年新增造林面积60亩；2个项目入选“金山英才”现代农业领军人才计划。开展“三治理一挂牌”行动，对扶贫领域、“三资”管理、惠农补贴发放等开展专项治理。大力推进“263”专项行动，禁养区范围内84户养殖场（户）被关停。

（丁志国）

【**全市率先完成畜禽养殖污染治理工作**】　根据京口区“263”专项行动计划，提前1个月于5月底全面完成禁养区范围内84户养殖场关停任务，拨付畜禽禁养关停补贴计825.16万元；非禁养区内规模养殖户（省农委、省环保设定的规模标准）建设雨污分离、化粪池、堆粪场等治污设施，完成综合治理，并通过区农委和区环保验收。（丁志国）

2017年6月16日，区农委举行惠农补贴专项治理会议（区农委供图）

【**部署“三治理一挂牌”行动**】　根据市、区统一部署，区农委联合区纪委、财政、审计、国土、民政等部门紧紧围绕扶贫、农村集体“三资”管理、惠农补贴发放等领域集中开展全区农村基层不正之风和腐败问题“三治理一挂牌”专项行动。对检查出来的问题均向相关街道（园区）发出整改清单，并行文向上级部门汇报。（丁志国）

【**全面推进“河长制”工作**】　完成全区8个街道及社区共30条河湖库63块公示牌制作安装，编制6条区级河道工作手册，区全面推行“河长制”工作顺利通过省、市河长办验收。（丁志国）

【**土地确权工作通过省级验收**】　区土地确权工作涉及1个涉农街道、3个行政村、37个村民小组，确权承包地3100亩，发放确权证书1117本。相关数据已汇交到农业部，并通过省级验收。该工作于2014年启动，2017年完成，历时3年。

（丁志国）

【**河湖划界工作全面完成**】　经划界确认，京口区单侧岸线划定总长度为：江堤及沿江岸线24.6公里、京杭运河6.6公里、北洲主排河京口侧3.96公里、西山水库4.2公里、孟家湾湖1.3公里；埋设界桩（界牌）265个，设置告示牌44个；设置控

制点21个。（丁志国）

水利工作

【概况】 辖区内水资源比较丰富，长江、运河流经境内。其中长江岸线17.5公里（南岸11.2公里，北岸6.3公里）；长江二级堤防15.4公里（北岸9.6公里、南岸5.8公里）。全区水域面积2986.5公顷，其中长江水面1200公顷。除涝排涝站15座，装机1813千瓦，总流量27.8立方米/秒。灌溉泵站8座，总流量3立方米/秒。（黄海霞）

【水利工程管理】 河湖划界工作年内全面完成。在《镇江市京口区水利工程划界确权实施方案》外，根据专家组审核意见，外业施工增加40%工作量，最终单侧岸线划定总长度为：江堤及沿江岸线24.6公里，京杭运河6.6公里，北洲主排河京口侧3.96公里，西山水库4.2公里，孟家湾湖1.3公里，埋设界桩（界牌）265个，设置告示牌44个，设置控制点21个。持续开展维修养护工作。考核全区2016年度骨干河道管理工作，及时清理江堤沿线大量垃圾和死猪，对偷倒渣土平整覆盖，对一废弃猪舍旁江滩垃圾突击清理。全年对南岸江堤背水坡除草清杂5次，累计面积约10万平方米。开展南岸江堤和西山水库春季防治白蚁工作，挖坑3000个，设药堆3500处，投药5500包，西山水库主副坝除草、

2017年12月5日，京口区召开河长制工作会议（黄海霞 摄）

连通涵清理、坝顶道路及迎水坡保洁工作以每月2次频次持续开展，实现水库面貌景区化。认真开展遥感监测成果复核和小型水利工程产权制度改革工作。完成2016年度长江管理范围内水域和滩地占用情况遥感监测成果复核工作，开展2017年度相关调查复核工作。完成全区10座小型泵站、8座小型涵闸、7条水渠、22条河道和1座西山水库、1座湖泊小型水利工程产权制度改革工作，对49个水利工程设施明晰产权，颁发产权使用证书4本，落实“四位一体”（河道、泵站、水闸、小型农水配套设施一体化管理）管护模式。（黄海霞）

【水生态文明建设】 按照全区生态文明建设总要求，全区完成3条7.5公里乡级河道疏浚、8座塘坝治理，完成土方10万立方米。通过实施河道清淤治理、定期引换水、

2017年11月20日，京口区召开河长制工作区级验收会（黄海霞 摄）

制定长效管护机制等措施，改善水环境，推进全区水生态文明建设。积极开展“水美乡村”创建申报工作，通过实施社区内河道清淤保洁工作，加强社区水生态治理，建成水美景美社区环境，象山街道陈家门社区获2017年度江苏省“水美乡村”称号。（黄海霞）

【水政水资源工作】 全年完成长江岸线涉河建设项目32家企事业单位系统信息录入和现场核查工作，按期开展全区9个水功能区、5个在册排污口水质检测工作，每月定期发布9个水功能区及1座湖泊水质通报，按期完成2017年度水资源环境质量通报，配合市级做好不达标水功能区整治实施方案编制工作。（黄海霞）

【节水型社会创建】 开展市级节水载体创建，完成机关事务服务中心、区人民检察院2家节水型机关创建，1家节水型社区酒海街社区及1家节水减排示范企业——镇江闽乐建材有限公司项目，通过市级验收工作。（黄海霞）

农业产业园

【概况】 2017年，京口区农业龙头企业9家，省级农业龙头企业2家，市级农业龙头企业6家，区级农业龙头企业1家。全年完成销售收入85.9亿元，同比增长

11.13%；上缴利税 8931 万元，同比增长 14.97%；带动农户 12057 户。

【中储粮镇江粮油有限公司】 中储粮镇江公司隶属于中储粮油脂有限公司，为国有大型企业，公司位于镇江市京口区谏壁镇，成立于 2007 年 4 月，公司集仓储、物流、加工、贸易、科研为一体综合性油脂油料产业基地。2013 年获省级农业产业化龙头企业称号，2014 年获得省级农产品加工集中区授牌，2017 年再次获省级农业产业化龙头企业称号。

公司拥有现代化的装、卸船设备，全封闭的输粮（油）通道，通过采用新仓型、新技术、新材料、新设备，全面实现散储、散运、散装、散卸“四散化”作业要求。粮食卸船速度平均可达 1.6 万吨 / 天，卸油速度达 2 万吨 / 天。

目前镇江公司拥有油脂中转罐容 21 万吨、粮食中转筒仓 33 万吨、加工配套仓容 8 万吨。油脂油料年加工能力 402 万吨，其中大豆加工能力 270 万吨、油脂加工能力 102 万吨、油脂灌装能力 30 万吨。拥有长江深水岸线 720 米，7 万吨级粮油码头泊位 2 个，年吞吐能力 800 万吨。2017 年企业销售收入达 83 亿元，同比增长 10.95%。

（吴建平）

【镇江市皇中皇生态科技蜜蜂园】 皇中皇生态科技蜜蜂园为镇江市级农业龙头企业，是一家集养蜂、种蜂培育、蜂产品加工、销售、科研为一体综合性企业。2017 年，企业实现销售收入 1500 万元，带动农户就业 140 户。

在全国拥有蜂场 200 余组，蜂群 2 万多群及加盟蜂场群 1 万余群，年培育种蜂王 500 余只，年产蜂蜜 1000 余吨，蜂王浆 50 余吨，蜂花粉 50 余吨。同时引进大批先进的蜂产品加工设备，高薪聘请从事蜂产品生产研究的专业技术人员，开展蜂产品的研究与生产，现已开发出破壁蜂花粉、蜂王浆冻干粉、婚庆用喜蜜等多种蜂产品新品种。皇中皇蜜蜂园在保持传统销售渠道不断发展的前提下，还看到了互联网销售蓬勃发展的商机，在 2015 年开始进行电商平台销售的开拓，在苏宁易购江苏馆开设旗舰店，并开通微店企业店铺，线上与线下结合销售。

董事长胡春组织成立镇江市蜂业协会并当选为镇江市蜂业协会会长。蜜蜂园历来注重品牌形象建设，视产品质量为企业生命，先后被评为“全国蜂产品加工行业质量放心国家标准合格产品”“全国蜂产品龙头企业”“江苏省推荐商品”“江苏省消费者诚信单位”“镇江市消费者信得过单位”“3 · 15 满意产品”等荣誉。

（吴建平）

【镇江恒伟物流有限公司】 镇江市恒伟物流有限公司创建于 1998 年，现坐落于镇江市谏辛公路京口工业园区。历经十多年的发展，已经成为华东地区乃至全国知名的冷链物流、仓储、运输的农业产业化龙头基地。

公司现有职工 200 多人，企业总资产 35686 万元，银行信誉等级为 AAA 级，公司主要致力于拓展中国市场的冷链物流业务，带动镇江周边地区农户和农业合作社发展。

在镇江、安徽合肥和内蒙古赤峰，公司拥有存储量达 2.5 万吨、2 万吨和 8 万吨的果蔬冷库，是华东地区和内蒙古地区规模最大的果蔬冷库，在全国私营企业中居首位。公司自成立以来与百事食品（中国）有限公司、麦肯食品有限公司、百胜餐饮集团、皇冠制罐、中粮集团、可口可乐、通用磨坊等世界 500 强企业建立战略关系，与双汇集团、奥瑞金制罐等著名商贸流通企业有着稳定良好的合作关系。公司先后被授予“工信部物流信息化动态监测定点联系企业”“国家发改委第八批税收试点物流企业”“中国物流与采购联合会物流科技进步二等奖”“江苏省农业产业化龙头企业”“江苏省重点物流企业”“江

9 月 23 日，中储粮公司产品参加在连云港举办的省农洽会（孙爱莉　摄）

9 月 23 日，中储粮公司产品参加在连云港举办的省农洽会（孙爱莉　摄）

苏省物流企业技术中心”“镇江市农业产业化重点龙头企业”的称号。

近年来，公司先后建立农产品智能物联网系统集成应用信息平台：农产品冷链智能物流信息系统（平台）、基于3G-M2M的冷藏品物流应用示范工程等，为工商企业提供更为完善的物流增值服务。项目投资6300万元，至2017年年底车载终端等已在试运行中。

为迎合市场发展，公司现更名为镇江恒伟供应链管理股份有限公司，在上海股权交易所挂牌上市。2017年实现营业收入1.37亿元。

（吴建平）

【镇江禾润世家食品有限公司】 江苏新禾润世家食品有限公司始创于2007年，是一家集产品研发、生产加工和销售为一体农副产品生产经营企业。2017年公司主要以生产五谷杂粮、南北干货、中式点心等系列农产品为主。公司现拥有禾润世家、新禾润世家、苏丰农庄、禾菽菽等品牌，是大型连锁超市的五谷杂粮、南北干货以及中式点心的专业供应商，目前产品销售区域主要覆盖江苏（所有城市）、浙江、安徽、上海，以及华西、华南的部分城市，年销售7000多万元。

公司是镇江福建商会副会长单位，先后获得了镇江市人民政府颁发的“重合同守信用企业”、2009—2016连续八年被镇江市消费者协会授予的“消费者信得过单位”，2016年和2017年分别荣获“镇江市放心消费创建活动先进单位”、“镇江市放心消费创建活动示范单位”光荣称号，镇江市质量技术监督局授予“规范生产、诚信经营”示范企业以及“市级农业产业化龙头企业”，镇江市首届“诚信之星”，第三届江苏省“百名诚信之星”、“江苏省优秀企业”等光荣称号，“禾润世家”商标被镇江工商行政管理局评定为“镇江市知名商标”，并通过了ISO 22000认证。公司还获得了首届“公正杯”江苏优质稻米暨品牌杂粮博览会“江苏好杂粮金奖”，第二届“苏·家缘”杯江苏优质稻米博览会暨五彩农业展示会“江苏好杂粮十大品牌”。

（吴建平）

【镇江兴农有机肥有限公司】 镇江有机肥有限公司为镇江市级农业龙头企业，成立于1993年，注册资金1000万元。公司现有生产、科研、原料三大开发基地，占地150多亩，拥有生产车间3000平方米，避雨发酵房1000平方米，是国内较早应用生物技术净化处理和循环利用秸秆、醋糟、菇渣等固体有机废弃物，合成农用有机肥及无土栽培基质系列产品的新型环保企业，也是集生产、经营、研发于一体的民营农业科技企业。

2017年，企业实现销售收入1400万元，带动农户540户。公司生产的有机肥、蔬果基质、水稻育秧基质及盖籽土等系列产品近20个，年产50多立方米，本地市场占有率10%左右。产品畅销周边省区和云、贵、川、疆等省区，在大、中城市设有产品经销代理商。

公司拥授权发明专利有8件，授权实用新型专利2件，水稻育秧盖籽土等发明专利申请22件，注册商标1件。公司研发的“水稻机插育秧新型基质及生产工艺”成果经专家鉴定，一致认为处于国内领先水平。

（吴建平）

【镇江百通农业有限公司】 镇江百通农业有限公司为市级农业产业化龙头企业，公司位于京口区学府路4号，成立于2012年，注册资本104万元，主营预包装食品的批发与零售，农产品的批发与零售。公司根据自身实际情况，与农民专业合作社，养殖专业户签订种植、养殖购销合同，实现订单销售，明确农产品的品种、数量与要求，更好适应市场需求，避免盲目生产，有效保证农民专业合作社和农民的利益，使我公司销售更加快捷有效，取得双方共赢目标。2017年销售收入2332万元，带动农户1560户。

公司共建立1个直销店、3个代销点、1个农产品体验馆，利用现代化网络平台，聘用专职人员进行网络销售、维护与发货，并且与糯米网等网络签订团购推广服务合同，拓展销售渠道。公司努力发展营销力量，线上与线下相结合，稳步进入电子时代，争取通过网络平台，跟上大众化的消费方式，为企业增加更多的销售平台，同时也大大地提升了百通农业的综合实力。

（吴建平）

秀丽的金山风光

财政·税务

责任编校：耿纪明

财政工作

【概况】 区财政工作以中共十九大报告和习近平总书记系列重要讲话精神为指导，在全局员工团结协作下，积极促进财政管理职能向财政运营与服务职能转变，坚持围绕中心、服务大局，抓改革、增收入，优服务、提质效，强管理、促规范，全面做好“稳增长、促改革、调结构、惠民生、防风险”各项工作，保障各项事业平稳有序发展。全年完成一般公共预算收入17.71万元，剔除下半年金融业税收下放地方因素，与上年同口径相比增长5%。区财政局被评为市财政综合评价一等奖，被区委区政府授予区级机关目标绩效考核优胜单位，被区委党建工作领导小组授予法治型、服务型“四星”先进党支部和党建工作科学化考核优胜单位荣誉称号。

面对新常态下结构性调整和政策性减税不利影响，面对财政收支矛盾加剧困难局面，面对地方政府债务严控带来资金压力，优化政策管理模式和财政支出结构，针对人民群众关心问题精准施策，强化收入分析，完善收入考核办法，加强税源管控。新建财政工作平台，将各类财政资料分部门、分类别纳入办公软件归档管理，方便随时调阅与使用。以工作平台为载体，细化编制全年需落实和待落实各项工作，有计划、超前、高效、系统推进工作落实，把工作平台作为落实区委区政府各项工作机制保障。做好“营改增”后市、区两级财政收入和财力结算调整建议，并做好协调推进工作。

【预算国库管理】 调整优化支出结构，保障教育经费投入，足额安排预算内生均公用经费，保障校安工程、化债资金财政投入，为教育优质均衡发展助力。配合机关事业养老保险改革，做好资金测算和经费保障。区财政配套资金1251.18万元，完成城乡居民医疗保险整合工作，提高财政补助标准，由人均425元提高到470元。加大残疾人救助力度，扩大残疾人生活救助范围，提高残疾人救助标准。提高低保补助标准，由人均625提高到655元。加大涉农投入，拨付补贴资金825.16万元用于支持畜禽养殖污染专项整治工作。发放各类惠农补贴资金288.46万元，有力保障农民权益。践行“阳光财政”理念，建立预决算统一公开平台，按照《中华人民共和国预算法》和省市相关规定，出台2017年预决算公开方案，指导各单位及时全面将2017年部门预算、“三公”经费预算和预决算公开方案通过预决算统一公开平台向社会公开。推进公开常态化、长效化、规范化，以公开促管理，随时接受群众监督。优化资金拨付流程，确定财政审核流程不超过2个

2017年4月，江苏鸿泰钢铁有限公司感谢财政服务企业（区财政局供图）

2017年12月12日，京口区举行非税收入收缴系统培训（区财政局供图）

环节，审核办理时间分别不超过2小时，制定拆迁资金拨付简化流程，原拨付流程精减一半以上，确保拆迁资金第一时间拨付到位，精减财政支出结算流程，统一规范和制定招待费、会议费、培训费便捷结算办法，方便支出结算，提高工作效率。加强政府债务管理，梳理、统计全区债务总量，做好管理工作台账。积极稳妥开展政府违规融资担保清理整改，化解政府债务风险。起草出台《京口区地方债务管理领导小组实体化运作方案》《京口区区级政府性债务风险应急处置预案》《京口区债务风险预警办法》等政策规定。完善《京口区债务化解工作方案》，有效构建合理、良性、长效政府性债务管理机制，逐步实现政府性债务权责清晰、管理规范、风险可控管理目标。（李姝）

【非税收入征缴管理】　加强非税收入管理，完成非税收缴系统升级工作，对不明账款入账问题彻底解决，保障非税收入收缴渠道畅通，为部门预算、国库集中支付提供良好运行平台。全年收缴缴入国库非税收入19729万元。加强票据管理，利用非税收缴系统升级契机，采用市财政重新编排的收费项目库，同时对全区140多家行政事业单位非税收费项目全面清理，贯彻落实省、市政府取消和停止征收部分行政事业性收费政策，对取消和停征收费项目在项目库系统中及时清理、关停，有效地遏制违规收费现象。加强对城管市场化保洁专项资金、物业管理全覆盖专项及水、气、土壤等环保专项资金使用管理，建立健全专项资金收支台账，分类核算，有针对性开展检查，完善管理措施，保障资金专款专用。（戴晖）

【农村农业财务管理】　落实各项惠农补贴政策。加强惠农补贴制度建设，强化补贴发放政策宣传及核查，督促补贴信息公开。联合区农委印发《2017年京口区农机购置补贴实施办法》《京口区农作物秸秆机械化还田作业补助政策信息公开实施方案》等，通过实行惠农补贴政策网上公开、引入惠农补贴第三方核查、强化补贴申报及发放情况回访检查等方式，确保补贴政策落实到位，直补到户。全年审核发放农业支持保护补贴（耕地地力保护、粮食适度规模经营）254.83万元。审核发放秸秆机械化还田作业补助、农机具购置补贴、农村劳动力职业技能培训鉴定获证奖补、规模化养殖场养殖环节病死猪无害化处理补贴等其他财政惠农补贴资金172.4万元。规范推进政策性农业保险。积极与区农委、人保公司紧密配合，完成新三年期定点保险承保合同续签。与人保镇江公司签订政策性农业保险购买专项服务协议，采用服务外包形式将农业保险宣传、培训、咨询服务、技术支持等事宜委托保险公司办理，利用多种形式开展保险政策宣传，规范保险资金运作。全年政策性农业保险保费总收入62.23万元，审核发放小麦、玉米、水稻、能繁母猪、蔬菜大棚等理赔金19.89万元。积极开展年度专项工作。联合区农委开展区级畜禽养殖污染防治专项整治，对全区畜禽圈舍关闭拆除及畜禽禁养情况联合验收，审核拨付4个街道园区83户关停养殖户区级禁养补贴资金825.16万元。联合区农委开展惠农补贴发放专项治理，制定下发《京口区惠农补贴发放专项治理工作方案》，组织街道园区自查、区级核查，迎接市级督导检查，整改完善惠农补贴发放工作。牵头开展涉农资金阳光监管平台建设，成立协调领导小组，设置下发平台操作人员账号，组织平台业务操作培训，部署平台建设各种工作要求，完善平台网页公示内容，督促推进全区平台涉农数据补录及实时更新工作，积极推进全区涉农项目资金申报、立项、拨付、验收等各环节过程跟踪和留痕管理。争取上级项目资金扶持。会同区农委、水利部门申报各类农林水项目，加强对申报项目科学性、可行性、效益性实地核查，全年取得上级项目、补贴等资金1000余万元，支援农林水建设。从严从紧全程监管涉农资金运作，加强项目申报、实施及竣工验收管理，严格按照财政报账制原则，规范项目资金审批和拨付程序，确保项目资金专款专用、规范使用。加强基层财政服务管理，督促指导城区街道完成账务系统科目及报表调整，规范会计核算，全面快捷提供各类会计信息。（屠玉燕）

【支持企业发展】　《中华人民共和国预算法》加强对财政专项资金拨付管理。根据《京口区关于进一步加强上级财政专项资金管理的实施意见》，侧重加强项目申报财政审核、指标下达核实、资金拨付项目单位环节管理，提高项目申报真实性和成功率，全年拨付企业财政专项资金15100万元，为实体经济发展提供资金支持。（张惠云）

【项目资金绩效评价】 全年会同项目主管部门对2016年度部分项目资金开展绩效评价，抽取24家企业18大类35个项目，通过评价促进企业增强法制和责任意识，完善内部项目资金支出管理。（张惠云）

【社会保障管理】 理财惠民，促进财政资金更多向民生领域倾斜。加大基本公共卫生投入。全年安排基本公共卫生专项资金990万元，“三病”防治、优生筛查、妇幼保健、应急救护等各项支出120余万元。完善基本医疗保险，区财政补助合作医疗2628万元。落实计划生育政策，发放计划生育一次性奖励591.7万元。提高困难群体保障标准。从7月开始分别对低保对象和被征地农民生活保障等提标，让广大困难群体真正体会到党和政府关怀。全年发放低保金2014.16万元，低保户春节慰问242万元。支付被征地农民社会保障资金2864万元。从年初起提高残疾人两项补贴，全年支付残疾人补贴871.9万元。做好优抚安置工作，确保退役士兵和退伍军人待遇及时落实。全面实施机关事业单位养老保险制度改革，多年来一直由财政发放机关事业单位退休人员养老金顺利实现与社保接轨，由社保基金直接发放，机关事业养老保险推进工作迈出坚实步伐。完善监管制度，在日常监管基础上每年抽取专项资金重点核查，确保社保基金资金安全。（华伟婷）

【政府采购】 本着“依法采购，规范操作，优质服务，廉洁高效”服务宗旨，做好全区采购单位采购服务及监督管理。全年采购总额4601.2万元，其中货物类916万元、工程类53.43万元、服务类3631.77万元（含城管下半年市场化道路、街巷保洁1957万元购买服务项目）。实际采购金额与采购预算相比，节约资金554.8万元，节约率约为10.76%。积极支持、配合并服务于全区重点项目采购服务工作。完成京口区东部棚户区（城中村）改造项目申报、招投标工作及城管街巷、道路保洁市场化购买服务、京口法院新大楼弱电智能化系统、区政府电子政务网建设等10余个招投标项目。配合区政府购买棚改服务实施办法和专项资金管理暂行办法制定，确保政府采购项目均依法依规实施。（秦寅生）

【会计集中核算和国库集中支付】 增强服务意识，依法为民理财，为区属137家单位4556名在职及离退休人员按时发放工资、及时给76家代理单位提供财务信息，保证京口区区属行政事业单位集中支付规范化运转。完成全区行政事业单位统发工资人员租房补贴调整及补发工作，配合人社部门完成养老保险改革第一、二批试运行工作。（吴辉）

【会计工作】 截至年底，京口区有会计人员3363人，其中初级职称562人，中级职称358人，高级职称24人。全年新办理会计从业资格证153本，办理旧换新会计从业资格证167本，补办会计从业资格证109本，办理会计从业资格证信息采集、变更、调转111人次。办理会计人员继续教育2399人次，办理会计人员继续教育抵免201人次。组织全区121家行政事业单位编制2016年度内部控制报告，编报率95%。在全市七个县（区）率先成立代理记账协会，2017年是从事代理记账审批业务第一年，为20家代理记账机构办理年度备案手续，备案率100%。办理4家代理记账机构调出手续，新批准设立5家代理记账机构。（仇明星）

【财政监督检查】 建立联动监督检查机制，查外促内，以查促管，形成监管合力。6—9月间参加全省财政监督干部培训班、财政干部法治财政建设能力培训和江苏省财政监督条例培训，全面提升财政监督能力和财政管理水平。开展全区执法用车使用管理情况检查，开展城市社区党组织为民服务专项资金年度检查和手工票据检查核查，会同区委巡察和“五一”、端午两节作风检查，以查促管，防止违纪行为发生，严肃财经纪律。（魏红榴）

【综合治税工作】 强化收入分析，对全区范围内企业销售收入与税收情况全面比对分析，重点突出对制造业、房地产企业、楼宇企业、科技企业税情分析。合理分解税收指标，完善收入考核办法。加强税源管控，对辖区内重点税源企业跟踪服务，定期对辖区内企业实施摸底排查，守护本区税源不流失。充分发挥国、地税代征点合并办公便利性和吸引力，继续畅通并发挥小规模纳税人增值税专用发票使用绿色通道作用，唤醒小规模纳税人使用发票和依法纳税意识，做到小规模纳税人税收和零散税收应收尽收。（洪高平）

【金融办工作】 对接金融企业服务实体经济。主动对接新民洲临港产业园和市农村商业银行、镇江邮储银行开展合作洽谈，解决落户企业跑金融机构办理业务实际困难，吸引更多企业落户新民洲临港产业园。市农村商业银行京口支行同意在新民洲设立分支机构。打击非法集资。联合公安、市场监督、街道、园区等部门对重点区域、路段含有投资理财咨询服务等经营范围市场主体，开展涉嫌非法集资广告资讯信息排查清理活动，处置投资理财违法广告投诉38起，及时化解相关纠纷16起。组织工作人员200多人次，全面排查辖区内存在非法集资风险隐患公司63家，清理关闭8家，重点监控企业有8家。加强小贷公司监管。督促农联、鼎盛两家小贷公司规范合法经营，控制不良贷款。配合大生小贷公司筹建、文广农民资金互助合作社转型升级工作，严格审查各项材料，规范申报流程。（张惠云）

【行政事业单位国有资产管理】 按照区委区政府统一部署，对全区所有行政、事业单位、区属国有企业和街道村（社区）截至2016年的资产清查，通过清查，基本摸清家底，增强单位国有资产监督管理责任意识。根据镇财资〔2017〕7号文件要求，对全区2016年政府资产清查，查清防汛抗旱物资、市政道路、停车场、公共环卫设施、公园绿地、人工林、保障性住房等政府性资产情况。根据《镇江市京口区行政事业单位国有资产管理实施意见》（镇京发【2015】5号）规范区属行政事业单位在购置、使用、处置资产过程行为。贯彻落实国务院及省、市《关于国有企业职工家属区“三供一业”分离移交工作实施方案的通知》精神，从2016年11月开始动员部署，涉及全区范围内6个街道的中央、省、市属6家企业、21个家属区、3678户物业需移交属地管理，2017年12月与5家国企签署移交框架协议。

（张惠云）

国税三分局工作

【概况】 国税三分局在市局党组正确领导下，贯彻落实总局，省市委各项文件精神，以推进税收现代化建设为动力，以法治、服务、创新、廉洁为重点，深化实践税收改革措施，推进依法治税，服务科学发展。面对深刻变化税收环境，全局上下以中共十九大精神为指引，以服务经济发展大局为中心，以深化税收管理为主线，通过强化任务管理，强化过程监控，强化模板应用，开展风险应对工作。通过落实数据提取前沿化，落实欠税信息分类化，落实失联查找实地化，落实欠税供票限制化，落实工作检查常态化，使欠税追征工作取得新进展，清理新欠5549万元，清理陈欠221万元。

【开展风险应对工作】 强化任务管理。在应对团队分工基础上，合理分配风险应对任务，健全应对任务管控机制，实现上级下达、分局筛选、统一分配，对于不同行业不同特点任务，由分局优先分配给各专业应对团队。难度较大重点任务，分配给业务能力相对突出团队或采取竞标方式。按照各团队人力资源特点，对应对任务结构性安排，有针对性开展实地应对，切实提高风险应对绩效。强化过程监控。分局继续深化完善运行机制，加强风险应对过程中跟踪管理，对风险应对事项实施专项督办，全程跟踪。同时定期组织风险应对情况通报会，听取风险应对任务主查人员汇报，对明显落后时间进度又无充分理由的现场质询。发挥集体力量，相互促进，共同提高应对效率。强化模板应用。随着“金税三期”系统上线和税源管理平台更新，模板也在不断完善。为应对这种情况，组织学习最新模板和案例，汲取模板指引优秀成果和教学案例等成功经验。定期开展应对案例交流讲评，组织风险应对案例交流。定期开展模板指引应用方面质量检查，落实模板指引。做到有法必依、程序合法、证据翔实，突出程序资料规范性，保证文档资料规范完整。全年完成应对户次64户，完成47户，人均完成户数在市区继续保持领先。接受注销任务18户次，全部完成应对，注销过滤31户次完成26户次，风险排除22户次，不予注销4户次。应对成效合计为：增值税249.73万元，消费税2.01万元，所得税77.05万元，文化事业基金1.24万元，调减留底167.91万元，弥补亏损3339.12万元，滞纳金115,79万元，应对总成效1451.78万元，其中入库成效449.09万元。

11月29日，国税三分局党支部组织全体党员参观赛珍珠故居和纪念馆（王晔 摄）

【开展欠税追征工作】 落实数据提取前沿化。针对每月欠税大幅增加情况，在申报期结束后，先行提取相关数据并重点关注常清常欠企业。对可以留抵抵欠企业，第一时间通知其前去办理，提前消除欠税。落实欠税信息分类化。按照欠税类型将欠税划分为往年陈欠和当年新欠，并根据企业不同情况，制定催缴方式。对发生新欠企业，告知其不及时清缴税款可能面临监控、追缴、处罚以及欠税对自身纳税信誉等级的影响。对于确实困难欠税企业，与企业一同商量对策，签订分期清缴协议，同时对电话催缴反馈情况在表中注明。落实失联查找实地化。针对无法送达通知书企业，分局安排人员上门实地检查，做好相关取证工作。8月，分局开始利用“天眼查”官网查询企业信息，根据相关信息重新邮寄税务事项通知书。在对失踪走逃户认定上，分局更是慎之又慎，从严把关。落实欠税供票限制化。贯彻“以票控税”管理措施，把控制发票作为清理欠税重要抓手，防范欠税户发票流失风险。完成对123户企业系统内控盘、16户企业限制申报和系统内不得开票认定。落实工作检查常态化。在欠税追征过程中，分局对申报期监控、申报期后催缴、欠税户约谈（电话通知记录）、欠税分类、日常管理、发票控量、申请强制执行等事项流程，做好记录台账，同时规范清欠文书使用，按"一户一册"原则，做好欠税档案整理装订。分局每季度对欠税户全面梳理，每一户都采取措施一一对应检查，经上下努力，清理欠税 391 户次，清理新欠 5549 万元，清理陈欠 221 万元，欠税追征工作取得明显成效。（王晔）

地税二分局工作

【概况】 地税二分局在市局党组及京口区委、区政府正确领导下，以习近平总书记系列重要讲话精神为指导，深入学习贯彻落实中共十八届三中、四中、五中、六中全会和中共十九大精神，按照省市地税工作会议要求，牢固树立新发展理念，坚持稳中求进总基调，以"收好税、服好务、带好队"为主线，以"深化绩效管理"为主要抓手，以三精管理"税源精确，发力精准，管理精细"为核心，持之以恒抓队伍、顺势而为抓管理，圆满完成各项工作任务。获得"镇江市京口区党建工作科学化考核优胜单位""镇江市京口区服务优胜单位""镇江市残疾就业工作先进集体""镇江市预防职务犯罪先进单位"等荣誉称号。

【一着不让抓收入】 二分局围绕收入这一中心，强化管理，细化责任。主动与区委、区政府对接，汇报分局税收征收动态，全面跟踪了解区域内招商引资工作，经济发展动态，做到征好存量管好增量。严格落实组织收入责任制。按照市局收入目标，合理确定和分解年度收入任务。层层签订目标责任书，将税费任务分解落实到每个人，以人保科、以科保局，按月保季、按季保年。税费同征同管。认真分析税源，查清费源，挖潜力，找短版，一着不让抓收入，步步紧逼抓序时，最终超额完成任务。全年分局组织完成各项收入 30.97 亿元，比 2016 年同期同口径增长 3.6%。其中，税收收入 15.5 亿元，同口径增长 16.5 %，公共财政预算收入 11.3 亿元，同口径增长 20.2%。

【持之以恒抓队伍】 队伍建设始终是分局工作重中之重，必须持之以恒地抓。分局坚持以人为本，不断强化班子和干部队伍建设，干部履责意识和综合素质进一步提升。加强班子建设。分局领导以身作则，坚决执行中共八项规定。在工作纪律、作风建设、廉政建设上树表率，立标杆，全面提升干部队伍凝聚力。加强教育培训，提升队伍战斗力。借助于市局业务比武大擂台、学习大讲台、文化大平台活动，分局举办各种形式业务培训，动员全局参加市局大比武考试。加强绩效管理，每月严格按规定考核，定期组织绩效点评会，对标找差，强化整改，全面提升干部工作能力与水平。

【顺势而为抓管理】 面对后营改增时代，分局在精细化管理上下功夫。在强化正常申报征收管理基础上，加大欠税欠费催缴力度。面对严峻欠税欠费形势，分局高度重视，全面贯彻落实市局清理任务，把欠税催缴工作作为征管工作重中之重。全年清理陈欠税 133 万元，清理社保费 528.75 万元。加大各项税种管理力度。分局 2016 年度企业所得税汇缴的企业计 1731 户，汇缴率达 100%，汇缴入库企业所得税 2040.86 万元，实际组织完成个人所得税申报人数为 8131 人，比市局处室下达分局年所得 12 万元申报工作的人数超过 263 人，取得分局组织申报人数在全市局申报人数中占比第一的好成绩。强化税政管理。认真贯彻落实国家各项税收优惠政策。结合惠民暖企大走访，送政策到企业，落实相关税收优惠政策，减免税费基金近千万元。同时做好残疾人就业税收优惠政策落实情况调查，有 8810 户企业享受残疾人就业保障金优惠减免。

【真心诚意抓服务】 以"春风暖企行动"为契机，分局结合自身特点，认真开展"惠民暖企大走访"，全年走访 33 户企业。走访活动不走过场，不搞形式，真心实意为纳税人服务。点对点服务，面对面交流。重点税源科要与重点税源纳税人挂钩结对，定期走访企业。支部共建，关爱民企。与镇江蓝舶科技有限公司结对，开展非公支部建设。同舟共济，共谋发展。在惠民暖企大走访中，虚心倾听企业心声，真情帮助企业解困，对照税收政策，帮助镇江宝华半挂车有限公司解决多年一直悬而未决的拆迁补偿费适用税收政策问题。对公交公司城镇土地使用税备案类减免 50 万元，残疾人就业保障金免除 50 万元，公益赞助 100 名公交司机职工，受到社会各界好评。（何姗）

2017 年 8 月 15 日，全局召开春风暖企行动会议（李晨明 摄）

教育·科技

责任编校：丁 杨

教育工作

·综 述·

【概况】 2017年，京口教育以加快教育现代化建设为目标，推进城乡义务教育一体化发展，获得“全国中小学校责任督学挂牌督导创新区”“国家义务教育质量监测实施县级优秀组织单位”称号，中山路小学获全市唯一一个“首届全国文明校园”称号，此事入选2017年镇江市“十大教育新事”。在省教育现代化建设监测中，京口区综合得分91.2分，比上年度增加1.05分，位居全省前列。（尤昌德 谢峰）

【党建强教】 开展“两学一做”学习教育，推进“双型”先进党支部建设。江滨实小创成区教育系统首家法治型、服务型“五星”先进党支部，八叉巷小学和桃花坞小学创成法治型、服务型“四星”先进党支部，星级支部覆盖率达68.2%。开展“暖企惠民助居”大走访活动，走访超过200人次，解决或帮助协调问题45条。落实党风廉政主体责任，深化、细化党政领导责任范围、对象和责任分解；先后召开全系统作风建设工作会议和党风廉政建设大会；邀请专家作廉政讲座，参观反腐倡廉教育基地，开展警示教育；基建工程和物资采购招标，按规定程序规范操作，做到公开、公平、公正。（尤昌德 谢峰）

【办学条件】 紧扣“名校办分校、名校搬新校”工作思路，调整主城区学校布局，加强东部地区教育布点。明确四中校区交给中山路小学，改造设计方案完成，2018年7月将启动改造工程；敏成小学建成投入使用，百年老校解放路小学迁入办学；象山花园小学新建工程主体封顶；京岘家园幼儿园整体交付。加大装备优化配置力度，市实小、桃花坞小学和谏壁小学新建录播教室，江科大附小新建智慧教室和阳光创客空间。（尤昌德 谢峰）

【教师素质】 改革教师招聘模式，在各辖市区中首次试行“先面试，后笔试”教师招聘模式，新招聘教师11名。通过岗前培训、师徒结对、过关考核等方式，帮助新教师尽快胜任岗位。加强师德师风建设，建立健全长效管理机制，开展师德测评、师德宣誓、师德演讲、师德标兵评选等系列活动。拓宽教师培训渠道，举办“京口教育月末讲堂”“教育系统领导干部培训”等干训活动5场。借助省师培中心资源，承办“名师送培”活动3场，邀请省内特级教师、人民教育家培养对象、教授级高级教师送教到校。成立乡村教师培育站，打造“六校联盟”培训品牌。3人入选镇江市第五批名校长，新增市级名师工作室1个，105名教师被评为新一批镇江市骨干教师，教师总数占比位居全市第一。（尤昌德 谢峰）

【素质教育】 德育工作扎实推进。在全市率先出台“21天养正行动计划”，引入第三方精准评价模式，完善学校、共同体、区域三级联动评价机制。每月召开“精细管理，品质办学”管理现场会。承办全市养正学堂公开课展示活动，4所学校参与省文明礼仪教育现场展示活动。2大项目获评成为镇江市第二批中小学德育研究实践基地项目。课程建设取得突破。中山路小学、市实验小学、红旗小学被授予“省书香校园建设示范点”称号。桃花坞小学以“墨趣文化”引领课程研究，获省教学成果一等奖。江科大附小“阳光创客课程”获评省特色文化项目，获省厅46万元项目经费支持，并被遴选为省STEM教育项目试点学校和省知识产权试点学校。特色发展亮点频出。校园足球特色鲜明，新增4所国家级特色学校，2所省级特色幼儿园，5所学校通过全国校园足球特色学校复检。举办“最美天籁童声——携手维童”京口合唱音乐会，京口区四支学校合唱团与受邀的维也纳童声合唱团同台演出。承办省“红旗杯”少儿棋类公开赛、省小学生乒乓球锦标赛等省级重大体育赛事。文艺节目《我和我的机器人》《天山牧歌》获“省文华奖”提名奖。（尤昌德 谢峰）

【学前教育】 新增省优质园1所，市优质园2所，6所幼儿园通过省优质园复检，3所幼儿园成为新一批市级项目研究园。承办2017中国学前教育年会和全国幼儿美术教育

研讨会，全国各地近2000名专家和教师参会，全面展示学前教育改革实践成果。（尤昌德　谢峰）

【义务教育】　教学质量回归大市领先地位，在省学业水平监测中，均分超过苏南地区平均成绩，全市领先。在2017年全市小学学业水平检测中，成绩名列前茅。两所中学中考成绩稳中有升，位居全市第一方阵。加大规范办学督查力度，出台规范办学相关文件，联合教育督导室对中小学生在校时间、课程实施、作业量等方面巡查和反馈，整体提升区域中小学办学行为规范化程度。组建五大改革项目组，启动课堂绿色评价研究，组织核心团队赴先进地区学习区域绿色评价研究经验。（尤昌德　谢峰）

【公共服务体系】　执行帮困助学政策，完善社会救助体系。全年资助或减免义务教育阶段困难家庭357人次，金额26.5万元。资助或减免学前幼儿117人次，金额11.5万元；开展大学生生源地信用助学贷款工作，全年助学贷款办理6人，金额4.2万元。将外来务工人员子女就学纳入财政保障体系，为每一个留守儿童建立个人档案，精准开展“义教、义助”活动。实行流动人口子女就学“一单式”服务，确保随迁子女100%按学区就近入学。（尤昌德　谢峰）

【校园安全防范】　落实校园“三防”经费保障，为全区各校配齐配足安保力量。完善视频监控系统，更新监控探头，增设周界报警系统。配备物防“九小件”、防冲撞设施等校园物防设施设备。建立健全应急预案，定期组织应急演练活动，开设自护自救安全讲座，提高基层应对突发问题的能力。开展安全隐患排查整治工作，深入基层单位走访督查，发现安全隐患，督促及时整改到位。（尤昌德　谢峰）

·学前教育·

【镇江市中山路中心幼儿园】　镇江市中山路中心幼儿园诞生于1950年，至2017年年底已发展成一所总园，两所分园规模。中山路中心幼儿园总园位于镇江市仁章路23号，占地面积0.14公顷，建筑面积2700平方米。谏壁分园位于谏壁越河街188号，占地面积6.66公顷，建筑面积4200平方米，户外活动场地2000平方米。中建大观分园位于镇江市学府路中建大观天下小区核心地段，占地面积7公顷，建筑面积4800平方米。

总园和分园有班级23个，总园10个班级，分园13个班级，幼儿在园人数755人。有教职员工86名，专任教师大专学历比例100%，本科学历47名，占总教师人数的85%，1名教师获得教育学硕士学位，2名教师学前教育研究生在读。高级教师2名，一级教师18名，中级以上职称教师占教师总数的38%。幼儿园先后有市级骨干教师3名，区骨干教师10名，中学高级教师2人。

2017年，中山路中心幼儿园顺利通过省优质幼儿园复审。获评镇江市足球特色幼儿园、远程培训优秀项目组织学校、京口区卫生托幼机构保健工作先进单位、京口区安全先进集体、京口区教育宣传先进集体，获中小学教师蓝天杯论文评比“组织奖”、小青蛙讲故事比赛优秀组织奖、镇江市儿童剧展评二等奖、京口区第十三届幼儿运动会最佳勇气奖、京口区第十二届幼儿园“三人行变废为宝”巧手制作大赛一等奖。谏壁分园获评省足球特色幼儿园、京口区卫生托幼机构保健工作先进单位，获京口区第十三届幼儿运动会最佳竞技奖、京口区第十二届幼儿园“三人行变废为宝”巧手制作大赛一等奖。

2017年，总园先后承办上海明师科技网课程游戏化背景下数学教育教学研讨会、市级“省足球特色幼儿园”遴选现场观摩活动、市“城乡一体化”幼教共同体活动、京口区优化幼儿园班级区角环境创设教研活动、京口区推进“创设适宜的班级环境促进儿童发展”研修活动、区课程游戏化现场观摩研讨活动等。谏壁分园先后承办全国第六届幼儿美术教育研讨会现场观摩活动、省课程游戏化项目建设视导活动和市级暑期网络视频培训幼教学科线下教研活动。

2017年，幼儿园通过“省示范性实验幼儿园”复检，为推动省级项目园创建及促进学前教育均衡发展，先后派出行政人员和骨干教师团队到句容、丹阳等地进行帮扶，并对中山共同体内的其他四所园所进行管理和教科研指导、帮助，持续发挥省优质幼儿园示范引领作用。

2017年，为打造富有民俗特色活动，以传统文化浸润童心，幼儿

2017年6月，中山路中心幼儿园开展“迎‘六一’大型游园”活动（张燕　摄）

园开展“欢乐中国年迎新年活动”“我是小小兵”“九九重阳节，浓浓敬老情”“家园一家亲”“欢乐迎中秋”“端午送温暖，情系敬老院”等系列活动。幼儿园注重养成教育和礼仪教育，开展“保护母亲河，宝贝在行动”“我给小树浇浇水，我与小树共成长”“爱护地球妈妈，建设美好家园”“我劳动我快乐亲子种山芋”等活动。

幼儿园致力于建设一支高素质教师队伍，建立年级教研组、学科教研组、课题项目组、指南实验组等。全园有各级各类立项研究课题11个，结题4个。2017年，教师在各类比赛中获奖40人次，先后有8名教师获得“市十佳教师”“市师德先进个人”“区优秀班主任”“区优秀德育工作者”“区优秀教学能手”“区教育系统服务标兵”等称号。董玮在省第十三届“蓝天杯”幼儿教师会课比赛中获一等奖。9名教师分别在市级教育教学比赛中获一、二等奖。在区级基本功大赛中，5名教师获一等奖，1名教师获二等奖。2017年教师论文发表、评比获奖240余人次，其中国家级发表2篇，省级论文获奖108篇，市级论文获奖30余篇，区级论文获奖100余篇。幼儿在各类比赛中获省、市级奖项11人，区级奖项2人。（张燕）

【镇江市实验幼儿园】　镇江市实验幼儿园创建于1934年，坐落在笪家山旁。2017年通过省优质幼儿园复评。幼儿园有教职工81名，其中高级教师2名，一级教师18名，教师学历以大专为起点，本科学历人数占教师总数的80%。

幼儿园以“绘多彩童年、育和谐儿童”为教育目标，培养“以爱为本，培养优雅自信”的和谐儿童。2017年幼儿园继续以“江苏省课程游戏化项目共建项目”为抓手，在专家引领下逐渐完善园本课程建设，成功申报市“园本课程项目园”、区“指南实验园”。幼儿园重视儿童健康发展，创设阳光体育活动，香江分园被评为“镇江市足球特色幼儿园”。在“全国教育年会”“第六届全国美术研讨会”“省科技特色幼儿园联盟科学教育”以及“区园本课程建设园开放研讨活动”等活动中承担现场展示任务。省教育厅副厅长曹玉梅赴该园进行学前教育工作考察。

2017年，幼儿园实行民主协作式管理模式，专人分管各项工作，逐步形成管理网络，明确各自管理目标、职责和任务。园长实行走动式管理，走进每一个班、走近每一位教职工，面对面交流，心与心互动。幼儿园设立教科研小组，实际开展各级各类课题研究。开展市级课题10个，其中结题5个、实施中2个，新立项市级课题3个，1项省“十三五”规划课程申报中。幼儿园保障教科研经费，注重老师专业成长，使教师在不同层面得到提高。幼儿园有市骨干教师1名、区学科带头人1名、区骨干教师8名，7名教师分别被授予“京口区师德标兵”“京口区优秀教育能手”“京口区优秀通讯员”等称号。2017年幼儿园被评为“京口区教育系统宣传工作先进单位”“教育系统体艺特色先进单位”。

（金微）

2017年11月7日，镇江市实验幼儿园开展“神秘的童话城堡”活动。
（镇江市实验幼儿园供图）

【镇江市江滨幼儿园】　镇江市江滨幼儿园地处江滨新村小区，是镇江市首批评选出的省级示范园。至2017年年底，幼儿园设有班级11个，幼儿340名，保教人员30名。全园专任教师专科及以上学历比例达100%，本科及以上学历达76.7%。2017年，幼儿园举办“与爱同行，绽放精彩”苏宁幼儿画展，展览作品200余幅，涵盖不同年龄段，不同表现手法，不同基础材料。开展“与爱同行——江滨幼儿园教师教学风采展示”活动，彰显江幼教师尊重儿童、激发幼儿天性教学理念。举办建园30周年文娱会演，全园340名孩子参加，展现校园素质教育突出成果。

2017年，幼儿园搭建各类平台，促进教师快速成长。海燕在京口区幼儿教师说课、模拟课堂及基本功大赛中获一等奖，张晨露在市级绘本教学联动赛课中获一等奖。6位教师分别被评为镇江市优秀教育工作者、京口区优秀教育工作者、京口区师德标兵、京口区优秀班主任、京口区优秀德育工作者、京口区优秀教学能手。在各级各类论文比赛中，该园教师获奖论文达123篇，其中获省级奖项53篇、市级奖项6篇、区级奖项64篇。

2017年，该园先后被评为镇江市养正学堂先进校、京口区托幼机构卫生保健先进单位、京口区教育系统装备管理与使用先进单位。组

2017年6月，江滨幼儿园建园30周年“与爱同行，快乐启航”园庆活动
（江滨幼儿园供图）

织承办京口区学前教育共同体——江滨共同体交流研讨活动、“让核心素养在课堂生根”通州·京口名师“同题异构”教学研讨活动、京口区小巧手“三人行，变废为宝”活动、三区联动体育展示活动等。获得首届“身边的感动”DV大赛“童年的守望者，平凡中诠释爱”区级三等奖，京口区“六一”幼儿游戏节活动最佳团队奖等。

该园得到社会及家长认可，在春、秋两学期社会满意度评议中，满意率均达100%。（杨晨）

【镇江市桃花坞幼儿园】 2017年，镇江市桃花坞幼儿园和米山雅居分园围绕“快乐童年、幸福一生”办园理念，贯彻《3～6岁儿童学习与发展指南》精神，遵循“以幼儿发展为本”“以教师发展为本”原则，聚焦幼儿园内涵发展，提升幼儿园办园质量。

幼儿园以分园创建市优质园和省优质园为契机，加大硬件投入，改善办园条件，以教育环境创设、生活活动、游戏活动为切入点，贯彻落实《3～6岁儿童学习与发展指南》和省课程游戏化项目要求，树立一日活动皆课程思想，提高课程游戏化水平。米山雅居分园通过市优质园和省优质园验收。桃花坞幼儿园、米山雅居分园被评为2017年度京口区卫生保健先进单位。

2017年，李莹被评为“江苏省自制玩教具能手”和京口区师德标兵，杨玥获得京口区优秀班主任称号，高蕾获得京口区优秀教学能手称号，杨莉莉获得京口区德育工作者称号，汤源被评为京口区教育系统“优秀通讯员”，孙涓和王莹莹分别被评为京口区托幼机构卫生保健先进个人。幼儿园选送的游戏视频《移动的房子》获《中国教育报》主办的全国幼儿园游戏视频评比最佳材料奖，自制教玩具“奇幻投影”获江苏省自制教玩具评比一等奖，秦莹在镇江市信息化教学能手评课活动中获二等奖，杨玥获京口区教师基本功比赛一等奖，全园84篇论文、案例在省市区级比赛中获奖。

2017年，全园教师组织指导幼儿参加各项活动。李年美小朋友获得镇江市青少年科技创新大赛特等奖，陈屿田小朋友获得镇江市小青蛙讲故事比赛一等奖。180余幅幼儿绘画作品在市区幼儿绘画比赛中获奖。在京口区庆“六一”幼儿游戏节中，两园分别获得“最佳团队奖”和“最佳勇气奖”。小朋友表演的童话剧《咕叽咕叽》在镇江市幼儿园童话剧展评中获二等奖。

2017年，桃花坞幼儿园和米山雅居分园代表京口区承担各项活动，承办江苏省国民体质监测幼儿组测试活动，承办江苏省自制教玩具展评镇江市遴选培训活动及京口区课程游戏化推进暨《指南》实验园展示活动。

作为京口区学前教育发展桃花坞共同体的核心园，带领共同体各成员园（船艇学院幼儿园、阳光大地幼儿园、方家湾幼儿园）开展一系列观摩交流、教研研讨活动，充分发挥公办核心园示范辐射和引领作用，促进共同体各园协同发展。（汤源）

【镇江市京河路幼儿园】 镇江市

2017年11月14日，米山雅居幼儿园会议室，省优质园评审现场（杨玥 摄）

京河路幼儿园创建于1997年8月，至2017年年底，建有京河本部和京岘山庄、京岘家园两个分部。三个园区有24个班级780多名幼儿，80多名教职员工。京幼的办园理念是“呵护童心，润泽生命，让幼儿拥有最佳人生开端”。

2017年，京河总园通过省优质园复评，被评为市“全民阅读先进单位”和区“十佳文艺先进单位”，京岘山庄分园创成省足球特色学校，成为区“家校融合”首批实验基地。2017年度，京幼50名教师中，大学本科以上学历占比90%，大学专科以上学历占比100%。市、区级骨干教师14名，区学科带头人4名，3名教师分别获“区优秀教学能手”“区师德标兵”“区优秀班主任”称号。由市、区骨干教师引领的“七色花绘本工作室”“大拇指亲子工作室”“小脚印美术工作室”成为教师的专业发展平台和该园的三张文化名片。2017年，京幼继续投入项目课程以及课程游戏化研究，在教育实践中不断进取。

2017年9月，总投资500万元、占地面积4200平方米的第二家分园——京岘家园幼儿园正式投入使用。京岘家园分园是一所三轨9个班的社区配套幼儿园，园内有报告厅、科学馆、美术馆、绘本馆、教师之家等功能室，服务范围覆盖京岘家园小区及周边梦溪嘉园、山泽园等小区。　（徐斌）

2017年7月5日，中国学前教育年会在解放路幼儿园优山美地分园举行
（吴燕 摄）

【镇江市解放路幼儿园】　镇江市解放路幼儿园位于镇江城中道署街，创建于1921年，是京口区教育局直属园。至2017年年底，幼儿园占地面积3000多平方米，建筑面积1900多平方米，幼儿园有教师19人，其中高级教师3人，专科学历以上教师比例达100%，本科以上学历教师比例达84.21%。

2017年，校园举办“乡情采风节”“书香文化节”“表现艺术节”“六月毕业季”“民族风情节”“亲子游戏节”“金色感恩节”等特色活动。在“爱的教育”办园方向指引下，解放路幼儿园开展“爱心体验活动课程”“幼儿多元体能活动”“家园互动幼小衔接活动”等多领域研究。校园有市教科所立项课题2项，实验课题5项，市教研室重点课题1项，立项课题1项，区级实验课题3项，所有课题研究均围绕校园主课题开展，形成“人人都参与，个个有课题”，每位教师主动参与，根据个人所长开展子课题、小课题研究的良好氛围。在课题研究和教育教学实践中，每位教师对幼儿的行为表现留心观察、记录，坚持反思和总结。2017年度，幼儿园成功申报6项市级课题。

2017年，优山美地分园承办镇江市“指南”实验园研讨活动，开设“有趣的水”“活的和死的”“瓢虫”“户外学习课程的组织与实施”“户外学习故事——趣探蝴蝶”等专题研讨。6月，开展“采撷自然 跃动心灵”第二届大地童音儿童作品展义卖活动，让幼儿通过自己双手让“星星的孩子”在充满爱与温暖的地球中成长。7月，开展学

2017年4月7日，全国幼儿园课程提升研讨会在京和路幼儿园京岘分园举行
（万菲 摄）

2017 年 12 月 8 日，贺家弄幼儿园在江苏大学体育馆开展健康节亲子运动会
（李忠萍 摄）

前教育年会，在园内观摩孩子们在游戏中的专注、快乐、合作、探索与创造。11 月，开展“多元·游戏·审美·课程·环创”为主题的全国幼儿美术教育研讨会，开展以课程游戏化为背景的“户外学习”美术活动。12 月，参加在南京艺术学院美术馆开幕的“自然的种子，想象的力量”江苏万名儿童创意美术双年展，展现出幼儿园孩子们无穷创意。（王蓓　王莹莹）

【镇江市京口区贺家弄幼儿园】 镇江市京口区贺家弄幼儿园位于市南门大街，2017 年通过江苏省优质幼儿园复评。2017 年贺家弄幼儿园立足本园实际，开展多元化的教育教学，先后获得“江苏省早期阅读联盟”“镇江市第三批指南实验园”“镇江市科学教育示范学校”；获得“镇江市第二批足球学校”称号；“炫舞青春”啦啦操队在 2017 中国（无锡）青少年啦啦操精英赛上，获花球啦啦操规定动作冠军，由家长代表组成的看台啦啦操队，获最佳创意奖和最佳人气奖。结合季节和节日开展主题教学活动，开展亲子活动“收山芋”、文化节演出、“南山寻宝”活动、“参观江苏大学图书馆亲子活动”、“徒步毅行亲子活动”、文化节“家乡美食香又香”活动等。

幼儿园拥有市骨干教师 1 名，区学科带头人 2 名，区骨干教师 5 名，大专以上学历教师比例达 100%，本科以上学历教师比例达 80%。在教科研中，结合《3 ~ 6 岁幼儿发展指南》，打造“高效课堂”“同课异构”“一课三研”“跨园评课”“送教姐妹园”活动。为教师提供专业发展平台，以课题研究为抓手，促进教师专业水平提升，幼儿园市级“十二五”课题申报立项 3 个，7 个市级课题正在实施。

全园有 5 名教师分别被授予“京口区优秀德育工作者”“京口区教育系统服务标兵”“京口区优秀教育工作者”“京口区优秀教学能手”“京口区师德标兵”称号。4 篇论文在省级核心刊物发表，90 余篇论文在省市区比赛中获奖，38 人次在市区园级教学竞赛中获奖。幼儿园先后获得“《早期教育》第 15 届多多杯绘画比赛最佳组织奖”“镇江市第 28 届小青蛙故事比赛最佳组织奖”“京口区教育宣传工作先进集体”“京口区安全工作先进集体”“京口区卫生托幼机构先进集体”“京口区三人行小巧手比赛一等奖”“京口区 DV 大赛二等奖”“京口区六一游戏活动最佳团队”等荣誉，幼儿获省级奖项 2 人次，800 余人次在绘画、七巧板、英语等比赛中获奖。（吴悦）

•义务教育•

【镇江市京口中学】 镇江市京口中学位于东吴路 302 号，是一所三年制公办初中。学校占地面积 6.5 公顷，至 2017 年年底，有 24 个班级，在校生 869 人，在编在岗教职工 104 人，其中专任教师 96 人，具有中学高级职称 54 人，本科以上学历 96 人，占比 100%。市级骨干教师 6 人，区级骨干教师 39 人，拔尖人才占比 46.9%。区名师工作室 1 个，校名师工作室 3 个。

2017 年 11 月，学校申报的教育部重点课题《基于实践的校园足球可持续发展研究》、省级立项课

2017 年 12 月 29 日，镇江市京口中学举办第四届校园艺术节（张兴龙 摄）

题《基于多元体验促进初中生“趣味建模 主动发展”的校本行动研究》顺利通过开题论证会。

2017年12月，在镇江市教育现代化先进初中学校现场验收评估工作中，学校A级指标达标率为96%。

2017年中考，镇中、一中两所热点高中统招录取49人，突破指标16人，无一人享受热点高中指标分配。其中，600分以上19人，620分以上7人。徐文睿同学获西安交大少年班复试综合成绩第一名，中考总分650分，受到《扬子晚报》、镇江电视台等媒体登载报道。

2017年，学校先后被授予“中国好老师公益行动计划校”、中央电视台“希望之星”英语风采大赛优秀组织学校奖、“江苏省物理教学研究基地学校”“镇江市‘金山诵读’优秀组织奖”“镇江市学生社团建设优秀学校”等多个称号。　（于德青　凌正斌）

【镇江市第十中学】　镇江市第十中学位于谏壁街道月湖街，至2017年年底，学校有班级18个，在校生677人，教职工87人。

推进班级文化、社团文化、足球文化建设，开展、参加各级各类文体活动，举办第三届“雩山杯”校园足球联赛、第41届校运会、第18届校园文化艺术节等活动，参加省、市、区三级校园足球联赛及笼式足球比赛。

在三个年级全面推行“小组合作为基础的生本课堂”教学模式，借助“高效课堂建设论坛”、高效课堂示范课、高效课堂达标课、校园开放日等形式，推动课改。2017年中考，该校有52人被镇中、一中录取，比例达26.3%。

开展集体家访、义务导学等活动。借助评选校师德标兵、义务献血、向身边榜样学习等活动，弘扬教师无私奉献精神。2017年，学校“高唱奉献关爱之歌，联动推进学校行风建设”被镇江市教育局评为教育行风建设十大亮点之一。

举办“拔尖人才培养推进会”、班主任基本功竞赛、骨干教师申报培训会等活动，推动吴长顺老师“名师工作室”建设，培养各级各类学科带头人和骨干教师31人，形成拔尖人才梯队，带动教师队伍整体发展。2017年，教师论文发表或获奖103篇，教师各类竞赛获奖42人次，课题20个，其中仲慧老师参加江苏省第十三届“蓝天杯”语文学科会课获一等奖，戴莺老师参加江苏省第十三届“蓝天杯”英语学科会课获二等奖。

学校持续开展社团活动，连续三年被评为“镇江市中小学学生社团建设优秀学校”。学校组织七八年级学生赴实践基地进行社会实践活动，开展核心素养培养、星级学生评比、反恐防暴演练、班主任培训和基本功竞赛等活动。丁志超老师被评为“镇江市优秀班主任”。

打造足球特色，开发《我爱足球》校本教材，每个年级均专门开设足球课，举办国际足联女孩足球节活动，是镇江市首家承办此类活动单位，被评为“全国青少年校园足球特色学校”“镇江市青少年足球特色学校”和“镇江市校园足球后备人才学校”。

获得“第二十届全国青少年五好小公民‘阳光校园 我们是好伙伴’主题教育读书活动先进集体”“江苏省青少年校园笼式足球联赛镇江市比赛第四名”“金钥匙科技竞赛团体赛二等奖”“第十五届‘蓝天杯’中小学教师优秀论文评选组织奖”“镇江市中学生田径比赛初中组团体总分第二名”“镇江市市长杯校园足球比赛初中女子组第三名”“镇江市市长杯校园足球比赛初中男子组第四名”“镇江市市长杯校园足球比赛初中女子组公平竞赛球队”“京口区教体融合工作先进单位”“京口区教育系统教学质量提升先进单位”“京口区教育系统宣传工作先进单位”“京口区五四红旗团委”和“京口区七彩夏日暑期活动先进集体”等荣誉。

（仲建新　李明伟）

2017年12月，镇江市第十中学国际足联女孩足球节启动仪式现场
（镇江市第十中学供图）

【镇江市中山路小学】　镇江市中山路小学坐落于古运河畔，中山路旁。至2017年年底，学校有两个校区，占地面积28946平方米，绿化面积8680平方米，建筑面积19363平方米，各类活动场地面积14625平方米。

2017年，学校围绕京口区“建设教育名区”战略目标，创成镇江市“双美双优”示范学校。坚持规范办学，促进“一校两址”均衡式优质发展，提升办学品味。

2017年，学校开展“养正课堂”和“21天养正”行动，承办镇江市养正学堂主题课观摩活动，参与全省深化未成年人文明礼仪养成教育暨文明校园创建工作推进会，“‘家校E’E时代家校共育的提

2017年9月27日，澳大利亚姊妹小学师生赴中山路小学交流（中山路小学供图）

升行动”成功申报为镇江市中小学德育研究实践基地及品格工程建设项目。教学工作中学校注重规范办学，夯实校本培训，申报江苏省前瞻性课题“小学STEAM教学研究”获得通过，创成全国三维创意设计示范校。5月，澳大利亚姊妹小学师生赴学校交流参观。学校先后获全国文明校园、全国青少年“五好”小公民主题教育读书活动二十周年先进集体、江苏省少先队辅导员风采展示活动综合团体银奖、镇江市“双美双优”示范工程示范校园、镇江市优秀校园网站、书香校园建设示范点等。

学校还获得京口区教育系统宣传工作先进单位、区教育系统安全工作先进单位、区教育系统目标绩效考核一等奖、区教体融合工作先进单位、区教育系统首届DV大赛三等奖、2017年青少年“七彩的夏日”暑期活动先进集体、区第五届少儿故事创作比赛优秀组织奖。

在各项教学竞赛中，5位老师的课例被评为教育部“一师一优课，一课一名师”活动“优课”，各类赛课评课活动中有21人次获省一、二、三等奖，83人次获市一、二、三等奖，35人次获区特、一、二等奖。在教师论文获奖和发表方面，省级获奖68篇，市级获奖4篇，区级53篇。有2篇文章在国家级核心期刊发表，5篇在省级期刊发表。（唐明）

【镇江市实验小学】 镇江市实验小学坐落于胜利路160号，学校占地20998平方米，拥有16432平方米的校舍建筑，绿化面积2234平方米。2017年，全校有40个教学班、1689名学生、110名教职员工。

2017年，学校构建阅读课程，打造书香校园。开展文体意识统摄下的小学文学作品教学实践研究，以此作为阅读教学改革的突破口，对诗歌、散文、小说、神话等文体开展教学研究。除国家课程外，学校还设有经典诵读课程、整本书阅读课程（含绘本）、主题阅读课程、戏剧课程，建立相应的指导、分享、评价机制。每月最后一天为全校“师生读书日”，全校师生集体开展阅读活动。校园广播栏目《让我们读书吧》每周二中午播出，师生利用广播推荐并选读优秀读物，分享阅读感悟。2017年，该校获评江苏省首批书香校园建设示范点。

学校重视学生习惯培养，开展“21天养正行动”，根据学生的特点，细化每一个养正目标，明确“文明课间，让校园更有序”“学会整理，让桌椅更整洁”等目标，通过持久关注的教育方式，老师、家长、同伴共同参与的评价方式，帮助学生养成良好行为习惯。大队部根据少年儿童年龄特点，组织少先队员开展各项活动，进行思想教育。开展“了解食用菌，用零花钱爱心义买”公益活动、联合镇江市名人故居博物馆开展“珍珠情——赛珍珠的中国情结”活动、“春游垃圾回收”环保活动等。学校少先队大队被评为江苏省优秀少先队集体，学校获得镇江市“啄木鸟行动”先进集体称号。（王燕彬）

【镇江市京口区实验小学】 镇江市京口区实验小学位于花山之麓、长江之滨，始建于1965年，占地9937平方米。2017年，学校有33

2017年6月1日，镇江市委书记惠建林与小朋友们共度“六一”（镇江市实验小学供图）

2017年4月，京口区大课间活动常规管理现场会在京口实小召开（潘剑 摄）

个班级，1434名学生。教师95名，其中中学高级教师9人，一级教师76人，市、区骨干教师比例达30%以上。教师学历以大专为起点，本科学历占教师总数的90%。

学校校风为“和而不同，大美无言”。教风为“兼收并蓄，优教乐群”。学风为“广学博览，融会贯通”。京剧和艺术体操为办学特色。

2017年学校基本工作思路为“层级管理，重心下移”。专人专项定点管理，形成管理网络。校领导为80岁退休教师举办集体生日会，举办“重阳节登栖霞山”工会活动，增强学校凝聚力。研发“和美2+1”特色课堂，提出每堂课至少需要有10分钟让学生自主学习，做到“让学习真正发生”。围绕“九字箴言”编写“京口实小和美少年礼仪操”，开设“传统文化进校园”德育课程。

2017年，学校获得“京口区教育系统宣传先进单位”“全国五好小公民主题教育读书活动示范学校”。特色大课间活动参与江苏省文明礼仪现场会演出。迎接江阴市辅延小学和安徽省阜阳市颍泉区骨干教师培训班参观。7名教师获得2017年镇江市第八批学科带头人称号，市区骨干教师增幅较上年增长10%。7个市级科研课题结题，2个“十二五”备案课题开题论证。机器人兴趣小组获得江苏省Power Tech仿生机器人大赛1个特等奖、1个二等奖。11人次参加市级展示课、赛课。教师文章省级发表14篇，市级5篇。教师论文获国家级奖项3篇，省级27篇，市级126篇，区级47篇。组织学生参加读书征文比赛，在江苏省第七届中小学网络读书活动中获江苏省铜奖和优秀奖各1人，镇江市网络读书活动中4人获一等奖，54人获二等奖，21人获三等奖，其他各类征文评比中280余人获奖。（高秋香）

【镇江市江滨实验小学】 2017年，镇江市江滨实验小学创建整30周年。在新一轮三年发展规划开局之年，学校围绕主课题《生命理念观照下的三力课程体系校本化行动研究》，遵循“爱·超越”江滨文化，探索学校自治、办学自主新思路，开展一系列工作。

建构“三自德育”文化。开展“自护小卫士”“自尊小主人”“自助小能手”生命争章活动，形成《江滨养正童谣》，强化“夕会”管理，完善“三自”儿童评价标准，促进学生自我管理。建设体现特色传承与发展的阵地，打造心理健康、消防教育、足球传统主题文化。

深化“5A”志愿者行动。周五班队活动课，各班轮流到“中国好人”、道德模范李永生家中慰问。中秋前夕，校长王旌带领部分师生为李永生老人送去节日慰问。校“江花5A”志愿服务队被评为省巾帼示范岗。

打造特色“名师”团队。第九届“江花”教学节，校长王旌作省教育科学“十三五”规划课题开题报告，倡导草根化研究和培养。名师工作室领衔开展专题研讨活动，骨干教师面向全市展示课堂教学，师徒同题异构，与同行分享智慧，探索生命理念观照下三力课程文化。

开展“两学一做”活动。观看《习近平用典》微视频。编制落实“八项规范”学生篇和家长篇，全体教

2017年7月6日，镇江—新疆少年儿童手拉手活动在江滨实小启动（杨晨亮 摄）

师郑重签名。校党支部被命名为镇江市“2017年度五星法治型、服务型先进党支部”。

开设“红领巾书屋”，由学生自主管理，迎接苏州、盱眙教育局等领导和教师的参观学习，共同助推校园阅读。邀请大自然文学作家浬鎏洋、台湾儿童文学作家子鱼走进校园，开设儿童写作讲座。根据学生年段特点开展读书交流会、图书漂流、假日小队活动等。学校获评教育部“全国主题教育读书活动示范学校”，李智勇等老师获优秀指导奖。尤雪桐、汪悦然、金宛妍同学参加镇江市委宣传部、市教育局和文广集团联合举办的首届“金山诵读”朗诵大赛，获最佳艺术表现奖。

学校获评江苏省青少年科技教育先进学校、省级语言文字规范化示范学校、省国际青少年绘画优秀组织奖、省红十字示范学校。2个节目获镇江市文娱会演一等奖。在各类教学竞赛中，12位老师获教育部“一师一优课，一课一名师”一等奖，57位老师在省市赛课中获奖，语文、英语、科学、心理健康、班会均获得区级评课一等奖。刘爱华老师出版儿童阅读专著《点亮心灯》，教师论文省级获奖36篇，市级获奖18篇，区级获奖42篇，11篇文章在省级及以上期刊发表。

（刘爱华）

【镇江市红旗小学】 镇江市红旗小学始建于1964年，有54年办学历史。校区占地面积24425平方米，总建筑面积12590平方米。现任校长、书记分别为陶静、汪邵青。

学校搭建各层次平台，为教师发展助力。承办第十二届江苏省“杏坛杯”苏派青年教师课堂教学展评活动，活动紧扣“人在课中央”这一主题，来自全省苏派名校联盟的23位青年教师参与展评，吸引近300名老师参加活动。借力凤凰教育智库，结成“江苏凤凰教师发展联盟镇江共同体”，搭建“研、教、写”一体平台，助力教师发展。举行“江苏凤凰教师发展联盟镇江共同体”开班仪式暨第一次教学研讨活动，京口区教育局副局长黄涛及联盟校近八十名教师参加活动。承办由江苏省教师培训中心主办的江苏省“蓝天杯”优课送培活动。送培活动涉及语文、数学、英语三门学科，来自京口区内各校教师代表和红旗小学部分家长近300人参加此次活动。

举办校第十七届读书节。红旗小学作为全市小学唯一方阵参加第五届镇江文心阅读节开幕式，集体朗诵《春晓》《晓出净慈寺送林子方》。学校书香校园建设获江苏省书香校园建设示范点称号。

2017年，学校体育工作在原有的棋类教育特色基础上，增加热血运动——特色棋操、全员运动会、无线电运动定位测向。举办第十四届江苏省“红旗杯”少儿棋类公开赛，承办江苏省无线电锦标赛，无线电教育特色经验介绍获京口区二等奖。

学校着力学生习惯养成教育。《我的21天美丽习惯养成》经验介绍获京口区一等奖。全年近50名教师在区级及以上平台上展示课，其中汪正获“一师一优课”部优，高静获省“杏坛杯”赛课特等奖，李星获镇江市综合实践赛课一等奖。还有近90篇论文发表或获奖。成功创建全国校园足球特色学校。“旗星童声合唱团”在“携手维童 镇江京口合唱音乐节”上演出。食堂运营模式被作为市示范点，成功创建成A级食堂。校园网站在市网站评比中获单项奖第一名。2017年发表新闻报道200余篇，其中省级以上报道20余篇，获学校新闻报道总分京口区第一名。

（吴志辉）

2017年11月，红旗小学主办江苏省优课送培活动（红旗小学供图）

【镇江市八叉巷小学】 镇江市八叉巷小学创建于1919年，是“国家级体育传统项目学校”和“全国后备人才培养基地”。2017年有19个班级，722名学生，82名教职员工，78名专任教师，本科学历达91.03%，大专及以上学历占98.72%。8月，位于禹山路和象山路交界处的新校区开始建设，规划总面积16599.48平方米，配备教室、公共教学用房、操场、办公用房等。完成镇江市乒乓球运动学校搬迁到该校的工作。2017年度，该校获得“江苏省红十字示范校”“镇江市养正学堂先进校”“2017山水义工事业发展先进单位”“镇江市心理健康教育合格校”、第二十届全国青少年五好小公民“阳光校园 我们是好伙伴”主题教育读书活动“先进集体”“京口区教学成果奖一等奖”等荣誉。

学校乒乓球队员参加省、市、区级比赛摘金夺银，金牌数保持镇江市第一。在锦绣江苏·国际青年领袖文化交流活动中，西班牙拉塞尔高中学生团以及镇江崇实女中师生一行50多人访问该校，“行走的格桑花”组织来自青海玉树藏族自治州的4名藏族孩子，走进该校感

2017年3月31日，八叉巷小学校乒乓馆、西班牙高中学生团、崇实女中师生代表与教练、乒乓队员合影（浦荣 摄）

受乒乓文化、体验乒乓运动。由国家体育总局青少司主办、江苏省和镇江市体育局承办的2017年第一期全国体育传统项目学校校长培训班在镇江举行，本校校长胡梅生受邀到会作《银球铸魂，守正出新，构建体育传统项目学校新势态》经验交流发言。在全省青少年体育工作会议中，本校党支部书记陈长峰参会并作题为《教体融合再铸摇篮新辉煌》交流发言。11月，四、五年级200名学生组成方阵队在镇江市第十五届运动会开幕式上表演学校特色乒乓操。镇江市乒协主席陈苏一行调研京口乒协工作开展情况时，观看校队乒乓训练。

本校在京口区教师发展中心的全面调研中，好课率、学生体育合格率均达100%。教师培训学时合格率100%。本校教师中有镇江市骨干教师4人、区学科带头人3人、区骨干教师20人。在江苏省“蓝天杯”赛课活动中，青年英语教师史美君代表京口区参赛，获一等奖、同年级排名第一。2名教师通过国家二级心理咨询师考试。教师发表论文8篇，省市区级竞赛36人次获奖，开展示课、讲座23人次，论文获奖66人次。学生获国家级奖项9人、省级6人、市区级40人。第二学期末，向每位学生发放体质健康报告书。

在本校的传统特色“雏鹰争章”活动基础上，进一步开展“乒乓娃素养工程”活动，在班级建立“乒乓娃风采榜”，与少先队活动紧密结合。每月结合重大节日、纪念日，开展少先队创新活动。三年级全体学生和家长在南山六艺馆开展集体生日活动，六年级学生在校报告厅举行毕业典礼。（刘蕾）

【镇江市敏成小学】 2017年，敏成小学正式启用新校区，一二年级入驻敏成校区。学校实施体艺“2+1”，打造“活力校园”，通过科技节、文化节、体育节、艺术节，挖掘学校特色，打造校园文化，学校获国家教育部命名的“中华优秀文化艺术传承学校”。2017年，学校获镇江市学生社团建设优秀学校、区十佳文艺团队、区书香学校。在省教研室组织的“萝卜圈”编程全国比赛中，6位同学分获全国一、二等奖，芦梗楠老师获优秀指导教师。在第28届省、市科技创新大赛中，25名学生获奖，教师获指导奖。民乐合奏《天山牧歌》入围第三届江苏省文华奖。学校合唱团在西津渡音乐厅和维也纳童声合唱团共同表演合唱节目。

学校延续社会、家庭、学校教育相结合立体化教育网络，举办教师智慧云平台技术培训活动。承办全省深化未成年人文明礼仪养成教育暨文明校园创建工作推进会。京口区中小学生演讲比赛在该校举办。德育处、大队部策划“感恩成长，畅想未来”十岁集体生日。重视新生养成教育，“做好学生引路人”，引导一年级新生在“第一线”范围内走好今天的小路，将来走好人生的大道。全校师生赴市美术馆、民间艺术馆、西津古渡博物馆，开展校馆衔接综合实践活动。启动午间阅读行动，让阅读成为孩子们的生活常态。

开展规范办学督查，减轻学生过重课业负担。学校围绕提高课堂教学效率工作中心，在2017年“一师一优课 一课一名师”评比中，华蕾老师获省优，7名教师获市优，1名教师获区优。

2017年4月28日，全员运动会在敏成小学田径场拉开序幕（敏成小学供图）

田然参加江苏省少先队辅导员风采大赛专业知识笔试获特等奖，参加江苏省少先队辅导员风采大赛专业技能集体展示获一等奖，参加省少先队辅导员风采大赛户外红领巾研学活动辅导展示获二等奖。

张洁执教的《Unit 4 Seeing the doctor 第一课时 Story time》课例获全国一等奖，本人被评为“全国外语教学名师”“全国外语教学能手”。

邓冠群参加京口区小学语文新秀杯赛课——整本书阅读教学设计，获二等奖。在新校区智慧校园创建活动中，刘妤、朱丽敏承担创建观摩课任务，杨莎莉执教数学课《认识射线、直线和角》，张洁执教英语课《Happy Chinese new year》。在师徒教学展示活动中，李烽语文工作室“同一题材，不同文体”习作比较教学研讨活动在解小举行。区教研室教研员茅君的《依托特色校园文化，开发英语课程资源》先后三次在解小开展活动，英语组承办区级毕业班复习展示课观摩。一年级师生整体参加省级珠心算实验课程，教师定期参与培训，上展示课，开展实验班学生珠心算竞赛。

学校党支部以微党课为主要教育形式，通过专题学习、读书活动、网络收看，召集全体党员认真学习贯彻中共十九大和习近平总书记系列重要讲话精神。2017 年，京口区教育局副局长于咏梅为解小全体党员教师讲授“两学一做”专题党课。罗旭亮原创微型党课《做“四讲四有”合格党员》。2017 年，学校党支部与市公交机关党支部结对共建，开展纪念中国共产党建党 96 周年等 3 次共建活动。

2017 年，学校工会组织开展赴常州红梅公园游园踏青、赴南京栖霞山赏枫叶、中国节包饺子等活动。

（李松梅）

【江苏科技大学附属小学】 2017 年，江苏科技大学附属小学有 33 个班级，1423 名学生，教职员工 97 人。学校以“圆融”“唤醒”“乐享”为核心理念，实施“阳光教育”。

学校创成江苏省知识产权局、江苏省教育厅命名的“2017 年度江苏省中小学知识产权教育试点学校”，江苏省国际田联少儿趣味田径实验学校，江苏省 stem 教育项目试点学校。获教育机器人世界锦标赛一等奖，组织全校参加江苏省公民科学素养大赛，参与率 100%。承办市机器人比赛并获 4 个第一名。开展江苏省小学特色文化建设项目“阳光创客文化”起航活动、江苏省教科院“十三五”立项课题《创客学习的校本实践》开题仪式暨第十届“银杏之约”教学节活动。

对原有校园环境重新规划，建成 4 个创新实验室：结合生命探索课程的蚕宝宝生命体验馆、结合青花瓷课程的“创意工坊”、结合银杏文化课程的“银杏文化探究馆”和结合机器人课程的“智慧教室”。改变管理职能，有针对性成立学生发展中心、课程发展中心、教师发展中心，做好服务、研究指导工作。建立新的教师合作文化，以特定项目将教师紧密联结在一起，超越不同知识体系，减少知识分割和学科间隔离，共同围绕一个项目开展工作，形成教师合作文化。

2017 年 12 月，江科大附小举办“创想经典，演绎童真”2017 创客梦想剧场暨校园艺术节活动（江科大附小供图）

初探“阳光创客文化”课程，形成阳光创客文化体系，建立阳光 STEM+ 项目课程群，探究创客学习方式，课堂上融入“Activity”（体验参与）、“What”（概念探索）、“So what”（意义建构）、“Now what”（展示应用）的特质，让学生通过课堂实践、游戏、实验和艺术活动等参与学习设计。

全面启动实施《阳光小创客 21 日成长方案》，在区 21 天养正行动评比中获一等奖。在“八少年雷锋班”带领下，以义卖、义捐形式筹得善款为甘肃省天水市清水县瓦寨小学建立班级图书角。举行“创想经典，演绎童真”2017 创客梦想剧场暨校园艺术节活动。创新编排室内大课间操，以一场科学有效的室内活动解决多年来因天气原因无法保证师生一日体育活动时间难题。通过“金阳光”自主晨会及阅读导播，引导学生阅读名篇经典。

（倪蔚丹）

【镇江市桃花坞小学】 2017 年，镇江市桃花坞小学校围绕“墨韵”教育理念，落实“三年发展规划”，探索高效课堂，丰富校本课程，突显书法特色。

学校创设“全员育人”氛围，树立“人人都是德育工作者”意识，将“21 天养正行动”评价手册和“好习惯桃苑行评价手册”结合，让学生在自我评价、相互评价“无形竞赛”中养成良好习惯。每班设立“安全监督岗”“纪律监督岗”“卫生监督岗”等“小笔头志愿岗”，学生轮流担任监督员，相互学习、相互配合、相互监督，在自我管理中逐步成长。

学校教学部门通过加强课堂教学常规巡视、利用网络平台进行作业调研，对家长电话访谈、开展学生座谈会和问卷调查等具体措施，规范办学行为。学校学科组活动采用同课异构模式，先由一人执教，同教研组老师听课，课后及时修改，针对班级情况作出调整，再由第二

2017年9月，桃花坞小学小书法家挥毫喜迎中共十九大（朱红香 摄）

位教师执教。如此反复，真正提高每一位教师研读教材、把握教材的能力。同时分学科成立督学小组，成员由市、区级骨干教师组成。学校每周安排预约听课，由督学、蹲点行政和同教研组教师共同听课，听课后与上课教师交流，肯定成绩，指出不足，帮助教师成长。

3月，桃花坞小学参加江苏省首届书法名校高层论坛，21名师生获奖，校长倪梅芳在大会上做交流发言，学校获优秀组织奖。7月，应台北市中华儿童书法教育推展协会邀请，22位同学的书法作品参加台北市第十二届儿童书法作品展，所有参展作品在台北市议会大厅展出。9月，学校通过江苏省2016年度基础教育课程基地项目中期汇报。11月，学校“墨韵书法操”代表队亮相镇江市第十五届运动会开幕式。12月，学校的墨韵课改经验《“儿童本位”书法教育的探索历程》、教师论文《依“理”行事 顺“理”成章》《趣味写字四部曲》在核心期刊《江苏教育》“名校课改”专栏刊载。

2017年学校先后获得江苏省教学成果奖（基础教育类）一等奖、江苏省首届书法教育示范学校、江苏省首届中小学优秀校园报刊评比一等奖、镇江市中小学学生社团建设优秀学校、镇江市第二批养正学堂先进校，成功创建成为“镇江市心理健康特色学校”、镇江市“红十字”示范校，学校篮球队获京口区校园篮球比赛女子组第一名。（朱红香）

【镇江市香江花城小学】 镇江市香江花城小学创建于2005年9月，是镇江市第一所城市配套社区小学。学校占地面积1.8万平方米，建筑面积6258平方米，学生体育活动场馆面积6460平方米。2017年度有教学班21个，学生1000名，教职工65人，专任教师62人，其中镇江市骨干教师3人，京口区学科带头人4人，京口区骨干教师12人。6名老师取得副高级专业技术资格。专任教师大专及以上学历比例达96.7%，本科及以上学历达68.9%。

学校严格执行国家课程计划，开齐上足各类课程，落实每天1小时“阳光体育”活动，开展体艺“2+1”专项教育活动。

2017年，学校创成“全国青少年校园足球特色学校”。经过三年业余训练和群体活动推广，校足球队在镇江市“市长杯”小学生足球比赛中获得冠军。学校把足球运动作为该校体育群体活动突破口来抓，每周四下午第二节课是全校足球课。孩子们在老师的带领和指导下，开展足球运动。学校创成“省健康促进学校”和“镇江市校园足球特色学校”，承办镇江市“营养健康探索营活动”。

2017年，应江苏省《小学生数学报》邀请，在常州市星河实验小学举办的江苏省数学特色文化建设专题活动中，校长侯晓蕾作为镇江唯一代表在大会上作《为孩子种下爱数学的种子》专题发言。2017年，校长侯晓蕾在《教育视界》上发表文章《孩子请让我走进你的世界》和《做一个会讲故事的校长》。蒋凯在教育视界发表文章《建构考级

2017年6月，全国足球特色学校创建现场（凌建中 摄）

2017 年 6 月，恒顺实验小学举行健康校园文化节闭幕式暨“舞动六一，印象恒美”文娱会演（黄蕾 摄）

体系，提高阅读素养》。泥塑社团指导老师葛志仲的泥塑教学论文《我的泥塑教学点滴感悟》和《泥塑教学中如何因材施教》分别发表在《中学生报教研周刊》和《中学课程辅导》杂志。侯毅的论文《在翻转课堂中培养学生数学创新能力初探》在《新课堂》杂志发表。全年 57 人次教师论文、案例在省 、市各级各类评比中获奖。

2017 年，凌辉被江苏省教育厅评为 2017 年省级优秀青少年科技辅导员。刘坚在市优质课评比区级选拔中获特等奖，获镇江市优秀德育工作者荣誉称号。祁婕参加“江苏凤凰发展联盟镇江共同体教学研讨”。

2017 年，举办从“观教”走向“察学”——香江花城小学第十届“花城之秋”教学节。（陈洁）

【镇江市恒顺实验小学】 2017 年，镇江市恒顺实验小学实施环境优化、队伍提升、习惯养成、课堂提质、课程开发五大工程。先后获得“镇江市十佳书香校园”“镇江市中小学学生社团建设优秀学校”“镇江市养正学堂示范校”等称号。

建设健康环境，校园北面建设 400 平方米左右的校外健康文化广场。图书馆门前打造开放式读书台。会议室外布置毕业生照片墙。

锻造健康教师，以一份师德档案、一次师德讲座、一次专题讨论为载体，开展师德建设活动和“健康教师俱乐部”活动。开设骨干教师研修班、骨干后备研修班、青蓝工程研修班，分层培养教师。省级课题《艺术教育对外来务工人员子女的影响研究》结题。马精君老师获“一师一优课”评比部优，李明鉴老师获江苏省辅导员风采大赛笔试特等奖、专业技能展示一等奖，马剑等 5 位老师在区级赛课活动中获得一、二等奖。

举办以“共沐书香 愉阅课堂”为主题的教学研究活动，构建健康课堂。培育健康学生，举行“21 天养正行动”，评选“养正小明星”，招聘新一届“小蜜蜂管理委员会干部”。宣扬社会主义核心价值观，CCTV-4《走遍中国》栏目进行专题拍摄。建立“心晴小屋”，开展“小小心理气象员”培训工作。举行健康校园文化节闭幕式暨“舞动六一，印象恒美”文娱会演。

以康、智、乐、美为主题，构建健康校本课程体系，以游泳课程、少儿武术、校园足球和科技社团为辐射点，打造学校体艺特色。承办镇江市第十五届运动会少儿武术套路比赛，获少年组集体基本功一等奖。参加江苏省武术锦标赛，获 1 个冠军和 1 个季军。（李佳）

【镇江市学府路小学】 镇江市学府路小学创办于 1921 年，至 2017 年有 96 年历史。学校创办之初，由当时丹徒镇唐成之、黄北山、钱玉森等知名人士赞助，根据古训“童蒙养正”而取名为丹徒私立养正小学。

2017 年，学校占地面积 10330 平方米，绿化面积 3520 平方米，是“镇江市绿色学校”。学校有 18 个教学班，762 名学生，在编教师 49 名，其中 46 名教师取得本科学历，市、区两级骨干教师 14 人，高级职称教

2017 年 6 月，学府路小徐举办“文化润泽，书香致远”经典诵读大赛（学府路小学供图）

师4人。全年有62人次教师论文、案例在省、市各级各类评比中获奖，有7篇教师文章在省、市教育报纸杂志发表。2017年，学校强化教师职业道德建设，组织全体教师开展“进家门、听心声、集心愿”大走访活动，有150余人次教师走进学生家庭。

2017年5月25日，国家级子课题研究团队赴上海参加课题答辩（王娟 摄）

2017年，学校开展《基于“养正教育实践”下的生态农垦特色建设》研究，12月学校在京口区特色建设考核评比中获一等奖。学校重视学生阳光体育活动开展，强化武术校本课程发展与创新，在一到四年级开设武术课，学生人人会打武术拳，班班会做武术操，学校武术小队在镇江市小学生武术比赛中获团体二等奖，学校获京口区教体融合工作先进单位称号，在京口区2017年小学生田径运动会中，获团体总分第七名。

2017年，学校秉承“养正”校训精髓，坚持“质量立校，全面育人”理念，为学生的终身发展奠定坚实基础，强化学生规范养成教育。3月，京口区学校常规管理现场会在该校召开。2017年年底，学校在京口区“21天养正教育行动”考核评比活动中获一等奖。学校重视学生心理健康教育工作，修建改造学生心理咨询室“向阳花小屋”近200平方米，分为接待室、放松室、访谈室、沙盘游戏室四部分，添置心理沙盘、放松沙发等设备。

2017年，学校开设武术、花卉种植、篆刻等27个学生社团，获镇江市中小学学生社团建设优秀学校称号。开展“书香校园”建设，图书室新添图书架10个，新增图书近2000册，保证学生午间阅读活动正常开展。6月，举行“文化润泽，书香致远”经典诵读大赛，学校获江苏省“书香校园”领航学校和镇江市“五好小公民”读书活动先进集体称号。（黎林林）

【谏壁中心小学】 镇江市谏壁中心小学创办于1906年，占地面积27634平方米，建筑面积16759平方米，绿化面积达6000多平方米。2017年8月，邻近的雩北小学全体师生正式合并到谏小，合并后有教学班34个，学生1351人，教师90人，其中市级骨干教师和区级学科带头人各3人，区级骨干教师16人。

学校在区教师发展中心牵头下，联合兄弟学校成立“京口区乡村教师培育站”，并承办以“导师引领，媒体助力”为主题的乡村教师培育站送培、“躬勤教学节”等活动。根据自有的教师结构，组建团队进行模块管理并组织外出学习，推动教师结合理论在教育教学实践中发展专业。

借助党建网络平台、微党课等形式，组织党员同志学习中共十九大精神，践行“两学一做”。开展师德公开承诺、义务导学等活动，提升教师的职业道德水准，打造“躬勤勉志、乐育善教、笃学厚德、谦和净雅”的教师团队。

开展各类文体活动，组织学生参加市、区两级校园足球联赛。结合躬勤农场、主题文化节等活动深化生态教育，创建国际生态学校。结合班主任工作开展校馆衔接、社团活动、心育课程。

2017年，先后获集体奖9项，11位教师获区政府嘉奖，姚琏、贾秋婉、冯莉3位教师分别被镇江市教育局评为“镇江市中小学优秀班主任”“镇江市中小学德育先进工

2017年3月15日，镇江市谏壁中心小学邀请嘉宾为该校绿色银行行长和小绿色小卫士进行授牌（王璟 摄）

作者”“镇江市优秀教育工作者”。教师发表论文76篇，有5个课题正在研究中。市级“十二五”规划课题《躬勤教育：流动儿童发展力研究》结题，市级“十三五”规划课题《躬勤教育在乡镇小学的行动研究》立项，省级“十三五”规划课题《学校生态德育的实践研究》立项。

（王璟）

【京口区特殊教育中心】 2017年4月，京口特教中心成功申报全国教育科学“十三五”规划2016年度教育部重点课题《响应全纳教育的新型特教学校建设的深化研究》子课题《社团活动促进残健融合的研究》。5月，京口区融合教育资源点授牌仪式在学校举行，学校成为“京口区残健融合教育资源中心”，为普特学生成长提供融合平台和专业支持。10月，京口特教中心食用菌培训基地投入使用，学校与贺家弄幼儿园、中山路小学、红旗小学、京口中学定期开展普特融合社团活动，为特殊学生融合提供平台，2017年，被评为镇江市中小学学生社团建设优秀学校。

2017年6月，学校体育田径队参加江苏省第七届特奥会暨残疾青少年田径锦标赛，获2金12银5铜的成绩。

围绕“教研活动课题化，课题研究课堂化”工作思路，带动青年教师专业成长。2017年，学校3名青年教师受聘为“京口区骨干教师”，2名青年教师在市基本功大赛中获二等奖，在“长三角”特殊教育联盟活动中开展省级示范课。

（王娟）

【镇江市京口区正兴学校】 镇江市京口区正兴学校创办于2017年，是经镇江市教育部门批准、由正兴集团独资创办的一所集小学、初中、高中为一体的学校。学校于2017年9月1日正式开学，以“高品位、精内涵、强特色、优质量”为办学目标，以“人正则立，品正则兴”为校训，与福建正兴教育集团（下属五所学校）共享教育理念、教育资源、教学方法、教育成果，实现正兴教育集团各学校间的“五个统一”：教学管理模式统一、师资培训统一、优秀学生培养方式统一、质量检测统一、校园文化建设统一。

2017年12月20日，正兴学校组织学生在毛泽东文化广场开展晚敬礼活动（王陈 摄）

2017年学校有教职工50人，其中教师本科率100%，研究生率18%。学校位于镇江市京口区谏壁镇，占地面积7.2公顷，包括建筑用地、体育运动场地、集中绿化用地、道路及广场、停车场用地等，教学、运动、生活等区域划分合理。有各科目教学功能教室44间、跑道400米8道、羽毛球场5片、篮球场9片、排球场3片、足球场1片、乒乓球桌9台、室外体操区1片、室内运动场1个、心理咨询室2间、医务室2间。校舍建筑坚固、适用、通风，符合抗震、消防等规范要求。

2017年，学校制定“教学五规范 德育四量化”管理制度。在教学方面，规范教务常规、规范课堂教学、规范作业批改、规范教师备课活动、规范教学考核制度。在德育方面，建立四种量化考核制度：包括《学生宿舍常规检查》《学生三操检查》《学生用餐检查》《学生班级一日常规检查》。

学校是京口区唯一一所九年一贯制学校。学校将毛泽东精神作为学校德育主线，开展毛泽东诗词抢答比赛、向毛泽东塑像晚敬礼等活动。开展“文明礼仪规范”系列活动，并推行“导师制”管理制度，推广学生阅读写作“认星争优”活动。开展盆栽DIY、绅士淑女课堂等社团。2017年，学校举行了近20场活动，例如“运动，让生命更精彩”第一届运动会，“野趣寻宝，放飞秋日梦想”秋游主题活动，“构建家校沟通 共谱学生美好人生”第一届家长会等。

2017年，吴毓丹老师获第十五届江苏省“五四杯”教学研究论文三等奖，蒋心雨、薛浩老师在《中国价值》阅读征文活动中获优秀指导奖，初中部王伊佳同学在《中国价值》阅读征文中获中学组一等奖，小学部许心格同学在《中国价值》阅读征文中获小学组一等奖。

（吴毓丹）

科技工作

【概况】 区科技局把握“两聚一高”特别是“聚力创新”要求，围绕科技工作目标任务，在推进国家知识产权强区示范工程、校地合作示范区建设、科技创新工程和众创空间（孵化器）建设等方面取得成效。争取国家、省、市各类科技项目经费1500万元。全年完成研发投入占地区生产总值的2.71%，高新技术产业产值占规模以上工业产值的46.4%。11个项目获省级以上科技

2017年8月，举行省知识产权战略区域示范区迎检部署会暨科技工作会议（焦杨 摄）

项目立项，14个项目获市级科技项目立项。建成省级企业研发机构3家，市级重点实验室1家，市级公共服务平台1家。认定高新技术企业9家，省民营科技型企业5家，高新技术产品26个。帮助9家企业获科技贷款2000万元。万人发明专利拥有量83.32件，列全市第一。再次获批国家知识产权强县工程示范区，高分通过省知识产权战略区域示范区验收，区知识产权局获省专利执法先进集体。（柴静）

【知识产权工作】 深入实施知识产权战略，打造知识产权区域品牌。全年专利申请2712件，其中发明专利申请825件。专利授权1202件，其中发明专利授权145件。万人发明专利拥有量83.32件，列全市第一。完成2017年度区级专利资助经费拨款188.23万元。新增国家标准《企业知识产权管理规范》备案企业8家。5家企业获得市专利突破奖，镇江商业城获省正版正货示范街区项目立项。全年各类知识产权培训200余人次，有11人获省知识产权工程师证书，14人获知识产权内审员证书，7人获省知识产权总监证书。（柴静）

【通过省知识产权战略区域示范区验收】 高分通过省知识产权战略区域示范区验收。京口工业园创成省级知识产权示范园区，江科大附小纳入省级知识产权试点学校建设。知识产权创新经济发展支撑引领作用日益明显，辖区企业科技创新内在动力不断增强，全年实现地区生产总值470亿元，同比增长7.3%，快于全市平均。惠通集团获省国家专利优秀奖、省专利金奖，并在国际专利纠纷中赢得主动权。（柴静）

【研究制定科技创新政策】 深化体制机制创新，研究制定新一轮科技创新政策。区委区政府研究出台《关于加快推进科技创新加速经济转型升级的意见》（镇京发【2017】24号），形成覆盖全区工业企业和高新技术企业、驻区高校院所、国家和省级孵化器（众创空间）的政策服务网络。建立京口科技项目监管诚信体系，完善科技项目经费监管制度。（柴静）

【强化创新平台支撑】 集聚政策资源，构建不同阶段孵化模式，搭建专业支持互联网产业发展公共服务平台，将江苏大学大学生创业园、金港产业园创客工场、归国博士创业园、京口高创中心打造成选种—育苗—移植—壮大的互联网产业专业“阶梯式孵化链”。京口高创中心、镇江市创业园获省孵化器绩效评价B类。（柴静）

【开展校地共建活动】 落户中山大学惠州研究院华东分院。开展“企业家院校行”“专家教授企业行”等活动，组织60多家企业与上海交通大学、复旦大学、华东理工等高校院所交流对接。组织专场产学研活动7场，签订产学研合作协议40个，实施产学研合作项目60多项，科技成果转化产值百亿元以上。校企合作立项省、市级以上科技项目25项，获得立项资金1500万元。（柴静）

【构筑高能级创新大平台】 按照以京口区与江大为主导、企业为主体、产学研结合要求，联合相关技术和资源性企业、高校、研究机构，建立江苏大学新一代信息技术产业研究院，开展科研管理、研发环境、公共服务、新一代信息技术应用研发等方面探索，解决信息技术领域重大关键技术问题。与江大合作共建“镇江市无机材料与器件研究及应用开发科技公共服务平台”获市级立项。全面落实省创新型试点区工作，形成“重发展、促转型、争先进”内生动力。（柴静）

文化 · 体育 · 旅游

责任编校：丁　杨

文化建设

【概况】　京口区在2017年全市文化工作考核中获全市七个辖市(区)一等奖第1名，被区委区政府授予2017度区级机关目标绩效管理考核“优胜单位”。　　（陆阳）

【公共文化设施建设】　新增公共文化设施面积3610平方米，占年度任务1980平方米的182.5%。截至年底，全区新增图书16200册，占全年任务15840册的102.3%。发行网点（书店）数新增13个。　　（周姝）

【基层综合性文化服务中心建设】　实施社区（村）综合性文化服务中心提升工程。完成省文化厅下达的20个社区（村）综合性文化服务中心提档升级任务。分别为：梦溪社区、健康社区、田家门社区、酒海街社区、江东社区、虹桥社区、江科大社区、华润新村社区、学府路社区、东吴社区、焦顶山社区、丹徒社区、象山社区、江山名洲社区、江二社区、雩北村、鼓楼岗社区、东京村、蔡家社区、陈家门社区。年中迎接市局管理服务规范的社区综合文化服务中心评选验收，江科大社区、虹桥社区、江东社区、丹徒社区、梦溪社区5个社区被评为“市级管理服务规范达标的基层综合性文化服务中心”。推进京口区基层综合文化服务中心数字化平台建设，各街道均建立文化微信公众号。（周姝）

2017年4月19日，京口区第四届“梦溪读书节”启动仪式暨“世界知识产权日”“世界地球日”主题宣传活动在梦溪广场举行（崔世林 摄）

【文化产业发展】　帮助辖区内企业做好省级文化产业引导资金申报工作，做好跟踪服务。包装4个项目报省级现代服务业（新闻出版广播影视）发展专项资金，经评定，江苏湛蓝影视公司的《零捌学糖》获得省级文化产业发展资金补助80万。该公司作为镇江唯一参展的动漫企业，在第5届深圳国际IP授权及衍生品展览会上，原创IP吸引业内众多商家关注。包装第一楼街、国色园艺花木、江南书画院、三艾广告、苏宁置业、网博信息、文心古籍、湛蓝影视8个项目申报省级现代服务业（文化）发展专项资金。包装7个项目申报市级数字出版和文创产业引导资金。《中国价值》文化项目、镇江婚庆文化创意一条街、快智慧数字产权运维协作平台3个项目获引导资金45万元。成功引进江苏湛蓝影视股份有限公司和搜狐、网易平台项目3个文化产业项目。9月19日，指导第一楼街婚庆产业园成立首家婚礼文化创意研究会。江苏易乐获评全省文化科技企业50强。　　（周姝）

体育工作

【概况】　2017年，京口区被评为

2017年6月25日，京口区"千台万人"乒乓球比赛在镇江市八叉巷小学乒乓球馆举行（王俊东 摄）

2013—2016年度全国群众体育工作先进单位。京口区文化体育（旅游）局被评为镇江市群众体育先进单位。京口区获得镇江市第十五届运动会青少年部团体总分第1名和金牌总数第2名。2017年，京口区体育工作获得全市考核一等奖第1名。

（蒋丽）

【公共体育服务设施与体育社团建设】 2017年全区提档升级、新建室外健身路径16条。京口区老年人体育协会被评为3A级体育社团。（蒋丽）

【群众体育活动】 举办"红红火火过大年"全民健身志愿服务系列活动、京口区第九个"全民健身日"活动等以"健康京口"为主题的群众性体育健身活动20场。组队参加镇江市第十五届运动会镇街部5项比赛，取得优异成绩。2017年培训三级社会体育指导员100余名。发挥省级"体质测定与运动健身指导站"作用，做好国民体质监测工作，完成市体育局880人测试任务，国民体质合格率达93.8%。（蒋丽）

【教体融合，竞技体育】 京口区代表队获得镇江市第十五届运动会青少年部团体总分第1名和金牌总数第2名。承办镇江市第十五届运动会青少年部武术（套路）、排球、定向越野3项比赛和2017年镇江市青少年阳光运动联赛少儿游泳比赛。联合区教育局印发《京口区教体融合2017年工作要点》，组织开展2017年京口区"区长杯"校园篮球和校园足球比赛。京口区各体育项目省体校、省以上集训队在训人数14人，向市级训练单位输送运动员25人。（赵鹏）

旅游工作

【概况】 2017年京口区实现旅游综合收入115.02亿元，比上年增长15.02%，列全市各辖市（区）第3位。全区亿元以上旅游产业项目13个，全年旅游项目投入14.4亿元，完成全年目标任务的187.7%。新建、改（扩）建旅游厕所10个，其中8所被评为2A级旅游厕所，2所被评为A级旅游厕所。新（改）建旅游停车场4个，总面积11500平方米，完成全年目标的115%。全区住宿设施床位数达到1.64万张以上。

（王俊东）

【首届江苏电竞活动周暨2017 NEEC电子竞技菁英赛】 2017年9月15—17日由京口区政府与市旅游委、市文旅集团、市体育局、市文广新局、镇江高等专科学校等单位联合主办的首届江苏电竞活动周暨2017 NEEC电子竞技菁英赛（线下总决赛）在市体育会展中心拉开序幕。在为期3天的时间里，决出"英雄联盟""王者荣耀"两个竞赛项目的总冠军。（王俊东）

【旅游品牌建设】 江苏省镇江中国旅行社被江苏省旅游局评为2017年度江苏"旅游百佳"单位，镇江宴春酒楼有限公司、镇江国际饭店置业有限公司各有1人被评为2017年度江苏"旅游百佳"人才。

（王俊东）

人力资源和社会保障

责任编校：耿纪明

就业创业

【概况】 全区全年新增城镇就业11721人，城镇失业人员再就业6673人，就业困难人员再就业1198人，新增转移农村劳动力300人，城镇登记失业率控制在1.59%，确保“零就业家庭”“零转移家庭”动态清零，充分就业率保持在95%以上。创业培训6731人，支持成功自主创业2496人，其中扶持农村劳动力自主创业333人，引领大学生创业人数718人。 （王毅）

【就业再就业】 对区内重点规模企业用工调查，摸清企业用工缺口及用工情况，引导企业合理用工，劳动者理性就业。多层次多渠道举办就业招聘会，全年为各类求职人员提供400余家单位，6253个就业岗位。全面开展离校未就业高校毕业生实名制调查工作，调查核实离校未就业高校毕业生482人，提供公共就业服务累计771人次，其中职业指导353人次，就业岗位推荐365人次。全区高校毕业生实名制登记率和就业服务率均达100%。 （王毅）

【创业工作】 举办“迎新春”返乡创业人员座谈会。为创业人员送去《新一轮就业创业优惠政策》汇编，推介优秀创业项目和市、区创业孵化载体。协调处理返乡创业人员在创业过程中遇到的难题。继续在全区开展全民争当“创新创业标兵”系列活动，评选表彰一批规模较大、声誉较好、带动就业效果明显的创新创业标兵。编印《高地上的璀璨——京口区优秀创业事迹汇编》一书，将京口优秀创业者典型事迹在全区广泛宣传。推荐11名创业精英参加全市“创业群英会”评选，浓厚创业氛围。开展“创业政策、创业岗位、创业助我行、见习训练、公共服务”进校园的“创业五进”活动，强化校地合作。在江苏大学举办京口区大学生创业经验分享会。联合江苏科技大学举办第四届大学生创业大赛，对优秀创业项目给予2万元资金奖励并优先入驻“E客”梦工厂创业孵化。在辖区高校举办创业培训7期，培训233人。推荐3名江大老师参加创业培训（SYB）师资提高班。扎实开展“就业创业宣传月”活动，在大市口举办大型就业创业政策宣传活动，发放各类政策宣传材料1000余份。区、街道（园区）、社区（村）三级联动，将最新就业创业优惠政策张贴到各个小区宣传栏，扩大宣传范围，提高政策知晓度。联合市人社局举办2017年“创富镇江”大学生创业大赛，推荐并遴选出一批优秀创新创业项目，最终有3个项目入围大赛决赛，取得优异成绩。 （王毅）

2017年12月9日，镇江市首届创新创业博览会京口展台（吴逸竹 摄）

2017 年 9 月 29 日，百企高校行招聘活动京口区企业现场（吴逸竹 摄）

社会保险

【概况】　全区企业职工养老保险基金征缴收入 34324 万元，其中被征地农民参加城镇职工基本养老保险完成 3869 万元。医疗保险基金征缴收入 15925 万元，失业保险基金征缴收入 1188 万元，工伤保险基金征缴收入 1267 万元，生育保险基金征缴收入 621 万元，城乡基本社会保险覆盖率达 98% 以上。（王毅）

【社会养老保险】　根据省、市统一安排，集中开展城乡居民基本养老保险宣传月活动，举办宣传咨询活动 2 场，散发宣传单 1 万余份，设立宣传咨询点 16 个，开设居民讲堂 2 期，组织 30 余名社区志愿者深入社区开展居民养老保险政策宣传，悬挂横幅 12 条。全区劳动年龄段人员纳入城镇职工基本养老保险率 100%，被征地农民实现社保全覆盖。7 月，全市医保经办机构整合，配合学生医保和居民医保移交和业务对接工作，同审计财政部门一起完成区合管办会计报表、工作经费审计和移交工作，及时办理工作人员入职手续。在业务对接时，及时与财政部门配合，印制 2.8 万余份居民医疗保险收据，并按财政票据管理规定，完善收、发、存管理制度。建立和完善基金收入、结算、票据分发经办流程，确保学生医保业务顺利进行。（王毅）

人力资源管理

【概况】　全区新增专业技术人才数 1192 人，专业技术人员知识更新工程培训 6055 人，新增留学归国人数 15 人，引进本科以上人才 1373 人，其中硕士以上 147 人。职业技能鉴定取证人数 3565 人，培养引进高技能人才 806 人，其中新增技师 38 人，每万劳动力中高技能人才达 763 人。全区劳动保障监察机构检查用人单位 485 户，立案查处违法案件 135 起，完善用工手续 1268 人，补签劳动合同 1156 份，受理群众举报投诉 125 起，责令用人单位补发拖欠职工工资 133 万元。对严重违反劳动保障法律法规行为实施行政处罚 23 件。（王毅）

【人才引进与培养】　积极参与“双高”（高层次、高技能）人才交流会、第十届新兴产业项目与人才对接洽谈会、第十届百家企业高校行等活动。主办南京专场招聘会，牵头组织全市 48 家重点企业赴南京高校开展招才引智活动。组织辖区重点企业赴吉林、宁夏等地招才引智，全区企业参与各类招聘活动 50 场，其中赴外招聘活动 27 场，参会单位 500 余家，提供岗位 6000 余个。（王毅）

【人力资源权益保障】　区劳动监察大队实施劳动保障监察综合性专项性执法检查活动，加强信息系统建设，建立“两网化”工作台账，定期信息采集，实现数据库动态更新，利用网络平台加强劳动保障监察动态管理。区劳动人事争议仲裁院加强案件信息化质效监管，通过省仲裁办案管理系统进行案件信息化监测，实现对办案质效全流程、全方位、精准化管理，确保仲裁立案案件网上运行率达 100%，终局裁决案件占裁决数量 89%，达到人社部规定的 25% 以上要求。（王毅）

社会民生

责任编校：耿纪明

民政工作

【概况】 区民政工作以"民政为民，民政爱民"为目标，加强制度建设，健全发展机制，提升服务效能，发挥民政在社会建设中的骨干作用。先后被省民政厅，市委、市政府，区委、区政府，区委党的建设工作领导小组和区综治委评为2016年度民政工作示范区、全市社会治安综合治理先进集体、党建工作科学化考核优胜单位、中共十九大安保维稳工作先进集体、京口区社区教育先进单位和"真实"主题活动先进单位，被市民政局列为2017年度民政工作表扬单位，成功争创江苏省三星级综合档案室及法治型服务型"四星"先进党支部。（吴建萍）

【实施社会救助工作】 认真实施城乡低保工作。根据国务院《社会救助暂行办法》《镇江市居民最低生活保障实施细则》，规范低保申请条件和审批流程，依托镇江市经济状况核对系统平台和街道"一门受理"社会救助窗口，按照规定及时发放低保金。7月1日后，低保标准调整为每月655元。全年城市低保2031户、3007人，累计发放低保金1760.4867万元，农村低保282户、440人，累计发放低保金253.6728万元。实施临时救助工作。加强社会救助制度与扶贫开发政策有效衔接，扎实做好临时救助工作。对因病、残、天灾人祸等特殊原因造成生活暂时困难家庭给予一次性临时生活救助，城乡困难群众临时救助全年救助429户774人次，发放救助金44.09万元。实施残疾人补贴发放工作。对1258名困难残疾人发放602.6301万元生活补贴，对1061名重度残疾人发放151.212万元护理补贴。（吴建萍）

【精准结对帮扶贫困户】 对建档立卡337个贫困户，全区732个党支部及431名机关干部"一对一"结对慰问，精准帮扶，制定"一户一策"扶贫方案，机关干部节假日定期走访，帮助贫困家庭解决基本生活、教育、医疗、住房、就业、急难等方面实际困难，把党和政府慰问温暖送到群众心头。（吴建萍）

【加强社区建设】 和谐社区建设。根据城乡和谐社区创建要求，城市社区和农村社区创建均达标100%。中心社区建设。大力建设谏壁街道月湖中心社区，内部装修年底结束。人才队伍建设。动员社区干部参加全国社会工作者资格考试，报考率和考取率均在全市前列，到目前有1800余人参加考试，取得初、中级资格证358人，其中2017年新增33人。社区事务准入工作。推进"政社互动"，规范"社区事务"准入。依据《关于进一步加强社区（村）公共事务准入制实施意见》文件精神，坚持严格执行、规范准入，建立相关督查通报制度，强化

2017年5月17日，京口区举办社区（村）骨干培训班（贺雯 摄）

对社区准入工作督查力度，强化工作协同、扎实推进，提升“政社互动”工作成效。监督街道与社区签订《京口区“实施政社互动、规范社区准入”工作协议书》，下发《关于印发〈社区（村）依法（按章）履职工作事项〉和〈社区（村）协助机关部门工作事项（2017年度）〉的通知》（镇京办〔2017〕11号）至各社区，推动工作实施到位。（环洁）

【培训“双全”社工骨干】 以第五届社区居委会和第十届村委会换届选举为契机，以提高社区（村）骨干业务综合能力为目标，于5月中旬举办社区（村）骨干培训班，组织社区（村）骨干通过2天学习，提升社区工作者工作能力和水平。编印《京口区“双全”社工操作手册》，梳理出7大类65项便民服务事项，确定“双全”（全科、全能）社工应知应会范畴。开发京口区“双全”社工技能培训考试平台，建立系统题库，实现在线练习、抽题考试、动态管理。10月23—27日，在京口文化艺术中心报告厅举办京口区第一期“双全”社工培训班。每个街道选拔4名街道级优秀社工，每个社区选拔2名优秀社工，计156人参加此次培训。培训实行平台学习、课堂讲座、实地观摩、以赛促训。11月17日，京口区首届“双全”社工平台理论考试在桃花坞小学进行，全区应参加考试161人，实际考试人员159人，通过人员156人，未通过人员3人，通过率98.1%。（环洁）

【实施老龄工作】 实施尊老金发放工作。截至年底，全区总人口数310442人，其中60周岁以上79583人，占总人口25.6%；80周岁以上12198人，占总人口3.93%。全年累计发放尊老金908.425万元，发放总人数13424人。其中，80～89虚岁11353人，发放664.275万元；90～99虚岁2019人，发放224.47万元；百岁以上52人，发放19.68万元。实施居家养老工作。全年居家养老信息呼叫服务补助611人，居家养老上门服务补助525人，入住养老机构补助3人。推进日间照料中心建设和老年人助餐点经营。谏壁街道东街社区老年人日间照料中心于8月21日试运营。中心占地面积2500平方米，设置各类功能室。该中心每天助餐人数30人左右，日间照料服务老年人和残疾人20人左右。打破养老机构围墙，在10家养老机构内设置老年人助餐点。大市口街道千秋桥社区回民助餐点和四牌楼街道阳光世纪社区助餐点于11月底为老年人提供助餐服务。经统计，全年全区助餐点为老年人提供助餐服务55279次。全区公办敬老院2家，民办养老机构11家，养老床位数为3119张，养老机构入住率为52.6%。全区每千名老人拥有各类养老床位数为40.5张。（苏伟）

民族工作

【宣传培训，营造氛围】 扎实开展民族政策法规宣传工作。主动走进江苏大学、江苏科技大学、北疆饭店、民族工作示范社区设立民族政策法规咨询台，引导少数民族群众自觉学法、遵法、守法、用法。在千秋桥社区开展民族宗教政策法规咨询活动，发放宣传资料，普及法律知识。组织全区民族宗教干部学习新出台《中国公民民族成分登记管理办法》，参加省市民族宗教局组织的相关培训。依托区“双全”社工培训平台，对全区社区工作人员进行《清真饮食补贴发放》专题培训2次，提升全区民族干部能力素质。

【“大走访”提升部门形象】 依据《关于全面开展大走访，深入推进“真·实”活动的实施意见》要求，局长戚秀平召开全局工作人员会议，成立领导小组。4月10日，主动对接象山街道江大社区，走访摸清社区基本情况。采取分组与街道社区人员一起走访方式，上门走访重点户和企业，广泛听取群众对干部作风、经济发展、社会治安、民生实事、文明创建等方面意见建议。走访低保户5户、企业3家，对社区居民走访基本实现全覆盖。

【调查研究提供决策依据】 根据《镇江市旅游业发展“十三五”规划》相关精神和京口区“突出‘两聚一高’，大力解放思想，加快科学发展”新思想，结合民族宗教部门在经济社会发展中职能定位，专门成立京口旅游与宗教关系课题调研组，赴街道、社区、相关单位就打造积善禅寺都天庙周边环境，挖掘旅游资源专题调研。通过多次座谈、调查走访，历时2个多月时间完成《打造城东景观新高地，点亮镇江旅游引航灯——关于开发建设宝塔山文化主题街区的研究与思考》调研报告，及时提交区委、区政府和区人大常委会，得到区委、区政府和区人大常委会重视。时任市委常委、区委书记裔玉乾安排分管副区长认真研究，拟制可行性方案，分步实施。该项目初步规划构想报送区政府。

【典型引路推进创建活动】 突出民族团结进步“六进”（进社区、进企业、进学校、进机关、进乡镇、进寺庙）活动，打造少数民族干部、企业家、专业人才队伍。挖掘培育先进典型，重点支持以北疆饭店为代表特色产业基地，以江苏大学、江苏科技大学以及市民族实验小学为代表民族文化基地，以四牌楼街道为代表民族便民服务基地，发挥其在民族团结进步创建活动中的特色。促进本区域内少数民族与流动少数民族之间相互融合。通过民族团结进步活动进社区、进企业、进学校等使全区民族团结进步创建工作全面、深入、平衡推进，取得可喜成效。

【增强意识，提升水平】 以“五大服务”（服务企业、服务网点、服务群众、服务社会、服务街道社区）为抓手，维护少数民族群众合法权益。服务企业，开展清真企业实地调研，了解企业发展情况和实际困难，帮助企业出主意、想办法、谋思路、找出路。针对北疆饭店承包租金上涨问题，与健康路街道一起与出租方就租金问题多次沟通协调；服务网点，根据《江苏省省级民族事业专项资金扶持项目》要求，3月，开展辖区北疆饭店、穆源饭店、市民族实验小学申报专项资金工作。经审核，最终北疆饭店获得省级民族事业专项资金10万元支持；服务群众，继续做好少数民族考生民族成分审核认定以及民族成分变更工作。积极与教育部门沟通，协调解决外来务工经商人员子女就学问题，审核认定少数民族考生1名，变更民族成分4名，协调解决1名少数民族子女进入居住地学校就读。继续做好10个少数民族群众清真饮食补贴发放工作，协调解决8人发放清真饮食补贴问题；服务社会，狠抓“放管服”改革推进工作。为规范行政行为、提供高效便民社会服务，依据上级部署，确定局权力清单。在两轮次权力清单及政务清单梳理中，梳理行政许可类权力3项、行政处罚类权力23项、行政确认类权力4项、其他行政权力5项，为每项权力制定办事指南，营造更加优越政务服务环境；服务街道社区，为指导民族工作示范社区建设，6月，局领导深入健康路街道田家门社区，对照民族工作示范社区建设标准，面对面进行指导。带领街道社区相关负责人前往苏州沧浪区参观学习，为社区编写《清真饮食补贴发放指导手册》。

【开展活动，丰富文化生活】 开展民族文化体育活动，满足少数民族群众日益增长精神文化需求，营造浓厚民族团结进步氛围。创新形式，指导千秋桥、田家门、贺家弄等民族示范社区，在传统节日以及少数民族重大节日举办各类座谈会、文艺演出等活动。同时，有条件的社区带领社区少数民族党员、群众参观全市重点工程，增强民族认同感和城市自豪感，增进各族同胞之间感情和友谊。5月，市民族宗教局组织全市少数民族舞蹈展演活动。京口区选派的《嘎达梅林》节目荣获二等奖。此次展演活动弘扬少数民族优秀传统文化，展现少数民族群众精神风貌。（雷鹏）

宗教工作

【立足引领，加强思想建设】 贯彻学习全国宗教工作会议特别是习近平总书记在会议上的重要讲话精神。组织民族宗教干部、民族宗教界人士参加全市民族宗教局长会议，组织宗教活动场所教职人员深入学习贯彻新修订《宗教事务条例》和有关法律法规，使他们准确把握新修订《宗教事务条例》精神实质，为规范宗教事务管理打下坚实基础。

【建立机制，打牢基础】 完善执法检查机制。每逢重大节日、重要节点，联合区市场监督管理局、市伊斯兰教协会以及相关街道组成工作组，对辖区清真食品店依法开展监督检查。在日常工作中，不定期突击检查、专项检查、个别抽查。组织清真餐饮服务网点检查8次，对不符合规定个别商家责令立即整改，确保清真食品市场总体安全。建立清真食品安全与管理评估机制。定期与市伊斯兰教协会联系，发挥市伊协在穆斯林群众中作用，及时掌握各类安全情况，安全评估预判，为有效预防和化解各类矛盾纠纷提供保障。完善沟通协作机制。不断加强与统战、京口国保、京口国安办、区委防范和处理邪教问题领导小组办公室等部门协作，定期分析和研判民族宗教领域不稳定因素，实现信息互通互享。积极与公安部门联系，建立完善服务管理体系，实现外来少数民族流动人口信息共享。

2017年12月6日，大市口街道千秋桥民族示范社区建成市首家清真助餐点（雷鹏 摄）

【争取支持，解决问题】 加大对区委、区政府、区人大常委会汇报力度。局领导多次专题汇报全区民族宗教工作开展情况，当前民族宗教领域面临机遇及挑战以及京口区民族宗教领域意识形态情况等，为破解矛盾，解决难题，争取到宝贵支持。在领导关心和各方共同努力下，谏壁龙兴禅寺东南面进山路拓宽和硬化，新开通太平庵西门水泥路，协调重建原有路面，解决谏壁两个宗教场所多年来门前道路狭窄难行问题。

【教风建设营造环境】 引导宗教界遵守宪法法律，遵守《宗教事务条例》和教规教义，提高宗教教职人员整体素质。多次组织全区主要教职人员及场所负责人参加市、区各类民族宗教知识培训班。传达学习省、市民族宗教局长讲话精神，增强教风建设责任感。4月，围绕《宗教事务条例》，开展“国法与教规的关系”主题讨论学习，引导全区宗教界在教风建设活动中做到“查一查、找一找，看一看、学一学，改一改、帮一帮，读一读、写一写”，提高宗教界人士和信教群众法治素养和法治观念。针对教职人员层次普遍不高实际，组织他们走出镇江，开阔眼界，参观见学，增长才干。4

月，赴南京高淳天恩堂实地考察。5月，利用参加五台山、宝华山放戒时机，组织僧尼居士学习大寺大院好制度好做法。

【规范建设扩大创建成果】 3月，召开星级场所创建工作再动员、再提升暨和谐寺观教堂创建会议，对全年创星工作做出部署，提高全区宗教界参与积极性。以创出特色、创出亮点、创出经验、创出成效为目标，有组织、有计划地引导发动各个宗教活动场所深层次开展“和谐寺观教堂”创建活动。对辖区内4家获得三星级宗教活动场所鼓劲，力争再上一个台阶。对积善禅寺都天庙创星工作具体安排和推进，按照四星级标准创建，该场所档案室建设经过验收，年内完成星级场所评定。推进辖区宗教场所技防设施建设，为重点场所建设申请市局资金支持。

【加强指导推动规范管理】 建立健全工作责任制。年初，按照市局统一要求，建立健全区民族宗教工作“三级网络、两级责任制”，推进街道、园区民族宗教工作全时段有人问、有人抓、有人管。落实矛盾纠纷排查零报告制度，最大限度地将矛盾纠纷化解在萌芽状态，消化在基层。落实国家宗教局、省、市宗教局相关文件精神，加大对宗教场所指导监督力度，开展宗教领域专项工作。深入开展基督教私设聚会点和乱建寺庙治理工作，维护正常宗教秩序。为巩固宗教场所财务规范化管理成果，在2016年规范宗教场所财务管理基础上，深入开展宗教场所财务规范月活动。建立财务监督小组，制定财务监督、财务公开、财务报表等制度。继续监督检查和指导宗教场所切实做好文明敬香工作。6月，与辖区街道一起对谏壁基督教聚会点备案审核，确保宗教场所建设手续完备、程序合法，资金来源公开、透明、合法。按照《关于做好统一社会信用代码赋码和宗教活动场所登记证换发工作的通知》（苏宗发〔2017〕28号）要求，制定实施方案，深入辖区各宗教活动场所开展赋码换证工作宣传，召开赋码换证工作培训会，认真审核各场所报送信息材料，推动赋码换证工作有序进行，各场所新证全部发放到位。

2017年11月，积善禅寺都天庙迎接市局星级场所创建评定（雷鹏 摄）

【开展宗教慈善工作】 始终把宗教慈善事业作为常年性工作来抓，年初拟制活动计划，制定活动方案，扎实推进。辖区各宗教场所结合实际，开展内容丰富慈善活动，取得明显效果。各场所采取对接谏壁敬老院及周边弱势群体等方式，在重大节日和重要时间节点带上慰问品，开展慈善活动。据统计，全年辖区宗教场所开展慈善活动折合资金约7000元。

【维护宗教场所安全有序】 开展专项排查活动。扎实开展“安全生产行政执法排查月”“事故隐患排查月”“安全生产月”安全大排查大整治、夏季消防安全检查和“中共十九大”前安全专项检查等活动。制定《京口区民宗局安全生产大检查工作方案》，与宗教场所签订《消防安全自查自纠承诺书》《2017年度宗教活动场所安全管理工作目标责任书》。同时，要求辖区宗教场所每月上报《夏季消防安全检查社会单位自查自纠表》。开展消防培训。在开展安全排查基础上，邀请京口消防大队官兵为辖区街道相关负责人、宗教场所负责人及有关教职人员，开展民族宗教领域消防安全培训，有效提升他们消防安全技能。加大指导力度。指导辖区街道加强安全检查，规范操作流程。指导宗教界有序开展佛教法会、伊斯兰教“斋月”、基督教圣诞节等活动，做好秩序维护工作，消除事故隐患。重要节日、重大活动，局主要领导专门召集相关单位协调会，细化任务、落实责任，带队到人流密集场所蹲点值守，指导场所维持秩序、消除隐患。全年派出安全执法检查组10组29人次，联合检查组4组17人次，排查出安全隐患5项，下发整改通知书2份。（雷鹏）

关工委工作

【概况】 区关工委遵循习近平总书记对关心下一代工作重要指示精神，按照省、市关工委工作会议要求，坚持服务青少年正确方向，开展丰富多彩教育实践活动，着力加强青少年思想道德建设，引导青少年树立和践行社会主义核心价值观。以校外教育辅导站为平台，丰富“缤纷的冬日”“七彩的夏日”活动内涵，开展“学史立志、崇德向善”主题教育活动。组织动员“五老”参与社区矫正服务，继续推进对特殊、弱势群体青少年关爱助学活动，取得较好成绩。（吉梅）

2017 年 8 月 4 日，区关工委组织青少年开展法治夏令营活动（吉梅 摄）

【开展“学史立志、崇德向善”活动】 根据省、市关工委要求，区关工委在广大中、小学生中开展“学史立志、崇德向善”主题教育活动，活动分为组织发动、活动实施、成果评估三个阶段。主题教育实践活动注重三个突出：即突出以提高思想认识为学史教育活动前提；突出党史国史和文化发展史教育为重要内容；突出创新“学史立志、崇德向善”主题教育科学方法。区关工委和全区 8 个街道、园区关工委及 66 个社区（村）校外教育辅导站制定详细计划方案。各单位充分利用“一站两室”和思想道德教育社会实践基地，组织“五老”讲好党史国史、讲好镇江故事、京口故事，把爱党爱国与爱家乡教育相结合，帮助广大青少年了解党的性质、宗旨，培养和树立社会主义核心价值观，坚定永远听党话、跟党走的信念与决心。区关工委与区教育局关工委专门编写有关党史国史宣讲材料，于 2 月 17 日在镇江市红旗小学养正学堂举办首场主题教育现场观摩报告会，由各报告团宣讲人员赴各中小学校宣讲。全年举行宣讲报告会 40 场，受教育青少年达 1.8 万人次，撰写征文 3200 篇。区关工委从中择优挑选 200 篇征文汇编成《学史立志崇德向善》优秀征文集。（吉梅）

【“关爱朝阳”获市政府最具影响力慈善奖】 4 月 16 日，区关工委、区慈善总会和镇江市雏燕少儿艺术团在京口区政府十楼会议室联合举办 2017 年“关爱朝阳”行动启动仪式。100 名家庭经济特别困难、学习成绩特别优秀的“双特”中小学生获赠价值 4 万余元科学文化书籍和书包、文具等学习用品。区四套班子有关领导参加启动仪式，市雏燕少儿艺术团小朋友们表演“春暖花开”“有爱有梦想”等少儿舞蹈节目。“关爱朝阳”助学品牌活动持续 7 年之久，形成常态化、项目化运作。2017 年 9 月 8 日，在镇江市艺术剧院南山剧场举行的“脱贫攻坚慈善助力”主题活动会上，京口区关工委与京口区慈善总会联合打造的“关爱朝阳”助学行动项目获市政府授予镇江市第一届最具影响力慈善奖。（吉梅）

【假日活动丰富多彩】 利用节假日组织青少年开展丰富多彩活动是关工委一项常态工作，特别是在寒、暑假期间，要求各级关工委以校外辅导站和电子阅览室为阵地开展活动。活动围绕“学史立志、崇德向善”“爱党爱国、追寻梦想”和“喜迎十九大，童心向党”等主题开展，把思想道德教育和社会实践相结合，让广大青少年在接受思想道德教育和参与实践体验过程中，对党的光辉历史和国家建设成就以及实现“中国梦”目标有深刻理解，从而坚定努力学习、报效祖国、永远听党话、跟党走的信心和决心。全年较大规模活动约有 300 多场，参与青少年达 1.7 万余人次。（吉梅）

【组织“五老”参与社区矫正服务】 区关工委根据省关工委和省司法厅有关文件精神，动员组织“五老”（老干部、老战士、老专家、老教师、老模范）参与社区矫正志愿服务。全年动员 38 名“五老”与 38 名 35 岁以下矫正人员结对，采取“一对一”或“多对一”签订志愿服务承诺书形式，用真心真情帮助社区服刑人员在思想上解惑，在行动上守法，在生活上解困，在工作上解难，取得明显成效。社区服刑人员在“五老”帮助下，化解心结，解除后顾之忧，重树生活信心，用实际行动改过自新，重新做人，找到人生方向，开始全新生活。一年来，受帮助 38 名矫正人员无一人重新犯罪或向负面发展。年终，区关工委还联合区司法局对 10 名“五老”参与社区矫正志愿服务者表彰奖励。（吉梅）

【争创“特色示范校外教育辅导站”】 为提升校外教育辅导站活动质量，区关工委按照“设施设备升档次”“班子队伍合要求”“教育活动上水平”“常态动作显成效”“管理规范有经费”“立足实际创特色”6 个方面标准，组织街道（园区）和社区（村）开展特色示范教育辅导站创建活动。各单位按照标准抓重点、树典型、带一般，创建工作取得明显效果。经自下而上申报，各级关工委严格考核验收，新民洲临港产业园新红旗社区校外教育辅导站获“省校外教育工作优秀辅导站”称号，江苏正凯电子科技有限公司董事长、总经理徐正获“省校外教育辅导站工作先进个人”称号。酒海街社区、西街社区、东街社区、阳光世纪花园社区、江东社区、古城社区、米山社区、红旗社区、气象里社区 9 个社区校外教育辅导站成功创建成区级特色示范辅导站。（吉梅）

【基层组织建设工作会议】 12 月 5 日，区委组织部、区关工委联合召开全区关工委基层组织建设工作会议。会议由区委常委、宣传部部长、区关工委主任何广林主持，区关工委常务副主任钟程发作题为《强化基础建设、着力求真务实，努力开创关工委组织建设新局面》报告。报告回顾总结1992年京口区关工委成立以来关工委组织建设和“五老”队伍发展状况及目前存在和需要解决的问题，并从五个方面提出加强关工委基层组织建设的路径。

区委常委、组织部长翟德智在会上作重要讲话，他对全区关工委工作给予充分肯定并就如何加强关工委基层组织建设提出三点要求：把工作着力点放在基层基础上；把工作关键点放在阵地队伍上；把工作支撑点放在支持协助上。同时，区委组织部和区关工委联合下发《关于进一步加强全区关工委基层组织建设的意见》。意见要求：坚持党的领导，促进以党建带“关建”；针对薄弱环节，健全基层关工委组织网络；强化关工委各级领导班子建设；采取有效措施，巩固扩大“五老”队伍；健全经费保障机制，激发关工委工作活力。年底，区委组织部协调，从科级领导岗位上退下的干部中挑选8名老同志担任街道、园区和部门关工委常务副主任。这些人员上任后，区关工委立即对他们上岗培训，要求他们尽快熟悉业务，在一个月之内完成组织和网络建设等工作，健全“网络”队伍，将“五老”按照“核心层”“骨干层”“参与层”分类开展工作。（吉梅）

【青少年思想道德教育专家组工作】 3月28日，区关工委专门召开全区青少年思想道德教育第四次专家组成员会议。会上传达市关工委青少年思想道德教育专家组第四次会议精神，总结京口区2016年青少年思想道德教育专家组开展调研情况，宣读关于公布“镇江市关工委青少年思想道德教育专家组”第四批调研成果评奖结果通知，其中区关工委办公室主任吉梅与专家组成员杨蓉蓉合作的题为《共筑三级同心圆、电子阅览扩平台—京口区关工委网络“同心圆”探索》获二等奖。京口区江滨实验小学副校长刘爱华的题为《活动育人，以文化人，铸造示范辅导站品牌——以江一社区校外教育辅导站为例》获三等奖。会上，专家们相互交流2016年在调研过程中遇到的困难和参与活动的感受，大家纷纷表示，在2017年的调研活动中，要更加深入基层，多多参与实践，克服各种困难，力争奉献好的作品。交流结束后，按照市关工委提出的8个方面的调研内容，各自选择适合自己的调研课题。区关工委常务副主任、专家组组长钟程发强调：调研工作必须坚持“问题导向、实践探索、创新思维、示范引领”原则，不断总结经验，努力提升调研质量和论文写作水平。（吉梅）

【区委常委会研究关工委工作】 4月10日，中共京口区委召开常委会议，专题研究全区关心下一代工作，并对有关事项作出会议纪要。会议听取并同意区关心下一代工作委员会关于《京口区关工委2016年工作总结及2017年工作意见》情况汇报。会议认为，区关心下一代工作委员会2016年工作认真扎实，成效明显。2017年工作意见思路清晰，重点突出，措施扎实。关心下一代工作队伍忠诚敬业，创新作为。区委对关工委各项工作充分肯定。会议要求，由区财政负责，按照上级要求，尽快落实关心下一代基金资金10万元，确保京口区关心下一代事业持续健康发展。由区关工委加强与各街道（园区）对接，按照多劳多得原则，对工作实绩突出的社区（村）关工委“五老”常务副主任每人每月补贴300元。（吉梅）

【两篇论文获全省二等奖和优秀奖】 在7月3日召开的全省关工委宣传工作暨党史国史教育经验交流会上，省关工委公布的全省关工委党史国史教育课题研究评选结果，京口区关工委常务副主任钟程发撰写的《深化“两史”教育的实践与思考》和京口区关工委办公室主任吉梅与四牌楼街道关工委杨蓉蓉联合撰写的《“两史”教育内容丰富，形式多样，彰显成效》分别获得二等奖和优秀奖。钟程发撰写的《深化“两史”教育的实践与思考》还入选全省关工委宣传工作暨党史国史教育经验交流会材料汇编。（吉梅）

【创建未成年人“零犯罪”社区（村）】 区关工委以未成年人“零犯罪”社区（村）创建工作为抓手，组织开展未成年人“零犯罪”创建活动，教育引导青少年健康成长成才，取得一定成绩。根据苏预青联（2017）1号文件公布，由江苏省综治委预防青少年违法犯罪工作领导小组、江苏省社会治安综合治理委员会办公室、江苏省关心下一代工作委员会授予京口区关工委“2014—2016年创建‘零犯罪’社区（村）先进集体”，授予京口区正东路街道宝塔山社区为“2014—2016年创建‘零犯罪’社区（村）先进社区”，授予京口区四牌楼街道阳光世纪花园社区关工委常务副主任冯德福为“2014—2016年创建‘零犯罪’社区（村）先进个人”。（吉梅）

【参加“童心向党”阳光少年网教育活动】 根据省关工委《关于组织开展阳光少年网“童心向党”主题教育活动通知》精神，京口区关工委及时召开全区街道、园区、教育局和有关部门关工委常务主任会议，传达文件精神，部署活动方案，提出活动要求，积极组织引导各中小学校、各街道社区（村）开展“童心向党”阳光少年网主题教育活动。整个活动持续8个多月，各个社区（村）关工委利用校外辅导站平台，组织辖区内广大青少年走访好党员活动，孩子们通过采访好党员先进事迹，活动成效显著并荣获多个奖项，在全市关工委系统名列前茅：“千站万人老少携手走访好党员”征文比赛获一等奖3个、二等奖5个、三等奖5个；“童心向党 梦随心飞”电子小报比赛获二等奖2个、三等奖3个；“党在我心中”书法比赛获一等奖6个、二等奖8个、三等奖15个。（吉梅）

慈善总会工作

【概况】 区慈善总会以“创新、价值、目标”为理念，以创新募集市场和救助市场为抓手，宣传和贯彻落实《中华人民共和国慈善法》，推进“慈善资金标杆社区”创建活动，推进慈善救助项目化运作模式，抓好慈善机构自身建设，在助力精准扶贫中发挥积极作用。全年慈善资金收入676.11万元，慈善救助人数3.85万人次，救助资金支出498.63万元。

2017年8月29日，京口区举行慈善圆梦助学资金发放仪式（阚士海 摄）

【开展慈善宣传活动】 开展慈善宣传月系列活动。将8月10日至9月10日确定为全区慈善宣传月，周密制定活动计划，统筹宣传安排，创新慈善宣传方法，持续开展慈善宣传系列活动：辖区居民、商铺、企业宣传活动，各街道（园区）分会、66个社区工作站在辖区主要道路、小区内拉横幅标语345条，制作社区宣传栏简报，发放《致辖区单位、经营户和居民的一封信》2万余份。在大市口市民广场等12处电子大屏幕连续10天播放慈善宣传标语，结合“慈善一日捐”，以网格化为基础，在辖区居民和沿街商铺中开展“一户一铺捐赠10元”活动。广场宣传巡展活动。区慈善总会联合健康路街道分会、象山街道分会、谏壁街道分会、老来乐社康综合服务中心、区残疾人综合服务中心、镇江市德高护理院、相关街道社区卫生服务中心分别在苏宁广场西门口、江苏大学后门口、谏壁街道法制广场开展3场宣传活动，现场发放宣传资料1000余份。校园慈善宣传活动。全区各中小学、幼儿园集中开展“挂一条横幅、发一份宣传资料、组织一次公益活动、在学生中开展捐赠一元活动”，中小学学生捐款17456元。联合市区新闻媒体开展慈善宣传报道，在慈善宣传月期间，《镇江日报》《京江晚报》等媒体报道全区慈善活动信息12篇。发挥京口慈善网宣传载体作用，继续办好京口慈善网站，及时更新网站信息，编发《京口慈善动态》6期。

【募集慈善资金工作】 继续开展2017年“爱在京口·慈善一日捐”活动，区四套班子领导带头捐款，机关、事业单位干部职工积极参与，各理事单位积极响应，全区募集资金101.38万元。跟踪催缴企业认捐慈善资金，发挥老同志威望优势，主动上门了解认捐企业生产经营状况，帮助认捐企业协调解决经营中矛盾和困难，促进认捐企业履行认捐协议，实际到位认捐慈善资金151.08万元。利用社会资源搭建平台设立专项基金，在2016年探索与镇江雏燕少儿舞蹈艺术团等社会爱心团体合作基础上，精选合作项目，加强项目资金管理，公开项目资金支出情况，严格定向救助审批程序，以项目化募捐为载体，扩大和推广慈善资金募集与救助项目化广度和深度。6月5日，与江苏助介资产管理有限公司签订助学圆梦基金认捐协议书，该公司两年向区慈善总会捐资40万元，专项用于慈善助学圆梦行动项目。12月24日，区慈善总会联合镇江雏燕少儿舞蹈艺术团在市少年宫举办第二届“让爱传递 温暖寒冬”慈善义演活动，爱心企业和爱心学生家庭和个人捐款7万余元，专项用于“关爱朝阳”项目，镇江雏燕少儿舞蹈艺术团与区慈善总会签订捐赠协议，捐款10万元成立“雏燕帮困助学基金”，定向用于京口区教育系统贫病学生的慈善助学。与镇江市德高护理院合作设立为老服务基金，募集基金8.54万元，专项用于为老服务项目。推进慈善基层组织慈善资金募集工作，按照“谁募集、谁使用”原则，调动慈善基层组织募集资金积极性，9个慈善分会、66个社区工作站募集资金269.1万元。

【开展慈善救助活动】 按照市慈善总会指导开展的救助项目，结合全区实际，严格执行救助政策，实施“慈善助医”“慈善助学”“慈善助孤”“慈善临时救助” “慈善温暖行动”等救助项目，使全区低保、低收入困难家庭得到及时救助。全年救助支出498.63万元，救助人数3.85万人次，具体救助项目包括：市、区合作的救助项目，支出295.09万元。区本级救助项目，支出203.54万元。抓好项目建设，定期检查和推进项目进度，“区特教中心食用菌种植基地项目”建成使用，对提高特教学生劳动技能和适应社会能力，促进普特融合发展发挥积极作用。谏壁“残疾人之家”项目建成开放，为谏壁地区残疾人提供康复锻炼、生活服务、休闲娱乐等多个项目，给予残疾人更多关爱。

【创建“慈善资金标杆社区”】 区慈善总会于5月9日召开 “以创建为抓手增强慈善分会救助实力”慈善资金募集研讨会。各街道（园区）分会紧密结合实际，交流研讨慈善资金募集工作目标、思路和举措，并将交流研讨会材料进行汇编，发至各街道分会、社区工作站，用于指导基层慈善组织资金募集工作。现场推进创建活动，区慈善总会主要领导3次赴街道（园区）分会检查指导“慈善资金标杆社区”创建情况，帮助街道（园区）分会分析辖区资源情况，查找募集工作薄弱环节。谏壁街道分会蔡家社区工作站、正东路街道京口路社区工作站分别创成40万元、60万元“慈善资金标杆社区”。（阚士海）

双拥工作

【概况】 2017年是争创省级双拥模范县（区）考核之年。全区按照“社会化、法治化、深度融合”创建新思路，以支持部队重大调整改革为落脚点，高起点定位，高平台谋划，高标准落实，开展系列双拥活动，不断提升双拥工作整体水平，为开启“践行五大理念、强化特色发展”新征程，加快建设“强富美高”新京口而奋斗。

【拥军优属】 春节、“八一”等重大节日期间，区四套班子领导分7组走访慰问镇江军分区、陆军船艇学院、防空旅等20家驻区部队，送上慰问金，感谢部队对地方建设关心帮助并向解放军致以节日问候。走访慰问重点优抚对象，召开优抚对象、义务兵家属座谈会，发放慰问金、慰问信、“光荣人家”、对联、宣传年画等。同时，驻区部队扎实开展“百户扶优”工程，走访慰问辖区“三老”人员和困难家庭，帮助他们解决后顾之忧，让他们时刻感受到关心与温暖。为部队办好实事，按照部队需求建设好京口消防大队网络俱乐部，将一批电脑赠予京口消防大队，丰富官兵精神文化生活，普及部队官兵科学技术知识，将科技拥军落到实处。

【双拥宣传】 组织各责任单位在主要街道、社区、公园、广场、双拥阵地等处制作宣传栏、宣传画、灯牌、电子屏，宣传国防知识、双拥优抚安置工作、双拥创建动态、本地现役军人在部队优秀表现等内容。同时，通过各类媒介，采取多种形式，深入部队、企事业单位及学校开展国防教育和双拥争创宣传，营造浓厚创建氛围，让双拥工作深入人心。积极投稿，宣传京口双拥工作，双拥主题报道被省级以上媒体刊登5篇，市级24篇，其中《镇江日报》采用13篇，《心连心》杂志采用7篇。

【政策落实】 积极帮助部队官兵解决“后路、后院、后代”问题，逐年提升义务兵家庭优待金，及时兑付退役士兵、士官地方一次性经济补助金。抓好退役士兵免费教育培训工作，全力推进退役士兵“村官”培养工程，及时上调各类抚恤补助经费和带病回乡补助金，按时足额下拨抚恤事业经费、农村籍退役士兵财政补助经费、老复员军人、残疾军人遗属补助金，为优抚对象免费制作公交“一卡通”，发放“水电气”生活补贴、“两参”退役人员专项慰问金。强化荣誉激励，组织部分优抚对象免费健康体检和短期疗养。按部队需求，协助完成转业干部和随军家属安置及现役军人子女入学入园任务，安置率100%。

【双拥争创】 扎实做好创建第十一届省级双拥模范区迎检工作，精心撰写争创汇报材料，制作双拥争创宣传片（PPT）、京口双拥宣传画册300余册，完善、规范60卷台账资料，现场准备充分、体现特色。11月9日，顺利通过市考核组检查考核。

【系列拥军活动】 京口双拥协会联合镇江边防检查站勤务中队在宗泽纪念公园开展系列爱国主义教育主题活动，一同参观镇江边防检查站廉政文化教育基地，学习廉政文化知识，增强国防意识。组织公交志愿者联合镇江边防检查站学雷锋志愿服务队开展以“大手拉小手，约会绿色、扮靓春天”为主题植树节活动，军民共同栽下“双拥树”。学雷锋日到来之际，组织京口路社区联合船艇学院学员三队，来到金色晚年康复养老中心，开展“学雷锋送温暖”活动。邀请消防支队中山路中队在苏宁广场开展“5·12”防震减灾疏散演练活动，增强居民防灾减灾意识。端午节来临之际，组织大市口街道古城社区志愿者联合共建单位市区史志办以及江苏银行分别走进山西省军区镇江干休所和65301部队镇江干休所，与部队官兵们开展“端午粽香浓，拥军情谊深”包粽子活动，将咸鸭蛋和两百多只粽子送到官兵手中。联合九里街消防中队开展学生安全教育活动，零距离接触消防，学习消防知识，让学生们开阔眼界，增强消防安全和自我保护意识。象山街道宗泽路社区联合辖区共建单位镇江边防检查站勤务中队在京岘山公园举办“警爱民，民拥警，共庆中国共产党建党96周年”活动，军民一同观看精心准备自编自导自演文艺节目，展现军民积极向上、团结和谐精神风貌。以“庆祝建军九十周年，服务支持改革强军”为主题，组织各街道开展“国防长城在我心中”“军民团结一家亲 共建幸福新象山”等军民

2017年7月24日，市委常委、区委书记裔玉乾率队慰问军分区（陶宝强 摄）

文艺会演。（邢继萍）

卫生与计生工作

【概况】 区卫生计生系统围绕新时期卫生与健康工作方针，以立标杆、创品牌、争一流精神，加快推进医药卫生体制改革，稳妥实施全面两孩政策，健全完善医疗卫生服务体系，提升公共卫生保障能力，推进健康服务业，完成年度目标任务，实现改革发展系统整体协同推进。全区有7家卫生医疗单位，其中医疗单位5所，即健康路社区卫生服务中心（京口区人民医院）、谏壁社区卫生服务中心、四牌楼社区卫生服务中心、大市口社区卫生服务中心、象山社区卫生服务中心。卫生防保单位3所，即区卫生监督所、区疾病预防控制中心和区妇幼保健所。有卫生专业技术人员476人，其中高级职称34人、中级职称165人、初级职称226人、其他职称或未取得职称51人。其中本科及以上学历221人，大专学历157人，其他学历98人。

【推进基层卫生综合改革】 分级诊疗制度不断完善。提升全－专联合门诊和康复联合病房服务内涵，拓宽医疗集团社区合作深度和广度，完善双向转诊、远程会诊等服务机制。家庭医生签约服务稳步开展。完善家庭医生签约服务政策支持，理顺“3＋X”（3即一个全科医生、一个护士、一个公共卫生医师，X即志愿者包括专家、专业的护理人员等。）家庭健康责任团队、个性化签约和有偿签约服务关系，重点人群签约率达60%。人口健康信息化水平不断提高。全区居民健康档案合格率、完整率和使用率提高5%。

【提高公共卫生保障水平】 “健康京口”建设持续推进。加强健康环境建设，全区新申报省级健康教育基地1个、省级健康社区3个。广泛开展爱国卫生运动，巩固病媒生物防治先进城市成果，落实各项防治措施。公共卫生服务项目全面实施。区财政基本公共卫生人均补助标准达25元/人·年，服务项目扩展至14类55项。疾病防控和应急措施有效落实。传染病疫情保持平稳，预防接种服务能力建设不断加强，启动省级血吸虫病消除达标工程，艾滋病综合防控不断加强，重性精神疾病管理有效开展。全民自救互救知识与技能培训深入推进，健康路街道、谏壁街道创成市卫生应急规范化街道。卫生监督执法力度加大。严厉打击非法行医和“两非”（非法鉴定胎儿性别、非法选择胎儿性别终止妊娠）行为，查处无证行医13户，移送公安机关2户，移送法院强制执行1户。完成公共场所量化分级管理评定200余家。卫生监督协管模式在全省经验交流，行政许可和行政处罚案卷分获全市一、二等奖。

5月19日，开展“世界家庭医生日”宣传活动（赵伟 摄）

【强化医疗保健能力】 基层能力建设步伐加快。健康路社区卫生服务中心、谏壁社区卫生服务中心被评为“国家优质示范社区卫生服务中心”。健康路社区卫生服务中心并且再次入选“全国百强社区卫生服务中心”，新增1个市级特色科室，医疗服务水平不断提升。开展基层岗位练兵和技能竞赛活动，社区卫生服务中心岗位练兵参与率达100%。全区遴选出12名基层卫生骨干人才，有6人通过上级医院及有关专家考核取得“社区首席心血管病防治医生”称号。严格执行医务人员轮岗制度，接收52名下派医生，其中下派内儿科医师到社区卫生服务站坐诊人头数平均达4.82人。开展新民洲港口产业园卫生服务站医师对口支援工作，解决当地居民就医难问题，改善园区就医环境。妇幼保健服务得到加强。实施区妇幼保健与计划生育技术服务资源整合，优生优育指标持续向好，孕产妇死亡率、婴儿死亡率两大核心指标质量继续走在全市前列。基层医疗卫生机构妇幼健康规范化门诊建成率达80%，免费婚检率达91.44%。中医药服务能力明显提升。全区社区卫生服务中心中医综合服务区（中医馆）建设提档升级，中医服务体系基本构成，积极推广常见病及多发病中医药适宜技术。

【开展计划生育工作】 家庭发展能力逐步提高。全面落实奖扶、特扶及一次性奖励发放政策，完成340名一次性奖励人员核实工作，2251名奖扶、特扶人员奖励、补助全部兑现到位（奖扶1664名、特扶587名）。全面二孩政策稳步实施。完善生育登记服务制度，办理生育登记1812条，其中一孩登记1215条、二孩登记580条、再生育登记17条。计划生育服务水平显著提高。创新避孕药具发放模式，将药具服务纳入妇幼健康工作，对育龄人群实施全程药具服务。流动人口服务切实加强。实施流动人口健康教育和促进行动计划，全区流动人口服务管理率97%，流动人口基本公共卫生计生服务均等化达标率92%。

（赵伟）

街道·场圃·工业园

责任编校：程娟　孙可

象山街道

【概况】 象山街道东至索普集团，南至古运河，西至恒运路、老山路、小米山路、东吴路（北段）一线，北至长江，现有行政区划面积38.3平方千米。下辖15个社区，153个一级网格和327个二级网格，常住人口3.5万户、约11万人。2017年，街道荣获省“扫黄打非”先进集体，孟诚社区荣获江苏省“和谐社区”称号，丹企社区被评为省“民主法治示范社区”，景阳山社区被评为省“巾帼文明岗”，学府路社区成为“省级创业型社区”。（孙剑秋）

【党的建设】 围绕区委“六个一”（突出“1”个核心作用、建设“1”个枢纽平台、铺设“1”张治理网格、制定“1”套服务清单、建立“1”个协调机制、打造一支支坚强队伍）目标要求，构建“中心社区＋社区＋网格”治理格局，在街道层面，建成大禹山北片区党建、便民服务中心；在行业内，建成“京口高创企业党群综合体”；在网格内，试点设置“党建服务站”。抓好非公有制企业党组织“两个覆盖”，建立“e创小镇党委”，江苏金海星导航科技有限公司等互联网企业党建工作水平显著提升。京口高创中心党支部创成全区首家非公有制企业领域“五星”先进党支部。推动基层党建创新，申报党建创新案例16个，形成“一居一品”。街道“双全”社工评星定级、象山社区“楼栋红色文化”、红旗社区“周末‘益起来’”、学府路社区“家文化”4个党建案例获评全区三十佳创新案例。推动“幸福象山”微信公众号上线，成为“互联网＋”党建新阵地。街道团工委被评为“市五四红旗团委”。

（孙剑秋）

2017年8月15日，市委常委、秘书长郭建（右四）赴象山街道调研，对学府路社区“家文化”党建品牌表示肯定（陆侠伟 摄）

【经济发展】 2017年，街道完成公共财政预算收入2.8亿元，固定资产投资76.6亿元，其中工业投资13.1亿元，工业应税销售收入66.1亿元，社会消费品零售总额22.8亿元，限额以上社会消费品零售总额14.8亿元，科技研发投入3.37亿元；新增“四上”企业14家；镇江宝华物流股份有限公司成功在新三板挂牌。加强人才建设，2017年，引进省“双创人才”1名、市“金山英才”5名。

（孙剑秋）

【项目建设】 全力打造镇江京口“e创小镇”，大禹山周边网游、电竞等泛娱乐产业初具规模，并入选全市首批8家特色小镇建设名单。参与举办派哥快运第三届“中国好司机－爱心家庭”活动、第二届“中国物流金融峰会”及“江苏电竞活动周”高峰论坛活动，提升镇江和京口在游戏、电竞、物流等领域社会影响力和知名度。全年签约项目8个，入库项目10个，汽车零部件仓储物流配送等9个项目开工，索普脱硫脱硝除尘改造、正兴学校、VR游戏研发运营基地等6个项目竣工。京口互联网创新创业中心创成“省创业孵化示范基地”“镇江市服务外包特色产业集聚区”。江苏金海星导航科技有限公司、江苏绪普信息科技有限公司在第三届“‘i创杯’互联网创新创业大赛”决赛上崭露头角。（孙剑秋）

【城建城管】 顺利完成周家庄、孟家湾拆迁扫尾及长岗许前许后335户居民搬迁工作；完成王家湾地块、谷阳路中段和宗泽路西段道路扩宽改造项目。城市管理水平不断提高，通过“数字城管”平台科学合理调度，巡查值守和专项整治相结合，环境卫生、占道经营等情况明显好转，防违治违工作取得实效。（孙剑秋）

【生态文明建设】 开展生态文明提升工程，完成区级项目6个，街道级项目14个。提前完成畜禽禁养工作，整治53家养殖户5800余头家畜、2500余羽家禽，制订长效管理机制。（孙剑秋）

【社会治理】 推进“三治理一挂牌”工作，对13个涉农社区全面清产核资，建立街道农村产权交易平台，实现农村集体资产资源流转全部进场交易，并对惠农补贴发放全面核查。完善信访“1+6”制度，积极化解矛盾，保证中共十九大等重要节点稳定工作。2017年，辖区安全生产零事故，营造安全稳定发展环境。推进“七五”普法工作，京岘山法治文化公园荣获第四批“省级法治文化建设示范点”称号，“精准普法”系列品牌活动持续开展。典型引路，打造法治文化精品，司法所展翠琴荣获首届“最美司法行政人”称号，以其事迹为原型的原创小品《窗帘》获得全市最美司法行政人风采展示节目第一名，并受到省司法厅领导高度评价。（孙剑秋）

【组织机构及领导人名录】

党工委书记　王壮保（2015-10—2017-03）
　顾洪涛（2017-03—）
办事处主任　陆家新（2016-11—）
人大工委主任　许文兰（2015-10—2017-12）
　徐彩华（2017-12—）
党工委副书记　陆家新（2014-12—）
　仲　伟（2016-11—）
　王　锐（2016-10—2017-03）（挂职）
　谢　军（2016-08—2017-08）（挂职）
　张振华（2017-09—）（挂职）
党工委组织委员　夏正东（2015-04—）
党工委统战委员　夏正东（2017-03—）
党工委宣传委员　孙　昊（2008-03—2017-03）
　梅　昆（2017-03—）
党工委委员　赵　骥（2015-05—2017-03）
　许文兰（2016-11—2017-12）
　徐彩华（2017-12—）
　黄贤宇（2017-03-2017-12）
　崔　悦（2017-03—）
党工委委员、纪工委书记　盛　华（2015-10—）
人武部部长　盛　华（2015-01—2015-10）
　周　震（2015-10—）
党工委委员、办事处副主任　周　震（2015-02—）
　袁　珊（2016-11—）
　耿　亮（2017-03—）
党工委政法委员、办事处副主任　徐莉莉（2015-04—）
办事处副主任　赵　骥（2014-02—2017-03）

2017年象山街道各社区基本情况表

表7

社区名称	办公地址	联系电话	书　记	主　任
象山社区	象山花园10幢菜场二楼	80861905	王长发	王俊飞
长江社区	象山路1号长江社区	88781256	卞正祥	陈　云
长岗社区	求索路西头、古运河边	88795079	姚宏祥	姚宏祥
丹徒社区	禹山北路（胡氏光电北侧）	88789918	郭　雷	郭　雷
东城社区	纬八路翰霖苑一期229幢	88782560	孙玉琴	孙玉琴
江大社区	学府路301号	88722776	干水晶	王　玲
东风社区	东风新家园37栋105	88781635、89886946	徐卫东	陈双平
宗泽路社区	尚海茗苑2-105	88781165	袁春生	居茂华

续表 7

社区名称	办公地址	联系电话	书　记	主　任
孟诚社区	优山美地花园 151 栋	85575288	孟家富	杨　林
学府路社区	中建大观菜场隔壁	88796319、89886940	孙永婷	张荣金
景阳山社区	恒顺翠谷翠谷幼儿园隔壁	88782323	戴　伟	朱红来
焦山社区	东吴路 168 号中南世纪城西大门口	88855020	刘志东	刘志东
红旗社区	宗泽路 58 号	85394619	王　海	仲　国
陈家门社区	京口区汝山路与清河路交叉口	88815092	熊开强	王　艳
丹企社区	丹徒路 425 号	88783285	史群力	高　斯

2017 年象山街道骨干企业基本情况表

续表 8

企业名称	销售收入（万元）	法人代表
普莱克斯（镇江）工业气体有限公司	39029	何岷达
镇江强凌电子有限公司	19225	Ellisyan
镇江市松协电器有限公司	7474	张炳圣
镇江中煤电子有限公司	7977	贾柏青
镇江市宝华半挂车配件有限公司	20132	童财宝
镇江立达纤维工业有限责任公司	5910	施舒拉
镇江市金阳颜料化工有限公司	6891	尹建农
镇江蓝舶工程科技有限公司	8676	郭庆莲
镇江胡氏光电科技有限公司	11680	胡　勇
顺裕饰品实业镇江有限公司	5000	洪秋任
江苏索普（集团）有限公司	428200	尤　廉
镇江索普化工新发展有限公司	8610	张志成
镇江隆全锅炉有限公司	4900	周锦生

（孙剑秋）

大禹山创意新社区

【概况】 大禹山创意新社区西至小米山路、航信路，南至宗泽路，东至谷阳路，北至长江，同时还包括薛家湾、凌家湾、王家湾、卢家圩等 4 个“城中村”地块，规划总面积 3.7 平方千米，可开发建设面积 2.333 平方千米。园区重点发展动漫游戏、电子商务、软件服务外包等互联网信息技术产业，是镇江市现代服务业发展最集聚、最具活力板块。完成“江苏省互联网产业园”复核申报工作。获批“江苏省小型微型企业创业示范基地”“镇江市服务外包特色产业集聚区”。

（朱轶英）

【产业载体建设】 推进中国中小企业信息产业园 25 栋产业楼 7.1 万平方米载体建设，2017 年年底，部分产业楼完成主体封顶及主体验收，加快商办地块规划调整工作，提前谋划并招引武汉 5.5 产业园、中国云谷、恒生科技园等专业园区运营机构对接招商、运营外包工作。

（朱轶英）

【产业集聚效应】 动漫游戏、电子商务、软件服务外包等特色产业集聚。网络游戏。入户网络游戏企业20余家，江苏名通信息科技有限公司、江苏易乐网络科技有限公司完成全产业链布局，跻身产业中高端，在全国布局超50个分支研发、运营机构；页游、手游、H5游戏、VR、网络直播、电竞等各种网络游戏业态均发展迅猛；网络游戏总部基地运营良好，吸引初创网络游戏企业超10家，网络游戏产业营收约7亿元、税收约3600万元，增幅均高达20%以上。江苏名通信息科技有限公司成为“南京都市圈最具投资价值文化企业”备选单位。电子商务。网络零售、第三方电商交易与服务、特色产业信息化支撑等领域企业、百度推广等龙头电商平台区域总部落户，网商产业园孵化、服务小微电商项目近3000个。新一代信息技术。江苏锐天信息科技有限公司、江苏金海星导航科技有限公司、江苏绪普信息科技有限公司等一批航空航天信息、北斗导航应用、人工智能、大数据等新一代信息技术企业爆发式成长。江苏金海星导航科技有限公司、江苏绪普信息科技有限公司入围第三届“‘i创杯’互联网创新创业大赛”决赛，全市仅3家单位入围决赛。（朱轶英）

【高层次人才招引】 招引并推荐申报省级高层次人才1人进入面试，招引市金山英才计划高层次人才4人；对大禹山周边地块基础信息进行梳理，为土地招商、小镇建设等提供数据支持。（朱轶英）

【组织机构领导人名单】

党工委书记 黄贤宇（2017-01—2017-12）

管委会主任 崔　悦（2017-01—2017-12）

党工委副书记 刘志锋（2017-01—2017-12）

副 主 任 张　骄（2017-06—2017-12）

副 主 任 李　鲁（2017-01—2017-12）

综合部负责人 庄红滨

招商服务部负责人 欧阳君

规划建设部负责人 金仁林

投融资部负责人 张　雨

（朱轶英）

2017年大禹山创意新社区骨干企业基本情况表

续表9

企业名称	营业收入（万元）	法人代表
江苏名通信息科技有限公司	13271	秦　谦
江苏锐天信息科技有限公司	6200	常　兵
江苏绪普信息科技有限公司	516	潘　革
江苏易乐网络科技有限公司	2261	冯　军
江苏金海星导航科技有限公司	852	金　文

（刘承枢）

谏壁街道

【概况】 谏壁街道位于江苏省镇江市东郊，距市中心13千米，北依长江，南与辛丰镇接壤，东邻镇江新区，西靠象山街道，有镇江“东大门”之称。谏壁街道行政区域面积32平方千米，耕地面积398公顷。辖区有国电谏壁发电厂和中储粮集团等部（省）、市、区属企事业单位100多家。谏壁街道管辖范围有11个村、社区，分别为东京村、雩山村、雩北村3个行政村和蔡家、粮山、月湖、焦湾、东街、西街、谏电、索普8个社区。2017年年末，户籍人口31732人，常住人口30102人。地区生产总值730520万元，其中第一产业3548万元、第二产业628662万元、第三产业98310万元。谏壁街道荣获“江苏省农家书屋提升工程试点工作先进乡镇街道”和“镇江市群众体育先进单位”称号。街道慈善分会被市民政局、市慈善总会授予“镇江市基层慈善组织建设工作先进集体”。雩山村获评“全国文明村”。（杭璐媛）

【经济发展】 主要经济指标稳步增长。一般公共预算收入、工业应税销售等指标同比增长幅度较大。工业应税销售收入完成较好，年计划188亿元，全年完成191亿元，超序时1.6%。一般公共预算收入年计划26928万元，实际完成25721万元。固定资产投资年计划81.48亿元，完成65.3亿元（上报数）。产业类固定资产投资年计划69.7亿元，完成49.1亿元。实际到位外资年计划1100万美元，其中制造业实际到位外资年计划400万美元，完成407万美元。社会消费品零售总额年计划5亿元，完成5亿元。（杭璐媛）

【项目招引】 开展招商活动183场次，洽谈与推进项目64个，签约项目11个，其中5亿元以上重大项目2个、一般类项目6个、技改类项目3个。在手在谈项目9个，其中，成熟度较高项目3个。人才工作方面，认定2名“金山英才”人才。（杭璐媛）

【环境整治】 18个生态文明提升工程和1个街道自加压力项目中，提前完成8个项目，其余11个正在

2017 年 12 月，京口区代区长徐申锋（后排左三）和谏壁街道党工委书记陈莹（后排左四）在刘加录老弗士家中学习党章（张珍花 摄）

推进实施。加强生态环境综合整治，推进两个化工区周边居民污染搬迁工作，实施焦湾社区张宋组、创普大道项目、雩北村下虞组、石墙头组（部分）、雩北小学和雩山村禾家庄、小徐庄组搬迁工作。基础设施建设逐步完善，镇澄路镇区段建成使用，创普大道建设有序推进。清理查处东京工业废渣和焦湾洗桶点污染事件。取缔非法生产地条钢企业。查处关停混凝土黑站 6 家。同时，街道落实畜禽禁限养区管理规定，有序整治城乡黑臭水体。（杭璐媛）

【社会治理】 开展"暖企惠民助居"大走访活动，走访 8415 户，协调解决问题 63 件。慈善工作亮点突出，街道基层慈善资金募集 69.97 万元，募集善款总额超过 310 万元，列全区第一。11 个村、社区中，有 9 个村、社区完成 20 万元慈善资金募集目标任务。残疾人之家于 6 月竣工投入使用，项目投资 180 万元，占地面积 2500 平方米，建筑面积 1390 平方米，建设规模、服务项目数量全区第一。（杭璐媛）

【党的建设】 开展"旗帜鲜明讲政治"专题学习，常态化制度化开展"两学一做"学习教育。推进区、街道、社区（村）三级"书记项目"，全街道推广"老弗士"（为谏壁方言，指在村里威望高、有号召力的贤人经常调解老百姓的日常纠纷。老弗士基层工作站设立在老弗士家中，发挥着政策宣传、同心议事和矛盾调解的积极作用，成为谏壁街道大力打造的百姓家庭服务驿站）基层工作站。优化网格设置，建立一级网格 54 个、二级网格 131 个，夯实基层基础。建立"大党委"工作机制，做好"双型"先进党支部建设，抓好"两新"党建工作，现有党支部 73 个，创成四星及以上党支部 12 家，三星及以上占比达 70%。实施党员"先锋亮绩、积分管理"，规范党员活动。加强党风廉政建设形成常态。（杭璐媛）

【组织机构及领导人名录】
党工委书记　杨国平（—2017-03）
　陈　莹（2017-03—）
副 书 记　郭先武（—2017-12）
　夏　雷（2017-12—）
　简夕武（—2017-12）
　张枝荣（2017-12—）
　张　展（—2017-08）
　陈　剑（2017-08—）
纪工委书记　史宇清（2017-03—）
组织委员　吕　伟
宣传委员　吴艳媚（—2017-03）
人大工作委员会主任　蒋建国
办事处主任　郭先武（—2017-12）
　夏　雷（2017-12—）
副 主 任　汤　际
　荆　钟
　李　斌
　包文波
政协联络委主任　简夕武（—2017-12）
人武部部长　陆昌明
党政综合办公室负责人　杨　松
经济服务中心主任　蒋　瑾
司法所所长　赵志华
社会事务服务中心主任　颜红生
综合治理办公室副主任　史根娣
财政分局局长　朱康顺
农业服务中心主任　章继文
人力资源和社会保障服务中心　尹龙云
计生办主任　顾　嵘
镇村建设和管理所所长　焦厚清（—2017-12）
（杭璐媛）

2017年谏壁街道村（社区）基本情况一览表

续表10

村（社区）名称	办公地址	联系电话	书　记	主　任
雩山村	谏辛路55号	89886874	邱树泉	朱云仙
雩北村	雩龙公路97号	83363618	钟文斌	钟文斌
东京村	东京村南榭二组99号	83355778	刘　凯	刘　凯
蔡家社区	谏壁街道蔡家社区	83361858	江双喜	江双喜
焦湾社区	求索路旁纸浆厂服务大楼	83361162	沈明顺	沈明顺
月湖社区	雩山街48号	83363540	李旭东	李旭东
粮山社区	粮山236号	83353108	高　瑛	高　瑛
东街社区	谏壁北街17号	85915001	陈　平	万　明
西街社区	谏壁南头巷5号	83360906	杨　松	仲玉娟
谏电社区	谏壁谏电二村内	85352420	李　雷	杨君玉
索普社区	索普集团4号门	88724559		苗明娟

2017年谏壁街道骨干企业基本情况一览表

续表11

企业名称	营业收入（万元）	法人代表
镇江禾润世家食品有限公司	6577	林志汉
镇江泰鑫废旧物资回收有限公司	181747	陈松鹤
江苏鸿泰钢铁有限公司	283047	王美武
镇江飞驰汽车集团有限责任公司	23561	黄　俊
镇江飞驰商务车有限公司	28181	邵伟一
国电江苏谏壁发电有限公司	413271	邵家林
国电江苏电力有限公司谏壁发电厂	466419	邵家林
镇江兴电实业有限公司	13151	江庆洪
镇江标力紧固件有限公司	9691	朱玉琴
镇江玛威司达建筑材料有限公司	8540	黄庆生
镇江三晟塑业有限公司	7079	王茂磊
镇江镇特合金材料有限公司	4820	顾　军
中储粮镇江粮油有限公司	833335	张　中
中央储备粮镇江直属库	226521	石广勇
南京中船绿洲机器公司镇江船舶	11116	陈志峰
镇江明兴混凝土有限公司	12561	柯建华
镇江闽乐建材有限公司	2511	陈　青
镇江市花卉园林有限公司	463	张工忠

（杭璐媛）

大市口街道

【概况】 大市口街道位于镇江市主城区中心，东到小米山路的米山人家，与象山街道接壤，南至中山东路，西沿古运河双井路，北到大西路、东吴路，总面积约4平方公里。总人口76817人，25495户（含暂住人口8235人）。有回族、蒙古、满族、壮族等少数民族居民1554人，是京口区少数民族最多的街道。街道现有工作人员135人，其中街道班子成员9名，社区书记、主任13人（其中7人书记、主任一肩挑）。街道行政编制人员14人，事业编制人员11人，大学生村官5人，非在编人员105人。下辖10个社区（双井路社区、弥陀寺巷社区、千秋桥社区、高桥北社区、鼓楼岗社区、老北门社区、东吴社区、古城社区、华润新村社区、米山社区），其中9个社区是党委，1个社区是党总支，有71个党支部（非公有制企业党支部14个），党员2152人。2017年，街道获得"全省劳动人事争议优秀调解组织"、国家级充分就业社区、江苏省"民主法治示范社区"、江苏省节水型社区等荣誉。 （江雯）

【经济建设】 全年完成一般公共预算收入10861万元，同比增长9.5%，完成固定资产投资40亿元；完成社会消费品零售总额120.6亿元，同比增长10.5%。完成技师学院地块交付，价格创京口新高。推动凤凰文化广场项目建设；完成铁瓮城历史文化街区（一期）征收；漫书城实现部分营业。新签约7个项目，总投资约33亿元，全面开工。发展总部经济，对接八佰伴等辖区重点企业，以及知名品牌、超市、酒店等连锁企业、分支机构，实现新增总部经济税收3218万元。

（江雯）

【项目建设】 打造中央商贸商务集聚区，分别在街道西、中、东部建设中央商贸商务集聚区，教育、创意文化、旅游产业集聚区，宜居宜创宜业区。发展现代服务业。以凤凰文化广场、漫书城、斜桥街地下商圈提升工程、学而思教育培训中心、芘丽芙医疗美容中心等项目为龙头，重点发展教育、文化创意、"互联网+"、智慧物业、金融服务、健康养老医疗服务、研发设计等产业。利用辖区资源。先后解决芘丽芙医疗美容中心项目，市卫计委办证和消防问题，在手项目实现开工率和签约率100%，盘活辖区闲置楼宇近9万平方米。对接新鸥鹏集团、雅居乐地产公司、上海米袋集团等一批重点企业，推介辖区地块资源，瑟克希德贸易公司外资已到位；推进色织总厂地块、中山东路2号地块等闲置地块的招商引资。

开展"263"工程（街区两减六治三提升）提升街区环境品质。推进露天烧烤油烟整治工作。全面配合镇江市海绵城市建设。在茶山小区，花山湾二、四、六、八区，雅室小院，置业新村，甘露苑增设停车位，雨污分流改造，开展华润二期、置业新村、茶山小区、雅室小院 等老小区环境整治及物业提升工作，提升居住条件和技防实施。改造城中村田家门排水系统，整治梦溪路72号滑坡，确保居民居住安全。以文明城市复审迎检工作为抓手，加大环境整治力度，对辖区内的医政路疏导点、绿竹巷疏导点及青云门疏导点摊位车辆进行雨棚改造、外围更新，先后改造更新摊位车辆24辆。完善市场化改革，原街道"三位一体"保洁队伍人员陆续被安排至非动车管理岗位。推进"2＋X"联勤联动工作机制，办好城管便民服务工作，提升文明执法、文明劝导效能，深化"两网"治理服务。街道以"合理化划分、精细化管理、目标化考核"为方针，将原有的117个社区网格重新划分，以300户左右居民建立一个一级网格，以居民楼，辖区单位为单位，依据资源、事务等因素划分多个二级网格，形成86个一级网格、159个二级网格。 （江雯）

2017年8月，代区长徐申锋（右二）考察党群服务中心（大市口街道供图）

【社会事业建设】 建设大市口街道居家养老和残疾人综合服务中心、天地和营养配餐中心。完成东吴社区市级人社基层标准化、规范化平台建设。建设街道日间照料中心、蔡家山助餐点，强化社区为老服务功能。设立街道社会救助大厅，形成"一门受理、协同办理"工作格局。探索实践"三社联动"机制。培育古城社区等市公益创投项目，推进社会工作人才信息化，建立社会工作者水平评价制度。支持成功自主创业511人、创业带动就业2159人、城镇失业人员再就业1649人、新增私营公司注册资本13.57亿元、充分就业社区达标率达100%，均超额完成全年目标任务。 （江雯）

【党建工作】 加强基层组织建设，

建设街道党建服务中心并投入使用；设立街道、社区、网格三级党建网络，建立大党委工作制；10个社区党组织结合实际开展党建项目化建设，创成五星级党支部1个，四星级党支部10个，三星级以上党支部占比达70%（48个支部）。成立八佰伴商圈党委，“两个覆盖”工作实现100%，非公党建“提升年”活动取得实效。落实党建重点工作，全年发展党员12名；实施社会组织服务项目11个，审批执行为民服务专项资金54.35万元；完成“京口先锋”平台试点工作；《义巡》获区党员教育微视频创作大赛三等奖。实施书记项目，丰富“米服”党建内涵。实施“微米计划”，形成86个一级网格，159个二级网格，打造网格化“五色”分类管理模式。实施“精米计划”，提升“小、细、专”服务水平。开展“米服进万家”群众大遍访活动，全年完成2次集中走访，建立“四套清单”，解决涉及环保、拆违、民生等各类问题184件。打造“米粉队伍”，形成“三服务”（服务党员、服务居民、服务企业）强大合力。推行大党委制，成立“米聊”志愿队、“阳光”服务团等43个志愿服务队伍，开展文明创建、敬老帮扶等各类志愿服务142次、324小时；在八佰伴商圈党委开展“五送”（送党组织标牌、送党旗党徽、送党报党刊、送制度挂图、送党员积分手册）活动，组建企业职工服务队。实施“植米计划”，提供组织保障。实现社工待遇全面提标；举办“全科社工”培训班，实现社区工作人员全覆盖；新增3名职工通过社会工作师考试，其中2人为中级；22人通过区“双全”社工考试。

（江雯）

【组织机构及领导人名录】

党工委书记　赵　飞
副　书　记　凡　浩（—2017-02）
　杨团伟（2017-03—）
　张玉金
纪工委书记　周成干
组织宣传委员　马宇茜
人大工委委员会主任　夏　雷（—2017-01）
　许琛雨（2017-01—）
办事处主任　凡　浩（—2017-02）
　杨团伟（2017-03—）
副　主　任　朱文军
　刘　蓉
　秦前池
　华舒仪（—2017-12）
人武部部长　秦前池
党政办公室负责人　陈　卫
社区服务中心负责人　胡红娣
综合治理办公室副主任　冷荣杰
公共环境服务中心负责人　林　飞
财政所所长　张润文
经济服务中心负责人　张翠华
人力资源和社会保障服务中心主任　朱悦勤
计生办负责人　童玉祥
文化站站长　江　涛
物业科科长　朱　波
司法所负责人　边荣生
信访办负责人　万　勇
安监站站长　周　军

2017年大市口街道社区基本情况一览表

表12

社区名称	地　址	社区党委（总支）书记	社区主任
双井路社区	斜桥街131—7	王正俊	王正俊
弥陀寺巷社区	弥陀寺巷37-1-104	李际云	李际云
千秋桥社区	中山东路94号-1	赵秀红	赵秀红
高桥北社区	医政路5号大院内	张　申	张　申
鼓楼岗社区	鼓楼二村13号	朱建浩	朱建浩
老北门社区	老北门17号	孙王磊	孙王磊
东吴社区	花山湾6区18号楼前	景　艳	景　艳
华润社区	华润新村14幢北侧	杨　赟	杨　赟
米山社区	米山人家34幢	盛晓芳	盛晓芳
古城社区	花山湾路中段红星修理厂	李桂花	李桂花

2017年大市口街道骨干企业基本情况一览表

表13

企业名称	销售收入（万元）	法人代表
镇江市八佰伴商贸有限公司	128300	陶庆荣
江苏省烟草公司镇江市公司	464761	李江苏

续表 13

企业名称	销售收入（万元）	法人代表
镇江大娘水饺餐饮有限公司	214	张　燕
镇江家世界万方连锁超市有限责任公司	142531	潘培荣
江苏凤凰新华书店集团有限公司镇江分公司	7760	贺卫东
江苏镇江国美电器有限公司	10000	董晓红
镇江海润烟酒贸易有限公司	673	徐　晔
华润镇江医药有限公司	10231	周人华

健康路街道

【概况】 健康路街道位于镇江市经济、文化、商贸金融核心，南毗正东路，北邻中山东路，西起古运河，东至桃花山庄。总面积 5.4 平方公里，下辖 9 个社区，户籍人口 81231 人、28720 户。辖区内有党、政、军机关 20 余家，法人单位 3000 余家，个体工商户和私营企业 6200 余家，金融机构 50 多家，涉外宾馆 8 家，大、中、小学 13 所，医院 3 所，体育、娱乐场馆 20 多家。2017 年，健康路街道党工委获“镇江市党建标准化街道”称号，健康路街道被评为“镇江市社会治安综合治理先进集体”“镇江市爱国卫生先进集体”“镇江市民兵工作先进单位”。（杜陈）

【经济发展】 全年完成固定资产投资 47.16 亿元，比上年增长 1.8%。一般预算收入指标完成 1.32 亿元，占年计划 116.4%，比上年增长 20.95%，位居全区第一。社会消费品零售总额增幅 10.9%，全区最高。全年共 5 个项目列入区重点产业项目，累计上报完成投资 13.1 亿元，占年计划 92.9%。新开工项目 4 个，开工率 100%。苏宁广场项目竣工验收、全民健身中心项目正式开建，古籍数字化平台、蓝天卫士大数据应用、大祥 C 座项目相继投入使用，曙光薇酒店正式对外营业。（杜陈）

【为民服务】 完成 28720 户“惠民”大走访，重构一级网格 92 个、二级网格 184 个，首创居民星级服务模式，研究制定网格工作标准，编制推广《网格管理服务一本通》《网格民情日记》。退管“星光之家”和“帮您忙”服务平台挂牌成立。社区残疾人服务中心建成使用。石马湾等 5 家社区通过市级人社平台建设验收。举办“健康圆梦行”文体活动 60 场，梦溪社区通过市级基层综合文化服务中心验收。募集善款 112 万元，救助各类困难群众 182 人。稳妥推进太和广场、竹林山庄业委会选举工作。严格落实安全生产“一岗双责”，排查整改各类安全生产隐患 1109 处，高效拆除仁章路华润燃气加压站，太和广场安全隐患整改到位。（杜陈）

【城市建设】 完成文明城市复审迎检。深化“263”专项行动，整治露天烧烤、夜市排档，投放垃圾分类亭 11 处。强化中央商圈、珍珠路、花山路片区、桃花坞路沿线等重点区域管控力度。打造城市管理亮点，全面推进京美“2+X”联勤联动试点工作。投入资金 15 万元，打造滨河路休闲廊架。完成桃花坞片区二、四、六、八、十区及华星新村海绵城市改造。实施桃花坞八区、梦溪花苑等小区物业提升行动。强化违建动态管控力度，拆除违法建设 188 处，面积达 2000 平方米。深入摸排辖区 16 处空斗墙、7 栋危旧房屋情况，完成中营街、梳儿巷、网巾桥等 15 栋房屋、400 余户居民拆迁安置。投入近 10 万元，修缮梳儿巷 8 号因暴雨坍塌民居。（杜陈）

【基层党建】 打造气象里党建服务中心，实现社区服务软、硬件“双提升”。新增 5 家四星级先进党支部，三星级以上“双型”党支部占比达 70%。全面推进三级“书记项

2017 年 9 月，京口区委书记殷敏（前排中）调研街道城市经济工作（健康路街道供图）

目”建设，街道党工委“探索党建新路，打造红色商圈”书记项目获“镇江市十佳优质基层党建书记项目”。推动“两学一做”学习教育常态化、制度化。组织党员赴嘉兴南湖一大会址开展党性现场教育。搭建党员讲学平台，联合市委党校开展送党课到基层活动12期。探索党员干部正向激励机制。做强做特苏宁广场商圈党委，配套完善群团组织，搭建“1+5”（“1”即“打造红色商圈”理念，“5”指为实现该理念而建立的商圈党员讲学平台、“早餐会”互动交流平台、“3A”青春接力平台、“四叶草”志愿活动平台、“爱心集市”公益平台）服务平台，扩大商圈党委影响力。深化“区域化服务型党建”内涵，构建“大党委”工作机制，形成组织共建、党员联管、活动互助共建机制。（杜陈）

【组织机构及领导人名录】

党工委书记　房林虹

副书记　严波（—2017-03）

　巫长龙（2017-03—）

　顾胤

纪工委书记　朱丽雯

组织统战、宣传委员　刘昊

党工委委员　吴长安

　熊劲松

　陶群

　郭庆

　董巍（—2017-12）

　董泽建（2017-12—）

人大工委

委员会主任　吴长安

街道办事处

办事处主任　严波（—2017-03）

　巫长龙（2017-03—）

副主任　熊劲松

　陶群

　郭庆

　董巍（—2017-12）

　董泽建（2017-12—）

政协联络委

委员会主任　顾胤

人武部部长　郭庆

党政办公室　辛剑云

财政所　曹芳

社会治安综合治理办公室　雍月琴

计划生育办公室　许秀琴

司法所　包峰

公共环境卫生服务中心　刘军

人力资源和社会保障服务中心　甘文君

经济服务中心　徐涛

社区服务中心　梁春萍（—2017-6）

　韦银梅（2017-06—）

2017年健康路街道社区基本情况表

表14

名称	办公地址	联系电话	书记	主任
健康社区	市政路31号	85371718	沈惠	沈惠
尚友社区	古更楼巷35号	86110070	金茜	金茜
梦溪社区	中营街73-2	86110138	沈涛	徐秀霞
气象里社区	八角亭19号	86113101	王飞（—2017-07） 袁正阳（2017-09—）	
东桃社区	桃花山庄25幢	86113111	袁正阳（—2017-09）	邵国燕
大学山社区	花山湾新村3区10号	85380162	杨荣军	柴静（—2017-12）
田家门社区	桃花坞十二区1号	85380167	韦银梅（—2017-06）	时翔
桃花坞社区	桃花坞八区25号	86113105	方利荣	谭方钧
石马湾社区	京口路158号	84498726	王悦	王悦

2017年健康路街道骨干企业基本情况表

表15

企业名称	销售收入（万元）	法定代表人
中国移动通信集团江苏有限公司镇江分公司	174490.9	陈逵
镇江苏宁云商有限公司	59414.9	陈世清

续表 15

企业名称	销售收入（万元）	法定代表人
镇江盈通物流有限公司	2197.5	黄庆庆
镇江寰美服饰贸易有限公司	3316.7	蒋　桦
镇江新世纪商厦有限责任公司	12179.1	王锡坤
镇江新世纪照明电器有限公司	6606.3	韦永锋
镇江国际饭店置业有限公司	4908.2	江心浩
镇江信美进出口有限公司	4335.5	吴昌生
江苏惠通集团	22764.6	刘正东
镇江宴春酒楼有限公司	2455.0	吴荣生
镇江自来水公司	17110.2	陈义春
镇江华星国际贸易有限公司	6344.2	吴　超
中国石油化工股份有限公司江苏镇江石油分公司	349349.1	吴春鸣

正东路街道

【概况】 正东路街道位于镇江市东南部，正东路与学府路贯穿境内东西。东接象山街道，南沿古运河与润州区宝塔路街道毗邻，西北与健康路街道为邻，是京口区人民政府所在地。辖区总面积5.5平方公里，下辖7个社区。常住人口5.6万人。2017年，街道获得“江苏省创业型街道”称号。（周赐）

【经济发展】 全年完成公共财政预算收入10884万元，固定资产投资25.2亿元，社会消费品零售总额33.6亿元，工业应税销售收入4500万元。全年新增“四上”企业13家。重点项目进展顺利。深度中国私人定制旅行完成线下400家企业合作协议签订，线上APP正式运行。汇成商业广场主体封顶，落户镇江爱华行酒店；东大院·创业广场正式运营。香榭大道商业中心4号楼主体封顶。长江游戏谷研发楼完成地下室负二层施工。华龙管业地块成功上市，完成土地平整、高压杆线迁移，以及镇江京碧房地产开发有限公司注册。（周赐）

【城市管理】 抓辖区环境综合治理。开展塔山路沿线、苗家湾路专项整治，塔山路打造成街道汽修美容特色街区。完成焦山路综合治理，完成焦顶山、京岘山等禁养区范围内的畜禽养殖关闭工作。组织开展毁绿种菜专项整治行动，整治17处，清理面积3455平方米。实施物业管理提升行动，加快小区更新改造，争取多方支持，推进枫林湾老旧小区示范化建设。开展垃圾分类处理工程，推进朝阳小区、京河小区、京口路段等建设垃圾分类设施，提升环境面貌。（周赐）

【社会治理】 坚持精细治理，提高群众满意度。推进搬迁改造。完成贺家弄68、70号危房搬迁，完成华龙管业边角地城中村地块搬迁工作并于12月成功上市摘牌。将文明城市创建与“大走访”“大排查、大整治”活动紧密结合，集中整治垃圾杂物、墙体小广告、店面外溢占道经营、露天炭烧烤和流动摊点等问题。开展“文明进万家”宣传活动，调动居民积极性，发放各类宣传手册、承诺书4万余份。开展各类公益宣传活动4次。完善信访问题解决机制，处理解决信访问题17起，保障街道在全国“两会”“一带一路”峰会和中共十九大期间安全稳定。（周赐）

【民生服务】 坚持以精细化管理思路推进网格建设，推动街道网格布局完善，促进各级网格长人员配备，明确网格运行机制和走访制度，畅通沟通渠道，将网格管理和大走访、智慧信息管理平台相结合，实现辖区居民、企业走访全覆盖，梳理排查各类问题275条，问题解决率达94%，切实增强街道网格化管理实效。开展8场“梦溪大舞台”广场活动，受益观众3000人次以上。开展全民艺术普及活动20次，书香阅读活动22次。街道被区委宣传部评为“书香街道”，酒海街社区被评为“书香社区”。指导江科大社区综合文化服务中心创成市“管理服务规范综合文化服务中心”。街道文化站通过市街道综合文化站星级达标评估验收。完成国民体质测试任务，居民体质合格率达94%以上。组队参加区“千台万人”乒乓球比赛和区“社区杯”乒乓球比赛。组队参加市第十五届运动会健身气功比赛，获得优秀奖和道德风尚奖。（周赐）

【党的建设】 新增四星级党支部1家，新组建“两新”党支部2家，创成区级十佳党代表工作室1家、优秀党代表工作室1家，3名党员被评为“京口党员先锋”。打造党建特色品牌，优化利用党建平台，拍摄电教片《党旗下闪耀的红星》，获全区电教片微视频类三等奖，《“四抓”法》工作案例获全区远教优秀学用案例，塔山路、中国旅行社正东路营业部获评全市“双美双优”示范工程第二批示范点。电力分公司第一党支部成功创建成四星级先进党支部，党建品牌“党旗飘红 创新安电”被评为全区党建服务品牌，成为全区首批“京口先锋”试点单位。

（周赐）

【组织机构及领导人名录】

党工委书记 陈 莹（—2017-03）
曹 蕾（2017-12—）
副 书 记 贺国强
唐卫忠
施光华（2017-03—）
纪工委书记 王 军（—2017-03）
施光华（2017-03—）
党工委委员 易怀锁
赵晓云
施 晶
组织、宣传委员 叶 晶（—2017-03）
张小蓓（2017-03—）
人大工委主任 易怀锁
办事处主任 贺国强
副 主 任 赵晓云
施 晶
王 军（2017-03—）
人武部部长 唐卫忠
党政办公室 徐 军
经济服务中心 孟 卿
安 监 站 蒋志远
社区服务中心 周卫荣
文 化 站 王凤花
人力资源和社会保障服务中心 刘文生
公共环境卫生服务中心 谢 伟
项目推进办公室 龚家强
防 违 办 李卫民
物业服务中心 咸建琴
妇 联 夏 琰
工 会 蔡玉风
综 治 办 骆红霞
司 法 所 佟德武
信 访 办 徐 军
财 政 所 陈 玲
计 生 办 刘 芸

（周赐）

2017 年正东路街道社区基本情况表

表 16

社区名称	办公地址	联系电话	书 记	主 任
京口路社区	京口路 88 号	84416979	孟家园	赵小林
京岘山社区	京岘山 38 号 3 幢南	85908677	段月娥	段月娥
酒海街社区	酒海街 5 号	85340990	卜美琴	卜美琴
江科大社区	梦溪路 6 号	84401294	张开超	张开超
贺家弄社区	贺家弄 150 号	85341970	高 琴	高 琴
焦顶山社区	学府路 80 号	88690073	华 君（—2017-08）	华 君（—2017-08）
宝塔山社区	学府路 56 号	89983732	陈德政	陈德政

2017 年正东路街道骨干企业基本情况表

表 17

企业名称	销售收入（万元）	法人代表
镇江京口锦江之星旅馆有限责任公司	684	姜 燕
江苏科大汇峰科技有限公司	3773	薛 峰
镇江来伊份食品有限公司	4196	林志强
镇江华诚电子进出口有限责任公司	625	余 振
镇江观海楼酒店有限公司	3233	闻 渊
镇江市多禾商贸有限公司	2594	顾文华
镇江联盟计算机网络有限公司	8950	何 冲
镇江市四洋柴油机制造有限公司	4036	金乃民
镇江市船院空调有限公司	3777	朱建新
镇江市华达物资总公司	6911	马鸣峰

续表 17

企业名称	销售收入（万元）	法人代表
镇江京口润京有限公司	16981	黄明端
镇江市顺丰速运有限公司	19726	徐丽平
镇江江大科茂信息系统有限公司	3430	盛　平
镇江华舟物业管理有限公司	4055	葛建华

四牌楼街道

【概况】 四牌楼街道东接象山街道，西与润州区宝塔路街道隔京杭古运河相望。北临长江（金山湖景区）岸线，南接大市口街道，总面积3.45平方公里，内有北固山、焦山风景区、滨江旅游专线和号称镇江“外滩”的长江路旅游风光带。下辖10个社区，其中3000户以上大型社区3个，2000～3000户中型社区4个，2000户以下小型社区3个，2017年年末，人口23792户、78953人，户籍属四牌楼派出所和九里街派出所。街道办事处驻东吴路71号，辖区内驻有民生银行镇江分行、中信银行镇江分行、港务集团有限公司、长江燃料有限公司、安利（中国）日用品有限公司等国家、省、市属企业70余家，私营企业百家。2017年，获得“中华诗教先进单位”“统计规范化建设百佳单位”“江苏城市频道《退休好时光》百佳敬老社区”“省级示范农民工综合服务中心”“基层建设标兵单位”等荣誉。（宋萌瑶）

【经济建设】 全年完成固定资产投资63.22亿元。产业类投资40.28亿元，占年计划35亿元的115%。产业类实际利用外资2350万美元，占年计划400万美元的587.5%。工业应税销售收入1.5亿元，占年计划1.5亿元的100%。工业总产值1.47亿元，占年计划1.47亿元的100%。一般公共财政预算收入17262万元，占年计划16108万元的107.2%。社会消费品零售总额31亿元，占年计划31亿元的100%。实际到位科技研发投入2000万元。重点服务业营业收入13.51亿。新增规模以上贸易企业5家，新增规模以上服务业企业3家，新增规模以上建筑业2家。完成新河街历史文化街区征收及老旧房屋修缮工作，滨江科技商务中心主楼23层提前封顶。爱康国宾体检中心、上药集团镇江公司等大健康产业项目正式运营。街道内香逸渔港3.5万平方米地块由无锡极富公司摘牌。（宋萌瑶）

2017年10月，市委组织部领导一行莅临江一社区调研基层党建工作（四牌楼街道供图）

【城建城管】 加大城市改造建设力度。推进征收拆迁工作，太平寺巷及会莲庵街危房改造项目全部签约并完档。攻克金融商务集聚区大西路改造项目遗留近3年的最后一个钉子户，协调处理一批历史遗留矛盾。对各类违建行为保持高压态势，布置落实街道防违治违工作。累计受理年各类投诉案件561件（次），拆除违建面积9156平方米。推进城市管理“网格化”运行工作。完成“网格化”人员配置工作，组织力量集中开展占道经营专项整治活动，突出抓好户外广告、店牌字招专项整治。联合交巡警部门，开展交通秩序畅通行动。

推进“263”工程（两减六治三提升），完成江滨泵站海绵公园和尚德路污水管网改造两大“263”重点项目建设。完成中央环保组督察交办问题整改情况回头看工作，完成华东环保督查中心中共十九大期间对镇江督查的各项准备任务。落实空气环境质量保障工作。落实街道3条重要河道的河长制管理工作，完成金山湖阶段性整治工作。

开展“文明进万家”活动。改善环境基础设施条件，成立海绵工程推进领导小组，完成辖区内海绵泵站公园、尚德路改造工程、小圩子路改造工程以及阳光世纪花园海绵城市改造等一批海绵城市项目。完成江二小区物业提升项目。

（宋萌瑶）

2017年12月，省委组织部领导莅临江一社区实地考察江一社区楼幢第五党支部书记工作室（四牌楼街道供图）

【社会事业】 开展文体活动。三家社会组织获得市创投项目。举办第八届网格艺术节、京口征兵宣传暨纪念建军90周年文艺会演、江苏卫视退休好时光社区行、壹周刊精准服务进社区等品牌活动。康盛剧社新版扬剧《白蛇传》入选文化共享“进村入户”（省级）资源库，创作《一奶同胞》反腐相声，由街道5名大学生村官共同演绎，全城公演。新增江东社区文化设施面积1200平方米，新增公共藏书1200册，新增阳光“悦读”沙龙、萌可可书院、江东社区图书馆3个阅读新空间和阅读社团以及30名阅读推广人。街道文体中心通过“五星级文化站”市级复评，完成江东社区、虹桥社区综合性文化服务中心提升工程建设任务。引进“江苏省哎呦哎呦网络科技有限公司”体育类别企业并申报省级体育产业发展引导资金。

提升服务居民实效。帮扶就业1033人，组织技能培训376人，扶持成功创业106人。慈善救助16人，发放慈善救助款2.7万元。临时救助158人，发放临时救助金11.98万元。发放“两参”退役人员专项慰问金14人、88000元。发放重残人员护理补贴136人、204480元，生活补贴142人、924324元。

（宋萌瑶）

【法治建设】 举行“侨法学习交流会”“法润四牌楼，法律服务进社区”“关爱青少年，法律伴成长”等活动18场次。增强依法办事实效。执行重大决策风险评估制度，推进大西路征收、海绵城市建设等项目。加强基层综治组织规范化建设，街道、社区均有1名分管副书记负责平安和法治建设，按标准配齐配强网格员队伍，落实信息采集、矛盾化解、治安防范职责。街道有一级综治办三家（江一、阳光、香江花城社区综治办），创成省级民主法治示范社区四家（江一、江二、阳光、香江花城社区），市级六家（江山名洲、民主新村、江东、荷花塘、虹桥、道署街社区），完善多元化矛盾纠纷化解机制。创新街道汇调与京口法院“远程视频诉前法律咨询服务平台”，开展远程视频诉前法律咨询。2017年，通过滨江汇调中心调解矛盾纠纷9人次，其中成功调解9案件。开展“信访法治建设年”活动，落实“阳光信访”工作任务，完成全国“两会”、中共十九大等重要时间节点信访维稳工作。打造平安法治建设亮点。升级智能管理平台，将辖区范围内人口、房屋、企业、组织等信息融入网格三维仿真地图，全面动态掌握居民和单位基本情况。加强基层民主自治，街道按照全面依法治国的战略部署，将法治文化融入社区党建文化中，广泛开展多种形式协商民主活动。各社区通过推选网格党群议事代表，建立“网格、社区”两级议事机制，探索党群议事会、共治联席会议等社区协商形式，找到群众需求最大公约数。部分网格小区根据各自特点，编写网格《文明公约》《孝为先家庭准则》等，倡导网格公序良俗，将依规依约管理法治理念深入人心。 （宋萌瑶）

【党的建设】 推进理论学习教育常态化制度化。细化“两学一做”学习教育工作，落实党工委中心组学习安排，围绕中共十八届五中、六中全会及省市区党委（纪委）会议精神开展学习讨论。班子成员分别到挂钩社区以“旗帜鲜明讲政治”为主题讲党课。各支部利用“统一活动日”、远教学习日等载体组织开展学习教育活动。做好党员“先锋亮绩，积分管理”工作。“双型”先进党支部建设工程实现晋位升级，5家支部获区党建服务品牌命名。学习贯彻中共十九大精神，“党的十九大”代表方美芳、江苏大学董德福院长及市委党校彭智勇处长到街道作十九大精神专场宣讲。

推动完成各级“书记项目”。建成集党建成果展示、党员管理、服务群众功能为一体的规范化“街道党建服务中心”。以“书记项目”体系落实党建责任，街道《实施“两网”治理提升工程，提高党建和社会治理水平》和3个社区书记项目分别获奖。树立党建品牌意识，开展2次社区党建“一居一特”项目评审工作。开展党建引领“六公开”活动，联合市文广集团、市体育局、江滨医疗集团开展党建文化精准服务进社区系列活动。坚持“温暖20”志愿服务系列活动。

深化系列文明创建工作。采取“网格＋网络”形式开展社会主义核心价值观宣传活动。发放争做文明市民、争创文明家庭、文明单位、文明商户承诺书。香江花城社区、阳光世纪花园社区开展诚信建设。江山名洲社区网格长江坚家庭被评为市文明家庭。江一社区居民李永生被评为“江苏省道德模范”，社区网格长陈广德、冯德福等人被评为“最美京口人物”。

开展统战工作。打造江一社区“三同心”工作室。将益家乐社会工作服务中心纳入统战工作，受到市委

统战部领导高度肯定，在《镇江日报》等市级媒体上专题报道。（宋萌瑶）

【组织机构领导人名录】

党工委书记 钱小兵
副书记 曹蕾（—2017-12）
姚斌（—2017-12）
纪工委书记 芮建芬（—2017-10）
李燕敏（2017-10—）
组织委员 史哲峰
人大工委
主任 许华耕
办事处主任 曹蕾（—2017-12）
副主任 潘昶（—2017-12）
朱建军
周云鸿（2017-04—）
谭捷（2017-04—）
胡涛
政协联络委
主任 姚斌（—2017-12）
党政办负责人 刘璐
信访办负责人 杨吉林
党建服务中心负责人 杨涛
财政所负责人 傅姗姗
司法所负责人 林亦红
综治办负责人 许晓燕
信息服务中心负责人 刘汝彬
人武部负责人 王斌
安监站负责人 鲍震
关工委负责人 陈飞
城管办负责人 杨卫东
人社中心负责人 袁筱靖
计生办负责人 许亚静
社区办负责人 张春梅
经管办负责人 潘益鸣
统计办负责人 孙志芳
公共文化服务中心负责人 谭忠
便民服务中心 蒋颂

2017年四牌楼街道社区基本情况表

表18

社区名称	办公地址	联系电话	书记	主任
江一社区	江滨新村55幢	88987966	张凤霞	徐伟
江二社区	江滨新村163幢—1	88987900	陶凤华	陶凤华
道署街社区	道署街2号	85022956	陈金鑫	虞扬
阳光世纪花园社区	阳光世纪花园梧桐苑会所	88801096	吴静	李菁
虹桥社区	虹桥街10号	85281336	刘春辉	刘春辉
荷花塘社区	新河街10号	85289959	宋静婧	仇大昆
民主新村社区	东吴新苑8—1号	88859982	嵇惠祥	嵇惠祥
江东社区	东吴路85号	88813179	刘崇顺	刘崇顺
香江花城社区	东吴路288号香江花城生活馆北侧	88690073	华君	华君
江山名洲社区	江山名洲望江园20号	88771078	殷莺	殷莺

2017年四牌楼街道骨干企业基本情况表

表19

单位名称	营业收入（万元）	法定代表人
镇江港务集团有限公司	78525.6	汪文发
镇江盈盛房地产开发有限公司	70451.8	蒋铁峰
镇江维科置业有限公司	66673.9	马东辉
镇江文化广电产业集团有限公司	23557.1	张兵
江苏省华茂贸易有限公司	2806.0	张家俊
江苏省镇江中国旅行社	9641.1	周金民
镇江市水业总公司	13555.8	陈恒宝
镇江天翼百货有限公司	16926.5	陈润泽
镇江福润酒店管理有限公司	6761.7	于敏
江苏科海智能系统有限公司	1347.5	戴乐云

京口工业园区

【概况】 京口工业园区2003年2月经镇江市人民政府批准设立，2006年经省政府和国家发改委批准，正式升级为省级开发区。园区一期规划面积4平方公里，2013年3月扩容后总面积增至7平方公里，下辖左湖村、上埕村和李华社区3个村（社区），总人口4542人。园区拥有市级“三集”（产业集中、集聚、集约发展）制造业示范园区“京口高性能材料产业园”、苏南自主创新示范区“一区十四园”（“一区”即镇江国家高新技术开发区，“十四园”即在各区市、镇江新区有关功能区分别规划建设14个分园）之一的“高性能铝材料产业园”。至2017年年底，有京口工业园区高创中心和镇江亿致新材料创业园两个省级创新创业载体。2017年，被江苏省知识产权局和江苏省商务厅授予江苏省知识产权试点示范园区。（杨阳）

【党的建设】 推进“两学一做”学习教育常态化制度化，落实“暖企惠民助居”大走访活动，为园区企业和基层百姓解决各类问题40余件。以点带面，强化群众服务、经济服务、党建服务三大阵地建设。试点开展“企村共建”红色联盟，在企业和村（社区）党组织结对共建基础上，促进党的建设和企业生产经营、基层社会治理同频共振、共同发展。开展园区直属企业人员和村（社区）干部薪酬改革，制定考核奖惩办法，激发基层干部干事创业热情。强化党风廉政建设，不断加强党员干部对党规党纪、党的路线方针政策学习领会。（杨阳）

【经济发展】 主要经济指标保持稳定增长，全年完成业务总收入90.04亿元。定报工业销售88.58亿元。一般公共财政预算收入8377万元，比上年增长14.77%。产业类外资3850万美元。进出口总额3.2亿美元，主要经济指标均完成全年目标任务。爱励铝业累计销售航空板突破2.5万吨，机翼板深加工项目开工建设。海龙核科中子吸收板通过新产品鉴定，填补国内空白。鼎胜新材入选省重点培育发展国际知名品牌领军企业。（蒋攀）

【招商引资】 围绕新材料、汽车零部件、电子信息和现代物流（3+1）主导产业开展产业链研究，创新招商模式，坚持“走出去”与“引进来”相结合，全年外出招商120余次。全年在谈项目18个，成功签约鼎胜新材智能制造、神行太保轮胎自动充压等项目13个。围绕航空航天中小企业基地（标准化厂房）建设，坚持“建招同步”，签约入驻和意向入驻项目有智能数字移动终端设备研发生产、中航工业航空板深加工及中集万向轮端等8个项目。（孙耀祖）

【项目建设】 园区以新材料、汽车零部件、电子信息和现代物流等产业为主导，树立“项目为王”工作方针，推进项目建设。园区2017年列入亿元以上重点产业类项目11个，总投资67.05亿元，年度计划投资26.5亿元。其中续建项目6个，新建项目5个。宝京一体式半挂车轴、江工生物等项目顺利竣工投产。鼎胜新材智能制造等4个项目顺利开工建设。开展“暖企”行动，成功化解鼎胜新材公司跨省经济纠纷和办理不动产登记手续。协调海关解决爱励产品报关难题。协助海龙核科公司顺利通过中子吸收板产品鉴定。成功办理宝京公司流动资金贷款、宝华半挂公司抵扣税、可奈丽公司新兴产业认定等事项。（杨阳）

【科技创新】 实施开发区“转型升级”战略，招才引智工作取得新进展。与中山大学惠州研究院洽谈共建科技创新平台，在区委组织部组织的“情系京口”人才恳谈会暨项目签约仪式上成功签约。江苏海龙核电站屏蔽设备项目被列入省重大项目前期项目。申报镇江市“金山英才”15人、省“双创”2人，3人成功入选“金山英才”，其中中山大学惠州研究院院长纪红兵的3D打印材料项目被列为金山英才重点资助项目（全市仅2人）。（孙耀祖）

【基础设施建设】 园区基础设施建设更加完善，为招商引资和项目建设提供保障。完成连镇铁路、古运河下段整治、丁卯快速通道项目拆迁。协调推进连镇铁路建设，开工建设环库路，加快西山水库环境整治。完成航空航天中小企业基地1～7#厂房工程，4.6万平方米标准厂房投入使用。启动航空航天中小企业基地研发孵化基地工程，1.1万平方米综合楼开工建设。坚持国有土地再生利用和生态保护理念，开展土地复垦工程，园区形象得到提升。（张羽）

【社会事业和安全稳定】 坚持群众路线，开展创新富民和民生实事工程。开展医保、农保等社会保障工作，园区社保覆盖率100%，民生类各项任务达序时进度。全面贯彻落实“大走访”活动，针对困难弱势群众开展“精准扶贫”工作，帮助解决群众实际困难。开展“依法治区”工作，提升社会综合治理能力建设。落实信访属地管理原则，实行领导包案制度和信访值班制度，强化责任担当，信访工作卓有成效。全年未发生非法进京、赴省上访事件。未发生群体性恶上访、闹访事件。加大城管巡查执法力度，园区违法建设得到有效遏制。完成畜禽禁养工作，基本完成违法用地清理整治工作。抓安全生产责任制落实，安全生产形势平稳，2017年全年无重大伤亡事故发生。（杨阳）

【管理与服务】 做好园区日常管理和企业服务工作，提高服务水平。通过社会公开招考，新聘符合岗位要求工作人员6名，为园区发展注入新鲜血液。新增助理社会工作师3人、“双全”社工7人。加强作风效能建设，定期开展明察暗访活动，实行“打卡刷脸”上班制度。坚持市场化理念。采取“管委会”加“公司”市场化运作模式。在投融资等方面探索创新，2017年，新增到位项目资金5.05亿元，置换借壳融资约4亿元，并偿还企业和个

人融资 0.5 亿元，提高资金稳健性，保障支持园区发展。（杨阳）

【机构设置及领导人名录】

园区党工委

书　　记　　许俊超

副 书 记　　虞　军（2017-03—）

张　伟（—2017-03）

成　华（2017-03—）

纪工委书记　　张亚南（—2017-12）

丁方品（2017-12—）

党工委委员　　董荣骏

丁方品（2017-12—）

张恒可（2017-12—）

园区管委会

主　　任　　虞　军（2017-03—）

副 主 任　　董荣骏

丁方品（2017-12—）

张恒可（2017-12—）

2017 年京口工业园区管委会社区基本情况表

表 20

村、社区名称	地　址	电话号码	村、社区党总支书记	社区主任
李华社区	京口工业园华城新村	83357156	袁　泉	颜志献
左湖村	京口工业园左湖村	13952856373	徐庭国	顾炳权
上隍村	京口工业园上隍村	88890027	徐　猛	吕福祥

2017 年辖区骨干企业基本情况表

表 21

单位名称	销售收入（万元）	法定代表人
江苏鼎胜新能源材料股份有限公司	725073	周贤海
爱励铝业（镇江）有限公司	82495	ROELOF IJSBRAND BAAN
镇江市宝华半挂车配件有限公司	25889	童财宝
江苏海龙核科技股份有限公司	17885	戴金华
江苏正恺电子科技有限公司	14302	徐　正
江苏科捷锂电池有限公司	2886	王　辉
镇江金叶螺旋桨有限公司	1404	何峰林
镇江震东电光源有限公司	10288	胡建强
镇江立新电子通讯技术有限公司	844	王建平
镇江亨通电器有限公司	108	章健康
镇江晨光铜业有限公司	2219	吴昌帆
镇江恒伟物流有限公司	9159	于　江
镇江中野交通工程有限公司	4777	孙　渊
江苏金亿达能科技有限公司	2260	王保根
江苏宝京汽车部件有限公司	419	李贵平
镇江元致亨食品有限公司	3065	薛永军
镇江市明诚管业有限公司	3351	孙云飞
镇江金洋酒店管理有限公司	285	管秋平

新民洲临港产业园

2017 年 12 月 28 日，市农商行入驻新民洲签约仪式在新民洲临港产业园举行（吴海涛 摄）

【概况】 新民洲临港产业园位于长江北岸，是一座与镇江隔江相望的半岛型沙洲，南面靠江，东北西三面与扬州接壤，南北长 5 公里，东西宽 4.5 公里，区域面积 22.5 平方公里，下辖 1 个新红旗社区。至 2017 年年底，有人口约 2000 人。园区获得街道（园区）目标绩效考核一等奖、“真 · 实”系列主题活动优胜单位、征兵工作先进单位等荣誉，获得区级“十佳党代表工作室”、区级“五四红旗团委”“书记项目先进集体”称号。新红旗社区获得“全省校外教育工作优秀辅导站”和“第五批省级法治文化建设示范点”称号。（朱佳）

【经济发展】 2017 年，园区完成公共财政预算收入 2383 万元，固定资产投资 24.95 亿元，产业类实际利用外资 2006 万美元。工业应税销售收入 1.6 亿元。中林（镇江）生态产业城项目列入 2017 年省重大项目，新建成二期 4 个 5 万吨级泊位，通过市级开放预验收。完成长江主江堤恢复工程并通过省水利厅检查。进口木材检疫处理中心（熏蒸区）设立申请上报国家质监总局。木业精深加工区一期 1098 亩土地一次性挂牌，取得土地证。鼎盛重工全年订单 2 亿元左右，工业应税销售 1.6 亿元左右，扩展海外市场，发展方向重点转移至东南亚及东非等欠发达地区。新民洲生态果桑园增加烘干机设备，建立烘干线。引进日本紫藤苗 12 个品种、3000 余株。（朱佳）

【基础设施和民生】 完成 10 千伏电网改造，增加园区用电负荷，确保项目用电。完成青年路（朝阳路—临港路）道路红线、项目建设书编制，启动前期报批程序，拓展港区物流运输通道。完成新民洲大道、青春路段道路及信号灯、路灯修复，保证园区道路交通安全。推进现代农业园建设，省级“现代农业园综合标准化示范区”通过省质监局验收。完成小区车库划分工作，解决居民“停车难”问题。完成红旗滩围堤药浸灭螺工程，为居民健康提供保证。开展法治文化活动，居民法治意识增强，法治文化广场被评为第五批“省级法治文化建设示范点”。开展“惠民”大走访活动，为居民义务诊疗，增加公交车班次，解决务工人员子女跨区域入学入托等问题。（朱佳）

【“1+6”活动】 园区加快生态文明建设提升工程。推进落实“河长制”工作，全力做好水环境整治。完成 4.12 公里朝阳河、大寨河生态整治及限养区政策落实。完成夏季秸秆禁烧和综合利用工作，实现零焚烧目标。

园区通过走访高校，对接企业，组织推荐 7 位人才进行市“金山英才”计划申报，全年完成新增领军人才数 3 人，入选市“金山英才计划”人才数 1 人，组织开展招才引智活动 25 场，开展重点产学研活动 1 场次，即木业峰会。

园区开展争当“经济工作能手”活动，新引进签约项目 10 个，其中制造业项目 9 个。产业类新竣工项目 2 个，新开工项目 4 个。全年接待客商 150 余批次，500 余人次，赴上海、浙江、北京、广东、爱沙尼亚等地精准招商。在开展的“转型升级先锋”活动中，园区帮助辖区企业江苏鼎盛重工有限公司解决

2017 年 11 月 28 日，中林（镇江）生态产业城木业先进制造区项目开工仪式暨慈善捐赠活动在新民洲中国林业集团举行（杨龙生 摄）

困难，促进企业转型升级，争取市级以上各类科技创新项目经费超60万元。对接高校，成立研发机构，取得发明专利申请总量15件。（朱佳）

【党的建设】 园区围绕党建工作、"书记项目"，重点抓建章立制，坚持每月月初召开党委会，围绕区委、区政府部署和年初工作既定目标，研究、协调、推进、落实各项工作。每月党员活动日举行"我行我秀"大讲堂，党政领导带头轮流为机关干部讲课。重点抓理顺机制。坚持党工委抓总，以"书记项目"为抓手，将新民洲党建分为机关党建、社区党建、央企党建、民企党建四大板块，明确专人负责，明确工作要求，全面提升创优。机关党建方面，专门设立党建服务中心，调配工作人员3人，开展"两个什么"大讨论活动。社区党建方面，围绕农民安置小区如何用党建形成社区新风尚开展工作，结合网格化管理，实行党建进楼幢、进单元。开展"大走访"活动，解决群众就医、就学、出行难、金融服务等多年期盼解决的现实问题。央企党建方面，将国资委开展的"中央企业党建质量提升年"活动高标准、严要求引入新民洲，推行党员积分制管理，形成"三加三联"特色党建。民企党建方面，形成"双争双当"特色党建。全面提升新民洲的党建硬件基础，安排资金近两千万元建设新民洲党群综合体、新红旗社区党群服务中心和以弘扬、继承"艰苦创业、吃苦奉献"知青精神的主题公园。（朱佳）

【组织机构及领导人名录】

党工委书记 杨彬

副书记 葛冬军（2017-03—）

顾骏飞（2017-09—）

纪工委书记 王炳

党工委委员 张伟（2017-03—）

刘宏利

徐海

吴寅

徐强胜

刘爱兰（2017-03—）

管委会主任 杨帆（—2017-03）

张伟（2017-03—）

副主任 刘宏利

人武部部长 刘宏利

2017年新民洲临港产业园社区基本情况表

表22

社区	地址	电话	书记	主任
新红旗社区	新民洲大道9号	80875295	窦可伟	刘艳萍

2017年新民洲临港产业园骨干企业基本情况表

表23

企业名称	营业收入（万元）	法人代表
江苏新民洲港务有限公司	411000	王利伟
江苏鼎盛重工有限公司	15300	王广德

京露茶场

【概况】 京露茶场位于镇江市东吴路76号，在职干部职工9人，退休人员147人，区直属国有企业，设书记、场长室和综合办公室。2017年，企业财务收支实现当年平衡，职工养老、医疗等五项保险实际缴费率均达100%，职工年收入有所提高，企业全年安全生产无事故。（周贞）

【完善资产管理，提高资产经营效益】 加大房屋租金收缴。对租金每月定期公布，凡有特殊原因缓收等情况严格按照程序批准。对房屋招租、合同签订、租金收取进行跟踪管理，督促到位，做好服务，基本做到房租费按时收缴，全年经营收入达80余万元。（周贞）

【关心职工生活，做好企业稳定工作】 维护老职工切身利益，做好企业稳定工作，对改企前退休职工以及改制时符合提前退休老职工给予事业工资补差，2017年的工资差额补发足额发放到位。加大对困难职工帮扶工作，工会在节日期间对下岗职工组织走访慰问，对在位职工做到每月按时发放工资，职工养老、医疗等五项保险金缴费率均达100%，切实维护职工利益。2017年，企业实现全年零上访，保持企业稳定。（周贞）

【组织机构及领导人名录】

党支部书记 李云秋

副场长 褚磊

工会主席 李云秋

办公室主任 李云秋

（周贞）

人物·荣誉

责任编校：段广凤

新任区领导简介

殷　敏

中共京口区委书记。1970年12月出生，江苏丹徒人，汉族，昆明理工大学工商管理专业硕士研究生文化，1994年10月加入中国共产党，1990年8月镇江市供销社工业科工作、任团委副书记兼外经科副科长、任社会事务部副部长兼团委副书记、任社会事务部部长兼团委副书记。1998年4月任共青团镇江市委副书记、党组成员、市青联主席。2006年6月任润州区委常委、宣传部部长。2007年11月任润州区委常委、组织部部长。2008年2月任市司法局党组书记、局长兼政法委委员。2015年7月任市商务局党委书记、局长兼市贸促会会长。2016年4月任京口区委副书记、区长提名人选，2016年5月任京口区委副书记、区政府党组书记、副区长、代区长。2017年1月任京口区委副书记、区政府党组书记、区长。2017年8月，任中共京口区委书记。

徐申锋

中共京口区委副书记，区政府党组书记、副区长、代区长。1974年6月出生，湖北麻城人，汉族，江苏省委党校马克思主义哲学专业研究生文化，1996年5月加入中国共产党，1997年7月丹徒县宝堰镇政府企管站副站长、活塞厂厂长助理、科技助理。1999年7月任丹徒县上党镇镇长助理。2000年2月任丹徒县（区）世业乡（镇）党委组织委员。2002年11月任共青团丹徒区委书记。2004年12月任丹徒区黄墟镇党委副书记、镇长。2005年12月任丹徒区谷阳镇党委副书记、镇长、党委书记。2011年6月任丹徒区委常委、开发区党工委书记、管委会主任、高资镇（街道）党（工）委书记。2013年5月任扬中市委副书记（正县级，赴藏工作）。2016年10月任镇江市民防局局长、党组书记（市人防办主任）。2017年8月任京口区委副书记、区政府党组书记、副区长、代区长。

孙国林

中共京口区委常委、宣传部部长。1970年1月出生，江苏丹阳人，汉族，江苏省委党校党政管理专业研究生文化，1996年12月加入中国共产党，1990年8月丹阳市民政局工作，1996年4月丹阳市“德政”工程办公室、下乡工作组办公室工作。1997年4月任丹阳市委组织部组织科科员、副科长、组织员办公室主任、组织科科长、副局级组织员、市委企业工委副书记。2007年11月任丹阳市司徒镇党委副书记、镇长、党委书记。2016年11月任镇江市委市级机关工委副书记。2017年12月任中共京口区委常委、宣传部部长。

徐玉军

中共京口区委常委、组织部部长、统战部部长。1970年12月出生，江西余干人，汉族，江苏省委党校中共党史党的建设专业研究生文化，1993年6月加入中国共产党，1994年8月镇江大鹏股份有限公司工作、团委副书记、办公室副主任。1996年9月任镇江市供销社政治部副主任、团委副书记、人事处副处长、人事处主任科员、办公室主任科员（1998年1月至2001年1月挂职镇江国际饭店人力资源部经理、总经理助理兼人力资源部经理）。

2002年11月镇江市委组织部组织处工作，任正科级组织员、组织处副处长、处长、青年干部处处长、县（市）区干部处处长。2017年12月任京口区委常委、组织部部长、统战部部长。

顾明华

京口区人民政府党组成员、副区长。1971年8月出生，江苏南通人，汉族，中央党校函授学院经济管理专业大学文化，2001年7月加入中国共产党，1992年7月镇江市粉末冶金厂技术员。1993年4月京口区计经局科员、科长。2002年1月任大市口街道办事处副主任。2003年3月任京口区外经局副局长。2004年12月任京口区科技工业园管委会副主任、党工委委员。2009年7月任镇江新民洲港口产业园区党工委副书记、管委会主任，省共青团农场党委副书记、场长。2013年1月任京口区委办公室主任。2017年1月任京口区人民政府党组成员、副区长，京口区委办公室主任。2017年4月任京口区人民政府党组成员、副区长。

姚恒清

京口区政府党组成员、副区长，公安京口分局党委书记、局长。1970年9月出生，江苏扬中人，汉族，江苏大学法学（司法执业与管理方向）专业大学文化，1998年11月加入中国共产党，1991年8月江苏第十四劳改支队民警。1993年10月镇江市公安局看守所民警、刑警支队民警、经案支队民警、经侦支队驻税办副主任、经案支队侦审大队大队长、经侦支队侦审大队大队长、支队长助理、副支队长。2006年10月任镇江市公安局京口分局党委委员、副局长。2012年4月任镇江市公安局法制支队支队长（直属分局局长）。2016年12月任镇江市公安局京口分局党委书记、局长。2017年12月任京口区政府党组成员、副区长，公安京口分局党委书记、局长。

盛　杰

京口区政协党组成员、副主席。1966年1月出生，四川泸州人，汉族，中央党校研究生院经济学专业研究生文化，1985年6月加入中国共产党，1986年7月共青团京口区委工作，任副书记、书记。1993年4月任四牌楼街道党委副书记、办事处主任。1993年12月任京口区对外经济贸易委员会副主任。1996年12月任京口区外经局副局长、党组书记、局长（兼任京口区个体私营经济发展局局长、民营经济发展局局长）。2006年2月任京口区委区级机关工委书记、区委组织部副部长、区编办主任。2017年1月任京口区政协党组成员、副主席，区委组织部副部长、区编办主任。2017年12月任京口区政协党组成员、副主席。

宋小燕

京口区政协副主席、区市场监督管理局局长、区食品药品监督管理局局长（兼）。1974年2月出生，江苏扬州人，汉族，中央党校函授学院法律专业大学文化，2003年10月加入中国民主建国会，1995年8月镇江市旅游经济开发区工作，任后勤中心副经理、招商中心副主任。2004年1月任京口区象山乡招商中心负责人、招商中心主任。2006年3月任京口区象山镇招商中心主任。2007年11月任京口区谏壁镇副镇长。2011年7月任京口区谏壁街道办事处副主任。2013年1月任京口区招商服务中心主任、谏壁街道办事处主任科员。2017年1月任京口区政协副主席、区招商服务中心主任。2017年3月任京口区政协副主席、区市场监督管理局局长、区食品药品监督管理局局长（兼）。

张和松

京口区政协副主席。1966年11月出生，江苏丹阳人，汉族，中央党校函授学院经济管理专业大学文化，1987年7月京口区经贸委工作。1998年3月任京口区统计局副局长。2001年10月任京口区发改委副主任、统计局副局长。2010年10月任京口区统计局局长。2017年1月任京口区政协副主席、区统计局局长。2017年3月任京口区政协副主席。

京口区 2017 年获国家、省、市表彰的先进人员、集体表（部分）

京口区 2017 年获国家表彰的先进人员一览表

表 24

姓　名	性　别	工作单位	荣誉称号（全称）	授予单位（部门）	获得时间
金　怡	女	市公安局京口分局刑警大队刑事科学技术室	全国特级优秀人民警察	人社部、公安部	2017-05

京口区 2017 年获省表彰的先进人员一览表

表 25

姓　名	性　别	工作单位	荣誉称号（全称）	授予单位（部门）	获得时间
陈晓梅	女	京口区环卫所	省五一劳动奖章	省总工会	2017-04
郦旭东	男	市公安局京口分局四牌楼派出所	个人二等功	省人社厅、省公安厅	2017-05
王　旌	女	江滨实小	第六届江苏省“星星火炬”奖章	团省委、省教育厅	2017-05
吴毓丹	女	京口区正兴学校	第十五届江苏省“五四杯”教学研究论文评选三等奖	省中小学教学研究室	2017-05
陶欣慧	女	市恒顺实验小学	省优秀辅导员	省教育厅	2017-05
骆卫华	男	京口区实验小学	优秀青少年科技教育校长	省教育厅	2017-09
江　枫	男	江科大附小	江苏省优秀青少年科技辅导员	江苏教育厅 江苏省科技厅	2017-10
姚恒清	男	市公安局京口分局	个人二等功	省公安厅	2017-10
张许镇	男	市公安局京口分局	个人二等功	省公安厅	2017-10
张江海	男	市公安局京口分局刑警大队	个人二等功	省公安厅	2017-10
彭　杰	男	市公安局京口分局禁毒大队	个人二等功	省公安厅	2017-10
佘　军	男	市公安局京口分局办公室	全省十九大安保维稳工作先进个人	省委、省政府	2017-11
罗　骏	男	京口区实验小学	省国际科学与和平周金药匙竞赛青少年科技教育先进个人	省教育厅	2017-11
凌　辉	男	香江花城小学	优秀青少年科技辅导员	省教育厅	2017-11
陈美新	女	谏壁街道西街社区	省乡土人才“三带”新秀	省委组织部	2017-12
郑　玲	女	焦顶山社区	江苏省年度人口抽样调查和劳动调查先进个人	省统计局	2017-12

京口区 2017 年获市表彰的先进人员一览表

表 26

姓　名	性　别	工作单位	荣誉称号（全称）	授予单位（部门）	获得时间
吴玉美	女	中山路中心幼儿园	市十佳教师	市人民政府	2017-09
徐宜兴	男	市京口中学	市十佳教师	市人民政府	2017-09
江双喜	男	谏壁街道蔡家社区	市首届“优秀慈善工作者”	市人民政府	2017-09

京口区 2017 年获国家表彰的先进集体一览表

表 27

单位名称	获得称号（全称）	授予单位（部门）	授予时间（年月）
京口区政府	全国群众体育先进单位	国家体育总局	2017-08
大市口街道米山社区	国家级充分就业社区	中华人民共和国人力资源和社会保障部	2017-05
中山路小学	全国文明校园	中央精神文明建设指导委员会	2017-11
谏壁街道雩山村	全国文明村	中央精神文明建设指导委员会	2017-11
香江花城小学	全国青少年校园足球特色学校	教育部	2017-06
市敏成小学	中华优秀文化艺术传承学校	教育部	2018-01
健康路社区卫生服务中心	全国百强社区卫生服务中心称号	中国社区卫生协会	2017-11
新民洲临港产业园	中国十大木业产业园	中国木材与木制品流通协会	2017-11
新民洲临港产业园	中国十大木业产业港口	中国木材与木制品流通协会	2017-11
江滨实小	全国五好小公民示范学校	教育部关工委	2017-07
京口中学	2017 年度中央电视台“希望之星”英语风采大赛江苏赛区优秀组织奖	中央电视台“希望之星”英语风采大赛江苏赛区组委会	2017-05
正东路街道酒海街社区	创建无邪教示范社区	国务院防范和处理邪教问题办公室	2017-03
京口区实验小学	国际田联少儿趣味田径实验学校	中国田径协会	2017-11
江科大附小	国际田联少儿趣味田径实验学校	中国田径协会	2017-11

京口区 2017 年获省表彰的先进集体一览表

表 28

单位名称	获得称号（全称）	授予单位（部门）	授予时间（年月）
京口区政府	2016 年度现代民政示范区	省民政厅	2017-04
正东路街道京口路社区	江苏省和谐社区建设示范社区	省民政厅	2017-01
谏壁街道月湖社区	江苏和谐社区建设示范社区	省民政厅	2017-01
四牌楼街道人武部	基层建设标兵单位	省军区	2017-03
谏壁街道月湖社区	省级创业型社区	省人力资源和社会保障厅	2017-12
四牌楼街道人社中心	省级示范农民工综合服务中心	省人力资源和社会保障厅	2017-12
正东路街道办事处	江苏省创业型街道	省人力资源和社会保障厅	2018-01
正东路街道贺家弄社区	江苏省创业型社区	省人力资源和社会保障厅	2018-01

续表 28

单位名称	获得称号（全称）	授予单位（部门）	授予时间（年月）
区委组织部	第四届全国基层党建创新典型案例征集评选活动中，提交的案例《深化“真·实”活动，聚焦为企服务》获优秀案例	中国浦东干部学校、人民网中国共产党新闻网、中国组织人事报社	2018-01
京口区城管局	江苏省公共机构节能示范单位	省机关事务管理局、省经济和信息化委员会	2017-05
正东路街道京岘山社区	江苏省节水型社区	省水利厅、省发展和改革委员会	2017-05
京口区政府	2016 年度江苏基层社会治理十大创新成果	省现代民政研究院	2017-10
江滨实小	江花 5A 志愿服务队评为省巾帼示范岗	省妇联	2017-04
市实验小学	江苏省优秀少先队集体	共青团江苏省委、省教育厅、省少工委	2017-05
江滨实小	2017 年江苏省青少年科技教育先进学校	省教育厅	2017-11
正东路街道江科大社区	基层科普行动计划奖补单位	省科学技术协会、省财政局	2017-11
江科大附小	第 29 届江苏省金钥匙科技竞赛科技教育先进学校	省教育厅、省科技厅	2017-11
江滨实小	江苏省红十字示范学校	省教育厅、省红十字会	2017-12
香江花城小学	省健康促进学校（金奖）	省教育厅	2017-12
市八叉巷小学	省红十字示范学校	省教育厅	2017-12
江科大附小	“2017 年度江苏省中小学知识产权教育试点学校”	省教育厅、省科技厅	2017-06
江滨实小	江苏省国际青少年绘画优秀组织奖	省教育厅	2017-07
市桃花坞小学	2017 年江苏省教学成果奖（基础教育类）一等奖	省教育厅	2017-09
红旗小学	书香校园建设示范点	省教育厅、省全民阅读办	2017-04
江科大附小	江苏省校园之间智力竞技活动团体一等奖。	省教育厅、省科技厅	2017-04
市实验小学	首批江苏省书香校园建设示范点	省教育厅　省全民阅读办	2017-01
江滨实小	第四批省级语言文字规范化示范学校	省语委、省教育厅	2017-01
镇江市第十中学	金钥匙科技竞赛团体赛二等奖	省教育厅、省科技协会	2017-11
江科大附小	教育机器人世界锦标赛一等奖	机器人世界锦标赛组委会	2017-11
市桃花坞小学	第二届中小学书法教育论坛“中小学书法教育论文竞赛”暨“喜迎十九大中小学师生书法作品征集展评”组织奖	省中小学教学研究室、省教育书法协会、教育报刊总社	2017-11
海龙核材科技（江苏）有限公司	海龙核材中子板“创新产品”称号	省科技创新协会	2017-12
四牌楼街道统计办	乡镇（街道、园区）统计规范化建设百佳单位	省统计局	2017-02

京口区 2017 年获市表彰的先进集体一览表

表 29

单位名称	获得称号（全称）	授予单位（部门）	授予时间（年月）
江滨实小	2017 年度五星法治型、服务型先进党支部	中共镇江市委	2017-12

2017年京口区获副高级以上专业技术资格人员情况表

表30

姓　名	性　别	工作单位	从事专业	资格名称
卢　寅	女	大市口社区卫生服务中心	社区卫生	社区副主任医师
徐秋云	女	大市口社区卫生服务中心	社区卫生	社区副主任医师
杨　凌	女	健康路社区卫生服务中心	社区卫生	社区主任医师
于　华	女	健康路社区卫生服务中心	社区卫生	社区副主任医师
张文超	女	健康路社区卫生服务中心	社区卫生	社区副主任医师
张晓玲	女	健康路社区卫生服务中心	社区卫生	社区副主任护师
张　艳	女	健康路社区卫生服务中心	社区卫生	社区副主任医师
朱琛平	男	健康路社区卫生服务中心	社区卫生	社区副主任医师
裴青杰	女	谏壁社区卫生服务中心	社区卫生	社区副主任医师
施正华	女	谏壁社区卫生服务中心	社区卫生	社区副主任医师
董海英	女	江苏大学社区卫生服务中心	社区卫生	社区副主任医师
叶亮英	女	江苏大学社区卫生服务中心	社区卫生	社区副主任医师
尹筱莹	女	江苏大学社区卫生服务中心	社区卫生	社区副主任医师
张新昕	女	江苏大学社区卫生服务中心	社区卫生	社区副主任中医师
程　峰	女	四牌楼社区卫生服务中心	社区卫生	社区副主任护师
董纯芳	女	象山社区卫生服务中心	社区卫生	社区副主任医师
韦小琴	女	象山社区卫生服务中心	社区卫生	社区副主任护师
言宏光	女	正东路社区卫生服务中心	社区卫生	社区副主任医师
袁　萃	女	市实验小学	小学品德	高级教师
张文琪	女	市实验小学	小学品德	高级教师
郑金坤	男	市实验小学	小学体育	高级教师
牛利林	女	市第十中学	化　学	中学高级教师
韦　珩	女	江滨实小	语文教学	高级教师
高秋香	女	京口区实验小学	品德社会教学	高级教师
赵玉英	女	京口区实验小学	品德社会教学	高级教师
姚学玲	女	京口区实验小学	小学数学教学	高级教师
张　洁	女	京口区实验小学	小学英语教学	高级教师
赵春蓉	女	京口区实验小学	小学数学教学	高级教师
章文兵	男	市京口中学	道德与法治	中学高级
薛金梅	女	市京口中学	数　学	中学高级
徐莉萍	女	市京口中学	语　文	中学高级
朱红香	女	市桃花坞小学	语文教学	中小学高级教师
王予红	女	中山路中心幼儿园	中小学教师	幼儿园高级教师

附　录

责任编校：段广凤

文　件　题　录

中共京口区委 2017 年重要文件选录表

表 31

序号	文件名	文件号（镇京发）
1	关于印发中共镇江市京口区常委会 2017 年工作要点的通知	4
2	关于京口区生态文明提升工程的实施意见	7
3	关于印发《京口区“两减六治三提升”专项行动方案》的通知	8
4	关于实施党建引领社会治理创新工程的意见	10
5	关于印发镇江市京口区政府投资项目管理办法（试行）的通知	12
6	关于进一步深化行政审批制度改革加快简政放权激发市场活力的意见	14
7	中共镇江市京口区委印发《关于支持人民法院基本解决执行难工作的实施意见》的通知	19
8	关于加快推进科技创新加速经济转型升级的意见	24

京口区人民政府 2017 年重要文件选录表

表 32

序号	文件名	文件号（镇京发）
1	关于印发京口区 2017 年行政执法监督检查计划的通知	8
2	关于印发《京口区“放心餐桌”工程实施方案》的通知	28
3	关于印发《京口区整合城乡居民基本医疗保险工作实施方案》的通知	30
4	京口区“十三五”卫生与健康发展规划	36
5	关于印发《京口区关于统筹推进城乡义务教育一体化促进优质均衡发展的实施意见》的通知	44
6	关于切实做好第一次全国海洋经济调查工作的通知	55
7	关于印发健康镇江、幸福京口（2016—2020 年）行动方案的通知	65

书 名 题 录

2017年京口区作者著作书目表

表33

书 名	编著者	出版者	出版年月	字数（千字）
京口年鉴（2017）	史志档案办公室	方志出版社	2018-02	508
点亮心灯	刘爱华	江苏大学出版社	2017-08	26
部教版二下语文《教学参考》	汪雪梅、张晨晖、蒋凯等	江苏凤凰教育出版社	2017-12	50

2017年京口区作者发表于国家级报刊的文章题录表

表34

标 题	作 者	报刊名称	发表日期（期次）
展翅飞翔的金凤凰	王娟瑢	《时代报告》、《中国报告文学》	2017-02
镇江开创城市治理“2+X”联勤联动模式	夏雨、周超然	《中国城市报》	2017-10-16
京美小屋成靓丽风景线 镇江京口“2+X”开启城管新模式	乔妙妙、周超然	《中国城市报》	2017-12-04
撑竿跳高教学设计	孙晓庆	《中国体育教学》	2017-06
沿着习爷爷的足迹去寻访	张文琪	《辅导员杂志》	2017-07
巧用评价，引幼儿主动学会测量	王 怡	《中国教育报》	2017-06-11
呼应孩子们的兴趣	韦 超	《中国教育报》	2017-10-15

2017年京口区作者发表于省级报刊的文章题录表

表35

标 题	作 者	报刊名称	发表日期（期次）
镇江京口区 开展“城管进社区”活动	陆 珺	《江南时报》	2017-04-20
“一班一品”班级文化建设的策略和方法	丁志超	《中学课程辅导杂志》	2017-04
赵佶绘画中瘦金体题诗的美学特征	都 楠	《中学课程辅导杂志》	2017-02
探讨地图在中考地理复习中的运用	徐沈金	《中学课程辅导杂志》	2017-08
如何使初中思品课的预设更适合学生	纪 君	《中学课程辅导杂志》	2017-12
初中语文经典文章及语段背诵的目的与方法	宋 超	《中学课程辅导杂志》	2017-12
碳酸氢铵受热分解实验的创新改进	吴长顺	《实验教学与仪器杂志》	2017-01
农村中学如何通过化学课实现素质教育	陶明义	《考试周刊杂志》	2017-04
事半功倍：逆向思维的化学教学实践	吴长顺	《教育科学论坛杂志》	2017-06
积极利用微课资源，提升学生自学能力	李广辉	《文理导航杂志》	2017-04
刍议新课改实施在农村初中化学中的困难和对策	陶明义	《新课程（中学）杂志》	2017-04

续表 35

标 题	作 者	报刊名称	发表日期（期次）
暖贴除氧快速测定空气中氧气体积分数	吴长顺	《中小学实验与装备杂志》	2017-03
打造高效课堂，从教学设计的“四备”做起	朱玉标	《启迪 教育教学版杂志》	2017-11
利用好“语文专题”活跃语文研究性学习	朱玉标	《教研周刊杂志》	2017-11
崔白(双喜图)赏析	都 楠	《文理导航杂志》	2017-04
初中数学教学现状及改进措施	王 强	《少年智力开发报·数学专页》	2017-09-25
浅谈初中数学课堂教学的有效性	高 吉	《少年智力开发报·数学专页》	2017-09-25
数学学习一定要有热情	林 军	《少年智力开发报·数学专页》	2017-09-25
初中美术教材中国画模块重组教学研究与实践	都 楠	《美术教育研究杂志》	2017-11
向着融合、创新的方向前行——江苏省镇江市江滨实验小学心理健康教育的探索	王 旌	《江苏教育》	2017-04
觉察课堂“三度” 培养学生“三力”	李智勇	《好家长 文教天地》	2017-08
细读文本 关注细节	高蓉蓉	《写作与阅读教学研究》	2017-01
如何引导学生自我发现——以“我的长板和短板”教学为例	刘君宇	《江苏教育》	2017-04
有效操作灵动的数学课堂	刘君宇	《小学科学》	2017-06
有的方式 提高阅读生产力	孙国琴	《科普童话 新课堂》	2017-08
高年级语文快速教学法初探	孙国琴	《语文周报 教研版》	2017-01
引源头活水，成就魅力作文课堂	韦 珩	《新作文 语文教学研究》	2017-05
小学高年级阅读教学中随文练笔的策略研究	韦 珩	《教学实践 小学生》	2017-03
我心中理想的“新潮”课堂	王学清	《江苏教育研究》	2017-09
绿叶对根的情谊	王学清	《报刊杂粹》	2017-08
利用互动反馈技术提高数学教学	戴 稳	《教育界》	2017-02
破京剧英语普及之难里传统文化弘扬之本	凌 燕	《教育界》	2017-02
你教的孩子会研究吗	郜晔文	《教育界》	2017-20
融入语言环境 体现语篇整体	张 敏	《现代教育》	2017-14
基于核心素养的学生自主管理探析	徐琳琳	《素质教育研究》	2017- 468
小学课件制作中的误区	徐文建	《e教中国》	2017-5415
小学体育教学中如何培养“合作精神”	王 宇	《新课程导学》	2017-12
京口实小体育嘉年华活动方案	王 宇	《省中小学校内体育竞赛的设计与实施》	2017-11
小学生数学信息素养的现状分析	费爱华	《广西教育》	2017-12
观察暂后生，提升习作需要的幸福感	李双群	《教育界》	2017-30
预学、互学、导学教学模式探究	赵春蓉	《基础教育研究》	2017-04
浅谈如何进行英语课题研究	杨 波	《教育界》	2017-11
多媒体让科学教学真正放光彩	贡慧珍	《教育界》	2017-35
乡镇小学英语课外阅读实践探索	杨 蓓	《基础教育研究》	2017-12
问题引领的自主学习	李素琴	《上海教育科研》	2017-12

续表 35

标　题	作　者	报刊名称	发表日期（期次）
文化语文观下的语感培养	李素琴	《小学语文教师杂志》	2017-12
探讨初中古诗文的教学技巧	解宏燕	《中学课程辅导》	2017-02
浅析角色扮演在学生跨文化意识培养中的实践	凌　昱	《课程教育研究》	2017-04
整体语言教学法咋英语阅读教学中的作用	秦　瑜	《课程教育研究》	2017-03
浅析如何在语文教学中提升学生的表达能力	徐莉萍	《课程教育研究》	2017-06
如何维护熊孩子的受教育权	徐宜兴	《江苏教育报》	2017-05
不要把熊孩子拒之门外	贡雄英	《江苏教育报》	2017-07
对熊孩子可以特别关照	章文兵	《江苏教育报》	2017-02
改进物理实验，从生活开始	凌正兵	《新课程》	2017-11
拥有爱心拥有成功	黄　月	《教育界》	2017-09
开展实验活动，打造生物生本课堂	殷红霞	《中学课程辅导》	2017-12
构建初中英语生态课堂的有效策略	田　华	《中学课程辅导》	2017-04
中考状语从句复习指导	王　柱	《升学考试》	2017-11
如何让学生快乐的学化学	刘永祥	《中学课程辅导》	2017-10
加强城郊接合部中学生的法治教育	章文兵	《教育界》	2017-10
让学生走进个性张扬的古诗文真学课堂	谢群花	《教育界》	2017-10
均衡分班背景下的班级学生分层管理	于德青	《教育界》	2017-09
尊重　信任　平等	周　剑	《教育界》	2017-11
新课标下的历史教学策略	于鹏飞	《课程教育研究》	2017-10
由“趣”而生 缘“法”而修	蔡　艳	《江苏教育》	2017-11
依托地方名片构建“书法第三课堂”	王　燕	《江苏教育》	2017-11
让书法课堂“智慧”起来	王　玉	《江苏教育》	2017-11
小学数学教育中学生核心素养培养分析	夏　薇	《好家长》	2017-10
浅析小学数学核心素养的内涵价值	夏　薇	《考试周刊》	2017-103
小学高年级英语语法初探	戴　莉	《基础教育论坛》	2017-04
浅谈小学英语分层性作业方案设计与调查	束秀萍	《基础教育论坛》	2017-04
精心导入　激发兴趣	许美萍	《小学数学教育》	2017 -01-02
关注学困，构建未来	庄巧荣	《好家长生活教育》	2017-03
培养习惯，悉心指导——小议如何提高学生提取有效信息的能力	朱亚飞	《数学大世界》	2017-01
“预习作业”在小学英语教学中的运用	蒋小平	《校园英语》	2017-01
新型作业　快乐体验	蒋小平	《名师在线》	2017-01

续表 35

标 题	作 者	报刊名称	发表日期（期次）
关注教学细节　提升教学机智	朱亚飞	《数学学习与研究》	2017-09
“儿童本位”书法教育的探索历程	朱红香	《江苏教育》	2017-12
依“理”行事　顺“理”成章	翟爱萍	《江苏教育》	2017-12
趣味写字四部曲	朱雪梅	《江苏教育》	2017-12
孩子，请让我走进你的世界	侯晓蕾	《教育视界》	2017-05
在翻转课堂中培养学生创新能力初探	侯 毅	《科普通话》	2017-12
做一个会讲故事的校长	侯晓蕾	《教育视界》	2017-12
“从前面、右面和上面观察简单物体”教学片断及反思	王晓璀	《小学数学教育》	2017-12
价值澄清法在小学思想品德中的运用	陶欣慧	《江苏教育报》	2017-12-20
“从前面、右面和上面观察简单物体”教学片断及反思	王晓璀	《小学数学教育》	2017-12
价值澄清法在小学思想品德中的运用	陶欣慧	《江苏教育报》	2017-12-20
小议如何提高学生提取有效信息的能力	朱亚非	《数学大世界》	2017-01
追寻本真的英语教学课堂	韩 俊	《江苏教育报》	2017-01
浅谈如何在小学英语教学中融入学校特色文化	韩 俊	《教育界》	2017-07
“读之以情”才能“感之以趣”	韩 琳	《教育界》	2017-08
从跌倒的地方站起来飞扬	王慧中	《教育界》	2017-08
教师教学行为专业化的课堂研究	史美君	《英语报》	2017-09
核心素养下核心能力培养的课例分析	史美君	《教育界》	2017-11
游戏法干预幼儿入园焦虑个案分析	陈爱芹	《教育科学》	2017-03
基于幼儿创造力培养的幼儿园美术教学的创新方法	李 军	《课程教育研究》	2017-10
论小班幼儿规则意识培养的策略	钱 进	《长江丛刊》	2017-04
创设幼儿园生活环节的游戏化情境	金 微	《好家长幼教新天地》	2017-08
小班生活区活动材料投放策略	张凌云	《当代幼教》	2017-09
浅谈故事教育模式的实践与研究	严 岩	《好家长幼教新天地》	2017-10
不能以暴制暴	钱 进	《江苏教育报》	2017-06
论区域活动中幼儿自主性发展的有效策略	邹 艳	《小作家选刊》	2017-05
浅谈幼儿学习英语的方法	陈爱芹	《好家长》	2017-05
民间故事在幼儿园教育中的应用研究	王 黎	《才智 2017.07 中旬刊》	2017-03
理性对待幼儿交往中的纠纷	陶 铵	《江苏教育报》	2017-07
将传统文化有效融入幼儿园环境创设之中	陶 铵	《好家长》	2017-01
理性对待幼儿交往中的纠纷	刘 莉	《江苏教育报》	2017-07

续表 35

标　题	作　者	报刊名称	发表日期(期次)
指南背景下大班体育活动中的实践研究	刘　莉	《长江丛刊》	2017-05
在谈话中开展幼儿园英语教学	刘　莉	《新课程》	2017-09
学前教育发展区域不均衡的现状、原因和建议	张　雯	《新课程》	2017-03
论区域活动中幼儿自主性发展的有效策略	邹　艳	《新课程》	2017-09
浅析大班幼儿与同伴间的矛盾冲突问题	蔡虎成	《幼教新天地好家长》	2017-10
幼儿园课程游戏化的策略研究	陆沈爱	《好家长新探索》	2017-10
小班生活区活动材料投放策略	张凌云	《教育导刊》	2017-12
幼儿音乐教育活动游戏化初探	杨　玥	《教育科学》	2017-03
封面及“小画家”栏目	秦　莹	《早期教育美术版》	2017-12
农村幼儿环保意识培养的实践研究	李宁　刘娇	《好家长》	2017-07
以童话为载体促进幼儿社会性发展	梁　彦	《幼教新天地》	2017-10
奇幻童话，让孩子快乐表演	陈　佳	《幼教新天地》	2017-09
小班趣味数学活动的实践与探索	陆　滢	《幼教新天地》	2017-11
论幼儿在园一日生活的本质及其教育策略	陈　淑	《新教育时代》	2017-01
关于学前教育中情商教育的几点思考	陈　泉	《好家长·幼教新天地》	2017-04
浅谈幼儿美术活动游戏化	田　俭	《好家长·幼教新天地》	2017-10
如何有效开展幼儿园音乐课程游戏化活动	徐　莉	《好家长·幼教新天地》	2017-11
家长志愿者——立体构建幼儿园爱心体验教育的有力合作者	朱晓云	《好家长·幼教新天地》	2017-01
3 ~ 6 岁幼儿行为习惯现状的调查与思考	施维平　张琦	《好家长·幼教新天地》	2017-09
浅析如何将数学活动“量的守恒”渗透到幼儿的一日生活中	巫　娟	《好家长·幼教新天地》	2017-02
看图百遍，其义自见	巫　娟	《好家长·幼教新天地》	2017-07
小班户外区域体育活动的开展	樊友燕	《好家长·幼教新天地》	2017-12
在幼儿园中大班开展财商教育活动的实践性研究	王　蓓	《好家长·幼教新天地》	2017-12
组织视角下的一流大学教师教学能力发展——基于常青藤联盟高校“教与学中心”的研究	陈梦婷	《现代大学教育》	2017-04
基于指南引领下美术活动中的观察与思考	郁　静	《好家长·幼教新天地》	2017-08
新生幼儿入园分离焦虑的应对策略	李忠萍	《好家长·幼教新天地》	2017-01
你玩快乐 我看精彩	顾　瑱	《好家长·幼教新天地》	2017-09
自然角让我爱上吃蔬菜	顾　瑱	《好家长·幼教新天地》	2017-10
对幼儿园表演区活动开展的初探	刘姗姗	《好家长·幼教新天地》	2017-12
爱心助残	张小蓓	《中共江苏省委新闻网》	2017-05-09

2017 年京口区作者发表于市级报刊的文章题录表

表 36

标　题	作　者	报刊名称	发表日期（期次）
京口城管全力提升城市管理水平	陆　珺	《京江晚饭》	2017-01-20
京口城管全力提升城市管理水平	陆　珺	《镇江日报》	2017-01-20
城管进社区	陆　珺	《镇江日报》	2017-04-26
联合执法行动初见成效　京口城管对露天烧烤坚决说“不”！	陆　珺	《镇江日报》	2017-05-04
京口“2＋X”管理大市口商圈	陆　珺	《镇江日报》	2017-07-06
市区花山支路“肠梗阻”缓解	陆　珺	《镇江日报》	2017-08-02
“三联三提升”给力京口城市管理	陆　珺	《镇江日报》	2017-08-09
聚焦民心，打造“百姓城管”党建品牌	朱秋霞、陆珺	《京江晚报》	2017-11-24
集聚优势资源实现共治共管京口“2＋X”管理大市口商圈	方良龙、陆珺	《镇江日报》	2017-07-06
大家觉得日子更有盼头了	方良龙、陆珺	《镇江日报》	2017-10-24
从条线各自为战到部门联勤联动 京口城管“2＋X”探索城市治理	曾海蓉、陆珺	《镇江日报》	2017-11-20
赛珍珠和她的故居	王娟瑢	《镇江壹周》	2017-01-05
美丽宝岛台湾行	王娟瑢	《镇江壹周》	2017-02-16
四川与蚕女的故事	王娟瑢	《镇江壹周》	2017-03-23
海外游子的赤子之心	王娟瑢	《镇江壹周》	2017-04-13
美丽宝岛台湾行	王娟瑢	《北固楼杂志》	2017-03
古老头的七十大寿	王娟瑢	《昆山日报》	2017-03-12
赛珍珠和她的故居	王娟瑢	《北固楼杂志》	2017-06
你从哪里来？黑人朋友	王娟瑢	《镇江壹周》	2017-07-13
网师园的小主人	王娟瑢	《镇江壹周》	2017-08-03
歌声启迪了我的创作灵感	王娟瑢	《京江晚报》	2017-10-11
象山桥休息点	王呈、朱秦玉	《京江晚报》	2017-06-07
京口“黄帽子”上岗 2 个多月了——有序停放车辆就是对他们工作的帮助	干光磊、张琪	《京江晚报》	2017-10-26
谏壁拆除一大体量违建	赵晓虎	《镇江日报》	2017-05-16
京口城管整治校园周边环境	鄂厚明	《京江晚报》	2017-05-30
为保障高考，城管部门在行动	徐大安	《京江晚报》	2017-06-02
京口城管开展菜市场周边整治	鄂厚明	《京江晚报》	2017-06-15
56 个固定店面经营户已全部入室 京口露天烧烤整治进入长效管理	鄂厚明	《镇江日报》	2017-06-19

续表 36

标　题	作　者	报刊名称	发表日期（期次）
京口整治菜市场周边环境	鄂厚明	《镇江日报》	2017-06-19
健康路街道拆除 22 处违建	赵晓虎	《京江晚报》	2017-07-18
助力街景改造街道拆除违建	赵晓虎	《镇江日报》	2017-07-18
桃花坞周边占道经营还会回潮吗？京口城管承诺：将常态化治理，一直维持有序整洁	鄂厚明	《京江晚报》	2017-07-26
拆除安全隐患广告牌	江　俊	《镇江日报》	2017-08-01
京口城管开展江大周边环境整治	鄂厚明、徐大安	《京江晚报》	2017-09-08
京口城管部门开展辖区环境整治	鄂厚明、徐大安	《京江晚报》	2017-10-12
健康路街道拆违 23 处	赵晓虎	《镇江日报》	2017-12-09
京美志愿者助力低碳大会	方良龙、杨闻	《镇江日报》	2017-09-29
为环卫工人送眼镜防法桐飞絮	纪秀庭	《京江晚报》	2017-04-18
垃圾分类资源归位	王　冰	《京江晚报》	2017-05-08
京口环卫所江滨新村中转站消杀	纪秀庭	《京江晚报》	2017-06-09
清理无主垃圾	纪秀庭	《京江晚报》	2017-06-14
清理无主垃圾	纪秀庭	《镇江日报》	2017-06-14
垃圾分类 资源归位	王　冰	《京江晚报》	2017-07-09
向环卫工人送月饼	纪秀庭	《镇江日报》	2017-10-07
为环卫工人免费体检	王　冰	《镇江日报》	2017-10-17
京口试点生活垃圾“3 + X”分类投放	纪秀庭	《京江晚报》	2017-11-02
京口试点生活垃圾分类管理	纪秀庭	《镇江日报》	2017-11-09
镇江市图书馆赠送书籍	纪秀庭	《京江晚报》	2017-11-09
京口环卫所与爱心企业豪客来举办“关爱环卫工人冬日‘暖心行动’”公益活动	纪秀庭	《京江晚报》	2017-11-28
香江花城小学启动生活垃圾分类进校园活动	纪秀庭	《京江晚报》	2017-12-01
环卫工喜领爱心大礼包	纪秀庭	《京江晚报》	2017-12-02
环卫工喜领爱心大礼包	纪秀庭	《镇江日报》	2017-12-02
垃圾分类 绿动校园	纪秀庭	《京江晚报》	2017-12-05
围绕“四争”抓创建 提升学校党建新高度	李智勇	《镇江宣传》	2017-05
通过 STEM 课程看中美教育	耿昌辉	《2017 年镇江市小学科学教师 STEM 课程专项技能培训提高报告汇编》	2017-07
日出江花红胜火 春来江水绿如蓝	王振宇	《京江晚报》	2017-09
江滨实小三十年校庆巡礼	杨晨亮	《京江晚报》	2017-09

续表 36

标　题	作　者	报刊名称	发表日期（期次）
那年，我十九岁	王学清	《京江晚报》	2017-09
那一池莲	陈茹颖	《京江晚报》	2017-09
长大后我就成了你	张　云	《京江晚报》	2017-09
千年的沙泉恋	杨　星	《镇江周刊》	2017-08
英语教学中创造性思维的培养	蔡震霆	《镇江教育》	2017-03
插上梦幻的翅膀	钱　俊	《镇江教育》	2017-06
京剧英语课程的实验札记	凌　燕	《镇江教育》	2017-02
传统学具和新型学具在数学实验中的应用	费爱华	《镇江教育》	2017-02
浅谈教学机智影响因素	俞勤英	《镇江教育》	2017-01
Unit 6 At a snack bar	郑丽娟	《镇江教育》	2017-03
正东路街道以“党建 +”引领向更高水平发展、更高目标迈进	朱艳杰	《镇江日报》	2017-01-04
正东路街道全力抓好民兵整组工作	朱艳杰	《镇江日报》	2017-04-13
“群众再小的事都是我们的大事” 正东路街道大走访重“细、实”	朱艳杰	《镇江日报》	2017-04-23
“汽修一条街”占道严重，网友戏称“堵成狗”	张小蓓	《镇江日报》	2017-05-11
汇报社区 促和谐 徐广春义务巡逻 18 年	冯凯乐	《镇江日报》	2017-06-06
科学谋划 周密安排 扎实推进 正东路街道全力做好地质灾害防治	朱艳杰	《镇江日报》	2017-08-01

索引采用主题方法编制，按标引词第一字汉语拼音字母顺序排列，第一字相同，按第二字排列，以此类推；同音字按笔画顺序排列，相同的，按起笔笔形横、直、撇、点折顺序排列。标引词后的阿拉伯数字表示内容所在页码，数字后的英文字母（a、b、c）表示左栏、中栏、右栏。彩色画页未编索引。

D

E

F

G

H

J

K

L

M

N

P

Q

R

S

T

W

X

Y

Z